普通高等教育"十一五"国家级规划教材 "120周年校庆经典教材、经典专著""名课、名教材"建设工程培育项目

中国传统文化精义

（第6版）

主编

【 韩鹏杰　陆卫明　李 娟 】

西安交通大学出版社

图书在版编目（CIP）数据

中国传统文化精义 / 韩鹏杰，陆卫明，李娟主编. —6版. —西安：西安交通大学出版社，2022.8（2023.9 重印）
ISBN 978-7-5693-2654-3

Ⅰ. ①中… Ⅱ. ①韩… ②陆… ③李… Ⅲ. ①中华文化—研究 Ⅳ. ①K203

中国版本图书馆CIP数据核字（2022）第109928号

中国传统文化精义（第6版） ZHONGGUO CHUANTONG WENHUA JINGYI	韩鹏杰　陆卫明　李娟　主编
责任编辑	张娟
责任校对	李嫣彧
装帧设计	伍胜
出版发行	西安交通大学出版社（西安市兴庆南路1号　邮政编码：710048）
网　　址	http://www.xjtupress.com　　传　真　029-82668280
电　　话	029-82668357　82667874（市场营销中心） 029-82668315（总编办）
印　　刷	西安五星印刷有限公司
开　　本	787 mm×1092 mm　1/16　　印　张　21.25　　字　数　305千字
版次印次	2022年8月第6版　2023年9月第2次印刷
书　　号	ISBN 978-7-5693-2654-3
定　　价	49.00元

如发现印装质量问题，请与本社市场营销中心联系调换。
订购热线：（029）82665248　（029）82667874
投稿热线：（029）82668525

版权所有　侵权必究

序

"文化"二字在古文字中的文化内涵值得注意。甲骨文中"文"字作"㞢",或写作"㸚"。金文中写作"⊗"。"文"的内涵极为丰富,包括天文、地文、人文等。文之本字依形推测似为站立之人形,中间花纹或为文身之标志。金文中有取"心"形者更有意蕴。"化"字甲骨文作"𠂉""𠃌",从"人"。一正一倒,依形追意,似为辗转反侧之人,可引申为表示变化之"化"。据此,文化二字本身就是以人为主体创造的。文化思想的关键就是"以人为本"。

具体说来,天文即以日月星辰的相对固定序列来定日夜、定晨昏、定节气、定历法;地文指山川草木及五岳等;人文既指人本身、人的本质以及人与自然的冲突与融合,人与社会相互作用而形成的生产关系、伦理、道德、法律、宗教等,也包括人类所创造的文学、绘画、雕塑、书法、戏曲、音乐、民间艺术、建筑等。

总体来说,中华民族传统文化同时融汇了道家、儒家、法家、墨家、名家、兵家、阴阳家、纵横家、杂家、农家、小说家等诸子百家和外来文化思想的精髓。

中华民族传统文化有两个主要观念。

第一,阴阳对立统一观,即"一阴一阳之谓道"。也就是大家所熟悉的"易有太极,是生两仪,两仪生四象,四象生八卦,八卦定吉凶,吉凶生大业"。阴阳对立统一观体现在中国传统文化的方方面面。

治理国家，中国古人讲究"文武之道，一张一弛"，文武之道就是一阴一阳。中国人在审美观念上讲究以"中和"为美。"中和"这个概念很清楚，"喜怒哀乐之未发，谓之中，发而皆中节，谓之和"。古代中国，大臣给皇帝递折子，皇帝如批"留中不发"，就是放在那儿不发。发出去的要符合规律、符合制度，即符合"中节"。中国人为人处世讲究"中庸之道"，"中庸"是什么？不偏之谓"中"，不倚之谓"庸"。中庸之道是很有道理的，我们讲修身，修身讲究文质彬彬，讲究仁义礼智信。文质彬彬是什么？就是要求讲中庸之道，修身其实就是修心。修身要有一个信念，就是做到不激不厉，有一颗平静的心，一颗与客观外界相应的平静的心。中医治病讲"五行""四诊""八纲"，讲阴、阳、表、里、虚、实、寒、热，讲"实则泄之""虚则补之"。这里最讲天人合一、阴阳平衡的原理。中国古代诗词中的宋词分为两大派，豪放派和婉约派。这两派一个突出阳刚之美，一个突出阴柔之美。豪放派代表人物苏东坡的词："大江东去，浪淘尽，千古风流人物。故垒西边，人道是，三国周郎赤壁。乱石穿空，惊涛拍岸，卷起千堆雪。江山如画，一时多少豪杰！遥想公瑾当年，小乔初嫁了，雄姿英发。羽扇纶巾，谈笑间，樯橹灰飞烟灭。故国神游，多情应笑我，早生华发。人生如梦，一樽还酹江月。"抒发的是阳刚之气。婉约派代表人物李清照的词："寻寻觅觅，冷冷清清，凄凄惨惨戚戚。乍暖还寒时候，最难将息。三杯两盏淡酒，怎敌他、晚来风急！雁过也，正伤心，却是旧时相识。满地黄花堆积，憔悴损，如今有谁堪摘？守着窗儿，独自怎生得黑？梧桐更兼细雨，到黄昏、点点滴滴。这次第，怎一个愁字了得！"表现的是阴柔之美。应当留意的是以豪放著称的《赤壁怀古》写到最后还是有"人生如梦，一樽还酹江月"这样具有阴柔之气的句子；而婉约派的李清照也有"生当作人杰，死亦为鬼雄"这样的豪迈诗句。这就体现了诗词中的阴阳对立统一。因此我们要用"一分为二""合二为一"的认识论去理解，分清主次、分清阴阳。

第二，易和变的观念。易、变的观念体现在《易经》、老子《道德经》所表述的这几句话里：一句是"穷则变，变则通，通则久"。事物发展到顶点就要向相反的方向转化，就是"物极必反""否极泰来"。一句是"天行健，君子以自强不息；地势坤，君子以厚德载物"。事物都是在发展变化的，我们现在提倡的"与时俱进"也是这个道理。

柳诒徵前辈在其《中国文化史》绪论之末说："世恒病吾国史书为皇帝家谱，不能表示民族社会变迁进步之状况，实则民族社会之史料，触处皆是，徒以浩穰无纪，读者不能博观约取，遂疑吾国所谓史者，不过如坊肆《纲鉴》之类，止有帝王嬗代及武人相斫之事，举凡教学、文艺、社会、风俗以至经济、生活、物产、建筑、图画、雕刻之类，举无可稽。吾书欲祛此惑，故于帝王朝代，国家战伐，多从删略，惟就民族全体之精神所表现者，广搜而列举之。"这充分表明研究中国传统文化必须要摆正治史立场，即坚持以民为本的平民立场。

另外还应引起注意的是，要坚持以一分为二的视角研究中国传统文化。儒家提倡的仁政、内圣外王、中和为美等诸多修身治国观念都有积极意义，但"唯女子与小人难养也""上智下愚"等歧视女性和愚民的理念却实在要不得。道家提出的关于"道"的理念与阐释包含了朴素的辩证唯物主义的宇宙观、世界观、方法论和对万物本体的认识，但其"无为"与"民至老死不相往来"等理念则有一定的消极意义。墨家、法家、兵家、阴阳家、名家等诸子百家思想中皆有其精华与不足之处。任何文化思想都有其两面性。诸子百家都有其符合事物本质、推动历史发展的精辟之论，综合起来形成了中国传统文化的精彩华章。我们现在研究它们就必须一分为二地对待，取其精华、去其糟粕，充分利用其中的精粹，继承弘扬，以促进社会的和谐发展。

中国传统文化上至炎黄时代北粟南稻、古陶神玉等文化的发生，历经殷商西周文化从神本到人本的转变、春秋战国诸子百家争鸣的学术繁荣、魏晋南北朝玄学的崛兴和道佛的传播、隋唐兼容并包的文化气派与灿烂辉煌的艺术成就、两宋时期市井文化的勃兴、辽夏金元游牧文化与农耕文化的碰撞与交融到明清的沉淀与文化反思。横向来看，中华民族经过几千年的发展演变，文化内涵绚丽多姿、精彩纷呈：有博大精深的哲学、宗教、伦理道德；有贯通古今的史学、文学；有玉器、铜镜、金银器、青铜器、陶器、瓷器等物质留存；有风采各异的书法、绘画、戏曲、音乐、服饰、雕塑、建筑、民间艺术等艺术门类；还有科技、天文、医药、养生、教育、饮食文化等众多有益成分。中国传统文化具有丰富的内涵与外延，每一层面都可以产生一部纵向文化发展史，每一层面横向比较又可产生若干文化比较学。

中国传统文化浩若烟海，若做深入研究恐怕任何一个门类我们一辈子都难以穷通。在现代社会、在中西文化交相辉映的今天，作为一个中国人对自己民族的传统文化一无所知，无疑是一种文化的悲哀。在多元、多层面的世界，文化越具有民族特点，就越具有世界意义。因为人类精神文明的百花园需要汇入各民族文化的奇葩才能姹紫嫣红、春色满园。

这本教材在西安交通大学已使用了二十多个春秋。学习这门课程的学生超过百万之众。这本不断修订完善的教材曾多次获得各种奖项，它也走出学校，多年来影响了许多热爱中国传统文化的读者。

这本再次修订的教材是我们请西安交通大学多位学有专长的学者就自己最熟悉的领域、最感兴趣的课题、最有体味和见地的学术观点分别写成专章，以供在高校就读的莘莘学子研读，也算是和同学们谈心、交流。更望优秀青年朋友和我们一起来守望、传承、弘扬中华优秀传统文化，以一颗热诚的心，带着中华优秀传统文化深厚的底蕴走向多姿多彩而又充满挑战的世界。

钟明善

目录

第一章　中国传统文化的基本精神　（1）

　一、文化精神的意旨　（1）

　二、中国传统文化的基本精神　（3）

　　（一）以人为本　（3）
　　（二）儒道互补　（3）
　　（三）持中贵和　（4）
　　（四）实践理性　（5）

　三、继承与弘扬中国传统文化的优秀成分　（5）

　　（一）以天下为己任的爱国主义精神　（6）
　　（二）追求崇高的人格精神　（6）
　　（三）刚健有为的进取精神　（6）
　　（四）厚德载物的兼容精神　（7）

第二章　《易经》与中国传统文化　（9）

　一、关于《周易》　（9）

　　（一）《周易》简介　（9）
　　（二）从《周易》到《易经》　（11）
　　（三）"易"字的含义　（12）

　二、关于《易传》　（12）

　三、怎样读《易经》　（14）

　　（一）天人合一　（14）
　　（二）阴阳　（15）
　　（三）象征思维　（15）

　四、《易经》与中国传统文化　（16）

　　（一）易象与中国传统文化的思维方式　（16）
　　（二）易辞与中国传统文化的语言表达方式　（16）
　　（三）易数与中国传统文化中的逻辑　（17）

（四）易理与中国传统文化的哲学境界　（19）
（五）易德与中国传统文化的道德理想　（21）

第三章　道家与中国传统文化　（23）

一、老子的哲学　（24）
（一）道论　（24）
（二）德论　（27）

二、庄子的哲学　（28）
（一）齐万物　（28）
（二）齐是非　（29）
（三）齐生死　（31）
（四）逍遥游　（32）

三、道家思想与中国传统文化　（33）
（一）道家与哲学　（33）
（二）道家与艺术　（34）

第四章　儒学与中国传统文化　（39）

一、儒学的发展历程　（39）
（一）先秦儒学　（39）
（二）汉唐经学　（43）
（三）宋明理学　（47）
（四）明清实学　（50）

二、儒学的基本特质　（52）
（一）天人合一　（52）
（二）礼仁一体　（53）
（三）内圣外王　（54）
（四）中庸之道　（55）

三、儒学在中国传统文化中的地位及其影响　（56）
（一）儒学是中国传统文化的主干　（56）
（二）儒学对中国传统文化各个领域的影响　（57）

第五章　佛教与中国传统文化　（63）

一、佛教史略　（63）
（一）释迦牟尼　（63）
（二）原始佛教的基本教义　（64）

二、佛教在中国的传播与发展　（67）
（一）佛教初传　（67）
（二）佛教盛行与八大宗派　（70）

三、佛教对中国传统文化的影响 （75）
  （一）佛教与传统哲学 （75）
  （二）佛教与文学艺术 （77）
  （三）禅与社会人生 （82）

第六章 中国传统兵家文化 （85）

一、兵家的起源及发展 （85）
  （一）从远古到西周的王者兵学 （85）
  （二）春秋战国时期兵学的发展和繁荣 （88）

二、兵家的流派与代表 （92）
  （一）兵家的重要流派 （92）
  （二）《孙子兵法》的兵权谋思想 （94）
  （三）《司马法》的仁义之兵 （100）

三、兵家文化的影响及未来 （104）

第七章 中国古典文学 （107）

一、中国古典文学的发展历程与辉煌成就 （107）
  （一）先秦散文与《诗经》 （107）
  （二）楚辞汉赋 （112）
  （三）魏晋诗歌及南朝文论 （115）
  （四）唐诗宋词 （120）
  （五）元曲与明清小说 （124）

二、中国古典文学的文化精神 （130）
  （一）关注人间的理性精神 （130）
  （二）中和的美学风格 （131）
  （三）抒情写意的艺术手法 （131）

第八章 中国传统音乐 （133）

一、传统音乐的发展历程 （133）
  （一）原始至先秦时期 （133）
  （二）秦汉时期 （135）
  （三）魏晋南北朝时期 （136）
  （四）隋唐时期 （136）
  （五）宋、元、明、清时期 （137）

二、传统音乐的构成 （139）
  （一）民间音乐 （139）
  （二）文人音乐 （140）
  （三）宫廷音乐 （141）

三、传统音乐的形态特征 （142）
　　（一）融于审美之中的节奏 （142）
　　（二）以"三音组"为基础的五声调式 （142）
　　（三）多元化的结构原则 （143）
四、传统音乐的美学境界 （144）
　　（一）中和 （144）
　　（二）大音希声 （145）
　　（三）空静、淡远 （146）
　　（四）韵外之致 （148）
　　（五）音乐性的美 （148）

第九章　中国戏曲文化 （151）
一、戏曲的孕育和产生 （151）
　　（一）古代歌舞 （153）
　　（二）滑稽戏 （153）
　　（三）说唱艺术 （155）
　　（四）勾栏瓦肆 （156）
二、戏曲的定型和发展 （158）
　　（一）元代杂剧和南戏 （158）
　　（二）明清传奇 （161）
　　（三）京剧 （161）
三、中国戏曲的表演文化 （163）
　　（一）表演上的程式性和综合性 （164）
　　（二）舞台结构体制上的虚拟性和对时空的特殊处理 （166）
　　（三）形象创造上的以形传神和善恶分明 （169）
　　（四）非凡的表演基本功 （171）
四、中国戏曲"以文教化"的功能 （173）

第十章　中国绘画与雕塑 （175）
一、中国绘画及其艺术特性 （175）
　　（一）历史回顾 （175）
　　（二）中国绘画的艺术特性 （182）
二、中国雕塑及其艺术特性 （186）
　　（一）历史回顾 （186）
　　（二）中国雕塑的艺术特性 （187）

第十一章　中国书法艺术 （191）
一、中国书法艺术的发展历程 （192）
　　（一）寻找自我的时期 （192）

（二）找到自我、完善自我的时期　（197）

　　（三）高峰期　（199）

　　（四）高峰后的自省期　（202）

　　（五）理论沉淀期　（203）

　　（六）法古开新，创造书法新纪元　（203）

二、中国书法艺术的本质特征——意象　（204）

　　（一）意象思维论的提出　（204）

　　（二）中国书法的载体——汉字　（205）

　　（三）中华民族传统文化思想与书法艺术在意象层面的契合　（207）

三、形式与意义：书法艺术在当代的双向探寻　（219）

第十二章　中国古代科学技术　（223）

一、中国古代科学技术思想和方法　（223）

　　（一）古代主要科学思想和方法　（223）

　　（二）古代主要技术思想和方法　（227）

二、中国古代科学技术主要成就　（233）

　　（一）天文学　（234）

　　（二）农学　（235）

　　（三）数学　（237）

　　（四）地学冶金　（238）

　　（五）医学　（241）

　　（六）中国古代科学技术对欧洲的影响　（243）

三、明清之际中国科技发展及逐渐滞后的原因　（243）

第十三章　中国传统史学文化　（247）

一、传统史学在中国传统文化中的地位　（247）

二、中国传统史学在世界文明史上地位突出　（251）

三、中国传统史学之特点　（255）

　　（一）体例多样，内容丰富　（255）

　　（二）史官地位崇高，悠久的官修史书传统　（259）

　　（三）强烈的道德教化意识　（261）

　　（四）重视史家个人素养　（264）

四、中国传统史学之文化内涵　（266）

　　（一）秉笔直书的高贵精神　（266）

　　（二）殷鉴、通变的历史意识　（269）

　　（三）"国亡史存"的文化理念　（271）

第十四章　推进中华优秀传统文化的创造性转化和创新性发展　（275）

　　一、中华优秀传统文化与社会稳定　（275）

　　　　（一）和谐是中国传统文化的重要价值　（276）

　　　　（二）积极挖掘和谐思想的传统底蕴　（277）

　　　　（三）深入阐发传统和谐思想的现代价值　（278）

　　二、中华优秀传统文化与经济发展　（279）

　　　　（一）道德精神　（279）

　　　　（二）企业文化　（280）

　　　　（三）教育理念　（281）

　　三、中华优秀传统文化与精神文明　（281）

　　　　（一）自我修养　（282）

　　　　（二）家庭建设　（283）

　　　　（三）社会伦理　（283）

　　四、中华优秀传统文化与生态文明　（284）

参考文献　（287）

附录　（291）

　　　　子　道德经　（291）

　　　　丑　儒家经典节选　（298）

　　　　寅　孙子兵法　（300）

　　　　卯　《诗经》二篇　（309）

　　　　辰　九歌·国殇　（310）

　　　　巳　前赤壁赋　（311）

　　　　午　牡丹亭·第十出·惊梦　（313）

　　　　未　《红楼梦》节选　（317）

后记　（323）

第一章
中国传统文化的基本精神

英国著名学者汤因比认为,在人类历史上总共出现过二十六个文明形态,在长期的历史演进过程中,有的衰落了,有的消亡了,有的中断过,有的被征服过,至今尚存七大或八大文明。中国文明绵延数千年之久而从未中断,业已成为世人瞩目的"东方之谜",体现出中国传统文化的强大生命力。

中国传统文化的基本精神,作为中华民族精神的重要表现,对中国社会和中华民族的历史发展,产生了深远的影响,发挥着重要作用。深入探讨中国传统文化的基本精神,继承与弘扬中华民族文化的优良传统,对我国社会主义现代化建设无疑具有积极的现实意义。

一、文化精神的意旨

文化作为一个十分庞杂的体系,包罗万象。它就像我们周围的空气一样,虽然看不见、摸不着,但无时不在、无处不存。文化的概念也相当宽泛,历来众说纷纭。目前,学界一般都认同,文化有广义与狭义之分。广义的文化是指人类社会历史发展过程中创造的物质和精神成果的总和,根据"一分为三"的法则,一般可分为物质的、制度的和精神的三个层面。它与文明的概念相近,以至于许多中外学者往往把文化与文明通用。

狭义的文化专注于人类的精神成果，即作为观念形态的文化。从逻辑上说，后者从属于前者，狭义的文化相当于广义的文化的精神层面，具体包括价值观念、思维方式、审美情趣、行为模式等。其中最为核心的内容是价值观念。如果说价值观是文化的核心和根本，那么核心价值观就是文化的核心的核心、根本的根本。研究狭义的文化当然离开不广义的文化这个宽阔背景。这正如汤因比在其名著《历史研究》中所说："为了便于了解局部，我们一定要把注意焦点先对准整体，因为只有这个整体才是一种可以自行说明问题的研究范围。"[甲]这与现代系统论的观点也是一致的。可见，广义的文化与狭义的文化，两者互为因果，相互作用，相互影响，相互促进，相互制约，共存于一个统一体，有着不可分割的相互依赖关系。本书所谓的"文化"，主要指的是狭义的文化。

  所谓文化精神，是指民族文化中占主导地位的基本思想、基本观念，实际上就是文化传统的主流。它是相对于文化的具体表现而言的。社会器物、制度、行为、观念等，无不与内在的文化精神紧密相连，两者的关系正如树干与枝叶的关系。除系统论、整体论外，文化研究的另一个方法论原则，即从把握特定文化的中心观念入手，以期真正深刻地把握整体文化系统的本质特征，如若中心观念不清或错误，则会全盘皆错。所谓"纲举目张"，即是此意。中国传统文化源远流长，博大精深。一本书若想弄清中国传统文化的方方面面，几乎是不可能的。本书研究中国传统文化的一个重要方法即从文化精神入手，以期科学地把握中国传统文化的整体与全貌。《易传》有言"精义入神，以致用也"，此之谓乎！诚然，这是一项艰巨而复杂的工程，诚可谓"高山仰止，景行行之"，虽不能至，然心向往之。

  从本质上说，文化精神与民族精神是相通的，但是，两者并不能等同。文化精神是一个中性的学术用语，属于事实判断的范畴，它包括能够引导民族前进、推动国家社会发展的精粹思想，也包括有碍民族生存和发展的消极落后观念，这是由于任何民族文化和文化传统都有精华和糟粕的双重性所决定的，这是不以人的意志为转移的客观存在。民族精神，一般指民族文化中的精华思想，它是推动一个国家、一个民族以及社

甲 汤因比.历史研究：上[M].曹末风,等,译.上海：上海人民出版社,1986：7.

会发展的主要精神动力。

二、中国传统文化的基本精神

中国传统文化的产生依赖于独特的自然条件和社会历史条件，包括独特的地理环境，以小农经济为主体的经济基础，以家族制度、中央集权制度以及"家国同构"为特征之社会结构等诸多因素，它们相互影响和制约，构成了一个稳定的整体系统。与这个整体系统相适应，中国传统文化的形成和发展自成一体，具有自身鲜明的特色。由于中国传统文化极其丰富多彩，其基本精神也表现为包含诸多要素的思想体系，就其主体内容而言，包括以下几个方面。

（一）以人为本

以人为本的人文主义或人本主义，向来被认为是中国传统文化的一大特色，也是中国文化精神的重要内容。中国传统文化侧重于人与社会、人与人的关系以及人自身的修养问题。从总体上看，中国传统文化是一种伦理本位的文化，尤其以儒家为代表的以人为本的思想，在封建社会得到广泛的认同和创造性的发展。具体包括"以人为尊""以民为贵""以仁为本"三大方面，体现为一种人文精神，构成了中国传统文化的一大特色。

（二）儒道互补

总体上看，中国传统文化思想以儒道互补为主体构架，这种构架也相当程度上体现了中华民族的某些特征。

从中国文化思想发展史来看，春秋战国时期，思想界出现了百花齐放、百家争鸣的生动局面，儒、道两家思想影响较大。汉初又崇尚黄老之学，至汉武帝接受董仲舒"罢黜百家，独尊儒术"的建议以后，儒学由子学一跃而为官方哲学。此后，它在中国传统文化思想中的统治地位始终未曾从根本上动摇过。汉末以降，由于中国土生土长的道教兴起以及外来佛教文化的传入，很快形成儒、道、佛三足鼎立的局面，三家并日趋融合。魏晋玄学从本质上说是儒、道结合的产物。宋明理学则是儒、道、佛三教合流的产物。

从儒道两家思想对中国传统文化的影响来看，大体说来，儒学对中国传统文化乃至整个社会生活都有着广泛而深远的影响，尤其对中国传统政治文化、伦理道德、文化教育、风俗习惯、国民精神等方面的影响至为深远。道家、道教对中国传统哲学、文学、艺术、科技、宗教、医药、体育等领域有着相当广泛的影响。

儒、道两家思想内涵虽然各不相同，但双方也存在着颇多暗合、融通之处，两者相辅相成、相映成趣，在中国传统文化中得到多方面的表现。比如，中国传统哲学中的"阴阳"对立统一观念，古典美学中以善为美及以和为美的审美情趣，古代文学中"文以载道"及崇尚自然的文论流派，传统士大夫的"穷则独善其身，达则兼济天下"的人生价值取向以及民族性格中刚柔相济的品格，等等，这一切都是儒道互补在中国文化精神中的具体体现。

（三）持中贵和

中国传统文化重和谐统一。中国传统文化表现出一种"静态"的特征，重视自然的和谐、人与自然的和谐、人与社会的和谐、人与人之间的和谐以及人自身的身心和谐等，体现为"普遍和谐"的精神。中国传统文化"以和为贵"的和合精神最为典型地体现在"天人合一"的思想传统中。唐君毅先生深刻地指出："中国文化精神之本原，吾人即可谓中国思想，真为本质上之天人合一之思想。"[甲]在中国古代思想家看来，天与人、天道与人道、天性与人性是相类相通的，因而可以达到和谐统一。在人与自然的关系中，中国传统文化比较重视人与自然的和谐统一。尽管中国古代思想中也有"明于天人之分""制天命而用之"的思想，但这种思想不占主导地位。无论是儒家和道家，都主张天人合一，反对天人对立。以儒家为代表的中国传统文化中"以和为贵"的思想观念主要侧重于人与社会以及人与人之间的和谐统一，这从孔子的"礼之用，和为贵"到孟子所说的"天时不如地利，地利不如人和"，《中庸》中所说的"致中和，天地位焉，万物育焉"，《道德经》中所说的"人法地，地法天，天法道，道法自然"等思想中，可得到明确印证。还有儒、道、佛三家都赞成的"中庸"之道，更成了中华文化的普遍观念，是实现和谐的根本途径。

[甲] 唐君毅. 中国文化之精神价值[M]. 南京：江苏教育出版社，2006：318.

持中贵和不仅是中国传统文化中极其重要的思想观念，而且也培育了中华民族的群体心态，在中国文化的各个领域都有明显的体现。"极高明而道中庸""执其两端，用其中于民"等，无不是农业自然经济和宗法社会培育的群体心态。经过长期的历史积淀，和谐精神逐渐泛化为中华民族普遍的社会心理习惯。如政治上的"大一统"观念，经济上的"不患寡而患不均"的思想，文化上的"天下一家"的情怀，为人方面的"中行"人格，艺术上的"物我相忘"的意境，文学上的"大团圆"结局，美学上的"以和为美"的审美情趣，等等，不一而足。

持中贵和的思想，作为中国文化基本精神的重要内容，对保持社会稳定和发展，对统一的多民族国家的巩固，无疑有着积极作用。

（四）实践理性

所谓实践理性，主要体现为一种重现世、重实践、重事实、重功效的思想方法和价值取向。它作为中国传统文化心理结构的主要特征，由来久远，而以理论形态去呈现则在先秦儒、道、法、墨诸学派中，尤其深受儒家人文主义精神以及明末清初经世思潮的影响。作为一种思想方法，它注重客观事实，注重历史经验，重视直觉顿悟和整体思维。作为一种价值取向，实践理性注重身体力行、经世致用的行动哲学，尤重道德功利主义。实践理性对中国文化精神和民族精神的影响甚为深远，在实践中也带来了双重效应，但积极效应占主导地位。它所奉行的学以致用、身体力行的信条对中国历代志士仁人的人生价值也有着深刻的影响。但实践理性也存在着忽视理论抽象、急功近利的弊端，容易陷入实用主义的倾向，这也是需要警惕的倾向。

三、继承与弘扬中国传统文化的优秀成分

和任何事物都具有二重性一样，中国传统文化精神既有大量精华，也有封建性糟粕。对现代社会来说，它是一种可资开发利用的潜力巨大的社会资源。我们应当以现代化为主体和参照系，对我国传统文化进行创造性转化、创新性发展，弃

其糟粕，取其精华，并赋予传统文化的优秀成分以现代内涵，为其注入新的时代精神，使之成为我国社会主义现代化建设的强大精神动力，这是我们当代人的神圣职责和崇高使命。从宏观角度看，我们应该继承与弘扬的传统文化的优秀成分，主要包括以下几个方面。

（一）以天下为己任的爱国主义精神

以儒家为代表的中国传统文化历来强调以治国平天下为人生最高目标，以大一统为社会理想状态，把国家民族的前途和命运放在首位。这种爱国主义情愫深深积淀在中国传统文化的心理结构之中，不知感染和熏陶了多少志士仁人！从范仲淹的"先天下之忧而忧，后天下之乐而乐"到文天祥的"人生自古谁无死，留取丹心照汗青"，从顾宪成的"风声、雨声、读书声，声声入耳；家事、国事、天下事，事事关心"，到顾炎武的"天下兴亡，匹夫有责"，从林则徐的"苟利国家生死以，岂因祸福趋避之"到鲁迅的"我以我血荐轩辕"……这些格言至今仍闪烁着熠熠光华，无一不是这种爱国主义精神的真实写照。爱国主义是中华民族最深厚的精神传统，也是近代以来中国时代精神的最强音。中华民族自古以来就具有强大的向心力和凝聚力，与这种爱国主义精神是密不可分的。

（二）追求崇高的人格精神

孔子强调"君子人格"，讲究"三军可夺帅也，匹夫不可夺志也"（《论语·子罕》）的独立人格。孟子力主人在道德上要具有"至大至刚"的"浩然之气"，提倡"富贵不能淫，贫贱不能移，威武不能屈"的大丈夫人格。孔孟阐扬的"圣人"和"大丈夫"的理想人格以及"杀身成仁""舍生取义"的崇高精神境界和刚毅的精神气质，在铸造中华民族精神品格方面有着极为重大、深远的影响，集中体现了中华民族独立的人格尊严和崇高的精神境界。

（三）刚健有为的进取精神

《易经》中说："天行健，君子以自强不息。"汤之盘铭曰："苟日新，日日新，又日新"。《论语》中讲："志不可以不弘毅，任重而道远。仁以为己任，不亦重乎？死而后已，不亦远乎?"《孟子》中说:"如欲平治天下,当今之世,舍我其谁也?"《道德经》中说:"胜人者有力,自胜者强。"这些都是对中华民族自强不息、积极进取精神的高度概括。在近代中国,中华民族这种自强不息的精神则表现为不屈不挠抗击外来侵略、争取国家民族独立的斗争精神以及不断改革创新、探求救国救民真理的精神。对于当今社会而言,大至国家、民族,小至单位、个人,都应该继承和发扬这种民族精神,这样,我们的事业才会兴旺发达。

(四)厚德载物的兼容精神

《易经》中说:"地势坤,君子以厚德载物。"意即要人们以大地般宽广的胸襟承载万事万物,顺承天道。《中庸》中也讲"万物并育不相害,道并行而不相悖",这些都反映了中华民族无比宽阔的襟怀。海纳百川,有容乃大。正因为有了这种胸怀,汉唐时代广泛汲取外来文化,显现出强大的汉唐雄风。近代中国在中西文化交流中对外来文化兼收并蓄,将西学中的优秀成分加以吸纳、涵化,使之成为中华民族文化的有机组成部分。特别是五四时期,经过对多种思潮的比较,中国革命选择了以马克思主义作为指导思想,从而使中国革命面貌焕然一新。一个真正有自信力的民族,不但要从民族文化中汲取积极的养分,还应善于从外来文化中充分吸收可以滋养、丰富民族精神的一切优秀文明成果。只有这样,才能使自己的国家兴旺发达。

第二章

《易经》与中国传统文化

《易经》包括《周易》和《易传》两个部分，至汉代时《周易》和《易传》开始被统称为《易经》。

一、关于《周易》

（一）《周易》简介

《周易》，是阐述天地世间万象变化的古老经典，是博大精深的著作。据说类似的著作夏有《连山》，商有《归藏》，周有《周易》，其中《连山》《归藏》已经失传，现存于世的只有《周易》。

《周易》蕴含着朴素深刻的自然法则和辩证思想，是中华民族智慧的结晶。其从整体的角度去认识和把握世界，把人与自然看作一个互相感应的有机整体，即"天人合一"。

《周易》长期被用作"卜筮"。"卜筮"就是对未来事态的发展进行预测，而《周易》便是总结这些预测的规律的书籍。

《周易》包括六十四卦和三百八十四爻，以及解释六十四卦的卦辞和解释三百八十四爻的爻辞。

从形式上看，《周易》可分为符号（八卦、六十四卦）与文字（卦辞、爻辞）两部分。卦画本身没有表现出确定的意义，要理解其中蕴含的深刻思想，需要借助卦辞、爻辞的文字说明，但卦画、卜筮、卦位、爻位作为易象，则代表着宇宙间一切事物，是对客观事物的区分和认识。爻象是对宇宙间各种纷繁复杂事物的高度抽象。卦画变化总是与客观事物的变化相联系的。符号系统和语言系统相互依存，缺一不可。

从内容上看，《周易》包括辞、变、象、占四个方面，又可概括为义理、象数两大部分。义理与象数的统一是《周易》的显著特征。义理寓于象数之中，离开象数就不能深刻地理解义理。反之，只论象数，不重义理，就无法了解《周易》的真正内涵。

卦象是《周易》的重要组成部分，而组成易卦的最基本单元是爻。爻的符号是"——"、"— —"，分别象征阴阳两类事物。"——"代表阳、刚、积极、君、奇数等。卦中"——"用奇数一、三、七、九中最大的九表示，称"九"；符号"— —"代表阴、柔、消极、臣、弱、依附等，用偶数二、四、六、八、十中的六代表。四象、八卦、六十四卦，变化多端，其根源不过是"——"与"— —"两种符号的排列组合，是两种符号相互重叠构成卦画，卦有八卦、六十四卦。就卦形成顺序而言，八卦的三画卦产生在先，六十四卦的六画卦产生在后，先有八卦，再由八卦"因而重之"产生六十四卦，习惯上称八卦为经卦，八卦再自叠或互叠而构成六十四卦。

关于易经卦象的产生，《系辞传》下篇说："古者包牺氏之王天下也，仰则观象于天，俯则观法于地，观鸟兽之文与地之宜，近取诸身，远取之物，于是始作八卦，以通神明之德，以类万物之情。"这段话说明，八卦的卦象是人们对世界认识抽象化的结果，是一种思维抽象。

易经卦象是由阴爻、阳爻两个基本符号排列组合而成的。古人就是依据这些符号卦象，来概括说明天理人事。

人们所面对的世界千差万别、千变万化，要从思想上把握复杂的世界，只能借助于思维抽象，运用概念进行思维。概念既可用语言文字表达，也可以用符号表示。在《周易》中，古人是用阴爻、阳爻这两个符号表达概念的。"——"

"——"这两个符号具有最大的抽象性和灵活性。只有这样,才能适应一切事物,一切时变,从而道出天下后世无穷无尽的前因后果及其基本规律。根据通行说法和《易传》系辞的解释,当先民创造这两个符号时,头脑中就已经有了阴阳概念。而当人们运用这两个符号构成八卦、六十四卦时,阴阳概念就更加明确,并运用它进行占卜或思维。在《周易》中卦画分阴阳,爻位分阴阳,一动一静、一奇一偶、一阖一辟无不分阴阳。阴阳是《易经》的最高范畴,"一阴一阳之谓道",阴阳变化之道成为万事万物的准则。

进一步说,阴阳概念是从各种具体事物抽象出来的,因而具有普遍性的指导意义。《系辞传》上篇中说:"夫《易》何为者也?夫《易》开物成务,冒天下之道,如斯而已者也。是故圣人以通天下之志,以定天下之业,以断天下之疑。"是说根据阴阳概念,《周易》"立天立地""通志""定业""断疑",能够提出前人没有认识到的问题,能够将前人的认识丰富提高,使之抽象为更高的理论。正因如此,《周易》提出了最为周普、最为抽象的理论,千百年来一直被崇奉为"六经之首""三玄之冠"。正因为许多人认为《周易》之道广大,无所不能,故凡人凡事都可以《周易》之道为思维模式和行为准则。因此,人们的思维有时难免会被固定在结构严整的框架模式之中。再加上后人,特别是一些方士术师(如汉京房、唐李虚中)的注解发挥,《周易》披上了神秘的外衣,八卦成了神秘莫测的"黑箱",八卦学说竟逐渐与迷信混杂一起。

不管《周易》产生的历史背景中宗教神权如何兴盛,也不管《周易》筮卦理论的抽象性如何简朴稚嫩,我们都无法忽视《周易》符号体系和语言体系相互渗透而形成的独特的世界观、自然观和人生观,尤其是这部著作对后世的重大影响。

(二)从《周易》到《易经》

《汉书·艺文志》曰:"《易》道深矣,人更三圣,世历三古。"

"三圣""三古"之说简而言之,即上古时代,通天之黄河现神兽"龙马",背上布满神奇的图案,圣人伏羲将其临摹下来,并仰观天文、俯察地理,而做"八卦";商朝末期,姬昌被纣囚禁于羑里,遂体察天道人伦阴阳之理,重八卦为六十四卦,并作卦爻辞,即"文王拘而演《周易》";汉代,《汉书》认为孔子喜"易",感叹礼崩乐坏,故撰写《易传》十篇,即十翼。习惯上,将《周易》与《易传》合称为《易经》。

（三）"易"字的含义

关于"易"字的含义,主要说法有以下几种：

第一,"易"字,《说文解字》训为："易,蜥蜴、蝘蜓、守宫也,象形。"即"易"为蜥蜴之类,主取"变"之义。

第二,《说文解字》又引古书说"日月为易",象征阴阳。"易"字的殷墟甲骨文为🜚,取日出之时阴阳交变之义。也主于"变易"。

《周易》在古代文献中常被称为《易》,至西汉初年被列为经书之一,世人遂将《周易》与《易传》尊称为《易经》。而事实上,后世所作的《易传》和最初的《周易》相距近千年,合在一起多有不好理解之处,这也就是习惯上把《周易》和《易传》分开来解释的理由。也就是把十翼作为传,是对最初的《周易》的解读,这样就好理解多了。

当然,无论经与传,都以"易"为大义,而诸说纷繁,也莫过变易消息之理。

二、关于《易传》

《易传》是一部战国时期阐释《易经》的论文集,其学说本于孔子,具体成于孔子后学之手。《易传》共七种十篇,分别是《彖传》上下篇、《象传》上下篇、《文言传》、《系辞传》上下篇、《说卦传》、《序卦传》和《杂卦传》。自汉代起,它们又被称为"十翼"。

《易传》对《周易》的义理、象数以及卜筮作了详细的解释。一般认为，《周易》形成于西周前期，《易传》形成于战国后期，《周易》与《易传》之间相隔近千年。

需要说明的是，北宋欧阳修认为《易传》七种之间有抵牾之处，并非孔子一人所作。至于后世，疑古之风渐起，清代姚际恒所著《易传通论》与康有为的《新学伪经考》都认为《易传》并非出自孔子之手。20世纪二三十年代，钱玄同、冯友兰、顾颉刚、高亨、郭沫若等著名学者皆认为《易传》非孔子所作，顾颉刚则将《易传》成书年代推断为战国末期至西汉早期，唯有金景芳坚持认为《易传》乃孔子所作，而长沙马王堆墓穴中发现的帛书中，已有不少记载间接证明《易传》的作者或相关作者大致是孔子，虽然这还需要更多史料佐证，但如上文所说其学说本于孔子，具体成于孔子后学之手的说法是成立的。

《易传》使《周易》完成了从占筮之学到哲学的过渡。

《易传》的最大特点，便是沿袭了儒学刚健奋斗的基本精神，将"易"进一步提升为"天行健，君子以自强不息"，提到"一阴一阳之谓道"的形而上学的明确高度，赋予自然以人的品德，创造了一个完整的世界观。

《易传》讲的"天"，多指外在自然，并赋予外在自然的"天"以肯定性的价值和意义，并类比于人事，即具有道德性甚至情感内容的"天"。不同于工业社会，以农业生产为基础的人们，长期习惯于"顺天"，人们对天地自然怀有感激和亲近的情感。

《易传》把这种有深厚根基的"天人合一"的传统观念和情感，构造成一种系统，体现为"天地之大德曰生"。

这里所说的大地是外在的，却又具有道德品格和情感色彩。也就是说，中国传统文化中的天地，不仅是自然的天地，也是道德和哲理的天地，所谓"天行健，君子以自强不息；地势坤，君子以厚德载物"这种天人合一的精神，从《周易》开始，一直流传到今天。

三、怎样读《易经》

读懂《易经》之关键，在于把握两个观念、一种思维方式。两个观念即天人合一与阴阳，一种思维方式即象征思维。

（一）天人合一

所谓八卦就是八种卦象，在中国传统文化中与阴阳五行一样是用来推演世间各类事物之间的关系的工具。每一卦象代表一定的事物。乾代表天，坤代表地，巽（xùn）代表风，震代表雷，坎代表水，离代表火，艮（gèn）代表山，兑代表泽。八卦就像八只无限无形的大口袋，把宇宙中的万事万物都装进去，八卦互相搭配又变成六十四卦，用来象征各种自然现象和人文现象。

八卦的产生，是先民们观察自然的结果。所以，八卦的卦爻辞，一般认为是占卜者的占卜记录，其内容主要包括四种：①自然现象的变化；②历史人物、事件。③人事与行为得失。④吉凶断语。后来的解卦者也主要是揣摩这些卦爻辞所记录的具体现象，进而断定吉凶。

因而，无论是设卦的思维还是后来人解卦的思维或占卦的思维，其前提都是"天人合一"，天道、人道原本一致，人事与自然是相通的。因此阅读《易经》，必须贯彻天人合一的思想，才能得其精髓。如坤卦，坤属于地，而马驰骋于大地；坤卦性属于阴，故占断为"母马则吉"。《彖传》在解释坤卦卦辞时，自然也从大地这一自然现象入手，将大地的美好品德与君子应该遵循的原则相类比。《象传》同样遵循这样的思路，提出了"地势坤，君子以厚德载物"的伟大思想。

卦爻辞往往是就某一动态的事物进行描绘，占卜者根据卦爻辞所描绘的物像动态去体会卦理，感悟事理，获得人生或具体的行为指导。以八卦中的震卦为例，以雷声作比拟，说明人事。卦象是上下卦都是震卦，表明巨雷滚滚，连续相击，是强雷暴。卦辞就是在模拟人听到雷声之后的表现，虽然雷声令人恐惧，但因为行事者敬畏天象，小心谨慎，因而不用害怕，只要行动找到了适宜的法则，就能按计划进行，取得成功。

（二）阴阳

《易经》的思维方式其实是化繁为简，以简驭繁。易有三义，简易、变易、不易，而简易居首。阅读《易经》，从一个基本点开始，那就是阴阳，这是整个八卦和《易经》的立足点。六十四卦三百八十四爻，实际上就是由阴爻和阳爻这两爻的不同组合演化而成。

易经解释世间现象也是以阴阳两个基本概念为核心：天与地、日与月、前与后、男与女、刚与柔、动与静等。实际上，我们的先民是先用归纳推理的方式，将世间万事万物的特性加以抽象，最后归纳抽象成阴与阳这两个最基本概念，然后用这两个近乎宇宙模型的概念来解释世间万象。也正因为如此，复杂万象，在这里就变得简单了，变得明朗了，变得容易把握了。

（三）象征思维

就六十四卦的产生而言，应该是先有卦象，再有卦名，最后才有卦辞，因而，读懂六十四卦，也应该遵循这样的顺序：先是卦象，再是卦名，然后是卦辞。古人关于周易八卦的所有解释都从这里开始。

所谓卦象，就是指该卦的六画。而六十四卦是由八个基本卦所组成，所以卦象最终就落实到八个基本卦：乾卦、兑卦、离卦、震卦、巽卦、坎卦、艮卦、坤卦。在八卦的发明过程中，这八个基本卦，分别被赋予不同的象征意义，如"乾"象征天、圆、君、父、玉、金、寒、冰、良马等；"坤"象征地、母、布、釜、牛、黑等。这些象征就是所谓的卦象。八卦更有意思的一种组合是乾（父）坤（母）、震（长子）坎（次子）艮（少子）、巽（长女）离（次女）兑（少女），一幅和谐的大家庭画面，体现了古代中国以家庭为本位的理念，这其中的象征意义就更深远了。

四、《易经》与中国传统文化

（一）易象与中国传统文化的思维方式

象是《易经》的核心范畴。经过漫长的占卜历史，《易经》中的象已经过归纳、概括、整饰，既保留了物象的特性，又舍去了物象的偶然性、局限性，同抽象思维中的概念一样，具有极大的统摄力。

从根本上说，象是从观天测地的实践中抽象出来的，它有双重含义，其一是指事物的形象，其二是指象征、类比、比拟。在传统文化中，人们要把握事物的具体意义，往往借助于具体的形象符号来进行。这些形象符号都是古代人们思维的载体，思维的真正目的在"得意"，《易经》正是通过卦爻符号体系来阐发天道人事。易象这种以象示意、意象一体的特征与形象揭示对象内在本质和生命力的特征相通，只是易象是尽意的手段，得意可忘象，所谓意融于象，象合于意，它们是不可分割的整体。如果说《周易》采用象作为思维基本单位尚是顺应原始思维之流向自然而下，那么在《易传》中则从理论上明确肯定了这一基本原则。"言不尽意"故"圣人立象以尽意"，中国早期哲人清醒地看到了语言概念的局限性，"形而上者谓之道，形而下者谓之器"，在"道""形""器"三个层次中，《易经》既未以道体道，也未以器体道，而是从中层入手，由形生象，因象体道。具有更大的包容性、灵活性、生长性的象与其所传达的变化之道有更多的形式上的同构性，"神无方而易无体"，因而象可沟通道器，利于整体、动态地把握对象，使人于直观感悟中体道。但象的这种特性也阻碍了认识向精微、明晰、系统的方向发展，让其一直停留在混沌、宽泛的现象形态上。例如汉代的京房、郑玄等人就是利用《易经》中的筮卦，结合阴阳五行、日月星辰、四季物候的变化创立所谓互体、旁通、卦气、半象等象数模式体例，宣扬神秘的教条。

（二）易辞与中国传统文化的语言表达方式

易辞是易象的延伸和定型。卦爻辞编排齐整，颇有文采。

释象定占是易辞最基本的功能。六十四卦包含了当时人类社会生活的主要领域，卦爻辞便是当时政治观、经济观、伦理观、历史观、文化观的体现，中国传统文化中的许多价值观念、行为规范皆可溯源于此。易辞包含的哲理可以脱离其占筮体系而存在。故孔子感慨：不占而已；荀子深谙：大易不卜。

此外卦爻辞的主要功能是明象、尽言和表情，所谓"圣人之情见乎辞"。

第一，明象之言辞是象的延伸，亦带有象的特点，言辞所铸出的象乃是有生命的活体，而非僵死的概念。这与我国诗画艺术以自然为主题，托物抒怀、寓情于景的表现方式密切相关，也铸造了中国传统文化的各种形式（如哲学、美学、艺术理论）善用比喻、象征手法说明道理的特性。为使象的外延不被限制，王弼提出"得象在忘言"，言有言外之意、象有象外之意，言象皆为达意的工具。刘禹锡的"境生于象外"、司空图的"象外之象"的命题皆是此意，要求给人以暗示、启发，让读者于沉思默想中自得其意，既不道破，亦不限死，而是将读者引入完满恢宏的境界之中。

第二，易辞负有"尽圣人之言"的使命，在无事不卜的远古时代，卜筮者是传达神意的使者，自然出语十分慎重，因而构成《易经》的特定内涵和特殊文风。比如司马迁认为"文王拘而演《易》"把卦爻辞中时时出现的危世之言、警人之语、忧患之心、变革之义与创作《易经》者的际遇联系起来。《周易》中这种深沉的忧患意识渗透到中国传统文化之中，推动文人面向现实，忧国忧民，不平则鸣，有感方作。

（三）易数与中国传统文化中的逻辑

易数是易象流动的程序。易数来自筮占，筮占是占卜术的高级形态，标志着先民计数、运算和抽象概括能力的提高。"筮"促使数从物中抽象出来，《易传》所载筮法，已是一数一法皆具象征意义的精密体系了。比如著名的阴阳太极图，这个图案实际是以一点为起点、终点和中心而画成的，由一点向相反方向运转，而后由该点向外涵括最大限度的可能性，于是形成这个无所不纳的图案。它代表着一种整体的、系统的宇宙论的思维方式，既是宇宙图像，又是认识图解，还具有重要的美学意义，中国古典美学艺术孜孜以求的和谐便现于其中。

通过易数，《周易》还提供了一个以易象、易辞为质料，以易数为其运行轨道而构建的立体宇宙模型。此模型与宇宙图像同根同义，并且"唯变所适"。它广大悉备，有天道焉，有人道焉，有地道焉，皆一体所生，一道所化，贯以一理。天地人三才并立，天有天文、地有地文、人有人文，这种将人文与天地造化之功并列的广视角、全方位的观念，使人的创造物有了本体论意义，形成一个天地人协调共振的诗意盎然的宇宙观。中国智慧从未放弃过谋求社会与自然、精神与自然、个人与自然的和谐统一。

《周易》象的思维在后来的发展中突破了一物一象、单一对应的象数比拟模式，形成了象外生象、触类变通、互为变卦的卦象推导模式。《周易》六十四卦有十二个特殊卦象，它们的刚爻与柔爻有序排列而不相错杂。这就是"复""临""泰""大壮""夬""乾""姤""遁""否""观""剥""坤"，从这十二卦象看，阴阳柔刚变化很有规律，前六卦是阴爻逐渐增加，后六卦则相反，正是根据这一刚柔相长规律，《易经》把它与一年十二个月联系起来，认为这十二卦是刚柔消长的天道运行的盈虚反映。进一步讲，事物的变化发展过程和天道运行一样，是刚长柔消、柔长刚消、刚柔相互消长的过程。这是自然界和社会变化的客观规律。对阴阳消长之规律，人们只能认识它，顺应它，利用它。

这种流动的顺序也是易学专门研究的一个重要问题，即卦序。道行的排列顺序是乾为首，坤为次，终于未济卦。六十四卦体系，是一个将天地万物、男女社会都化作一个时间进程的体系。在这个体系中变化的象本质上具有一种时间上的流动美。从美学和艺术角度来看，它标志着艺术形象应有强烈的顺序感、节奏感、韵律感。从哲学上看，这种卦序，是《易经》通过顺序逻辑思维的结果。具体体现为以下两点。

其一，对立与统一。如"二二相耦"，即每两卦为一对，互相配合。这种配合有两种方式：一是覆，即二卦颠倒如屯与蒙、需与讼；二是变，即卦象六爻皆相反，如乾与坤、复与离。非覆即变这两种结合方式也叫反对方式。

其二，抽象与具体。从逻辑上看，从抽象到具体是思维把握认识对象的逻辑过程的一个阶段，从抽象的思维上升为具体的思维，才能从孤立的、个别的规定上升为许多规定的综合、多样的统一，这个过程就要遵循客观的逻辑顺序。可以肯定，《易经》正是从两个基本的哲学概念——阴与阳出发，以其为逻辑起点推演出了万事万物及其变化与规律，其基本的逻辑走向是化繁为简。所谓"易简而天下之理得"。所以，《易经》的简，不是简单的简，而是简易的简，是简约的简，是以简驭繁的简，是在对世间万象作了归纳抽象之后的简，实际上是一种数学的简。

（四）易理与中国传统文化的哲学境界

易理，即易学的基本原理，也是对《易经》哲学的概括和总结。"易一名而含三义，所谓易也，变易也，不易也"，这个解读在易学史上影响很大。具体而言，"易"可以理解为"简易"，源自"乾以易知，坤以简能"；"变易"源自"生生之谓易"；"不易"则是"其要无咎""守中"的结果。易之三义也构成了著名的阴阳太极图，一个包含无限变化的圆圈。"易"中之"易"、"易"在"周"中，郑玄所说的"《周易》者，言易道周普，无所不备"正是此意。千变万化而不逾矩，包含无限可能性而又殊途同归，将对立矛盾不露痕迹地统一于和谐，正是易理的要义。

一是大道至简的哲理。宇宙人生，万象纷纭，《易经》以八卦符号构成体现大道运行的模型，抓住本质规律，并简洁、形象地表现出来，成为后世艺术的楷模。中国绘画简单生动的线条、墨色为主的色彩，中国书法空灵动荡的意境、纵逸多姿的笔法，皆体现易简的妙韵。"朴素而天下莫能与之争美"，中国美学总是把朴素、简淡、平易置于上品之列，所谓"删繁就简三秋树"。

二是生生之谓易的变易哲理。这样一种由变易而致中和的发展观，成为中国传统文化的主要特点，其阴阳对立统一的辩证思想已十分纯熟。具体来说：第一，生生之谓易。"乾坤成列而易立乎其中矣"，天地定位，变易不息，这种变易是"天地感,而万物化生"的自然过程。《易经》以阴阳交感的泰卦表达对"变易"的推崇,远古生殖文化在《易经》中升华为生命哲学。自然、社会、人生在"生生"的基础上统一起来,"生生之谓易""日新之谓盛德",生命气息遍及宇宙,阴阳刚柔推移变化、感应化生的过程无时无刻不在继续。第二,一阴一阳之谓道。这个命题含有四个方面的意义。其一是注重阴阳消长的过程;其二是注重阴阳互相渗透、刚柔交错而产生变化;其三是注重万事万物一分为二、合二为一,可以说《周易》的变化就是这样一分为二、合二为一的生生不息的变化过程;其四是阴阳两极相通,和谐相融为一个统一体。第三,不易。"善为易者不占","善为易者"致力于把握《易经》所揭示的"理"——即不变的规律。《易经》的这种不易观体现了它对规律的看法。

奠基于上述生命哲学上的变易观必然会走向中和。对于个体,中和既是生命健康成长的前提,又是心灵安宁畅舒的保障,对于中国传统文化而言,中和既是表现的对象又是追求的目标,中和成为中国传统文化的重要原则。乾卦,这是周易中分量最重的卦,明确地表明中和既是生命的原理,又是事物稳定的基础。"乾道变化,各正性命,保合太和,乃'利贞'"即是说"太和"是天地大化流行的根本,这正是《易经》的宗旨。

《易经》的占筮体系将中和予以定位,从而进入"不易"阶段,把矛盾对立而相济达到"和"的这一相对静止状态固定下来。其结果有两种,一方面,"执中"以求"无咎",于是在变易阶段展示辩证规律、生机勃勃的《易经》哲学到不易阶段则显示出"阴阳家使人拘而多畏"的底色来,由刚健有力走向消极守成,甚至沦为卫道工具。另一方面,许多人也在文化发展的历史中,不断地突破《易经》占筮体系框架,把哲理内容彻底解放出来。这个发展过程集中体现了儒家对《易经》的改造,形成了影响深远的"中和"哲学。

《易经》中的易理哲学不仅影响到文学、艺术、道德、宗教,而且也影响了中国传统的科学思想,揭示了一些朴素的科学原理和方法论原则。如宇宙生成论、感应论、循环论等，构成了《易经》中包含的宇宙观。

（五）易德与中国传统文化中的道德理想

《易经》是以天人关系来论证伦理道德的内容与意义的，这对中国传统文化影响很大。《说卦传》中道："是以立天之道曰阴与阳，立地之道曰柔与刚，立人之道曰仁与义。兼三才而两之，故《易》六画而成卦。"可见，天地人既是构成客观世界的实在内容，也是易卦形成的主要依据。可以说，这是一种从道德角度建立起来的天人宇宙的模式。其中值得注意的是，在这一部论述天地人及其相互关系的典籍中，大部分内容是重人道。八卦是三通卦，上爻代表天，下爻代表地，中爻代表人。六十四卦是六爻制，初爻、四爻表地道，二爻五爻表人道，三爻、上爻表天道，《易经》特别看重二、五爻位，"二五得中"，把人道放在中心位置。说明同天地相比较，《易经》更重视人事，重视人的主观能动性的发挥。而这种思想最突出地体现在人的伦理道德关系上。

第一，《易经》的理想人格设计。《易经》强调以人为本的道德实践，希望通过实践达到一种至善美，获得超越自我的理想人格。要达到这一理想，要求人们在道德修养中以知行合一为修养原则，以自强不息为精神动力，所谓"天行健，君子以自强不息；地势坤，君子以厚德载物"，对天地来说，自强不息与厚德载物是自然本源，但对人来说，则非自然本源，人只有通过道德修养才能顺天应人，天人合一。

第二，《易经》还提出许多塑造完美人格、完善人生的途径与方法，提出理想的道德品质，涉及人生各方面。六十四卦中有二十九卦谈到君子的德行修养问题。举几卦为例：

乾卦：天行健，君子以自强不息。

坤卦：地势坤，君子以厚德载物。

蒙卦：山下出泉，蒙；君子以果行育德。

大有卦：火在上天，大有；君子以遏恶扬善，顺天休命。

恒卦：雷风恒；君子以立不易方。

大壮卦：雷在天上，大壮；君子以非礼勿履。

晋卦：明出地上，晋；君子以自昭明德。

益卦：风雷，益；君子以见善则迁，有过则改。

升卦：地中生木，升；君子以顺德，积小以高大。

艮卦：兼山，艮；君子以思不出其位。

渐卦：山上有木，渐；君子以居贤德善俗。

既济卦：水在火上，既济；君子以思患而预防之。

由上述的卦辞我们看到：第一，卦象大都以天道附会人事，以天德类比人德。所谓顺天应人是也。这样一种道德观的理论基础是用类比、联想的方式表现出来的。第二，卦在处理具体问题时，依然强调以人为中心的道德实践，强调人的主观能动性，可以说，许多卦之所以有指导意义，是因为它是"警卦"——警戒人们不要逾矩，才能获得成功。第三，这种道德观对我国的传统道德理想，特别是儒家思想影响重大。易德把仁义看作元德，是最大的善，所谓"立人之道曰仁与义"，上述《易经》的卦德，以及文王的泽及髐骨，孔子的老安少怀，孟子的苛政猛于虎，等等，都是仁义表现，爱人之举。这种由"仁民而爱物"，使仁心扩展到宇宙万物的升华，是典型的情感体验，即由自我而非我，由爱人而爱物，使仁心具有了普遍的意义。这是尽善尽美的道德标准。

第三章
道家与中国传统文化

春秋时期，随着封建经济的产生和壮大，无神论思想逐步兴起，中国古代社会进入了一个思想自由解放的时代。尤其是当时的知识分子的思想十分活跃，过去"学在官府"，现在知识分子纷纷办起了"私学"，学术下移到了民间。各种学派在民间兴起，开始出现了"百家争鸣"的局面。春秋末年至战国初年已形成了道、儒、墨三大学派，名家、法家等学派也在酝酿形成之中。以老子为代表的道家就是在这样的背景下产生，并建立了第一个以"道"为核心的新哲学思想体系。由此可见，老子道家思想的产生，完全基于时代需要。东汉班固的一段论述最能体现道家思想的宗旨："道家者流，盖出于史官，历记成败存亡祸福古今之道，然后知秉要执本，清虚以自得，卑弱以自持，此君人南面之术也"（《汉书·艺文志》）。意思是说：道家这个流派，是出于古代的史官。他们持续记载成功失败、生存灭亡、灾祸幸福、古今的道理，知道秉持要点把握根本，守着清静无为，保持谦虚温和的态度，这就是治理国家的方法。

具体来讲，道家在新旧思想展开激烈争斗，并充满矛盾的现实社会中，旁观政治和人与人之间的关系等问题，取"无为而治"的态度，并把这种态度作为处世的原则和方法。道家认为,从这种态度衍化出来的"贵柔守雌"的方法可以使人获得最大的成功。

一、老子的哲学

道家哲学以老子哲学和庄子哲学为代表,合称老庄哲学。

老子(约公元前571—前471年),籍贯多有争议,《史记》等文献记载老子出生于楚国或陈国。老子曾为东周守藏吏,即管理图书典籍的官吏。他的著作后世称《道德经》,分为道论和德论,试分而论之。

(一)道论

"道"是老子哲学的最高概念,老子认为它是宇宙万物产生和存在的基础,没有"道"也就没有宇宙万物乃至人类的一切。因此老子所开创的学派被称之为道家学派。那么什么是道?道是怎样一种存在?道具有哪些性质?这些问题对老子哲学来说都是至关重要的问题。

1.道是宇宙的本原

"有物混成,先天地生。"(《道德经》第二十五章)是说道存在于天地万物之先,天地万物皆是由道产生的。道产生万物就像母生子一样,又像树根生出树枝一样,所谓"玄牝之门,是谓天地根"(《道德经》第六章)。道生出万物又是一个逐渐演化发展的过程,所谓"道生一,一生二,二生三,三生万物。万物负阴而抱阳,冲气以为和"(《道德经》第四十二章)。这里的一、二、三,老子并没有明确说明,但从他说的"万物负阴而抱阳,冲气以为和"来看,"二"应指阴、阳二气,"三"应是阴阳二气相互作用产生的和谐之气,阴阳和谐之气(可称"和气")生成万物。而"一"似应是指阴阳未分化之气,也就是说道是阴阳未分化之气的统一体。这就是老子的宇宙本源说和宇宙生成说,也是中国哲学史上的一次革新创举。

2.道是天地万物运动变化的规律、规则

道是天地万物运动变化的规律、规则的特性,在《道德经》中也被称为"常"。

（1）"独立不改，周行而不殆。"（《道德经》第二十五章）道自己运动，不受其他事物左右，它的运动轨迹是圆周运动。

（2）"反者，道之动。"（《道德经》第四十章）道是运动的，而且经常是向相反方向运动，这是道的运动法则。所谓"大曰逝，逝曰远，远曰反"（《道德经》第二十五章）。道的周行可以理解为循环运动，但老子又强调一个"反"字，反有往返、回复运动之义，可以看作哲学上否定之否定规律的萌芽。

（3）"弱者，道之用。"（《道德经》第四十章）道的作用或者说道的功能是柔弱的，然而在道家看来，道虽然柔弱却能战胜一切最坚强的东西。这里的柔弱泛指柔软、温和、弱小，坚强泛指坚硬、强硬、强大，与现代的柔弱与坚强有一定区别，后文的刚强与坚强类似。"天下之至柔，驰骋天下之至坚。"（《道德经》第四十三章）天下最柔弱的东西，能够穿透天下最坚强的东西，犹如柔弱的水一样，"天下莫柔弱于水，而攻坚强者莫之能胜。"（《道德经》第七十八章）水的性质与道的性质相类似，虽说柔弱，但一旦爆发起来却有无穷的力量。道性质柔弱而能量无穷无尽。

（4）《吕氏春秋·不二》称"老聃贵柔"。这一评语是符合老子的思想的，老子认为"弱者道之用"，认为只有柔弱才能战胜坚强。因此，作为圣人来说也应体现道的这一柔弱的性质。老子用婴儿和草来类比，表达他"贵柔守雌"的思想："人之生也柔弱，其死也坚强。万物草木之生也柔脆，其死也枯槁。故坚强者死之徒，柔弱者生之徒，是以兵强则灭，木强则折，强大处下，柔弱处上。"（《道德经》第七十六章）就是说，不论人体还是草木，坚强了反而会走向死亡，只有柔弱才真正具有生命力。自然界和人类社会中确实存在着这样的现象。初生的婴儿，虽说柔弱，但最富有生命力；初生的树木花草，虽说幼嫩，但生命力亦是最旺盛的。以此老子提出了"贵柔"的思想。

然而，在社会斗争的现实中，柔弱的力量是很难与强大的力量作较量的。因此要做到柔弱胜刚强，就必须要研究斗争的策略、斗争的方法，而绝不能与强大的力量作硬拼的斗争。老子研究并提出了一套以柔弱胜刚强的斗争策略，归结起来主要有以下几点：

第一，"不敢为天下先，故能成器长。"（《道德经》第六十七章）老子主张不论政治斗争和军事斗争，都应该采取"后发制人"的原则，认为只有"不敢为天下先"，才能"成其先"，这就是所谓的"以守为攻"策略。《庄子·天下篇》说：老子"人皆取先，己独取后"。确实，老子主张"后"而不主张"先"。他反对先发制人，反对冒进的做法。老子用古代兵家的话说："用兵有言，吾不敢为主而为客，不敢进寸而退尺。"（《道德经》第六十九章）这即是说，在作战中我不敢进攻而可防守，不敢前进一寸而可后退一尺。因此，老子极力主张在战争中要采取小心谨慎的态度，坚决反对轻敌盲动的做法。他说："祸莫大于轻敌，轻敌几丧吾宝。"（《道德经》第六十九章）这里所说的"宝"就是指的"不敢为天下先"的这一原则。老子这种"不敢为天下先，而能成其先"的策略，主张谨慎小心，反对轻敌盲动，是有其合理之处的。

第二，"将欲取之，必固与之。"（《道德经》第三十六章）。老子认为要做到"柔弱胜刚强"，必须忌硬拼，而应采取迂回曲折的方法。他说："将欲歙之，必固张之。将欲弱之，必固强之。将欲废之，必固兴之。将欲取之，必固与之。是谓微明，柔弱胜刚强"（《道德经》第三十六章）。收敛张开、强弱、废举、取予，本来它们都是相反的东西，然而又都是可以相成的。要想收敛它，就要先扩张它；要想削弱它，就要先加强它；要想去除它，就要先增强它；要想夺取它，就要先给予它。这就像钓鱼要用鱼饵一样。这种相反相成，促使事物转化的思想包含着深刻的辩证法。老子把这些辩证的道理叫作"微明"（微妙的智慧）。老子认为根据这些"微明"的道理办事，就可达到"柔弱胜刚强""无为无不为"的目的。

第三，"曲则全"。老子认为虫子尚知以屈求伸，进而前行，所以为人处事也应采取以曲求全、以屈求伸的策略。

所谓:"曲则全,枉则直,洼则盈,敝则新,少则得,多则惑。"(《道德经》第二十二章)只有曲、枉、洼、敝、少,才能达到全、直、盈、新、得。这就是所谓"能屈能伸""曲能成全"的道理。正由于能曲,所以才能成全。相反而相成,"持而盈之,不如其已,揣而锐之,不可长保。金玉满堂,莫之能守。富贵而骄,自遗其咎。功遂身退,天之道也"(《道德经》第九章)。老子深知"物极必反"的道理,为了防止事物向坏的方面转化,他极力反对走极端,反对任何过分的行为。他认为盈满了反而不如不盈满为好,过分显露锋芒反而不能长保,金玉满堂反而不能守住,富贵而骄傲反而会给自己留下祸根。因此功成名就了就当隐退。他主张为了能最终成就大业,必须常常使自己处于韬光养晦的状态。就像锥处囊中,不到关键之处不要破囊而出。所以老子总是告诫人们要守雌、处垢,以贱为本、以一为基,要懂"韬晦"之术,只有这样,才能成就大业。

(二)德论

《道德经》中的德就是按照道去做并从中得到的启发、好处,正所谓得道多助。那么,怎样才能得道,老子提出了朴素、谦下、无为的"返璞归真"的理论。

老子认为朴素、谦下是圣人的美德。圣人是体现了宇宙本原——道的德性的,而道的德性就是无为无欲、朴素处下的,因此圣人也应是敦厚朴实、谦虚处下的。老子反对轻薄浮华,主张"见素抱朴""处其厚而不居其薄,处其实而不居其华"。老子特别反对浮夸骄傲,主张谦虚处下,"被褐怀玉"。老子说:"自见者不明,自是者不彰,自伐者无功,自矜者不长。"(《道德经》第二十四章)又说:"贵以贱为本,高以下为基。是以侯王自谓孤、寡、不谷。"(《道德经》第三十九章)这就是说,骄者必败,骄者无功,谦虚才是人类最大的美德。所以侯王自称"孤、寡、不谷",意思是谁不以谦下为根本,而去追求虚伪的表面上的浮夸和荣誉,谁就会成为孤家寡人,甚至最后会吃不上饭饿死。

老子认为"无为"才能"无不为"。其含义有三:一是不妄为,也就是要了解事物的规律规则,不能瞎折腾,所谓

"不知常，妄作，凶"（《道德经》第十六章）。二是不多为，想要有所为，必有所不为，做事要抓住重点，抓住事物的主要矛盾集中精力加以解决。三是要顺势而为，也就是了解事物发展的自然趋势，顺其自然，用无为的方法才能达到无不为之结果，即"无为而治"。

二、庄子的哲学

庄子（约公元前369—前286年），名周，宋国蒙人。一说蒙地在今河南省商丘市东北，一说蒙地在今安徽蒙城。庄子曾做过蒙漆园吏，常与名家大师惠施交游。庄子家贫，曾贷粮于监河侯，但不愿做官从政。相传楚威王"闻庄周贤"，曾派使臣"厚币迎之"，并"许以为相"，但遭到了庄子的拒绝。庄子学问渊博，"其学无所不窥。然其要本归于老子之言"（《史记·老庄申韩列传》）。庄子的思想是直接继承了老子、列子的思想而来的。

庄子是先秦道家中除老子之外最重要的人物，他的思想影响很大。《庄子·天下篇》中说："独与天地精神往来，而不傲倪于万物，不谴是非，以与世俗处。"第一句讲"神游"，后几句讲处世不辨是非。又说："上与造物者游，而下与外死生无终始者为友。"上逍遥于物外，下不谴是非与世处。简言之，庄子的思想主要讲的就是"齐物"（齐万物、齐是非、齐生死）、"逍遥"四个字。也就是说，用齐万物、齐是非、齐生死的方法来追求"逍遥游"的精神自由。庄子既不同于老子偏重政治，也不同于杨朱偏重形体生命，而与列子相类，强调的是自我精神的自由飘逸和宁静，在于怡养精神，获得精神的"逍遥"自在，而不为外物所累。

（一）齐万物

庄子认为事物的性质都是相对的，没有确定的本质区别。例如，他说细小的木头和粗大的屋柱，丑的和美的，生和死，等等，从道的角度来讲都是无差别的。所谓事物的异同，完全是主观的。他说："自其异者视之，肝胆楚越也；自其同者视之，万物皆一也。"（《庄子·德充符》）他认为，认识者如果从差异的方面去看，即使像肝胆这样在统一体中的内脏，也会像楚国和越国那样相距遥远而差异颇多；但是认识者如果从相同的方面去看，也可以说万物都没有差别。他说："以物观之，自贵而相贱""以差观之，因其所大而大之，则万物莫不大；因其所小而小之，则万物莫不小"。（《庄子·秋水篇》）他认为观察事物的角度不同，采取的标准不同，会得出不同的结论。因此，贵和贱、大和小都是相对的。

唯物辩证法承认事物的贵和贱、大和小都是相对的，事物的贵和贱、大和小是相比较而存在的，在一定条件下是可以转化的，但这是以它们的对立（区别）为前提的，对立是绝对的，统一是相对的、有条件的。庄子否认事物之间的绝对对立，把事物之间的区别或对立都看成是相对的。

（二）齐是非

庄子还认为，人的认识能力也是相对的，根本不存在客观的标准。在《庄子·齐物论》中，他举了不少例子论证这一点。他说，人睡在潮湿的地方会得腰痛病，难道泥鳅也这样吗？人爬到高树上会感到害怕，难道猴子也这样吗？那么，人、泥鳅、猴子三者，究竟谁算是知道恰当的住处呢？又说，毛嫱、丽姬（古代传说中的美人），人认为她们是美的，可是鱼见了她们吓得钻进水底，鸟见了她们吓得高飞，麋鹿见了她们赶快跑开。那么，人、鱼、鸟、麋鹿四者，究竟以谁的尺度作为衡量美与不美的标准呢？庄子得出的结论是："自我观之，仁义之端，是非之涂，樊然淆乱，吾恶能知其辩？"他认为是非是一团混乱的，人的认识是无法判断它的，要获得正确的认识是不可能的。"庄周梦蝶"的寓言，就是相对主义的体现。寓言说："昔者庄周梦为蝴蝶，栩栩然蝴蝶也，自喻适志与！不知周也。俄然觉，则蘧蘧然周也。不知周之梦为蝴蝶与？蝴蝶之梦为周与？"（《庄子·齐物论》）意思是说：以前庄周做梦，在梦里自己化成一只蝴蝶，拍着翅膀飞着，多么愉快和惬意啊，不知道自己原来是庄周。突然间醒过来了，怪得很，自己仍然是庄周！不知道是庄周在梦里化成了蝴蝶呢，还是蝴蝶在梦里化成了庄周呢？庄周认为这是无法判断的。因为一切事物质的区别都是相对的。在庄子看来，可以把白说成黑，把死说成生。例如，庄子说："方生方死，方死方生；方可方不可，方不可方可。"（《庄子·齐物论》）他把生和死、可以和不可以之间的转化看成是无条件的，从而否认事物之间的质的稳定性和区别，得出"是亦彼也，彼亦是也；彼亦一是非，此亦一是非"（《庄子·齐物论》）的诡辩论的结论。按照庄子的观点看来，生也可以说是死，死也可以说是生。此方，从彼方看来，它就是彼方；彼方，从它自己来看，它就是此方。彼有彼的是非，此有此的是非。总之，"万物齐一"，毫无差别。庄子的相对主义否认事物之间质的差别，否认认识事物的客观标准，必然走向不可知论。庄子不仅提出不可知论，并且进行了论证。如他说："吾生也有涯而知也无涯，以有涯随无涯，殆矣！"（《庄子·养生主》）意思是说，人的生命是有限的，而要认识的事物是无限的，所以用有限的生命去认识无限的事物是不可能的。在这里，庄周看到了个人认识的有限性和认识对象的无限性之间的矛盾，在两千多年前能提出这个矛盾是难能可贵的，它从反面表现了庄周思考问题的深刻性。

庄子看到认识主体与认识客体之间的矛盾，然而他无力解决这些矛盾。《庄子·秋水篇》记载的庄子和惠施在濠梁上关于"鱼儿是否快乐"的辩论就可证明这一点。

庄子与惠子游于濠梁之上，庄子曰："鯈鱼出游从容，是鱼之乐也。"惠子曰："子非鱼，安知鱼之乐？"庄子曰："子非我，安知我不知鱼之乐也？"惠子曰："我非子，固不知子矣，子固非鱼也，子之不知鱼之乐，全矣。"庄子曰："请循其本。子曰：'汝安知鱼乐'云者，既已知吾知之而问我，我知之濠上也。"

这就是有名的"濠梁之辩"。庄周和惠施辩论"鱼儿是否快乐"，当然这是毫无意义的诡辩。然而他们却以辩论的方式涉及了认识对象、认识能力、认识标准、认识主体和认识客体的关系等一系列问题。

按照惠施的逻辑："你不是鱼，怎么能知道鱼儿是不是快乐呢？"也就是说，主体不是客体，所以主体不能认识客体，认为认识主体和认识客体之间有不可逾越的鸿沟，是一种不可知论。在这里庄子否认事物之间质的区别，否认事物是客观的真实的存在，否认认识的客观标准，认为一切事物都以"我"的感觉为转移。因为"我"在这里游玩得快乐，所以知道鱼儿是快乐的。可见，庄子认为，"我"觉得世界是什么样的，它就是什么样的。

唐朝诗人白居易在谈到"濠梁之辩"时，写了一首诗进行评论。诗曰：

濠梁庄惠谩相争，未必人情知物情。

獭捕鱼来鱼跃出，此非鱼乐是鱼惊。

白居易认为，"濠梁之辩"是庄周和惠施在抬杠，因为人情和物情是两回事，各不相干。比方鱼儿跃出水面，是水獭在追，这哪里是鱼乐，而是鱼惊。鱼游于水，是鱼的本能的活动，无所谓乐与不乐的问题，硬用人的喜怒哀乐去理解鱼，这只能是诡辩。

（三）齐生死

庄子用相对主义的观点来解释人间世事，在生死问题上也是如此。庄子说"劳我以生，佚我以老，息我以死"，把死亡看作是一种休息来消除死亡带来的恐惧与痛苦。人们把死看成是最大的不幸和痛苦，而他通过把"生"和"死"看成是没有严格界限及质的区别，从而达到解除痛苦、消除恐惧的目的。在《庄子·至乐篇》中有个"庄子鼓盆"的寓言故事，就表现了庄子的这种精神。

庄子妻死，惠子吊之。庄子则方箕踞鼓盆而歌。惠子曰："与人居，长子、老、身死，不哭，亦足矣，又鼓盆而歌，不亦甚乎？"庄子曰："不然，是其始死也，我独何能无慨？然察其始而本无生，非徒无生也，而本无形；非徒无形也，而本无气。杂乎芒芴之间，变而有气，气变而有形，形变而有生，今又变而之死，是相与为春秋冬夏四时行也。人且偃然寝于巨室，而我嗷嗷然随而哭之，自以为不通乎命，故止也。"

意思是说，庄子的妻子死了，他的好友惠施来吊丧。看见庄子分开双腿像个簸箕一样坐在地上一边敲着瓦盆，一边唱着歌。惠施很生气地对他说:"你妻子同你结发共同生活这么多年,给你生儿育女,直至老了、逝去,你不悲不哭就很过分,还要敲敲唱唱,不是太过分了吗?"这时,庄子说:"你说错了,我妻子刚死时,我怎会不悲哀呢?可是现在我想通了。其实啊,一个人本来就无所谓有生命,非但没有生命,连形状也没有;非但没有形状,连气也没有。混杂在混沌迷茫之中,慢慢产生了气,气又聚成了人形,有了形体才有了生命。现在人死了,只不过是恢复了原来的样子罢了,这就像春夏秋冬四季循环一样。现在我妻子不过是寝于天地之间,我要是还在旁边号啕大哭,那就是太不通达于天命了,所以我不哭了。"庄子在这里用朴素的观点来解释生与死的关系,他"以死为大乐"的说法,虽然有些诡辩色彩,但面对死亡的豁达胸襟,却是有积极意义的。

(四)逍遥游

庄子看到自由和客观条件的矛盾,但他不是去积极地认识和改造客观条件,争取获得自由,而是寻找消除条件的无条件的精神自由。

庄子谈到人和自然界的关系时,认为人的一切努力都是多余的。他说:"日月出矣,而爝火不息,其于光也,不亦难乎?时雨降矣,而犹浸灌,其于泽也,不亦劳乎?"(《庄子·逍遥游》)意思是说,自然界已经有了日月照明,可是人们点的火把还不熄灭,(与日月争辉)这对于光来讲,不是太难为它了吗?适时的雨已经下了,可是人们还要灌溉,这对于湖泽来讲,不是太劳累了吗?他认为,人们在自然界面前的一切作为都是多余的,人们只能听从"天"和"道"的摆布,充当自然的奴隶,人在现实社会中是毫无自由可言的。他在《逍遥游》中说,大鹏展翅飞翔,要靠大风和长翼的帮助,人行千里,要带够三个月的粮食,这种需要依靠的生活,不能说是自由的。传说中的列子能轻妙地乘风飞行,并能飞半月之久,这与一般人相比算是自由的了;但是列子也是有风才能飞,如果没有风,也就不能有这样的自由了,而且,他所去的地方也仍然是有限的。在庄子看来,即使是列子这样也不能算是自由的,因为列子也是要依靠一定的条件("有待");他认为,真正的自由，应该是不依赖于任何条件（是"无待"）的。庄子认为，要得到绝对的自由，不仅要消除一切外界条件的约束，而且要摆脱自身肉体的束缚。他理想的绝对自由的人是"至人无己，神人无功，圣人无名"。他认为"至人"不感到自己存在，"神人"没有任何作为，"圣人"不计较毁誉，因而在精神上是绝对自由的。他在《大宗师》中所推崇的"真人"是"其寝不梦，其觉无忧，其食不甘，其息深深。真人之息以踵，众人之息以喉"（《庄子·大宗师》）。他认为这才是"真人"所表现的绝对自由状态。这是克服了"有己""有待"，所达到的"无己""无待"的绝对无条件的精神自由。他说："堕肢体，黜聪明，离形去知，同于大通。此谓坐忘。"（《庄子·大宗师》）所谓"坐忘"，就是彻底地忘，不仅忘掉一切客观事物，而且要忘掉自己的肉体，甚至去掉一切认识活动。他认为，如果彻底忘掉人与物、人与人之间的一切差别、界限，那就能达到与天地万物浑然一体的神秘的精神境界，且在这种神秘的境界中获得自由。

三、道家思想与中国传统文化

（一）道家与哲学

自中国传统文化进入古代第一个繁荣时期即春秋战国时期以来，儒、道两家文化就成为我国两大主流文化。春秋战国时代是百花齐放、百家争鸣的时代，产生了众多学派和学说，有所谓六家之说（儒、墨、名、法、阴阳、道六家），亦有所谓九流之说（六家再加纵横家、杂家、农家），然其中在意识形态领域影响最大，起到主导作用的则是儒、道两家。中国传统哲学中的许多重要概念范畴都出自道家，道家对中国传统哲学的每个重要阶段都有深刻影响。

1. 儒道互补和中国传统哲学的性质

儒、道两家思想在中国传统文化中犹如鸟之两翼、车之两轮，是缺一不可的，两者之间起到了互相补充、互相促进的作用。中华民族传统文化的这种互补的格局，是由儒、道两家自身的思想特征所决定的。

在我国历史上，儒道互补的格局大致表现出这样两种形态：一是儒道两家思想之间互相渗透、互相吸取，以丰富完善各自的思想；二是儒道两家各自以救弊的形式出现，互相揭露和批评对方的弊端，克服对方的偏颇，在历史上形成儒道两家互补的过程。

儒道两家思想的互相渗透、互相借鉴，在我国历史上表现得尤为明显。一般来说，道家学派主要是吸收儒家的伦理道德学说（如仁义、礼义等），以增加人文方面的内容；儒家学派主要吸取道家的宇宙生成论和宇宙本体论，以及潜静寡欲的养心学说等，以充实自然哲学方面的内容，为自己的伦理学说提供自然哲学基础。

儒道两家思想的融合，最早可追溯到儒道两家的创始人老子与孔子的交往。据记载，孔子曾问礼于老子，老子告诫孔子要"去子之骄气与多欲，态色与淫志"。从这段记载看，老子并不否定传统的礼义，郭店竹简中的《道德经》更证明了这一点。至于孔子的谦虚好学似也与老子的告诫有关。《论语》中所讲的"君子无所争"和歌颂尧之"无为而治"等，想必也很可能是受到了老子思想影响的结果。之后儒学大师孟子和荀子两人，亦较多地吸取了道家的思想。

2."究天人之际"的中国传统哲学与道家哲学

天人之学实际上就是探究自然与人类的关系。中国哲学的一大特点是主张"天人合一"之说（当然中国历史上亦有少数思想家主张天人相分），这是中国哲学的一大传统。道家的"天人合一"说，是站在自然的层面上主论的，与儒家重人文不同，道家尤重自然（自然界和自然人），带有自然主义的倾向。正由于儒道两者在天人问题上各有所重：儒家重人为、人事，重人文道德，教人如何做人；道家重自然、重宇宙的演化学说，教人如何效法自然。以此使得二者在理论体系上也相辅相成，互为补充。

（二）道家与艺术

老子、庄子是道家的著名代表，也是中国古代思想家中独具特色的人物。老子被孔子称为一条神秘莫测的"龙"：

鸟，吾知其能飞；鱼，吾知其能游；兽，吾知其能走。走者可以为罔，游者可以为纶，飞者可以为矰。至于龙，吾不知其乘风云而上天。吾今日见老子，其犹龙耶！

这是孔子和老子谈了一次话后发出的赞叹，也是对老子哲学中那种超越感觉经验，博大高远、幽渺莫测的谈话和思维方式的形象说明。

与做史官的老子的哲学气质相比，庄子倒更像一个艺术家。一是经历像。随着宋国的衰颓，庄子逐渐穷困潦倒，而痛苦和贫穷，有时正是催化艺术的酵母。二是修养像。庄子是个博学多才的人，是中国历史上学识非常丰富的哲人和艺术家之一。三是水平像。庄子的艺术水平不仅表现在他的艺术理论上，更表现在他丰富的艺术想象和汪洋恣肆、恢诡谲奇的文笔上。虽然从作品上讲，庄子只有文学作品，但我国的绘画、雕塑、音乐、戏曲等艺术门类的艺术史几乎都会提到庄子的名字。

如果我们从艺术的角度来看待道家的话，道家的艺术是一种无神的艺术，是一种返璞归真、追求自然之美的艺术，是一种重灵感、重天机、重精神内涵的艺术。

让我们来看一看道的艺术的具体表现吧！

道的艺术，是一种无神的艺术。道家亦把道作为天地的来源。但无论有多少种含义，道不是神，不是某种精神实体，从两周以来盛行的天命观被道家涤除。所以，道的艺术理所当然是一种无神的艺术。这种理性精神是中国艺术的显著特点之一：艺术中的哲学和美学色彩远远超过宗教色彩。

道的艺术，是一种返璞归真的艺术。道家以对历史的冷静观察，极为深刻地看到社会的进步带来的许多阴暗和丑恶的东西，所谓"五色令人目盲，五音令人耳聋"。道家认为艺术也应像自然一样，天然素朴，无知无欲，这样的艺术才是道的艺术。所以，道的艺术不需要华丽的语言（信言不美，美言不信），不需要矫饰，甚至，就是自然本身，自然本身才是真正的道的艺术。道的艺术在自然中，是无所不在的。天地有大美而不言。艺术的返璞归真就是在精神上追求

"清水出芙蓉，天然去雕饰"，就是把自然、朴素、简淡平易的艺术风格和艺术作品置于上品之列。诗道的空灵之美，书道画道的简易天然，琴道的大音希声，茶道的自然清香，余韵悠长，都是一理。因为道家认为，自然界就是这样的，道朴素而莫能与之争美，就最能体现道。艺术也应该如此，这样的艺术，才是有生命的艺术，自然、朴素、平易、简单中才蕴含着真正可贵的、未受污染的生命。可见，道家绝不否定生命，而是对自然生命抱着珍贵爱惜的态度，将自然生命看作最伟大的艺术——道的艺术，一种具有内在精神实质的艺术。

上善若水——这是道的自然的艺术。

道的艺术，就是水的艺术。这是因为水是大道流动变化的最佳象征。道家是热爱自然生命的，而流动变化就是生命。水的流动，就是道无处不在、无处不点化生命的例证。

水的艺术性，还表现在它体现了道的很重要的特质：柔弱。天下莫柔弱于水，它顺着高处流下，从一勺能至千里，日夜不息汇入海洋，这就是道，大道泛兮若江河；但重要的是水虽柔弱，却又是至坚、无坚不摧的，柔弱中蕴含着进取与刚健。所以，水一样的道的艺术，如果只有柔弱的外表而没有刚健的品质，或者有这种气质却又不能很好地隐藏起来，总是炫耀，那就是误解了水，误解了道，误解了道的艺术。智者乐水，就是因为水象征着这样一种道的智慧。许多艺术之所以得到高度评价不是因为它们柔、娇、媚，而是在这背后又充满了气韵、风韵、力量、刚健，这就是道的艺术。

宗白华在《美学散步》中说：

庄子文章中所写的那些奇特人物，大概是后来唐宋画家画罗汉时心目中的范本。

这类道的艺术，将人们的视野大大拓展，让我们注意从丑陋的外表下发现具有内在精神力量的人，具有道的人。

"意不在画，故得于画"——这是道的绘画艺术。

意不在画，是说要有一种超越的精神；倘若没有人的精神的介入，画就不是有生命的画，画家也不是真画家。只有与天地万物神遇默会，充分发挥个性，捕捉到能充分反映这种精神的形象，驰骋想象引发灵感，才能"以天合天"，创造出真正的艺术。

梓庆削木为鐻，鐻成见者惊犹鬼神。鲁侯见而问焉，曰："子何术以为焉"？对曰："臣工人，何术之有！虽然，有一焉。臣将为鐻，未尝敢以耗气也，心齐（zhāi）以静心。齐三日，而不敢怀庆赏爵禄；齐五日，不敢怀非誉巧拙；齐七日，辄然忘吾有四肢形体也。当是时也，无公朝，其巧专而外骨消；然后入山林，观天性；形躯至矣，然后成见鐻，然后加手焉；不然则已。则以天合天，器之所以疑神者，其是与！（《庄子·达生》）

这个小故事讲述了一个艺术家（他自己从未把自己当成艺术家）创造作品的过程。梓庆的艺术品，看到的人都以为是鬼斧神工，那么他是怎样创造出来的呢？一是静心，二是没有庆赏爵禄的心念，三是没有毁誉巧拙之心，四是忘记了自我，然后才进入树林依据树木的性质来制造乐器。

所以道的艺术，不仅仅是指艺术品，更强调艺术家"合道"的艺术创造过程亦是道的艺术。

第四章
儒学与中国传统文化

儒学是中国传统文化的主导思想，对中国传统文化有着深远的影响。同时，它也曾极大地影响了包括朝鲜半岛、日本在内的整个东方世界的文化思想及其发展进程，成为东亚文明的象征。近代以来，儒家思想与现代化的关系成为国内外学术界普遍关注的重大理论和现实问题。就现实而言，深入考察儒家思想的本质内涵及其与现代化的关系，通过对儒学传统的创造性转化，使之成为社会主义现代化建设的积极推动力量，已是当务之急。

一、儒学的发展历程

儒学是一个历史的、发展的概念，历经两千多年的演变，形成了不同时期不同的理论形态，因此，从来不存在一个一成不变的儒家学说。大体说来，它主要经历了先秦儒学、汉唐经学、宋明理学、明清实学四个阶段。

（一）先秦儒学

儒家渊源于儒。儒在殷商时期就已存在，它是指特定的社会阶层，为"术士之称"。他们精身通礼、乐、射、御、书、数六艺，并以此教民。《周礼·大宰》云："儒，以道教民。"这里所说的"道"即指六艺。春秋末期，周室衰微，社会的动荡和急剧变化打破了旧贵族垄断文化教育的"学在官府"之局面。儒者流散各地，学术下移，私学兴起，社会上出现了一批"晋绅先生"，号称"师儒"，他们峨冠博带，谙熟诗书礼乐的古训和仪式，儒学就是从这些人中发展而来。

孔子（约前551—前479年），是儒学的创始人，其学说主要体现在《论语》一书中。孔子的儒学思想体系极为广博，集中体现在"礼"和"仁"两大范畴。

礼代表了孔子的社会观，反映了他的政治理想和治国方案。孔子生活的春秋战国之际正是社会动荡、礼崩乐坏的时代，他对此痛心疾首，认为这是"天下无道"，治国之本在于"为国以礼"。孔子所说的礼主要是周礼，而周礼又是从夏、商之礼演变而来。他说："殷因于夏礼，所损益可知也，周因于殷礼，所损益可知也。"（《论语·为政》）礼的实质是一种维持社会稳定、和谐和秩序的典章制度和行为规范。孔子要求人们做到"非礼勿视，非礼勿听，非礼勿言，非礼勿动"。尽管孔子的这种社会政治理想在当时的社会大变革时代不免有因循守旧的特征，但其中包含着恢复社会稳定秩序以及建立统一的中央集权制王国的要求，自有其合理因素。

仁代表了孔子的价值体系。它的内涵十分丰富、宽泛，既是一种道德情操，又是一种人生境界。仁的核心是"仁者爱人"，即"己欲立而立人，己欲达而达人""己所不欲，勿施于人"的忠恕之道。仁的基础是"孝悌"，"孝悌也者，其为仁之本与"。就行仁的途径而言，则是"为仁由己""仁远乎哉？我欲仁，斯仁至矣"（《论语·述而》）。孔子说的"志士仁人，无求生以害仁，有杀身以成仁"（《论语·卫灵公》），则是一种崇高的道德理想和情操，也是人生最高的精神境界。

在孔子的儒学思想体系中，礼和仁是统一的，即所谓"克己复礼为仁"。孔子以仁释礼，一方面仁是礼的基础，"人而不仁，如礼何？人而不仁，如乐何？"（《论语·八佾》）另一方面，礼是仁的目标，"一日克己复礼，天下归仁焉"（《论语·颜渊》）。两者互为因果，缺一不可。

孔子死后，儒分为八，有子张之儒、子思之儒、颜氏之儒、孟氏之儒、漆雕氏之儒、仲良氏之儒、孙氏之儒、乐正氏之儒。

其中以孟子、荀子最为突出。

孟子（约前372—前289年），是儒家学派的重要传人，宋元以降被尊奉为仅次于孔子的"亚圣"，其学说主要体现在《孟子》一书中。

孟子着重讲仁，把孔子的仁学思想发展到极致。他继承发扬了孔子"为仁由己"的思想，凸显"心性"，大大强化了儒学的"内圣"走向。孟子确信人通过自我努力可达至善，体现天道。这是因为仁为人性所固有，"人皆有不忍人之心"，具体表现为四端："恻隐之心，仁之端也；羞恶之心，义之端也；辞让之心，礼之端也；是非之心，智之端也。人之有是四端也，犹其有四体也。"（《孟子·公孙丑上》）而天道则是"仁"与"人"的统一，"仁也者，人也，合而言之，道也"（《孟子·尽心下》）。孟子讲的人性主要不是人的自然属性，而是人的社会属性、精神属性。在他看来，人只要能够保存本心，涵养善性，就能成为善人，并与天道相通融为一体。即所谓"尽其心者，知其性也；知其性，则知天矣"（《孟子·尽心上》）。孟子开创的心性论学说对宋明理学产生了极大影响。

从"人皆可为尧舜"的观念出发，孟子十分注重个体的自我修养，"夭寿不贰，修身以俟之，所以立命也"（《孟子·尽心下》）。孟子一方面强调修身需要"反身而诚""反求诸己"等一系列存心养性的内修功夫，"养心莫善于寡欲"；另一方面重视环境对道德教育、人格培养的作用。孟子追求"富贵不能淫，贫贱不能移，威武不能屈"（《孟子·滕文公下》）的大丈夫人格，具有"至大至刚"的浩然之气，即使舍生取义，也在所不辞。

从仁者爱人的理论出发，孟子提出以"明人伦"为目的的教育理念，主要内容为"五伦"，即"父子有亲、君臣有义，夫妇有别，长幼有序，朋友有信"。

"仁政"以及与之相适应的民本思想体现了孟子的政治思想和主张，它是仁学在社会政治领域的延伸和体现。在孟子看来，既然人皆具有"不忍人之心"，只要把这种人性固有的善性发扬光大并进而扩充到社会政治领域，以"不忍人之心"行"不忍人之政"，即为"仁政"。"仁政"是建立于"民为贵，社稷次之，君为轻"的民本思想之上的。因此，孟子还大力倡导制民之产、轻刑薄税、听政于民、与民同乐、善教得民心等。他主张以德服人的王道，反对以力服人的霸道，对中国传统政治文化影响深远。

孟子从"人性善"的假设出发，主要在心性论、修养论、五伦说、仁政说等方面极大地拓展了孔子的仁学理论，形成了一整套较为完善的仁学思想体系，在儒学思想发展史上占有重要地位，对中国传统文化也产生了深远影响。

荀子（约前298—前238年），在儒学发展史上的地位不可低估。荀子十分尊崇孔子，但指斥孔子死后的许多儒家派别为"贱儒""俗儒"，对孟子的学说也不以为然。荀子思想的主要特色是综合百家、调和儒法，在儒学中独树一帜，他的思想主要体现在《荀子》一书中。

荀子反对孟子的性善论，认为"人之性恶，其善者伪也"（《荀子·性恶篇》）。但是，荀子讲的人性主要是指人的自然属性，与孟子所讲的人性有很大差别。荀子认为，人一生下来就是"目好色，耳好声，口好味，心好利"，人性与礼义是相互违背的，如果任其发展，不加克制，势必导致争夺、犯上、淫乱，而辞让、忠信、礼义等道德就会荡然无存。正因为如此，才需要圣人、君主们对臣民的教化，需要用礼义法度和道德规范去约束、引导人们，这就好像弯曲的木头必须经过修整才能变直，钝刀必须经过磨砺才能锋利一样。为了"化性起伪"，荀子一方面强调个人加强自我修养，以及圣人、君主推行礼乐教化之必要，另一方面，他又看到只讲礼义、不重法度，只重教化、不重刑罚，并不足以维护社会统治秩序，因而，他不再仅仅局限于个体的仁义孝悌，而是强调整体的礼法纲纪，提出"礼者，法之大分"，主张既隆礼，又重法，援法入礼。此外，还值得一提的是，荀子针对人与自然的关系提出"明于天人之分"和"制天命而用之"的卓越命题，发前人所未发，为中国传统哲学注入一股强劲活力。

从孔子到孟子直至荀子体现了原始儒学的基本发展脉络。如果说，孔子所开创的儒学以"内圣外王"为宗旨的话，那么，孟子主要继承、发挥了儒学的"内圣"方面，注重的是个人通过内在修养获得圣贤人格,荀子主要继承、发挥了儒学的"外王"方面,注重的是推行王道于天下,成就事功。总之,先秦儒学在孔孟一系之外,还有与之颉颃的孔荀一系。从某种意义上说,荀学在重法度、明于天人之分等思想方面突破了孔孟学说。但是,后来在中国传统文化思想中占主导地位的则是孔孟学说,"孔孟之道"不仅成为儒学的代称,而且在相当意义上被视为中国传统文化的精神旗帜。不过,春秋战国时期,儒学只是百家争鸣中的一个学术流派,虽然儒、墨在当时并称显学,但是并没有取得独尊地位。

(二)汉唐经学

从先秦到汉初,儒学的发展有过中断。春秋战国时期的百家争鸣局面,是由于当时的割据分裂所造成的,而社会、政治、经济的统一,必然要求文化思想的统一。秦统一六国后,战国时期那种百家争鸣的局面便不复存在,代之以法家思想作为治国之本。秦始皇接受李斯的建议,下令禁百家语、焚书坑儒,使儒学遭受一次沉重打击。但是,秦王朝崇尚法家,推行严刑峻法,社会矛盾很快激化,导致二世而亡,暴露出法家学说的某些弊端。汉初统治者奉行黄老之道,一度适应了当时社会休养生息的需要,收效很大。但是,黄老之道难以满足建立大一统的君主专制制度与巩固农业社会宗法血缘关系的需要。在诸子百家中,唯有儒家学说能够最大限度地适应这种统治需要,从这个意义上说,儒学成为中国封建社会的统治思想有其必然性。汉高祖刘邦始初"不好儒",干了许多侮辱儒生的事情,后来在陆贾、公孙弘等人的建议下才转为向儒学寻求统治理论。《史记》中说:"陆生时时前说称《诗》《书》。高帝骂之曰:'乃公居马上而得之,安事《诗》《书》!'陆生曰:'居马上得之,宁可以马上治之乎?且汤、武逆取而以顺守之,文武并用,长久之术也,昔者吴王夫差、智伯极武而亡;秦任刑法不变,卒灭赵氏。乡使秦已并天下,行仁义,法先圣,陛下安得而有之?'高帝不怿而有惭色,乃谓陆生曰:'试为我著秦所以失天下,吾所以得之者何,及古成败之国。'陆生乃粗述存亡之征,凡著十二篇。每奏一篇,高帝未尝不称善,左右呼万岁,号其书曰《新语》。"(《史记·郦生陆贾列传》)这段记载生动地说明了这个问题。至汉武帝采纳董仲舒建议,

"罢黜百家，独尊儒术"，儒学终于走出困境，一跃而为官方哲学，取得了独尊地位。

汉代儒学与先秦儒学在理论形态上经历了很大变化，逐渐向政治化、经学化、宗教化发展。在这个转变过程中，汉代大儒董仲舒（前179—前104年）起了极大的作用。

以董仲舒为代表的汉代儒学思想，以神学化的天人感应说为其显著标志。他以儒家学说为基础，吸收了阴阳五行理论以及道家等有关学说，建立了天人合一的儒学新体系。一方面，董仲舒把儒学伦理纲常完备化，对"三纲""五常"说进行了全面系统阐述。另一方面，他又把儒家这套伦理纲常神秘化，建构了一个以天人感应为核心的理论体系。他把自然界的"天"塑造成有目的、有意志的人格神，即"百神之大君"，通过阴阳五行来主宰人间秩序。天与人感应，阴阳与三纲对应，五行与五常同构，则是这个体系的主要内容。他把人间的一切都说成是天有目的的安排，"道之大原出于天，天不变，道亦不变"（《汉书·董仲舒传》），"天子受命于天，天下受命于天子"（《春秋繁露》）。他认为君臣、父子、夫妻都是阴阳相合的关系，君、父、夫为阳，臣、子、妻为阴，定位不易，即所谓"王道之三纲，可求于天"（《春秋繁露》）。他还把五行说成天的五种行为，五行相生是天的恩惠，五行相克是天的惩罚。阴阳五行变化不正常就兆示着灾异："灾者，天之谴也；异者，天之威也。"（《春秋繁露》）总之，自然和社会的一切变化、国家的兴亡都是天的意志的体现。这样，董仲舒就为儒学披上了神学的外衣，使儒学具有了浓厚的宗教迷信色彩，实为后来谶纬经学的滥觞。

与儒学成为统治理论相适应，儒家经典也取得了独尊地位并日渐教条化。先秦儒学只是子学，汉代以降就成了经学。汉武帝即位时，董仲舒在《贤良对策》中建议："诸不在六艺之科、孔子之术者，皆绝其道，勿使并进。"（《汉书·董仲舒传》）以适应建立大一统的中央集权帝国的需要。汉武帝"卓然罢黜百家，表彰六经"，又置五经博士，学而优则仕，儒学被经学化，并上升为社会统治意识形态。汉代经学又有今文经和古文经之争。先秦儒家经典《诗经》《尚书》《仪礼》《乐经》《易经》《春秋》，合称"六经"，由于《乐经》亡佚，故称"五经"。汉兴以后，"五经"又在社会上流传。汉初流行的经书是由战国以来师徒父子相传用当时通行的文字（隶书）写成并阐析的，称今文经学。汉武帝置五经博士，即以今文经为官学。西汉中叶以后，古文经兴起。所谓古文经是指秦以前用古文字写成并阐析的儒家经典。汉景帝时鲁恭王拆孔子住宅时，在墙壁中发现了用六国古文字写成的《尚书》《礼记》《论语》《孝经》等数十篇。成帝时刘向、刘歆父子在整理国家藏书时又发现了用古代文字写的《春秋左氏传》《毛诗》《逸礼》《古文尚书》等。由于古文经与今文经在文字、内容、训释等方面不尽相同，于是出现了今文经与古文经之争。以刘歆为代表的古文经学家要求列古文经为官学，但因遭到当时今文经学家的极力反对而未成功。西汉末期，王莽为"托古改制"制造舆论，立古文经为"官学"，刘歆当了国师，并为《春秋左氏传》《毛诗》《逸礼》《古文尚书》《周礼》等设立博士。今文经与古文经的论争也伴随着统治阶级的权力争斗。经学内部争斗激烈，经有数家，家有数说，莫衷一是。东汉章帝时期，为统一对经学的认识，朝廷在白虎观召集儒生"讲论五经同异"。会后由班固等人编纂成《白虎通义》一书，建立了官方统一的经学。直至东汉末年，大经学家郑玄综合百家，遍注群经，融今文经与古文经于一体，标志着今文经与古文经的统一。

汉代经学的又一个特点是儒学的谶纬化。谶纬是一种封建迷信与庸俗经学的混合物。《说文解字》云：谶，验，从言。即用诡秘的隐语、预言作为神示，向人们昭告吉凶祸福、治乱兴衰。纬即用神学附会儒家经典。汉代有五经、七经，同时有五纬、七纬。谶和纬的应用范围虽有不同，但二者内容相通，纬中往往夹杂着谶语，谶有时也依托纬。谶纬起源很早，如在秦朝就流行着"亡秦者，胡也"（《史记·秦始皇本纪》）的谶语。董仲舒开创的神学化儒学实为谶纬经学的先声。西汉末年，谶纬迷信开始广泛流传。王莽即利用谶语来证明他能当皇帝。刘秀也利用一条谶语"刘秀发兵捕不道，卯金修德为天子"，为其登上皇帝宝座大造舆论。刘秀建立东汉政权后，对谶纬更加崇信，用人施政都要以谶纬作根据，临死前为了证明东汉王朝是"天命所授"，"宣布图谶于天下"。东汉前期统治者都大力提倡谶纬迷信，使之一时成为广为流行的社会思潮，班固等人整理的《白虎通义》即用谶纬注经。经学与谶纬相结合，儒学谶纬化，孔子成了儒家的圣者。在纬书中，孔子被说成是"黑帝"之子，身高十尺，腰大九围，坐如蹲龙，立如牵牛，就之如昂，望之如斗，已由人变为神了。当然，儒学谶纬化现象在当时也遭到许多古文经学家诸如扬雄、桓谭、王充等人的坚决反对和批判。

物极必反，这也是思想发展的一个规律。汉末以后，社会动荡，四分五裂，经学一统的局面也被打破。经学教条化的弊端和谶纬邪说的流行，导致儒学中衰，魏晋时期玄学兴起。从科学意义上说，玄学不能归属于儒学，它是道家和儒家相结合的产物。玄学家们把《老子》（《道德经》）和《庄子》《周易》称为"三玄"，并以"三玄"为理论基础，形成一股儒、道合流以代替经学的新思潮。曹魏末年以嵇康、阮籍为代表的"竹林玄学"，则直接批判儒家的名教，提出"越名教而任自然"的命题，可谓是对两汉经学权威的反动。此外，两汉之际，佛教开始传入我国。东汉末年，中国土生土长的道教兴起，从此形成了儒、道、佛相激相荡又相互融合的复杂局面。范文澜指出，魏晋南北朝时期，"儒家、佛教、道教的关系，大体上，儒家对佛教，排斥多于调和，佛教对儒家，调和多于排斥；佛教和道教互相排斥，不相调和（道教徒也有主张调和的）；儒家对道教不排斥也不调和，道教对儒家有调和无排斥"[甲]。

隋唐时期，中国大一统的局面再次形成。隋唐盛世，有容乃大，文化气象恢宏，实行儒、释、道兼容并包的政策。但是，从整体看，儒学作为封建社会正统思想的地位并未动摇。隋唐科举都要考儒经，从而推动了经学的进一步发展。为统一经学，唐太宗令颜师古考订五经（《周易》《尚书》《诗经》《礼记》《春秋》）经文。颜师古多有订正，撰成《五经定本》，后被颁行全国，成了官方定本。为解释经义，统一思想，唐太宗还令孔颖达与诸儒阐释五经，撰成《五经正义》，作为唐代科举考试的依据。当然，隋唐时期，儒学为适应社会变化，也需要有一个变化。它在保存儒学基本思想的同时，吸收佛、道的思想成果，形成一种新的儒学体系，因此出现了儒、道、佛融合的趋势。代表人物从北朝末期至唐初有颜之推、王通、孔

[甲] 范文澜. 中国通史简编：第二编[M]. 北京：商务印书馆，2010：442–443.

颖达，中唐以后有李翱、柳宗元、刘禹锡等，他们为宋明理学的形成奠定了基础。

（三）宋明理学

宋明时期，儒学发展为理学。宋明理学是高度哲学化和政治伦理化的儒学，是儒学发展的最高理论形态。

宋明理学的兴起有着深厚的社会历史背景和文化思想基础。宋王朝的建立，结束了唐末五代以来长期割据分裂、连年战争的局面。五代的丧乱和此起彼伏的农民起义，造成社会的混乱和分裂，伦理纲常亦被破坏，统治者和一部分忧国忧民的知识分子深感必须切实有效地加强思想上的控制。与强化中央集权主义制度相适应，复兴儒学的呼声开始出现。早在唐中叶韩愈、柳宗元开启的古文运动，实际上就是儒学复兴的先声。北宋的张载继承韩愈的"道统说"，提出"为天地立心，为生民立命，为往圣继绝学，为万世开太平"，集中反映了宋代儒学复兴运动的时代强音。但是，汉唐以来的传统经学以章句注疏的形式解释儒家经典，严重束缚了人们的思想和创造力，使学术面临绝路。同时，儒学还遭受来自道教和佛教的强大挑战，暴露出它的根本性缺陷：缺乏本体论基础和完备的理论体系。儒学如果不加改造和更新，就难以重返独尊的地位。历史不仅提出了这一时代课题，并且为解决这一课题准备了必要条件。

宋明理学在理论上具有与先秦儒学和汉唐经学不同的新形态、新内容和新特征。它的形成发展经历了一个漫长的过程，最早可以追溯到魏晋玄学和隋唐时期，但其真正形成是在北宋。周敦颐被朱熹称为理学的开山祖，他融合《易经》《中庸》及佛、道思想，以"太极图"为构架，论述了以"性与天道"为核心的一系列理学的重要范畴。张载和二程（程颢、程颐兄弟）则是理学的奠基者。以张载为代表的"关学"和以二程为代表的"洛学"，都十分关注本体论的探讨，所不同的是，张载以"气"为哲学本体，二程以"理"为本体，并对理、气这对重要范畴各自进行论述。在本体论和伦理学的关系问题上，张载和二程都主张"性即理"，或天与人的合一。他们还提出了"天地之性"和"气质之性"、"德性之知"与"见闻之知"等命题，这些命题也成为宋明理学的基本命题。

南宋时期是理学发展的高峰。这一时期的理学，理论深刻精密，理学家人才辈出，其中最具代表性的是朱熹和陆九渊。朱熹是理学的集大成者，他继承了二程的理和张载的气的学说，建立了以理为本体、以理统气的庞大的哲学逻辑体系。朱熹说："天地之间，有理有气。理也者，形而上之道也，生物之本也；气也者，形而下之器也，生物之具也。"（《答黄道夫》）明确理是第一性的，是创造万物的根本，气是第二性的，是形成万物的材料，从而解决了宋明理学中的理气关系问题。无论是二程还是朱熹都把纲常伦理原则上升为天理，从而为封建统治秩序奠定哲学基础。朱熹还十分赞赏二程的人性论，把人性区分为天命之性与气质之性，并提出天命之性即天理，其内涵是仁义礼智信等道德原则，无有不善；气质之性在道德内涵上既包括道德理性，又包括感性欲求，是天理和人欲的综合体，有善有恶。要防止"气质之性"禀受不善，使"人心"服从于"道心"，这种修养方法和原则，被称为"存天理，灭人欲"。朱熹还全面阐述了洛学的"格物致知"论，实质上主要着眼于对伦理道德原则的体认。总体上看，朱熹主要继承发展二程的学说，因称"程朱理学"。朱熹学说的理论价值在朱熹生前未被统治者所重视，但在其去世不久便被不断提升，元明清时期，被奉为官学，科举以朱熹所作《四书集注》试士，清朝康熙还称颂朱熹"绪千百年绝传之学，开愚蒙而立亿万世一定之规"。

与朱熹同时代的陆九渊则把儒家思孟学说和佛教禅宗思想结合起来，并继承了程颢天即理、天即心的观点，提出"心即理"的命题，对朱熹的理学提出了挑战。朱熹认为理超越物质世界是先于自然现象和社会现象的形而上者，是世界的本质，陆九渊认为理是人心所固有的，"宇宙便是吾心，吾心即是宇宙"。"心即理"，并不是说心与理是同一的，而是强调心是本体，是高于理的，因此称为"心学"。为此，朱熹和陆九渊在江西的鹅湖寺进行了一次大辩论，史称"鹅湖之会"。由于对心和理的不同理解，导致了朱、陆在方法论上的分歧：朱熹谈"即物穷理"，陆九渊讲"发明本心"。他们分别代表了理学内部两派的趋向。

明代中叶以后，程朱理学盛极而衰，开始走下坡路，代之以王阳明心学的崛起和传播。王阳明继承发展了陆九渊的学说，成为心学的集大成者，故有"陆王心学"之称。王阳明心学思想体系主要包括"心即理""知行合一""致良知"等论题。朱熹理学的基本构架存在着理气为二、心性为二以及知行为二的倾向，这使其哲学体系不能圆融无碍，暴露出不少破绽。王阳明主张"心即理"，把心与理二者统一起来，并把"心"提到万物主宰的地位。从"心"和"理"为一的思想出发，他十分强调"知行合一"。这里所谓的"知"是指发自内心的"良知"，"行"是指"意念的发动"。"致良知"是王阳明最看重的理论，他曾说："吾平生讲学，只是致良知三字。"（《寄正宪男手墨二卷》）"良知"观念最早见于《孟子·尽心上》，本意是指"不学而能""不虑而知"的先验的道德意识和道德情感。王阳明继承发展孟子的思想观念，把良知看作是判断是非的先验的道德标准。他说："良知者，孟子所谓是非之心，人皆有之也。"（《大学问》）良知又是"心之本体"。致良知的功夫，一面是充拓良知而让其达到极致的过程，另一方面也是身体力行的过程。"致良知"说实际上是"知行合一"说的逻辑延伸。王阳明所述的"四句教"（"无善无恶心之体，有善有恶意之动，知善知恶是良知，为善去恶是格物"）是王阳明思想的精华。阳明心学成为明代中后期思想界的显学，是整个宋明理学发展的顶峰。王阳明死后，阳明心学便发生分化，王艮创立泰州学派，李贽则走向反面。阳明心学分化是其哲学逻辑结构内在矛盾发展的必然，明王朝覆亡以后，作为时代思潮的阳明心学也随之终结了。

从儒学发展史来看，宋明理学是儒学发展的最高形态，它以儒家思想为本体，汲取佛、道两教中某些思想养料以丰富儒学理论，建立了以"理"或"心""气"为本位，以"格物致知"或"穷理尽性""致良知"为方法，以"内圣外王"为目的的哲学理论体系，在哲学思维的深度与理论体系的严密精致上超过先秦儒学与汉唐经学。宋明理学还是一种以道德为本体的人文主义哲学，它确立道德主体的独立性，执着地追求人生的精神价值，在培养气节情操等方面有重要作用。同时，宋明理学也存在着浓厚的泛道德主义倾向，自始就存在着理论脱离实际、理想超越现实的弊端。此外，由于理学成为中国封建社会的官方意识形态，统治者对其道德说教进行片面利用，致使其伦理异化，成为维护封建专制主义的等级秩序、扼杀人的本性的武器，愈益教条化和僵化，必然受到历史的批判。

（四）明清实学

明末直至清朝，儒学发展为一种新的理论形态——明清实学，它是从宋明理学中分化出来并与之对立的一股新的社会进步思潮。明清实学的一个基本特征是"崇实黜虚"，鄙弃宋明理学空谈心性、束书游谈的空疏学风，造就了一代新的思潮与学风，对中国近代思想产生了深远的影响。

明清实学思潮的产生，有着深厚的社会历史背景和文化思想渊源。封建社会后期社会总危机爆发，资本主义萌芽产生，地主阶级改革派和新兴的市民阶层的要求相呼应，这是明清实学产生的社会政治条件。儒学的经世传统及某些务实思想，以及明清时期中国古典科学的复兴和"西学东渐"的影响，是明清实学产生的文化思想条件。当然，明清实学并不是一种静态的社会思潮，而是随着明清社会条件的变迁而不断变化，大致经历了三个阶段：明清之际的经世之学，清朝中叶的乾嘉之学，晚清的"公羊之学"。

明清之际，中国社会处于一个"天崩地解"的大动荡时期。明末农民起义和紧接着的清兵入关，最终颠覆了明王朝的统治。清初一些学者在总结明亡的教训时，痛感宋明理学的清谈误国，力倡经世致用的实学。实学思潮的起源，可以追溯到明代中叶的罗钦顺、王廷相，至清朝初期发展到高峰，人才辈出，群星灿烂，其内容的丰富、思想的深刻是罕见的。这也与当时社会动乱、思想统治相对放松有密切联系。在这个阶段出现了一大批杰出的思想家，著名的有黄宗羲、顾炎武、王夫之、唐甄、颜元、顾祖禹等。纵观明清之际的实学思想，大致有以下几个特点。

第一，经世致用的精神。经世致用，是早期儒学的传统。宋明理学在一定程度上偏离了这个传统，空谈心性，学术与社会实际严重脱节。明清实学的核心便是高扬经世致用的精神，即反对学术研究脱离当时的社会现实，强调把学术研究和现实政治联系起来，用于改革社会。明清之际，以顾宪成、高攀龙为代表的东林党人，面对"天崩地解"的严峻现实，反对王学末流的"落空学问"，倡导"风声、雨声、读书声，声声入耳；家事、国事、天下事，事事关心"，顾炎武更提倡"天下兴亡，匹夫有责"，反映了当时先进知识分子救世济民的崇高理想。他们在实践上也身体力行，诸如顾炎武的《日知录》《天下郡国利病书》，黄宗羲的《明夷待访录》，王源的《平书》，等等，都是一代明道救世之作。

第二，实事求是的精神。所谓实事求是即科学精神，不仅指对自然科学的积极探索，亦指科学的、认真探讨的态度。在这种精神的影响下，明清之际不仅出现了一批著名的科学家和划时代的科学巨著，提出了许多有价值的科学思想，也开创了重实践、重考察、重验证、重实测的新学风。顾炎武开创的一代学风，其治学特点是方法精密，重视证明，提倡实用，这亦成为当时的时代精神。

第三，独立的批判精神与启蒙意识。明清之际兴起的社会批判思潮，离不开经世致用思想和科学态度的催发。它与资本主义萌芽的产生与市民阶层的要求相适应，也体现出一种朦胧的启蒙意识。这种批判精神和启蒙意识体现在许多方面：在政治上，反对君主专制，主张庶民议政；在经济上，主张"均田"，反对土地兼并，主张"工商皆本"，反对"崇本抑末"政策；在伦理道德上，批评纲常名教，追求个性解放；在教育上，反对科举八股，主张改革教育制度；等等。明清实学从不同角度冲击了封建传统思想，闪耀着新时代的光芒。

随着清王朝统治的巩固，清政府加强了文化统治，一方面力图用程朱理学加强思想钳制，另一方面大兴文字狱。学者们为避祸计，又因厌烦理学空疏，兴起了重考据主实证的"汉学"，又称"朴学"。朴学到乾隆、嘉庆时期盛行起来，称为"乾嘉学派"。清代考据学是在顾炎武重视考据的治学方法的影响下形成的，而戴震则对考据学的理论原则与方法进行系统总结，使之趋于完善。汉学家们发展了文字学、声韵学、训诂学，形成了一门专门的学问，即"小学"。他们从"小学"入手，从事经书古义和其他古籍的考证、整理、注释。在治学上重视客观证据，反对主观武断，运用归纳法、演绎法，形成一种精确谨慎、朴实无华的治经方法和笃实学风，有一定价值。但是，汉学脱离现实，缺乏思想创新，因而显得过于烦琐，缺乏生命力，导致明清实学由鼎盛走向衰颓。

嘉庆末年，清代今文经学开始复兴，其重要代表是龚自珍、魏源等人。他们继承发扬了明清之际"经世致用"的传统，反对乾嘉汉学和宋明理学，以公羊春秋大义为理论武器，批判社会腐败，抨击政治弊端，提倡改革，酝酿了一种转变时代的新风气。康有为则集晚清"公羊学"之大成，托古改革，领导了"百日维新"。

二、儒学的基本特质

在古代中国，儒家思想具有绵延的历史、众多的流派，从而构成了极为丰富和庞杂的思想文化体系。从发展上看，儒学历经不同时期形成不同的理论形态。就内部来说，儒学又分为许多流派，有天人相通和天人相分的对立，有性善和性恶的相峙，有义利和王霸的论辩，有今文经和古文经的争斗，有心学和理学的分歧，等等。但是，儒家作为一大文化学派，又有其共同的思想属性和一贯的道统。细察儒家思想固有的基本特质，主要包括以下几个方面。

（一）天人合一

中国的"天人合一"思想源远流长，十分复杂，是中国传统哲学的重要命题。传统儒学以"究天人之际"为最大学问，以追求"天人合一"为至高境界。"天人合一"它不局限于人与自然的关系问题，而总是把天人作为一个有机整体来思考，把宇宙本体与社会人事及人生价值密切相连，成为贯通自然、社会、人生等问题的古典系统论思想，反映了中国古代的天道观。

儒家"天人合一"的整体思维模式大致有三种趋向。一是从孔子到荀子直至刘禹锡倡导的自然论"天人合一"模式。孔子提出："天何言哉？四时行焉，百物生焉。"（《论语·阳货》）这里的天已不是商周时流行的"神"的概念，而是一种最高的客观意志，是自然社会的主宰。这具有划时代的意义。他提出"知天命""畏天命"等一系列命题，即是要求人们顺应自然社会的客观规律。荀子进一步提出"天人相分"和"制天命而用之"的命题，唐代刘禹锡则较系统地阐述了天人"交相胜""还相用"的理念，颇具积极意义。当然，荀子、刘禹锡也并不否定天与人有统一的关系。二是以董仲舒为代表的有神论"天人合一"模式。他把天神秘化了，天成了有意志、有道德属性的最高主宰，具有了神的灵性，这在中国哲学思想史上不能不说是一种倒退。但是，他的神学化的"天人相类"与"天人感应"学说，旨在寻求天人的和谐统一，维持当时的社会秩序，对统治者也不无警戒意义。三是从思孟学派直至宋儒所开创的心性论"天人合一"模式。孟子提出："尽其心者，知其性也；知其性，则知天矣。存其心，养其性，所以事天也。"（《孟子·尽心上》）在他看来，天道即是"仁"与"人"的统一，人只要能保存本心，涵养善性，也就与天道相通融为一体了。宋儒发扬光大了孟子的心性论学说，宋明理学中的天道主要是"理"（客观理性）、是心性。从张载正式提出"天人合一"这个命题，到二程的"天人本无二"，直到王阳明的"万物一体"，在他们看来，人只要把自己内在的德性发扬出来，就能与天道合而为一了。《中庸》中说的"天命之谓性，率性之谓道，修道之谓教"，讲的就是这个道理。这就是"天人合德"的深刻内涵，它要求人在大化流行、生生不已的生命之流中安身立命，以达"赞天地之化育"，进而实现"与天地参"的目的。

总之，儒家的"天人合一"论内涵十分宽泛、庞杂，既有科学性，也有迷信性，既有唯物主义因素，也有唯心主义糟粕，对此不可不察。

（二）礼仁一体

所谓人道观即社会观，是处理人与社会及人与人之间的关系的学问，这是儒学关注的焦点。"礼仁一体"是儒家思想体系的核心内容之一。

儒家原初主要是奠基于小农经济及宗法制度之上的一种伦理本位的文化，其思想的核心之一是"仁"，或称"仁学"。冯友兰将"仁"区分为两种内涵，其一是作为四德之仁，指仁义礼智等德行，属于道德范畴的伦理观念；其二是作为全德之名的仁，是人生的一种精神境界，属于哲学范畴的理念。这种说法是符合实际的。"仁"的最高原则是"爱人"，其核心在于"己欲立而立人，己欲达而达人"和"己所不欲，勿施于人"的忠恕之道。推己及人，将心比心，这是儒家处理人际关系的基本准则和要求。儒家还把这种人伦关系扩充到社会政治关系上去，使伦理政治化、政治伦理化。同时，"仁"还需要受到"礼"的调节。儒家所谓"礼"，是指赖以维护社会和谐、秩序和稳定的典章制度和行为规范，"仁"与"礼"是统一的。孔子要求人们做到"非礼勿视，非礼勿听，非礼勿言，非礼勿动"，一切都要以"礼"为依归。如果人们都能按"礼"的要求去做，也就在整体上实现了"仁"的理想。

在儒家看来，人类社会是一个以血缘家庭为基本连接点的多层次人伦关系网络，人在社会生活中的其他关系都可以看作血缘人伦关系的外化和延伸。如果说《尚书》中提出的"父义，母慈，兄友，弟恭，子孝"尚局限于家庭内部的血缘关系，那么到战国时期孟子提出的"五伦"（父子有亲，君臣有义，夫妇有别，长幼有序，朋友有信），已把人伦关系扩充到了社会、政治关系。《礼运》规定的"十义"（父慈，子孝，兄良，弟悌，夫义，妇听，长惠，幼顺，君仁，臣忠），是儒家"礼仁一体"的社会观的综合概括，它与"三纲五常"说是相通的。

社会伦理规范仅靠赤裸裸的外在强制是难以稳固的，它必须与道德主体的内在自觉结合在一起才能长久。儒家从孔孟起就开始"援仁入礼"，把"礼"奠基于"仁"之上，规范与修养、权利与义务、外在控制与内在自觉被神奇地结合在一起，社会的稳定性便大大加强了，这是儒家伦理思想的显著特色。

（三）内圣外王

"内圣外王"一词，最早见于《庄子·天下篇》"是故内圣外王之道，暗而不明，郁而不发"。但是，它更适用于表述儒家的人生理想。所谓"内圣"是对主体修养方面的要求，以达到仁、圣境界为目标；"外王"是对社会政治教化方面的要求，以实现王道、仁政为目标。这种人生理想诉求最早源于孔子的"修己"以"安人"并进而"安百姓"的"为己之学"。孟子则对孔子的"内圣外王"理想进行进一步阐析,他从"性善"论出发,在内圣上强调"修身""立命",涵养"浩然之气",培育大丈夫人格;在外王上,倡导实行王道政治。被宋儒提升到"四书"之列的《大学》开篇便开宗明义:"大学之道,在明明德,在亲民,在止于至善","古之欲明明德于天下者,先治其国。欲治其国者,先齐其家。欲齐其家者,先修其身。欲修其身者,先正其心。欲正其心者,先诚其意。欲诚其意者,先致其知。致知在格物"。明明德、亲民、止于至善,格物、致知、诚意、正心、修身、齐家、治国、平天下,即"三纲领"和"八德目",是对"内圣外王"人生理想的完整概括。

当然,儒家"内圣外王"的人生观虽然十分理想,但是在现实生活中,"内圣"与"外王"往往存在着难以克服的矛盾,就是孔子、孟子在自己所处的社会也往往四处碰壁,颠沛流离,并不得志。因此,儒家又讲"穷则独善其身,达则兼济天下"的处世之道。孔子讲:"天下有道则现,无道则隐"(《论语·泰伯》),孟子说得更明确:"得志,泽加于民;不得志,修身见于世。穷则独善其身,达则兼济天下。"(《孟子·尽心上》)但这不过是儒家理想诉求的一种补充和权变,儒家始终未曾放弃"内圣外王"的人生理想。

杜维明指出:"现今的流行观点认为,儒家是一种特别重视人际关系的社会伦理学,这一见解是基本正确的。但是,它未考虑到作为一种独立、自主和具有内在导向过程的自我修养在儒家传统中的中心地位。"[甲]的确,儒家十分强调"修身"的价值,《大学》中说:"自天子以至庶人,壹是皆以修身为本。"儒家强调修身为本是将主体道德的完善看成国家社会的根本,将个体修养和他对国家社会的责任义务联系在一起,而不仅仅是与个人相关。

(四)中庸之道

中庸是孔子在继承、总结商周以来"中和"思想的基础上提出的一个哲学范畴,被他称为"至德"。他说:"中庸之为德也,其至矣乎!"(《论语·雍也》)从总体上看,儒家的中庸理论是以中和观念为理论基础的。所谓"和"即事物的和谐状态,是最好的秩序和状态,是最高的理想追求。按照儒家

甲 杜维明. 儒家思想新论:创造性转换的自我[M]. 黄幼华,单丁,译. 南京:江苏人民出版社,1995:52.

的思想，"和"不仅指自然的和谐、人与自然的和谐，更重要的是指人与人、人与社会的和谐。孔子讲"礼之用，和为贵。先王之道，斯为美"。孟子也说："天时不如地利，地利不如人和。"所谓"中"，指的是万事万物的"度"，不偏不倚，过犹不及，它是实现和谐的根本途径。"和"与"中"是相互联系的，《中庸》中说："中也者，天下之大本也；和也者，天下之达道也。致中和，天地位焉，万物育焉。"

以"中和"观念为核心的中庸之道，不仅是儒家思想的一个重要方法论原则，而且也为释、道两教所吸收接纳，成为中国传统文化思想的一个重要原则和哲学概念，对中华民族精神的影响至深至远。在中国古代，中庸之道可以说是一种调节社会矛盾进而达到中和状态的一种高级哲理，其理论基点是维护矛盾的同一性以及矛盾体的平衡，防止矛盾的激化，以避免统一体之破裂。一方面，它要求待人处世中正适度、和谐一致，这对于提升个体的自我修养、消除社会中的人际矛盾，维护家庭和睦、社会和谐均具有十分重要的意义，无疑有着积极作用；另一方面，它力图使对立双方所达成的统一、平衡永久持续，永远不超越"中"的度，这就使之可能成为一种阻碍事物发展变化的观念。

三、儒学在中国传统文化中的地位及其影响

儒学是中国传统文化的主导思想，对中国传统文化的各个领域、各个层面，乃至整个社会生活都产生了广泛、深远的影响。在长期的历史发展进程中，儒学已融入中华民族的文化心理结构之中，很大程度上体现了中华民族的精神方向，在中国文化发展史上占有极其重要的地位。

（一）儒学是中国传统文化的主干

春秋战国作为思想文化的繁荣时期，出现了百花齐放、百家争鸣的局面，儒家和墨家并称"显学"，实际上儒家的影响较墨家为大。秦代崇尚法家，焚书坑儒，曾使儒家遭受一次严重打击。汉初以黄老为显学，至汉武帝听从董仲舒的建议，罢黜百家，独尊儒术，儒学也从子学变为官学。此后，儒学作为封建社会正统思想的地位在古代中国始终未曾动摇过。魏晋

时期盛行的玄学，实际上是道、儒结合的产物，虽然嵇康公开倡言"非汤武而薄周孔"，但多数玄学家仍尊崇孔子为最高圣人。隋唐时期，于两汉之际传入我国的佛学有了突飞猛进的发展，并与儒、道形成三足鼎立之势，但政治法度仍是以儒家为尊。宋明理学则是儒、道、佛合流的产物，是高度哲学化的儒学，并恢复了儒学的权威地位。历宋、元、明、清，理学受到统治者的尊崇。尽管明代中期以后由于理学的僵化，明清之际思想界强烈震荡，产生启蒙思想，但它实际上是一场儒学内部的自我调整。直至五四新文化运动，儒学受到严厉的批判，它在思想意识上占统治地位的时代才宣告终结。上述可见，中国传统思想文化的内容非常广泛，除儒学外，还有道家、法家、道教、佛教等，不能把儒学与传统文化相等同，但是，儒学在中国传统思想文化中占据主导地位，这是无疑的。

儒学在中国思想史上绵延两千余年之久，成为中国传统文化的主干，这并不是偶然的，除了中国古代特殊的社会历史背景以外，最主要的还是因为儒学有着自身的特质。马克思指出："理论在一个国家实现的程度，总是决定于理论满足这个国家的需要的程度。"[甲]在诸子百家中，只有儒家学说能够最大限度地满足中国宗法制社会的客观需要，能够适应封建大一统的中央集权制政治的需要，因而，自汉代以降，历代王朝均以儒家学说为治国的指导思想，儒学也成为历代封建统治阶级的统治工具而取得了被"独尊"的地位。同时，儒学又得到广大民众的认同，在社会生活中有着深厚的群众基础。因此，儒学不仅仅是统治阶级的统治工具，它的内涵和外延十分宽泛，在长期的历史演进过程中，同时凝聚着中华民族的集体智慧和力量，包含着许多积极因素和宝贵的精神财富。此外，儒家还以开放的胸襟，不断吸取、融会道、法、名、墨、阴阳等各家思想以及道教、佛教的思想精髓，以丰富发展自己的思想体系和适应社会历史发展的需要。

（二）儒学对中国传统文化各个领域的影响

儒学是中国传统文化的主导，还体现在儒学广泛而深入地渗透到中国传统文化的政治、伦理、哲学、教育、文学、艺术、科学技术、宗教等各个领域，并深刻影响着中华民族的价值取向、审美情趣、思维方式、风俗习惯等，从而主导着中国

[甲] 马克思. 《黑格尔法哲学批判》导言[M]//中共中央马克思 恩格斯 列宁 斯大林著作编译局. 马克思恩格斯全集：第3卷. 北京：人民出版社，2002：209.

传统文化的发展方向，使中国传统文化深深地打上了儒学的烙印。

儒学的影响首先表现在中国传统政治文化方面。不可否认，儒学与专制主义有着密切联系，它具有维护封建专制政体及"礼不下庶人，刑不上大夫"等弊端。儒家学说长期以来为中国封建统治阶级所利用而成为统治思想，孔子也被封建统治者利用而成为封建专制制度的护身符。新文化运动提出"打倒孔家店"，其反封建的启蒙意义是不可抹杀的。但是，儒家学说与专制主义还是有一定距离的，两者并不能画等号。建立在仁学之上的民本主义思想与君权是相对立的，一定意义上具有防范君主独裁的效力。儒家的民本思想大致包括以下几层含义。

（1）民为邦本，民贵君轻。《尚书》中说："民为邦本，本固邦宁"，《孟子》也有"民为贵，社稷次之，君为轻"的名言。

（2）民意即天意，重视民意。《尚书》中说："天聪明，自我民聪明；天明威，自我民明威。"《左传》中也说："国将兴，听于民；将亡，听于神。"

（3）为政以德。《论语》中提出"为政以德，譬若北辰，居其所而众星共之"，批评"苛政猛于虎"。

（4）革命思想因素。倘若独夫当政，百姓绝望时，只好把它推翻。《孟子》中说："贼仁者谓之贼，贼义者谓之残，残贼之人，谓之一夫，闻诛一夫纣矣，未闻弑君也。"又说："君有大过则谏，反覆之而不听，则易位。"

儒学伦理还是中华民族伦理道德规范体系的主体。伦理道德在中国传统文化中占有极其重要的地位，以至有人认为中国传统文化是伦理型文化，这是有一定道理的。中国传统文化的这一特点，与它形成的两个重要基础密切相关：一是小农经济的生产方式；二是家国同构的宗法社会政治结构。儒学正是在这样的基础上所形成的伦理型文化。首先，它是一种宗法伦理，以孝悌为本，维护亲亲、尊尊的封建宗法制度；其次，它又是一种政治伦理，即宗法伦理在政治上的延伸与拓展，使伦理政治化、政治伦理化。

儒家伦理道德学说十分丰富，包括个人伦理、家庭伦理、社会伦理等道德规范体系，提出了比较完备的德目。孔子以智、仁、勇为三达德，孟子提出仁、义、礼、智四端，董仲舒又提出仁、义、礼、智、信五常。中国传统伦理道德具体德目基本以此为中心而展开。当然，这些德目包含着一些封建性的糟粕，但是，主要表现为中华民族的传统美德。

儒学对教育领域的影响较大、较深刻、较直接。儒家历来有重视教育的优良传统。早在春秋战国时期，儒家就积极提倡以诗文作为推行教化的有力工具。孔子把"庶"（人口）、"富"（财富）、"教"（教育）三者并立为立国的根本，把教育看作治理国家的重要手段。孔子创办的私学，奠定并培植了中国的私学传统，从而使私学作为官学的重要补充，发展和延续了中国的文化传统；同时，《论语》作为孔子讲学实践的精华，为中国古代教育理论提供了较为完整的思想体系。从此，儒学便开始对中国教育产生深远的影响。汉代以后，随着儒学官学地位的确立，中国传统教育深受儒学影响。这主要体现在两个方面：一是中国古代教育基本以儒家经典为教材。据传，孔子整理"六经"，并成为当时的教材。西汉盛行今文经，由于《乐经》亡佚，因称"五经"。至东汉时，于"五经"之外增加了《孝经》和《论语》，扩大为"七经"。隋唐时期，为适应科举制的需要，经学得到进一步发展，唐代孔颖达奉命主持编纂《五经正义》，以作为科举考试的标准教科书。之后，又加入《周礼》《仪礼》《谷梁传》《公羊传》《孝经》《尔雅》，于是有"十二经"之称。宋代把《孟子》并列于经书之列，遂有"十三经"。理学家又把《大学》《中庸》从《礼记》之中提取出来，与《论语》《孟子》并列为"四书"，朱熹作《四书集注》。从此，"四书"与"五经"并列成为科举取士的根本依据。儒家学说通过科举这种形式对中国教育产生深刻影响，并被作为治国安邦的学说在整个社会推广开来。二是儒家提出的教育理论和教育主张对中国教育产生了决定性的影响。儒家不仅十分重视教育，而且在教学理论、教学原则和教学方法等方面提出了极其丰富宝贵的思想见解。诸如"有教无类"的教学原则，"志于道""明人伦"的教学宗旨，"举一反三""不愤不启、不悱不发""引而不发"的启发式教育方法，"学而时习之""温故知新""学而不思则罔，思而不学则殆"等学习方法，以及"三人行，必有吾师""不耻下问""毋意，毋必，毋固，毋我"等学习态度等，对中国古代教育影响深远。

儒学在中国传统哲学史上也占有重要地位。宋代以前，儒学基本上还是一种伦理、政治学说，缺乏本体论依据和思辨色彩。宋明理学则吸取了道家、道教、佛教等哲学思想成果，使儒学伦理与本体论、心性论等思想相结合，形成了具有高深哲理和精微思辨色彩的儒学，使儒学与中国传统哲学紧密结合。儒学所提出的许多哲学理论与命题，诸如本体论中的"理"论、"心"论、"气"论，以及人性论、格致说、知行观、理一分殊、心统性情，等等，都成为中国传统哲学的重要思想内容。

儒学重教化、尚伦理，以诗文为教化工具等观点对中国文学传统产生了深远影响。所谓"诗言志""文以载道"的古代文论与儒学基本理论密切相关。儒学强调文学作品的思想性、讽刺作用和教育意义，促成了中国文学传统优良的一面，同时也有束缚文学自然发展的弊端。

在价值观念上，儒家的价值取向表现为重义轻利、持中贵和等特点，也充分体现了传统文化的价值观基本倾向。

在审美情趣上，儒家重仁义道德修养，以善为美，故有人称儒家美学为伦理学的美学。儒家以善为美，其善的标准则以是否合乎中和的原则为准绳。儒家美学思想对中国古典美学产生了巨大而深远的影响，与道、禅美学思想共同构成了中国古代美学思想的主体与灵魂。

在思维方式上，儒家侧重强调经世致用的"实践理性"，强调反省内求的直观思维，强调综合的整体性思维等，较典型地反映了中国传统思维方式的特征。

儒学对中国传统文化的影响是全方位的，涉及哲学、史学、教育、文学、艺术、科技、宗教等各个领域和器物、制度、习惯、思想意识等各个层面,深刻地影响着中华民族的思维方式、价值观念、审美情趣、道德风尚,等等。它的影响至今仍然根深蒂固,对现实社会生活发生深刻影响。

从总体上说,儒家思想既有封建性的糟粕,又有民主性精华;它在中国历史上既起到了维护封建统治的作用,又起到了维护中华民族的统一,促进中国文明发展的作用。

儒学是巨大的文化资源。在中国实行改革开放,走向现代化过程中,对儒家资源的挖掘应有一种紧迫性。当然,这种挖掘不应生搬硬套,急功近利,而是一种以现代化为参照系的选择性汲取。

思想史的研究表明,一种学说,一种理论,一种思想,它的生命力就在于能够不断地被诠释。儒家思想是不断发展的,在不同的时代被赋予不同的理论形态和内涵,其绵延不绝的生命力正源于此。经过创造性转化的儒家文化也必将成为现代文明的积极因素和社会主义现代化建设的强大精神动力。

第五章
佛教与中国传统文化

佛教是世界三大宗教之一。它诞生于古印度，自汉代传入中国，在两千多年的漫长岁月中，因自身的文化包容力与灵活适应性，在与儒家学说、道家学说的相互渗透中，渐次巩固了在中国传统文化体系中的地位，并影响了日本、朝鲜等周边国家。可以说，中国是佛教的第二故乡，佛教文化是中国传统文化不可分割的一部分。

一、佛教史略

（一）释迦牟尼

佛教产生于公元前6世纪的古代印度，由释迦牟尼创立。在早期的佛教典籍中，没有关于佛教创始人生平的完整记录。释迦牟尼主要事迹散见于佛教各部派后来编成的经、律中，而且往往与神话交织在一起，有许多荒诞的成分。剔除这些神话虚构，大致可以找出一些较为可信的史实。

佛教创始人姓乔达摩，名悉达多，出生在古印度迦毗罗卫城（今尼泊尔南部），大约生活在公元前565—前486年，与中国的孔子所处年代相近。释迦牟尼是佛教徒众对他的尊称，意思是"释迦族的圣人"。"牟尼"是明珠的意思，引申为圣人。

乔达摩出身于刹帝利种姓，是迦毗罗卫国净饭王的王子，其母摩耶夫人早死，由姨母摩诃波阇波提抚养长大。少年时代接受婆罗门教的传统教育，学习《吠陀》经典和五明。他幼年的时候就爱沉思，世间很多现象都引起他的感触和思考。他曾多次出宫巡游，先后看到老人、病人、死人，身心受到震撼，回宫后深思人生无常，生老病死在所难免，遂萌生出家修道之念。其父为了打消他出家的念头，为他修造宫殿，娶妻生子，然而他出家的决心依然坚定。终于在二十九岁时，不顾父亲的劝阻，毅然告别妻子，放弃王位，出家修道。

释迦牟尼离家之后，遍访名师，历习苦行，长达六年，未能达到他所追求的解脱之道，身体却因苦行而干瘦憔悴。于是他放弃苦行，渡过尼连禅河，来到一棵毕钵罗树（后称菩提树）下，沉思默想。据说，经过七天七夜，终于悟出了"四谛"的真理。这标志着他真正觉悟得道了，被称为"佛陀"，或简称"佛"，意思是"觉悟者"，这一年他三十五岁。

据载，释迦牟尼悟道之后，深发感叹：一切众生皆有佛性，本具圆满大智慧，只因妄想执着，无名烦恼流转不息，致使沉迷苦海，不能解脱。若能正道修行，去妄存真，即可脱离生死烦恼，回归圆满智慧。自此，释迦牟尼为普度众生，开始了长达四十五年的授徒传教生涯。他以大慈悲的心境，博大精深的智慧，不畏艰苦的精神，弘扬佛法，教化众生，足迹遍于恒河流域许多国家和地区，凡是同他接触过的人无不深受感化而衷心信佛。他一生慈悲救世的精神永远铭刻在人们的心中。

释迦牟尼创立了佛教，有弟子五百人，有名的大弟子十人，八十岁那年在拘尸那迦的两棵娑罗树间涅槃。

（二）原始佛教的基本教义

佛教以解脱生死烦恼获得大圆满智慧为最高宗旨。佛将他所觉悟的道理说出来，指示佛教徒怎样做人与怎样成佛的方法就叫作佛法。释迦牟尼四十五年说法所传达的教法据说有八万余法门，但若就其根本思想说，可以用四个字加以概括，即"苦集灭道"，这在佛教中也称"四圣谛"。"谛"，是实在和真理的意思，也是印度哲学通用的一个概念。

苦谛是佛教对人生各种痛苦的内容的概括。常见的人生苦有八种，除生、老、病、死外，还有怨憎会苦（由于种种原因不得不与自己意气不相投者一块相处之苦恼）、爱别离苦（即爱恨别离之苦）、求不得苦（即欲望得不到满足之苦）以及五取蕴苦（由于对五蕴的执着而造成的种种痛苦）。佛教把人生的本质断定为"苦"，所谓"人生皆苦""一切皆苦"，并将这一判断视作真理，使之成为全部佛教理论的出发点。所谓"苦海无边，回头是岸"，此"岸"就是佛教所说的"涅槃"或者叫"入灭"，即"四谛"中的第三谛——"灭"。"涅槃"是佛教最后理想的无苦境界，是消灭了一切烦恼，从而超越时空、生死的一种境界。

集谛是分析造成生老病死等痛苦的原因，"集"本意为"招聚"或"集合"，这里意谓招致苦难的原因。佛教认为人生之所以痛苦的最根本的原因是烦恼，而最大的烦恼是贪（贪婪心）、瞋（恨心）、痴（痴愚执着心）"三毒"，或叫"三大根本烦恼"。此外还有慢（傲慢不恭心）、疑（疑惑不信正道心）等诸多烦恼，因烦恼而迷于事、迷于理，此即为"惑"，有了"烦恼障"，于是使身、口、意做不善之业，所以有三界轮回之苦。

灭谛根据"因灭则果灭"的道理得出：烦恼无明灭则生死灭，无生则不死，进入不生不死永恒安乐之境，即名涅槃。

仅仅懂得造成痛苦的原因还不够，要摆脱痛苦，必须掌握脱离痛苦的方法，道谛就是讲要实现佛教的最高理想所应遵循的方法。道，即道路、途径，也就是方法。佛教认为只要依照佛法修行，就能走出生死苦海，到达涅槃彼岸，进入一种"常乐我净"的境界。

佛教经典中关于修道的方法种类繁多，小乘教义多推崇三学、八正道以及包括八正道在内的三十七道品。到了大乘佛教，"三学"又进一步发展为"六波罗蜜"。

"三学"，是佛门弟子修持的三项重要内容，依次为戒学、定学和慧学。戒学指严守戒律，止恶行善，净化身心。定学即禅定，令心专注于某一对象而达不散乱的精神状态。慧学指断除妄惑、洞达事物实相的学习与修持。

据《中阿含经》载，释迦牟尼首次说法时就明确指出："有二边行，诸为道者所不当学。"所谓"二边"是指"享乐"和"苦行"，他认为二者都是过分的行为，只能"舍此二边，有取中道"。佛教不主张片面地离世解脱，而是主张万法圆融，世间与出世间、俗谛与真谛的对立统一，反对执有与执空两种片面主张，主张坚持中道观。

六波罗蜜，是佛教徒的修持法门。波罗蜜即到达彼岸之法。六波罗蜜包括以下六点：①布施，包括财施、法施、无畏施。财施即把自己的财物、身体器官甚至整个生命施舍给需要的众生；法施是向众生施舍正法、善法，给众生带来法利；无畏施即为众生解除恐惧，施予安全。②持戒，意即严持佛教戒律。③忍辱，即锻炼忍耐心、包容力。④精进，即不懈怠，不放下行持。⑤禅定，即使心性专注不散。⑥智慧，即以般若智慧正观世界实相，总导一切修持法门。

四圣谛所依据的根本原理则是缘起论。佛教的所有教义，都是从缘起论这个源泉流出来的。

缘起也称缘生，是"因缘生起"的略称，是佛教全部宇宙观和宗教实践的基础理论。所谓缘起，即诸法由因缘而起，也就是"此有故彼有，此生故彼生，此无故彼无，此灭故彼灭"。佛教认为，一切事物和现象的生起，都存在着相互联系、互为条件的因果关系。佛教的缘起说，主要是以人生问题为中心来谈的，用以解释人生痛苦的原因。

缘起论是佛教特有的教义，归纳起来，有四个重要的论点。

缘起论的第一个重要论点：无造物主。佛教认为"诸法因缘生"，否定有创造宇宙万物的主宰存在。佛教没有创世神话，也没有神的权威，更不承认灵魂的转世。佛教提出了缘起论，认为宇宙万物的产生是因缘和合而成，而非神造，这是释迦牟尼对当时的"神我论"和"种姓制度"进行批判的新思想。释迦牟尼反对血统论，主张"四姓平等"。

缘起论的第二个重要论点：无常。佛教认为，宇宙间一切现象都是相互依存的，没有永恒的实体的存在，所以任何现象都是无常，都表现为刹那生灭。无常分为三种：①众生无常。谓人生都是无常的,终归要变化以至消亡。②世界无常。谓世界上一切现象都是无常的,无时无刻不在流动变迁中,最后归于消亡。③诸念无常。谓人们的思维都是瞬息万变的,所谓"念念生灭"。佛教无常学说,主要是为反对当时婆罗门教主张宇宙有个最高的主宰叫"梵",并认为"梵"的是永恒永生的理论而提出的。

缘起论的第三个重要论点:无我。佛教根据缘起论认为世界上一切事物都是因缘而生,一切都是因缘而灭,所以就不会有一个独立的、实在的、主宰一切的"自我"(即灵魂)存在。婆罗门教主张宇宙间的最高主宰是"梵","自我"是梵的化身。佛教为反对婆罗门的这个理论而提出了"诸法无我",也就是不承认有一个造物主。

缘起论的第四个重要论点:因果相续。佛教认为因缘所生的一切法不但是生灭无常的,又是相续不断的,如流水一般,前前逝去,后后生起,因因果果,没有间断。因与果相符,果与因相顺,如同"种瓜得瓜、种豆得豆"的道理一样。

"诸行无常,诸法无我",是佛教对宇宙万有的总的解释,也可以说是一切法的总法则。所以无常和无我的教义被称作"法印"。"诸行无常,诸法无我,涅槃寂静",并称三法印,是经佛陀亲自印证的区别佛教与其他宗教的根本标志,体现了佛教观察事物的基本眼光。

"四圣谛"加"缘起论",便是原始佛教的基本教义。据有关资料记载,释迦牟尼当年在菩提树下悟得"真理",即世间的万事万物(包括人生)都是因缘和合而成的,一旦这些条件发生变化或不存在,该事物就不复存在。因此一切事物都是因缘而起的假象、幻影,都无自性,都是"空"的。既然如此,人们对于一切事物就不应该刻意追求,苦苦执着。既然对一切都无所追求,又有什么烦恼呢?

二、佛教在中国的传播与发展

（一）佛教初传

佛教最初是经由著名的丝绸之路由中亚传入中国的,其确切年代已难稽考了。据史书记载，佛教大约在西汉哀帝元寿元年（公元前2年）传入中国内地。东汉初年汉明帝因感梦金人，遂派中郎将蔡愔等八人前往西域访求佛道，蔡愔等人在大月氏国遇到了当地僧人迦叶摩腾、竺法兰两人，并得到佛像佛经。他们与二僧用白马驮着佛典返回洛阳，汉明帝为他们建造精舍居住，这就是后世闻名的白马寺（图5-1）。摩腾与竺法兰在这里翻译了《四十二章经》，《四十二章经》一般被认为是中土佛教最早的译典（学界新考证《浮屠经》可能是最早的译经）。

图5-1 洛阳白马寺

印度佛教之所以能在中国扎下根来，并在中国衍生全新的佛教传统，其中最重要的一个原因，就是佛典的翻译。早期的佛典汉译事业，主要是由一些从西域来华的僧人主持，他们大多博闻强识，有着很高的佛学造诣。在内地僧侣和信士的帮助下，或依据带来的原本，或凭借惊人的记忆力，经过数年不懈努力，陆续将印度佛教中的经典、论书和戒律，比较全面地介绍到中国。如从安息国来的安世高译出《佛说大安般守意经》等小乘经典，从月氏国来的支娄迦谶译出《道行般若经》等大乘经典。

几乎与此同时，还出现了中国僧人因不满当时经典翻译状况而去西域取经的现象。先驱者是三国时期的朱士行，后有东晋的法显、唐朝的义净等人。最杰出的是唐朝的玄奘（图5-2），他历尽磨难，前往印度求法。回国后，玄奘拒绝了唐太宗要他还俗从政的请求，集中精力翻译佛典，他的译经被后世称为"新译"。玄奘与鸠摩罗什、真谛、不空并称为中国佛教史上的四大译经家。

图5-2 高僧玄奘

佛教经典的翻译，即由梵文经典向汉文经典的转化，本身就是中国本土文化与外来佛教文化的辨异与融合的过程。大多数佛典译者是西域人，他们精通汉语，深受汉文化影响，能够自由运用汉文化语言翻译佛典，翻译的佛典文辞典雅，语句通畅。在佛典翻译早期，翻译过程中大量借用道家语言训解，虽与佛典原意有出入，却是佛教中国化的最早表现形式。佛典的翻译，既为中国思想界开拓了一片新天地，更为中国文学界增加了全新的内容。

佛教之所以能在中国扎根的另一个重要原因，是佛教与中国传统文化的融合。佛教在中国的传播与发展并不仅仅是简单移植，它实际上是在与中国本土文化的碰撞与融合中的再创造过程。

佛教初传时正值中国盛行黄老之学和神仙方术，社会上一般将佛教视为神仙道术的一种。在大城市所建立的少数寺庙主要供从西域或印度来的僧侣和商人参拜使用，汉人出家为僧者很少。当时来华的僧侣"风云星宿，图谶运变，莫不该综"（《高僧传·昙柯迦罗传》），为传教方便，他们还自觉不自觉地调整译文，以免与当时中国社会的政治伦理观念相冲突。

魏晋时期，玄学兴起，当时的佛典释者采取依附玄学，以玄解佛的方法，以期取得中国文化的认同。玄学分贵无论、崇有论、独化论，佛学也以本无宗、即色宗和心无宗等派别与之相调和。一些佛教学者还带有浓厚的清谈色彩，如支道林，爱好养马养鹤，赋诗写字，深得名士推崇。东晋后期佛教领袖慧远直接提出"佛儒合明论"，宣扬孝顺父母、尊敬君主是合乎因果报应道理的。

南北朝时期，佛教与传统文化进一步融合，并且与社会政治发生了非常密切的关系。无论北方还是南方的统治者都崇信佛教，其中以梁武帝最为突出。统治者的喜好，推动了佛教的发展，同时相对独立的寺院经济逐渐形成。"南朝四百八十寺，多少楼台烟雨中"，这绝非诗家之妄语，据统计梁朝有寺近三千所，僧尼八万余人。寺院拥有大量土地，并经营商业，发放高利贷，聚敛财富。"竭财以赴僧，破产以趋佛""粟罄于惰游，货殚于土木"（范缜《神灭论》）。

佛教经魏晋南北朝的发展，已在中国扎下根来，成为中国封建社会上层建筑的一个组成部分。这一时期佛教的发展无论在思想上或经济上都为隋唐时期创立具有中国特色的佛教宗派准备了条件。

（二）佛教盛行与八大宗派

隋唐时代是中国佛教的成熟期，其重要标志是具有本土特色的中国佛教八大宗派的创立与成熟。这八大宗派分别是天台宗、华严宗、三论宗、慈恩宗、净土宗、密宗、律宗、禅宗。天台宗、华严宗、禅宗，都从不同侧面融入了儒家心性说的理论，带有强烈的中国本土文化的特色。如华严宗学者李通玄，用《周易》思想解释《华严经》。华严宗五祖宗密用《周易》的"四德"（元、亨、利、贞）配佛身的"四德"（常、乐、我、净），以"五常"（仁、义、礼、智、信）配"五戒"（不杀生、不偷盗、不邪淫、不饮酒、不妄语）。在本土化过程中，佛教由依附中国传统思想而逐渐走向独立，终于在隋唐之际达到顶峰。此后中国佛教得以进一步发展，一直推行到近现代，形成完备的系统。

隋唐时期，佛教八大宗派先后兴起，标志着中国佛教的繁荣。现将其主要观点介绍如下。

1. 天台宗

天台宗创立于隋初，创始人是智顗大师，更早则可追溯到南北朝时期的慧文和慧思。智顗（538—597年），俗姓陈。他以浙江天台为中心创立了中国第一个佛教宗派——天台宗。该宗以《妙法莲华经》为宗经，所以也称为法华宗。

天台宗在核心教义上主张"诸法实相"，具体有两点：一是"三谛圆融"，二是"一念三千"。"三谛"即空谛、假谛、中谛。一切事物和现象都是由各种条件聚合而形成的，其间并没有永恒不变的实体，所以是"空"；但当各种条件具备的时候，这些事物和现象却又"宛然而有"，所以是"假"；无论"空"还是"假"，都是事物本性自然而然地呈现出来的，我们不能固执地偏执于一端，要离开两端，即空即假，非空非假，这就是"中"。三者互相联系，融合在一起。"一念三千"中的"一念"，是指"心足具一念"，与作为时间单位的"一念"不同；"三千"则指三千性相。该宗认为在一念之中就包含了宇宙间的森罗万象、万事万物，由此进一步主张"性具善恶"的理论，认为既然众生一念之中无所不包，那么一切善或恶、杂染或清净都可以说是人天然具有的本性。

天台宗在修持方法上主张止观并重、定慧双修，以此将当时的南方重义理、北方重禅定两种修行偏向结合起来。

2. 三论宗

隋代形成的宗派。此宗学说以印度中观一系的《中论》《百论》《十二门论》三部论为主要典据，所以称三论宗。此宗始祖可追溯到印度的龙树，在中国的传承则肇始于鸠摩罗什，经僧肇、僧朗、僧诠、法朗传至吉藏，正式开启三论宗。

吉藏（549—623年），俗姓安，祖先为西域安息人，生于金陵（今江苏南京市），应隋炀帝之请，赴长安主日严寺，完成"三论"的注疏，并撰写代表作《三论玄义》，创立三论宗。此宗的中心理论是"诸法性空"的中道实相论。以真俗二谛为纲，揭破一切现象的虚妄不实，宣传世间、出世间等一切万物都是由因缘和合而生，是无自性的。三论宗也称"空宗"。

3. 华严宗

华严宗从阐扬《华严经》而得名，其学术传承一般追溯到杜顺和智俨，实际开创者为唐代高僧贤首大师（法藏），故也称贤首宗。

贤首（643—712年），俗姓康，原籍西域康居，生于长安。十七岁投于智俨门下，武则天曾召他入长生殿讲经，并授予他三品官衔。

华严宗确立了"五教十宗"的判教方法，其主要教理是阐述法界缘起的道理。"法"指轨持，"界"指种族、种类，该宗认为宇宙间的万事万物都是从"自性清净心"生起的，"自性清净心"作为本体和原因，深入普遍地贯彻于一切事物中，构成事物共同的本质。在"自性清净心"的作用下，万事万物互相依赖，互为因果。一即一切，一切即一，它们结成一个统一的整体，处于无尽的联系之中。华严宗还用理事、体用、本末、性相、一多等范畴来说明世界的本原本体与具体事相之间这种相即相入的关系。

华严宗的哲理阐述方式，对中国宋明理学哲学体系的建立，产生了很大的影响。

4. 慈恩宗

慈恩宗又称法相宗或唯识宗。因创宗者玄奘大师及其弟子窥基长期住在长安的大慈恩寺，故有慈恩宗之称。

玄奘（约600—664年），俗姓陈，因其对经、律、论三藏无所不通，被称为"三藏法师"。窥基（632—682年），俗姓尉迟，是尉迟敬德的侄子，十七岁奉敕为玄奘弟子。玄奘主要从事翻译，本人著作很少，窥基发扬玄奘的思想，写了大量著作，弘扬唯实学说，有"百部疏主"之称。事实上慈恩宗是由窥基一手建立并壮大起来的。

该宗以弘扬印度唯识学为己任，重在译述及理论之阐发。在宇宙构成的法相论上，慈恩宗继承"三自性说"，以"遍计所执性""依他起性"和"圆成实性"来说明佛教缘起无自性的诸法实相论。

5. 净土宗

净土宗是专修往生阿弥陀佛净土的法门。后人多以东晋庐山慧远为其始祖，他根据往生西方净土的人皆于莲花中化生而将该宗命名为白莲社，因而净土宗又被称为莲宗。北魏的昙鸾（476—542年）和唐代的善导（613—681年）为其重要的弘扬者。

净土宗奉《阿弥陀经》《无量寿经》《观无量寿经》和《往生论》为典要。该宗的理论，以行者的念佛行业为外在条件，以虔诚信佛作为内因，以阿弥陀佛的愿力为外缘，内外相应，往生西方极乐净土。

净土宗的实践修持即是念佛法门。从庐山慧远开始，多采取观察的办法，即观想念佛、实相念佛。但到净土宗思想的集大成者善导大师时，却逐渐把称名念佛，也就是我们常见的"口念佛号"突出地强调出来，认为对于生活在世俗世界的凡夫大众来说，只有一心一意地称念阿弥陀佛的名号才是往生极乐世界最正当和最简捷的方法。其他只不过是"杂行"，只起辅助作用。

该宗理论具有明显地依靠他力救赎的色彩，加之方法上的简单易行，对信仰者又无特殊要求，在社会上流行很广，直至近现代仍在民间有着极大的感召力。

6．律宗

律宗是依据小乘法藏部所传戒律《四分律》并加以大乘教义的阐释而形成的宗派。因专事宣扬佛教戒律中的"四分律"又称"四分律宗"；还因创宗者道宣居陕西终南山创立戒坛，故又名"南山宗"或"南山律宗"。

道宣（596—667年），俗姓钱，从小受到良好教育，十岁出家，泛参广学，重点钻研律学。其学说主要是心识戒体论。所谓戒体是指弟子从师受戒时所发生而领受在内心的法体，即通过授受使内心拥有一种防非止恶的能力。律宗专以弘扬佛教律法为己任，以《四分律》统一了全国佛教内部所实行的戒律。

由于对《四分律》的理解和运用的不同，同时还有法砺所创的相部宗、怀素所创的东塔宗，与道宣所创的南山宗并称"律宗三家"。

7．密宗

密宗又称瑜伽密教。由于此宗仪轨严格复杂，须由上师秘密传授才能修行，故名密宗。

密宗正式建立于唐代。中印度的善无畏，南印度的金刚智及弟子不空，先后来华，在长安等地弘扬密法。密宗的主干是藏传密教。前弘期有印度密教僧人寂护、莲花生等应请入藏传授密法。后弘期则有中印度高僧阿底峡尊者应请来藏，传扬显密观行具备的密法，建立迦当派。此外还有宁玛派（红教）、迦举派（白教）、萨迦派（花教）等密宗教派并呈。至15世纪初，有宗喀巴大师重振迦当派教法，大弘戒律、显密并重,建格鲁派(又称黄教)。格鲁派创立后,实行以灵魂转世说和寺庙经济利益相结合为基础的活佛转世制,有达赖、班禅两大转世系统。黄教很快成为藏传佛教史上最有势力的宗派,至今占据着藏传佛教的主导地位。

8. 禅宗

禅宗是隋唐时期在中国大地上由中国佛教徒创立的一个宗派。

禅,本是梵文音译"禅那"的简称,意为静虑,也就是宁静安详地沉思的意思,原本是印度佛教的一种宗教修养方法。中国习惯把"禅"与"定"合称"禅定",指的是静坐,调整呼吸,舌抵上颚,心境专一,使思想高度集中,以逢苦不忧,得乐不喜,无所追求地进行思想意识的修炼。禅宗是最具中国特色的佛教宗派。

禅宗的渊源可上溯到南梁时来华的天竺僧人菩提达摩。中间经过慧可、僧璨、道信等人的努力弘扬,到五祖弘忍时已经初具规模。这时期禅宗并没有形成宗派,也没有以"禅宗"作为自己宗派的名称。禅宗真正形成宗派,应从唐中叶(公元7世纪下半叶)算起,慧能被推尊为禅宗六祖,是该宗正式诞生的标志。

弘忍有弟子七百多人,其中以慧能、神秀最为著名。弘忍圆寂后,神秀弘法于北方,主张渐修,慧能得法南归,主张顿悟,禅宗遂分为南宗和北宗,世称"南能北秀"。唐代北宗曾显赫一时,神秀本人也贵为"两京(洛阳、长安)法主""三帝(武后、中宗、睿宗)门师",名噪一时。南宗一系开始并无多大影响,后在慧能弟子神会的努力下,大力提倡顿悟法门,最后产生了广泛的影响。

禅宗的代表著作,是慧能的传教记录《坛经》。主要观点如下所示。

(1)"见性成佛"的佛性说。禅宗以心外无佛为宗旨,强调"佛向性中作,莫向身外求""识心见性,自成佛道",众生与佛是平等的,众生自己本来具有的真心就是佛。禅宗认为要想成佛,无须外求,认识到自己的本心,就可以达到佛的境界。这种理论，否定了佛教的旧权威，揭示出人类心灵主体的高度自我觉悟，把宗教信仰从外在的力量，移植到人们的心性之中，借以说明自心即佛、自性即佛。

（2）自悟自修的心性论。禅宗主张以自悟自修作为入教之门。慧能认为，既然知道"一切万法，尽在自身心中"，就应当"从余自心顿现真如本性"。"无念为宗"，并不是什么念都没有，而是无妄念。成佛的关键在于自性自悟。"本来无一物，何处惹尘埃"，除了自心的佛性，一切都是幻象。他认为，只有否定外物和外在的佛，才能使自性不受束缚，做一个"内无一物，外无所求"的无念之人，这样才能得"大道"。

（3）"顿悟成佛"的方法论。禅宗以"直指人心，见性成佛"为修行方法。无念的心境，无须通过长期修行，"本觉超越三世"，只要顿现自心真如本性，就可以成佛，这就叫顿悟，顿悟也就超越了三世的局限。"定无所入"，是讲修行方法。佛家一般都认为坐禅是重要的修行方法。慧能则反对坐枯禅，认为不管行、住、坐、卧，只要心不散乱，就算坐禅。主张"搬柴运水"都是行佛道。禅宗所强调的"教外别传，不立文字，直指人心，见性成佛"的修行方法乃是一种不拘形式、灵活多样的法门，最重要的是达到开悟的境界，也就修行成佛了。禅师在引导他人修行时并不是只讲解坐禅的方法，而是根据修禅者的不同根器，使用有针对性的语言、手势乃至动作等方式，来诱导启发信徒，让信徒自己开悟。所以它的禅法与别的佛教宗派明显不同，具有自己的特色。

二、佛教对中国传统文化的影响

佛教自东汉传入中国后，经过试探、依附、碰撞、改变、适应、融合，深深地渗入中国传统文化中，成为中国传统文化的组成部分。

（一）佛教与传统哲学

佛教三学中的慧学，广泛涉及对人生和宇宙的看法，含有丰富的哲学内容。佛教传入中国后，对中国传统哲学产生深远影响。

1. 对传统哲学基本理论的影响

中国传统哲学的思维重经验、轻理论，注意对生活自身的探讨，轻视思考彼岸的问题。佛教哲学在这方面作了相当精细的补充。

首先是关于人生的本原问题，佛教的"五蕴"说，"十二因缘"，特别是"因果报应"说，对中国哲学影响极大。其次，关于人的认识能力问题。般若学否认一切权威的思想倾向，对知识分子阶层有不小的吸引力。同时，知识分子对般若学的研究，对传统哲学转向抽象思辨起了巨大的作用。第三，关于世界的本体问题。唯识学的"三界唯心"说与"唯识无境"说，考察了认识的变动性和差别性，大大强调了认识的主观能动性。但由于它突出地强调向内心探求真理，向内心寻求解脱，从而强化了传统哲学走向内省的倾向。

2. 对宋明理学的影响

宋明理学是儒释道三家学说的汇总与融合。宋明理学家为全面复兴儒家学统，建立儒学自身的本体论哲学，广泛地吸收了佛家学说的精神营养，主要表现在以下几个方面。

（1）宋明理学的宗教禁欲倾向。受佛教修持方法的影响，宋明理学家身上的宗教痕迹，大大超过前辈儒者。宋明理学的创始者之一周敦颐，首先改写孟子的"养心莫善于寡欲"的说法。主张"寡焉以至于无，无则诚立明通"。二程的哲学修养论强调"存天理，去人欲"，朱熹则把二程的观点发展为"存天理，灭人欲"。

（2）程朱理学体系直接借鉴了佛教华严宗的逻辑建构方式。华严宗的法界缘起、理事无碍、一多相即、重重无尽的教理；华严宗关于"一切即一，一即一切""一中有多，多中有一"的思辨关系，为二程以至朱熹理学模式的建立提供了直接的理论源泉，这使得程朱理学体系具有了逻辑上的本体论基础，建立起"理一分殊"的理论模式。

（3）在修养论上，宋明理学家大力吸收禅悟的修持方法，在这一点上，程朱理学与陆王心学完全一致。程颢与弟子门人静坐禅悟，屏息除念，并以此为入门之要。朱熹令弟子"半日静坐，半日读书"。心学创始人陆九渊，其治学之本为"先立乎其大"，这种发愿—修德—做人的程序，与佛家的修行之始必先发菩提大愿，亦即发愿—修行—成佛的程序，在方法论上有着极为类似的精神内涵。

3. 对近代哲学的影响

佛教在近代的复兴，与理学的衰微、西学的流入、传统儒家社会理想的失落等因素相伴随。佛教对近代知识分子的影响，主要表现为以下几个方面。

（1）佛教自贵其心、不依他力的自主倾向，为近代知识分子张扬个性、冲决封建罗网，提供了理性思考、慰藉精神的食粮。从龚自珍汲取佛学、重新阐释今文经学，到梁漱溟、熊十力等人出儒入佛，又出佛入儒，终至亦佛亦儒，会通儒佛，都是佛教影响的充分体现。

（2）佛教被近代早期哲学家作为实现理想抱负的精神支撑。他们以入世观众生苦的慈悲精神解释世间苦难，视佛教为救世哲学。康有为自命秉承圣贤与菩萨双重使命，构筑大同世界的理想王国；谭嗣同不仅以佛学思想改造儒家仁学，更发大乘菩萨宏愿，"以心挽劫"救度众生，后因变法失败，以身殉道；梁启超力图以佛教改造国民性，在《论佛教与群治之关系》一文中，力陈佛教五大优越功能；章太炎在《人无我论》《革命道德论》中，视佛教为国粹，大力提倡以佛教增进国民道德，重建道德价值体系。

（二）佛教与文学艺术

1. 为文学提供了新的创作题材

首先，佛教禅学本身的内容及形式，即是构成中国文学艺术的重要组成部分。数千卷由梵文翻译过来的经典，其中一部分本身就是典雅、瑰丽的文学作品。《百喻经》列举佛理故事近百个，以宣扬佛教教义，劝喻人们信仰佛教。这部寓言性质的佛教文学作品，文笔朴素简练，故事生动有趣，佳喻很多，剔除其说教部分，实也具有移情益智作用。鲁迅先生曾捐款给金陵刻经处，刻印一部《百喻经》。这部经中所叙的故事，直至今日还常常被译为白话文，作为文学作品来欣赏。以中国禅宗的法系传承为表现题材的中国佛教典籍，许多都具有较高的审美价值。如《坛经》《祖堂集》《景德传灯录》《五灯会元》等，集文（审美性）、史（史料性）、哲（哲理性）于一身，显示了丰厚的文化内涵。其中记载有为世人所熟悉的"达摩面壁""二祖断臂求法""南岳磨砖教化马祖""黄檗棒打临济"等，这些世代相传的故事，已成为中国文化史上趣味盎然、发人深思的佳作。

其次，佛教为中国古代小说提供故事来源，启发作家的艺术构思。佛教典籍往往以寓言、故事来说明教义，把佛理融化在华丽奇妙的文艺形式里，取得形象教化的成效。佛教典籍的流传，为小说创作打开了广阔天地。六朝时，佛道两教盛行，形成了侈谈鬼神、称道灵异的社会风气，从而产生了许多志怪小说。如干宝的《搜神记》、颜之推的《冤魂志》等；再如《西游记》中孙悟空大闹天宫、猪八戒招亲和流沙河沙僧等故事，都起源于佛教典籍或《玄奘法师传》的有关记述。其他如《封神演义》《三国演义》《红楼梦》等小说，均可看出佛典故事的演化痕迹及佛教思想的渗透。

2. 推动了诗歌的发展

魏晋时，中国诗坛出现了"玄言诗"。而随着佛学的广泛流传，出现了佛学渗入诗歌领域的新局面。这些诗或融合玄学，或结合山水，或独说佛理，表现出新的特色。如著名的佛理诗作家支道林，精通佛学，深解庄学，他的诗将老庄思想、佛学与山水自然相结合，文采冲逸，才藻新奇，极得文人赞赏。当时著名的玄言诗诗人孙绰、王羲之等人都与他交游甚密。东晋至刘宋之际的大诗人谢灵运，进一步把山水与佛理结合起来，在刻画山水个性的作品中，移入一种怡然自得的意境，从而正式创立文学史上山水诗一派。他的《登石门最高顶》《从斤竹涧越岭溪行》等，都能将对自然景物的生动描写与佛教意念成功地融为一体。

诗与禅本是两种不同的意识形态，一属文学，一属宗教。诗的作用在于帮助人认识世界和人生；禅的作用在于引导人开启心智。然而，诗和禅都重启示和象喻，都追求言外之意，这使得它们之间有了互相沟通的可能。

唐代禅宗盛行和唐诗繁盛几乎同时。唐代一些著名诗人谈禅、参禅，并作诗表达禅趣、禅理；禅师也和诗人酬唱、吟诗以表达人生的理想、境界，于是，诗和禅就建立了联系。如唐代诗人王维因其诗通过对山水田园的描绘，宣扬隐居和佛教禅理，而被时人称为"诗佛"。其《鹿柴》表现空灵的心境。《辛夷坞》通过芙蓉花的自开自落，表现了作者"任运自在"的恬淡的精神世界。宋代以禅入诗比唐代更加执着，且多夹议论，如苏轼《和子由渑池怀旧》中所表现的人生无常、虚空悲凉的心境，正是禅宗所提倡的。《题西林壁》从横看侧看时山的不同，悟出世界万物因主体观察角度不同而结果相异的道理，体现了禅宗的"彻悟言外"的教义。这些诗或写花鸟，或绘山水，或吟闲适，或咏渔钓，并没有谈禅，但在笔墨内外，寓有禅义。

诗与禅的联系必然会反映到理论上，宋代以禅喻诗形成风气，并出现了严羽的《沧浪诗话》这部著名的文学批评著作。

诗和禅的沟通，表面看来似乎是双向的，但其实主要是禅对诗的单向渗透。诗赋予禅的不过是一种形式而已，禅赋予诗的却是内省的功夫，以及由内省带来的理趣。中国诗歌原有的中和淡泊的艺术风格也因禅占据了更重要的地位。

3．促进艺术风格的多样化

艺术是佛教宣传教义的最有效的手段和方式之一。佛教绘画、雕塑、建筑等是和佛教经典一并传入中国的。汉明帝时，从印度带来的佛像置于中国最早的寺院——洛阳的白马寺，佛寺中有《千乘万骑绕塔三匝图》，标志着中国佛教艺术之始。此后，佛教艺术逐渐发展，并在与中国传统艺术的碰撞、交流、融合下，创造出了灿若星辰的中国佛教艺术。以下仅以雕塑、绘画为例。

佛教对中国传统雕塑的影响表现在以下两个方面。首先，内容上由表现人和动物为主题，变为融入表现对佛、菩萨的宗教信仰和崇拜。保存至今的古代雕塑中佛教人物很多，敦煌石窟、龙门石窟、云冈石窟和遍布各地的寺院，构成中国古代雕塑的艺术博物馆。其次，在技巧上由简明朴直发展到精巧圆熟，在风格上由雄伟挺秀转为庄严富丽。如云冈石窟早期佛陀与菩萨造像都通体高大，宽肩粗颈，脸型丰满，鼻梁端正，眼长唇厚，面露微笑而蕴含崇高气魄。藻井上的飞天，肥短如小儿，与印度笈多式雕像近似。晚期雕塑，飞天则削肩瘦长，衣带飘逸，体现了中国化的风格。龙门石窟的造像躯干颀长，肌肤丰润，比例匀称，垂眸微笑，温雅敦厚，富有人情味，奉先寺的卢舍那大佛就是这种形象的代表。唐代以后，佛像更具中国特色，雕塑家选取美与健康的元素，使造像表现出美与力量。如六朝的造像多秀骨清像，静穆而富有智慧；唐代的造像则是颊丰项满，和谐而具有力量。还有众多姿态优美的菩萨像，是最能体现盛唐的丰神情韵的。那健美的面庞、优雅的体态、丰润的双足，加以唐代贵族妇女的装束，表现了人间美女的特征，温雅慈祥、严肃沉静的不凡气度，体现着以中和为美的中华民族传统的审美观念，是古典艺术中典雅和谐之美的理想标本。

佛教对中国绘画的影响首先是在形象上创造了许多典范作品。史载，汉明帝曾令人画佛像"置清凉台及显节陵上"，这大概是中国画家自作佛画的滥觞。六朝以后，擅长佛教画的名画家相继出现。如东吴画家曹不兴，西晋画家张墨、卫协，东晋大画家顾恺之，均擅长佛画。顾氏画像注重点睛，提出"以形写神"论。相传他在建康瓦官寺壁上绘维摩诘居士图，光彩耀目，轰动一时。此后，南朝梁张僧繇、北齐曹仲达，分别创立了"张家样""曹家样"的特殊风格。唐代画圣吴道子集诸画家之大成，为古代佛画第一人，他曾在长安、洛阳寺观创作大量佛、道宗教壁画，绘画笔迹磊落，洗练劲爽，生动而有立体感。因用状如兰叶等笔法来表现衣褶，使衣带有飘举之势，人称"吴带当风"。

其次，使中国画发生了从传神到写意的质的变化。唐代诗人兼画家王维，耽于禅悦，性喜山水，他的山水画，富有诗意，开创了超然洒脱、高远淡泊的画风，被尊为山水画"南宗"之祖。中唐以后，随着佛教禅宗的盛行，画家们的兴趣逐渐由佛教人物画转向山水花鸟画。选材上大多是宁静优美的自然景物，以此表达禅与自然的关系，色彩上以水墨为主，不着色或少着色，风格上追求韵外之致、言外之意、意外之境，至宋元发展到顶峰，绘画史上称为宋元山水意境。如禅僧巨然的《秋山问道图》，画面的秃顶主山在群山掩映之中。画中无一僧人，无一佛寺，但赏画的人观之，基本能明白这位高僧是在借秋山形象，表现他心中的佛道禅机。五代南唐画家董源的《潇湘图》等，不作奇峰峭壁，皆长山复岭，远树茂林，给人以一派平静、淡泊的整体感觉，那种海阔天空、天真空灵的境界，正是典型的禅的境界。

从王维开始的禅境意趣追求，追求的是一种得之于自然，又回归于自然，没有一丝心灵的纷扰，甚至消除了时空界线的艺术境界。而空山、翠竹、青松、落花、流水、晚钟、雪月等题材本身就表现出一种圆满自在、和谐空灵的禅意，表现出一种空山无人、水流花开的禅境。

4. 对艺术境界、审美情趣及创作方法产生深远的影响

佛教禅宗对中国艺术境界、审美情趣以及创作方法的影响、渗透十分深远。在诸多艺术门类中，尤以诗和画受禅学影响最深，遂有中国艺术作品的独特之作——禅诗、禅画流传于世。

首先是对理论的再建。中国有"学诗浑如学参禅"的说法，不管作禅或是作诗作画，都需要有灵感，而灵感的产生，来自作者的领悟，它与禅宗所说的自心自性、顿悟的学说有共通之处。提倡无缚、无碍、不拘俗套的创作状态，就是一种禅悟的境界。直观直觉、纯然任运，本身就是一种审美，见性则是审美的具体体现。而审美的最高境界，则是一种只可意会不可言传的感觉。这也是禅宗所追求的一种最高的解脱境界。因此，"诗中有禅，禅中有诗"一直是中国艺术家作诗作画和评诗评画的标准，而各大诗画评论家也均以直抒性灵、任运无滞、淋漓自然为诗之上乘。

其次是艺术作品的创作。中国书画等艺术作品讲究幽深意远的韵味，强调从整体上体现作品的渲染力，将个人的能力最大限度地发挥出来，使作品表现出一种宏大的气氛。尤其在山水画中强调将禅宗提倡的那种与山水浑然一体，赏之有味、百看不厌的意境完全表现出来。唐宋以后中国绘画渐

趋从人物画转向直抒心性的文人画,从着色山水画转向水墨山水画,说明中国艺术发生了从传神到写意的质的变化,展示的是对禅境的追求与自由挥洒,这些变化明显来自佛教禅学的影响与渗透。再如中国的书法,是最具有禅味的艺术。讲究的是运禅于中,下笔恰到好处,怡然自适,物我两忘,心手合一,表现出一种不拘形式的风格,一种人在书中、书在人中的韵味。

（三）禅与社会人生

禅宗与中国传统文化关系极为密切。它对中华民族尤其是文人士大夫的人生哲学、心理性格、生活情趣、思维方式等有着深刻的影响。

首先,从士大夫的人生哲学和理想追求来看,"达则兼济天下,穷则独善其身"向来是中国大部分士大夫人生哲学的基础,入世与出世,进取与退隐,杀身成仁与保全天年,就好像天平的两端时时在摇摆。当社会、时代给他们创造了进取的条件,创造了外在理想追求与内在欲望满足的可行之路时,儒家人生观的积极面便开始占据主导地位。反之,则退让、自隐,在自在适意的生活中去寻求精神上的寄托。禅宗讲究"自心即佛",以开发自心为特点,不向外求,只要内求。这种在内心世界的宁静中寻求解脱的方式正好给士大夫一种启迪,他们不仅学会在大自然的一草一木、一山一石中去荡涤胸中的污秽与不满,还学会了在尘世俗氛中超越尘世俗氛的方法,自我平衡,强迫自己忘却一切,使波动骚乱的心宁静,"不以物喜,不以己悲",在冥想沉思中,一切变得美好、恬静,心灵充满淡淡的喜悦,精神超越了物质。"问君何能尔,心远地自偏。"士大夫在禅的极富弹性的表达中,找到了实现这种进退自如的统一。王维所谓"富贵山林,两得其趣"即是典型的范例。所以,中国的文人士大夫钟情于禅宗,不只是宗教的原因,更是精神上的旨趣和思想上的自由。

其次,从生活情趣和生活方式看,禅宗反对只注重经典解释的经院派学风,也不局限于一般的止观静修,而是以自给自足的禅居生活为基础。随时随处地发掘和体会自己本然具备的觉悟心性，在行住坐卧等平常的生活中追求绝对自由的境界，主张"平常心是道"，从而形成了一种随缘任运、逍遥豁达的人生态度。这种态度恰与老庄自然无为、退隐适意的生活情趣相一致，与士大夫追求自然淡泊、清净高雅的生活情趣相一致。禅宗的参禅，不要求有一定的形式，但讲究要有一定的禅味，而且要把这种禅味贯穿到人的整个日常生活中去，使生活变得更有意义。士大夫钟情于山水，喜欢大自然的野趣，从自然的一草一木中都可得到灵感，激发创作欲望，这与禅宗那种随处参禅的禅味是非常接近的。历史上有许多士大夫耽于山水，寄情自然，不与世争，又行为孟浪，潇洒自如，被称为狂禅之士。喝茶，也可体验禅的意蕴。唐代僧人皎然曾作诗曰："一饮涤昏寐，情来朗爽满天地。再饮清我神，忽如飞雨洒轻尘。"饮茶的最高境界也就是禅的最高境界了。在琴棋书画诗酒花中，无处不体现出禅的意蕴。禅的精神，被中国文人士大夫发扬演变为一种特有的生活艺术。

再者，历代高僧的风度修养，对中国文人亦有较强吸引力。与僧人交流性灵，切磋学理，自魏晋以来，直至近代，已成为名流雅士的一种时尚之举。历史上，大批的释家僧人或与诗人画家成为密友，或加入诗界、画界、书界，成为中国文化史上一大景观。如唐代著名诗僧寒山的诗已被译为多种文字，流布世界各地。皎然著有诗论专著《诗式》《诗议》《诗评》，对中国诗学影响很深。对后世影响极大的明末清初四大画僧弘仁、髡残、朱耷、石涛，其所创画风至今仍被奉为画界楷模。以书法见长的释僧怀素、法华、弘一等人的手笔，亦为书界格外推崇，被奉为书之精粹。古代诗人中与僧人交往最密的要数六朝的谢灵运和宋代的苏东坡。苏东坡自认交往密切的释僧有四十多人，谢灵运经常交往的僧人仅史料可考的也有十四人之多。在学者中，包括排斥佛教的学者，如唐代的韩愈、李翱，宋代的欧阳修、朱熹都有过参访禅僧的经历，史料亦有他们折服于禅僧的风范与见地的记载。李翱参访药山惟俨禅师之后，作赋两首，被公认是咏唱禅师风采的绝唱："练得身形似鹤形，千株松下两函经。我来问道无余说，云在青霄水在瓶。""选得幽居惬野情，终年无送亦无迎,有时直上孤峰顶,月下披云啸一声。"佛教大乘经典《维摩诘经》是一部融大乘教理于故事之中的文学性较强的经典。其中的主人公维摩诘是一个"心得菩萨解脱境,身现在家凡夫身"的居士。维摩诘的睿智雅风,尤其被中国文人神往,并成为中国绘画诗文的重要表现题材。唐代诗人兼画家的王维,直接为自己取字曰"摩诘",以示对维摩诘智慧洒脱、任运自如风范的认同。苏东坡亦有一首赞叹维摩诘的诗:"殷勤稽首维摩诘,敢问如何是法门。弹指未终千偈了,向人还道本无言。"宋代诗人黄庭坚更以"似僧有发,似俗无尘,作梦中梦,见身外身"自喻。从中可见中国文人对佛教出世与入世圆融的生活方式的向往。

总之,佛教自传入中国以后,经过了漫长的与中国本土文化融合的过程,而成为中国传统文化的重要组成部分。佛教对中国文化生活的影响渗透,不仅仅体现在宗教方面,更体现于哲学与文学、艺术等众多的文化领域。了解佛教的中国化过程是了解中国传统文化要义的一个重要环节。

第六章
中国传统兵家文化

战争是贯穿古今的重大历史事件,有关战争的实践和思考也孕育了丰富的兵家文化。本章将在介绍兵学起源、发展、传承的历史的基础上,围绕经典兵学著作,深入解读中国传统兵家思想,同时,探讨中国传统兵学智慧在今日以及未来的启示意义。

一、兵家的起源及发展

(一)从远古到西周的王者兵学

中华文明从炎帝神农氏和黄帝轩辕氏算起,历经五千多年。漫长而悠久的历史中,时有发生并对历史进程产生巨大影响的历史现象就包括战争。在传说中的部族时期,最著名的战事,就是黄帝与蚩尤之间展开的涿鹿之战。战事中,黄帝亲自率众御敌,反映当时的部族首领身兼军事首领的历史事实。传说黄帝因战争之用而发明了指南车,并利用驯服的虎豹熊罴,战胜蚩尤,使天下安定下来。黄帝发明指南车、驯服猛兽,已包含兵法的内容。班固在《汉书·艺文志》中就认为兵法创始于黄帝。

尧、舜、禹的"禅让制"时代,天下基本安定。大禹死后,其儿子启杀掉（另一说为接替）按照禅让原则推选出来的伯益，取而代之，坐上了部落联盟首领的位置。由此引发了有扈氏对启的征伐，双方战于甘（今陕西西安市鄠邑区附近）。双方摆开军阵正式交战之前，启在三军前发表誓词，进行了战前动员，这就是有名的《甘誓》。在誓词中，启首先为自己正名，更重要的是用赏罚规范和激励将士，"用命"有功则在祖庙神主前受到奖赏，"弗用命"有罪则在社神神主前被惩罚，降为奴隶，或者被杀掉。启的誓师之词以严明赏罚有效激励将士，保障了战争的胜利。《甘誓》也是有文字记载的最早军礼，《司马法》后来承其绪。

周武王建立西周后，实行分封制。为确保各分封国听候朝廷调遣，周武王派兵驻扎分封国，既可帮助分封国剿灭叛逆，又可监视分封国的异举。为了统一管理进驻各分封国的兵马和各分封国的军队，武王在派遣军队进驻各分封国的同时，又在国都设置专管天下兵马的司马一职。大司马是周王的重臣，其下逐级设有军司马、都司马、家司马，各级司马共同受周王节制，共同管理西周军队，组织军队进行训练和演习。从此，历史上第一次出现了专管军事的机构，这一制度保证了周朝对各分封国军队的统一领导和统一指挥，这是我国古代军事建设史上的一件大事。

上古兵学发展到殷代和西周时期，兵学思想达到典型的王者兵学形态。"惟殷先人，有典有册"（《尚书·多士》），是说殷代书籍开始出现。在这个大背景下，周代出现了《军志》和《军政》两部古老的兵书。尽管书已经亡佚，但后世的《左传》与《孙子兵法》、唐代的《通典》、宋本《十一家注孙子》等著作仍保留了这两本书的一些重要军事理论，比如"有德不可敌""允当则归""知难而退""止则为营，行则为阵"等，为我们认识上古时期的王者兵学思想留下宝贵历史资料。除此之外，《司马法》，亦称《司马兵法》，也是中国的古老兵书之一。按司马迁《史记》中《司马穰苴列传》所记载：齐威王"使大夫追论古者《司马兵法》，而附穰苴于其中，因号曰《司马穰苴兵法》"。战国中期齐威王指派大夫整理古已有之的《司马法》，并将春秋时齐人司马穰苴的兵学附记于内，因此称为《司马穰苴兵法》。可见，现存的《司马法》一书虽成书于战国中期，自然带有一定战国时代的语言思想成分，但是，这并不足以完全否定其中保留有相当部分的"三代"王者兵学内容。概括起来讲，《司马法》具有深厚的历史积淀，集中反映了商周，甚至春秋前期的军事制度、军事观念及作战特点，集中渗透着春秋中期以前的时代文化精神，是中国传统兵学文化的重要著作。

我们以《司马法》为主，比参《左传》《国语》等史籍，大致来介绍这一时期的战争基本形态。

由于受三代王者仁政，尤其是西周礼乐文明的影响，这一时期的战争形态总体表现为战争是王者以仁义安顿天下，维持贵族秩序的一种常用手段，是一种不得已的"治乱之道"，其兵学思想整体上贯穿仁义的品行。具体来讲，这一时期的战争形态及战争观表现在以下几个方面：在战争观上，主张王者"诛讨不义""伐无道"的正义战争；战争训练通常在农闲之时以"春振旅，秋治兵"的田猎方式进行；战争以"阵而后战"的大方阵对决分出胜负；战术原则讲究"徒不趋，车不驰"的舒缓方式，"不绝人马之力"；军事行动中要贯彻"礼""仁"一类原则，"见其老幼，奉归勿伤；虽遇壮者，不校勿敌；敌若伤之，医药归之"；战争的结果是"服而舍人"，即通过武力威慑，迫使对方屈服归顺并悔改，"王及诸侯修正其国，举贤立明，正复厥职"，这也是孔子所谓"兴灭国，继绝世，举逸民"的政治实现。可见，殷周时期的战争形态，是古典礼乐文明在军事领域的具体体现，也就是以"军礼"来指导、制约具体的军事活动。正因为如此，东汉班固在《汉书·艺文志》中没有将《司马法》归入兵书类，而是将其归为经学中的"礼"书类，名曰《军礼司马法》。

及至春秋之世，虽然诸侯开始僭越违礼，战争慢慢开始沦为诸侯争霸的工具，但是殷周时期的"仁义"战争形态，仍然是春秋中期以前战争的主要形态。我们熟悉的公元前632年的"城濮之战"中，晋文公信守诺言"退避三舍"，然后"阵而后战"，最后以少胜多，取得重大胜利，即反映了殷周战争的基本特点。然而，几乎同一时期发生的泓水之战，却成为对这种战争形态的巨大讽刺。公元前638年，宋襄公与楚军实力上相差悬殊，不知"阵而后战"必须要基于实力，又不懂"正不获意,则权"的变通,只是自负地坚持"不以阻隘""不鼓不成列"等兵法教条,终于导致惨败。泓水之战从某种程度上来说是两个时代的分界,正如《淮南子》所说:"古之伐国,不杀黄口,不获二毛,于古为义,于今为笑,古之所以为荣者,今之所以为辱也。"它标志着商周以来以"成列而鼓"为主要特色的"礼义之兵"行将被新型的以"诡诈奇谋"为主导的作战方式所代替。

(二)春秋战国时期兵学的发展和繁荣

春秋时期,随着周天子权力的衰落,兵权下移到诸侯国,逐渐出现"礼乐征伐自诸侯出"的混乱局面。大国争霸,小国朝贡,出现了长期激烈的争霸和兼并战争,郑庄公打败王师,箭伤天子,拉开了争雄称霸的序幕。随着齐、晋、楚、秦、吴、越等国的相继崛起,周天子的地位逐渐降低,霸道迭兴,世道沦丧为以众暴寡、以智诈愚、弱肉强食的乱世。

全面的"礼崩乐坏",也包含传统王官之学的败落、散失,出现学问下移,"学在四野"的变化。诸子之学逐步兴起。百家之学"皆务为治",以求有治世之效。兵者自古作为国之大事,无休止的兼并战争自然使战争成为百家学说关注和思考的对象。

老子的《道德经》就有直接谈论战争的不少至理名言。《道德经》第五十七章提出"以正治国,以奇用兵,以无事取天下",明确将治国的文道与治军的武道,以"正"与"奇"相区分,前者是"吉事",后者是"凶事",道不同,不要让二者相混杂。对观《道德经》第三十一章,老子的观点表达得更加清楚:

夫唯兵者,不祥之器,物或恶之,故有道者不处。君子居则贵左,用兵则贵右。兵者不祥之器,非君子之器,不得已而用之,恬淡为上,胜而不美,而美之者,是乐杀人。夫乐杀人者,则不可得志于天下矣。吉事尚左,凶事尚右。偏将军居左,上将军居右,言以丧礼处之。杀人之众,以悲哀泣之,战胜以丧礼处之。

老子以"慈"为宝,故将君子不得已而用之的兵事视为左道凶事,在第三十章进一步提出"以道佐人主者,不以兵强天下"的慎战思想。作为周守藏室之史，老子的兵学思想其实和《司马法》的王道兵学一脉相承。

《史记·孔子世家》中记载孔子曾说"有文事者必有武备"。由于春秋中期以前实行兵民合一的民兵制度，贵族的文职和武职不分，平日理政，战时统兵，如春秋时晋国的执政卿，战时也就是中军统帅。孔子的说法可以理解为暗示他本人是文武兼具。有人认为孔子不懂军事，主要因为《论语·卫灵公第十五》的如下说法：卫灵公问陈于孔子，子曰："俎豆之事，则尝闻之矣，军旅之事，未之学也。明日遂行。"孔子此语实乃有为而发。卫灵公为无道昏君，还不度德量力，妄图对他国发动侵略，所以孔子故意敷衍其事，第二天立即辞行，更明显可以看出孔子的态度。可见，孔子即使掌握兵学理论，对不当讲的人还是不会随便讲。《史记·孔子世家》记载：

冉有为季氏将师，与齐战于郎，克之。李康子曰："子之于军旅，学之乎？性之乎？"冉有曰："学之于孔子。"

可以进一步为证。孔子还在《论语·颜渊》中进一步提出足食、足兵的战略原则：

子贡问政。子曰："足食，足兵，民信之矣。"子贡曰："必不得已而去，于斯三者何先？"曰："去兵。"子贡曰："必不得已而去，于斯二者何先？"曰："去食。自古皆有死，民无信不立。"

孔子的"足食、足兵"之言与后来法家的"富国强兵"相类似，"足"与富强的差异耐人寻味。"足兵、足食"与"民信"并举，在不得已而去其一、其二的艰难选择下，孔子依次去兵、去食，而不肯失信于民。《论语·述而》有云："子之所慎：齐（斋），战，疾。"可以看到孔子对战争采取非常慎重的态度。《论语·子路》讲到"善人教民七年，亦可以即戎矣"，以及"以不教民战，是谓弃之"，可以看到孔子对国防教育的重视。总而言之，孔子对军旅之事有战略层面的深入认识。

孟子主张"得道多助，失道寡助"的国内政治基础，提倡仁政而不言兵。荀子是儒家中的现实主义者，重视现实问题，对兵战的态度远较孟子积极。《荀子》一书中有专门的"富国"

篇、"议兵"篇，都有对兵学十分精彩的见解。在"富国"篇，荀子承接孔孟的爱民思想，进而提出利民，认为必须藏富于民，然后长治久安才有坚固基础。在"议兵"篇，他从"仁者之兵"的前提出发，全面阐发了设道、选将、重礼等多方面的问题。其中陈嚣问道："仁者爱人，义者循理，然则又何以议兵为？凡所为有兵者，为争夺也。"荀子答曰：

非女所知也。彼仁者爱人，爱人，故恶人之害之也；义者循理，循理故恶人之乱之也。彼兵者，所以禁暴除害也，非争夺也。故仁者之兵，所存者神，所过者化，若时雨之降，莫不说喜。是以尧伐欢兜，舜伐有苗，禹伐共工，汤伐有夏，文王伐崇，武王伐纣，此四帝、两王皆以仁义之兵行于天下也。故近者亲其善，远方慕其德；兵不血刃，远迩来服，德盛于此，施及四极。《诗》曰："淑人君子，其仪不忒。此仪不忒，正是四国。"此之谓也。

可见，荀子提倡仁者之兵，将军队作为王者禁暴除害的工具，最终达到兵不血刃远迩来服的威慑效果。这一思想在《荀子·王制》中进一步表达为"以不敌之威，辅服人之道，故不战而胜，不攻而得，甲兵不劳而天下服"。荀子认为，在兵威天下之上，还有以道服人。以兵辅道，以德服人，才能天下归仁。

墨家是先秦诸子中仅次于儒家的显学。墨家思想的起点在于感受到春秋战国之交列国攻伐日益频繁，民众痛苦不堪，而祸乱的根源在于人性之自私。因此，墨子提出"兼爱"的核心观念，试图在人性层面劝服世人"兼爱"，达致交相利的太平。《墨子·兼爱上》提出："若使天下兼相爱，国与国不相攻……则天下治。"可见墨子是一个国际主义者。墨子的其他思想，包括兵学上所提出的"非攻"思想，都是实现兼爱的目的。战争方式无非攻守两种，墨子的"非攻"思想及实践在战争防守方面极有价值。在"非攻"思想上，墨子首先多方面论证攻伐他国的侵略行为绝对有害无益，甚至会引致天怒人怨。其次，他强调小国必须善守，有备无患，以吓阻别国的进攻。《墨子》中有不少讨论战争中的防御问题的内容。墨子不只是思想家，还是强调实际行动的实干家。在"非攻"的实践方面，他亲自带领并指导门徒研究防御战术，完善守城装备，并将门徒组织训练成精锐的部队，能实际从事守城战斗。

道家、儒家、墨家都坚持战争的正义性和必要性原则，主张不同程度上的王道仁政，坚持慎战甚至不战，谴责和反对不义的纯粹攻伐之战。由于"王道无近功"，在世愈乱而攻伐兼并愈烈的战国时代，无论主张何种王道仁政学说，自然不会被寻求霸道的王侯（也可以称为僭主）所采用。正如老子《道德经》所说："失道而后德，失德而后仁，失仁而后义，失义而后礼。夫礼者，忠信之薄，而乱之首。"古代的礼，涉及范围极广，包含后世的法在内。礼之不及而求之于法。世有高下，重用刑名法术之徒，是忠信日薄的乱世中不得已的选择而已。

春秋末年，三家分晋。公元前403年，周威烈王封三家为诸侯，韩、赵、魏，加上秦、楚、齐、燕，成为战国七雄，历史进入战国时代。商鞅见秦孝公的故事典型地体现了这个时代的风气所在。商鞅三见秦王，分别说以帝道、王道、霸道，以辨别其志向，结果秦孝公独对霸道深感兴趣。秦孝公再次见商鞅，谈霸道，与商鞅交谈中竟然"不自知膝之前于席""语数日不厌"。秦孝公任用商鞅实施变法，法家开始登上历史舞台，商鞅在秦、李悝在魏、吴起在楚，相继发起法家性质的变法运动。法家的变法彻底摧毁西周礼乐文明的残存，将整个社会的目标集中于"耕战"的短期功利目标，促使社会发生巨大变革，也带来战争形态和战争观念的巨大变化。国家常备军、专职武官、骑兵水战、铁器强弩等新战争要素都是在战国时期出现的。在战争观念上，法家一反传统和道、儒、墨诸家的观点，提倡战争，鼓励扩张，崇尚暴力。法家在"霸道"政治格局中对战争观念的变更，使得世风日下，坑卒、屠城、灭国愈演愈烈，战争日趋激烈和残酷。

法家在立场上距离兵家最近，有时甚至可以等同于兵家，比如《汉书·艺文志》"兵书略"之"兵权谋家"下就收录有"公孙鞅""李子"与《吴起兵法》。在法家开创和主导的战国历史舞台上，将法家的刑名法术用于治兵，是战国时代兵家的基本特征。频繁而又残酷的战争，催生了这一时期兵学的极度繁盛。一时兵家人物辈出，或整理发掘前人思想，或重新著述，兵学著作大量涌现。《武经七书》中的大部分经典著作都是这一时期的作品。"兵圣"孙武的《孙子兵法》虽然著述于春秋之末，大约与孔子同时，但也算是开战国兵学著述之先河。战国初期，著名军事家吴起撰写的《吴子兵法》开始传世。《司马法》整理成书在战国中期。战国后期出现了魏国军事家尉缭所写的《尉缭子》，以及无名氏托姜太公而作的《六韬》。这一时期兵学文化大繁荣，思想丰富，流派众多，对我国兵家文化的形成和发展，对后世兵学的传承，发挥着巨大而深远的影响。

二、兵家的流派与代表

（一）兵家的重要流派

古人对兵书的流派划分，出自汉代的兵书整理。西汉对兵书进行了三次收集整理工作，按《汉书·艺文志》的记载，第一次是西汉初年，"张良、韩信序次兵法，凡百八十二家，删取要用，定著三十五家"。这一次以收集为主。第二次是在汉武帝时，"军政杨仆捃摭遗逸，纪奏兵录，犹未能备"。杨仆是进一步扩大搜集范围。第三次也是在汉武帝时，"光禄大夫刘向校经传诸子诗赋，步兵校尉任宏校兵书"。刘向为整理校定好的书作序录，附于其书后。刘歆承其父业，"总括群篇，撮其指要，著为《七略》"。《七略》包括辑略、六艺略、兵书略、诸子略、诗赋略、数术略、方技略，是我国最早的目录学著作。史家班固的《汉书·艺文志》就源于刘歆的《七略》。

在《汉书·艺文志》"兵书略"中，各派兵书被分为四大类，即兵权谋家、兵形势家、兵阴阳家和兵技巧家，这是现在所知古人对于兵书的第一次分类，也是最重要的分类。

兵权谋家的特点是"以正守国，以奇用兵。先计划而后战。兼形势，包阴阳，用计巧者也"。兵权谋首重的是"计"，是指从宏观战略角度制定战争的战略计谋，大致相当于现在的军事战略学。同时，还兼有其他三派的内容在内。因而是兵书中最重要的一类。先秦兵书中的《孙子兵法》《吴子兵法》就属于这一类。

兵形势家的特点是"雷动风举，后发而先至。离合背向，变化无常，以轻疾制敌者也"。"形"一词主要是指实力，"势"一词主要是指人为、易变的因素，与实力相对，尤其指随机、能动的方面。所以形势家就包含对双方实力的认识，以及对实力的调动和运用，大致相当于现代军事学的战术运用。先秦兵书中的《尉缭子》是这一派的代表。

兵阴阳家的特点是"顺时而发，推刑德，随斗击，因五胜，假鬼神而为助者也"。"推刑德"是以时辰、方位等推求阴阳顺逆祸福凶吉之术，"随斗击"即在前者基础上以斗柄所在为胜，"因五胜"即顺承五行相生相克之理。古人用兵往往要占星、卜筮、望气、讲论五行等，掌握天时地利。可见，兵阴阳家是阴阳之学在兵学上的运用。

兵技巧家的特点是"习手足，便器械，积机关，以立攻守之胜者也"。这一类主要涉及体育训练和兵器军械的制造和使用，古代兵器以攻城和守城的器械最为复杂，墨家著作的一部分即属此类。

西汉连续三次的大规模搜集整理，促成中国传统兵学的定型和成熟。《汉书·艺文志》"兵书略"共序列兵书五十三家，四十三卷，全则全矣，但是，兵学著作的经典还不是很突出。

宋代统治者出于国势衰弱、边患不绝的危局，注重对兵法理论的研究和总结，希望借此振兴军威，兴旺国势。朝廷开设军事院校"武学"。为适应教学和训练需要。元丰三年（公元1080年）宋神宗命人整理武学经典著述，从当时传世流行的二百多种著作中选出七部兵书，正式颁行于武学，成为官方选定的武学教科书，这就是《武经七书》。《武经七书》包括《孙子兵法》（《吴孙子兵法》）、《吴子兵法》、《司马法》、《李卫公问对》、《尉缭子》、《三略》、《六韬》，除了成书于汉代的《三略》、唐代的《李卫公问对》外，其他五部都是先秦时期的作品。"吴孙子兵法"的提法，是要将孙武著作与后来战国孙膑的《孙膑兵法》相区别。《武经七书》是古代兵法的杰出代表，集中体现了我国传统兵学智慧的结晶。由于《司马法》和《孙子》我们后面要重点介绍，先在此对其他五部兵书进行简单介绍。

《吴子兵法》一书非常重要。在中国历代兵学著述中，一贯以"仿佛孙吴"来比喻最杰出的军事家。《汉书·艺文志》记载，《吴子兵法》为四十八篇，以后历代著录的篇数都不同。

今天所见到的《吴子兵法》，虽然只有"图国篇""料敌篇""治兵篇""论将篇""应变篇""励士篇"六篇，但提出了许多有价值的兵学思想：第一，它在"图国篇"提出一套政治、军事并重的宏观战争观念；第二，它提出"审敌虚实而趋其危"的深刻战略战术原则；第三，它在论将、治军和激励将士等方面多有发明。《尉缭子》在兵学思想方面的独特价值在于，它是现存兵形势家的唯一著作，提出了一整套军中刑罚条令和军事条令，具有鲜明的法家特色。《六韬》托名姜太公，传承太公的谋略思想，在兵学思想方面的独特价值在于，它是先秦兵学思想的集大成之作，是战国后期百家学术合流趋势在兵学著述中的体现。《三略》在兵学思想方面的价值在于，它是汉代军事理论的代表作品，集中讲到国君如何治国、统军、驾驭将帅，将帅如何治军、统军、驾驭下级的方法，是关于帝王将帅统治术的专论，具有鲜明的黄老之学的特色。《李卫公问对》的兵学思想价值亦不容忽视，主要体现在两点：第一，对重要兵学战术范畴奇正、虚实、主客、形势、攻守等的丰富和发展；第二，表明兵学研究重心从战略层面向战术层面转移，以及古典兵学在具体研究中日趋深入和缜密。

如果再在《武经七书》的基础上优中选精，详细介绍，我们选择《孙子兵法》和《司马法》。《汉书·艺文志》"兵书略"中兵权谋类最为重要，其中《孙子兵法》和《吴子兵法》是当之无愧的佼佼者，古人自战国以来就以"孙吴"并举，视他们为一代旷世大师。但是，遗憾的是在历史传承中《吴子兵法》成为一部残书，其思想的系统性和深刻性已经无法和《孙子兵法》相比。因此我们选择《孙子兵法》作为兵权谋类的代表。选择《司马法》的理由在于，它是王者兵学的唯一代表作，充分反映了春秋中期以前军事思想的主题内容和基本特征，展现了比"计于利害"更高的兵学境界。

（二）《孙子兵法》的兵权谋思想

兵家之学是战争中的实用知识向战术、战略的抽象和升华，战略思想是兵学的最高形态。达到战略自觉的兵家思想对战争的理解，和实用知识先形成战术思想，再到战略思想的提升过程不同，它是从战略的宏观全局出发，认识并指导战术运用。所以，《孙子兵法》的谋篇就是首先论述战略思想（前三篇），其次讨论战术原则，并将战略思想贯穿战术原则，指导战术之运用。

1. 孙子"计于利害"的战争观

战争观是人们关于军事问题理性认识的集中体现，是军事思想的总纲，决定人们从事军事活动的出发点和根本宗旨，它包括对战争的态度，对战争性质的认识，对战争与政治、经济关系的认识等方面。孙子的战争观相对简单而纯粹，即"计于利害"的战争观。

首先，在战争与政治的关系方面，孙子将战争视为一独立领域，从政治中脱离出来，单独就战争来谈论战争，同时将战争的指挥官完全交给"知兵之将"。因此，其兵书中的整个立论就定位在面对未来的将军，论述用兵的将道。这一点，从其战略、战术的论述过程中，可以非常明显地感受到。"知兵之将"成为战争的全权指挥者，传统上君主对战争的不当指挥就被看作"患于军"："不知军之不可以进而谓之进，不知军之不可以退而谓之退，是谓縻军。不知三军之事，而同三军之政，则军士惑矣。不知三军之权，而同三军之任，则军士疑矣。三军既惑且疑，则诸侯之难至矣。"。孙子将"知兵之将"视为"国之宝""国家安危之主"，进而提出"将能而君不御""君命有所不受"的观点。

其次，孙子不区分战争的正义与否，"合于利而动，不合于利而止"，将战争视作利益的争夺取舍。所以，关于用间，强调"重金收买"。关于调动分化敌方，就是"以利动"，"能使敌人自至者，利之也；能使敌人不得至者，害之也"。孙子在"军争篇"提出影响深远的兵学名言："兵以诈立，以利动，以分和为变"。只是基于利害的考虑，孙子进而也明确提出"伐大国"的观点。这种对待战争的态度，助推了战国时代的兼并攻伐。

2. "知己知彼"与"先知"的重要性

任何战略、战术原则的制定和实施，必须建立在对敌我双方国力、军情的实际了解的基础之上，否则就成为脱离实际情况的"纸上谈兵"，招致实践中的不利后果。孙子强调对敌我双方实情的认识和掌握，在"谋攻篇"的结尾，也就是战略部分的最后提出"知彼知己,百战不殆;不知彼而知己,一胜一负;不知彼不知己,每战必殆"的著名警句。如果对自己的实情有清醒地估计,那关键问题就是如何做到了解敌方的实际情况。孙子专门以"用间篇"来说明这个问题。孙子在"用间篇"一开头就明确提出观点,"故明君贤将,所以动而胜人,成功出于众者,先知也"。"先知"的观点包含两重含义。其一就是"知",即如何了解敌方的实际情况。孙子的方法是依靠熟悉敌情的人,尤其依靠专门的间谍。其二就是"先",既指事先了解对方,也包含我了解敌方,敌方却不了解我的先机之"先"的含义。只有两层含义兼具,才能保证我先了解对方,对方并不了解我,从而敌明我暗,我主动敌被动,才能在战略、战术中把握先机,牢牢把握战争主动权。

在"用间篇"的开头和结尾,孙子始终强调"用间"的重要性。孙子曰:"不知敌之情者,不仁之至也,非民之将也,非主之佐也,非胜之主也。"又讲:"三军之事,莫亲于间,赏莫厚于间,事莫密于间。"孙子非常注重"用间",因为他深刻地认识到整个军队的行动都要依靠间谍提供的情报来决定。

3.《孙子兵法》中的战略思想

"先计后战"(先计划而后战)是《汉书·艺文志》对兵权谋家兵学特征的精要总结。"计"的本意是指出兵前在庙堂上使用筹策的工具进行谋算。以后用来指战前对敌我实力进行计算、比较,依据双方的胜负情势,作出战与不战决策的过程,相当于今天战前的沙盘推演,古人常说的"运筹""决策"就是指"计"。"先计后战"是讲先制定好战略原则,再依次推进的战争,所以全书开始于"计篇",又称为"始计篇"。孙子的战略思想集中体现于前三篇,我们依次介绍。

"计篇"在承认战争是关系生死存亡之国家大事的前提下,提出完整把握敌我双方道、天、地、将、法这五方面的实情,通过分析、比较来探索战争胜负的情势,形成对未来战场谁胜谁负的清醒判断。简而言之,可称之为"明察五事"。胜负结果的准确判断成竹在胸之后,却要在外在态势上作出"诡"的表现,"故能而示之不能,用而示之不用,近而示之远,远而示之近",以实现对敌方"攻其无备,出其不意"的打击效果。这才是用兵的神妙之处,神妙在于"兵者诡道",

也就是阴谋诈作的权谋。内心战与不战大计已定，外部却示之相反，内心大计是战略，外在佯为之势是战术，二者在实战中难以截然分离。故而，孙子在"计篇"谈"明察五事"以制定战略时，不得不连带谈及战术之事。这是孙子兵法的高明之处。

接下来的"作战篇"的主旨，按张预注《孙子兵法》的观点是"计算已定，然后完车马，利器械，运粮草，约费用，以作备战"。在备战环节，孙子基于战争巨大的耗费，考虑到长期作战不利于国，结合当时的运输条件，提出"善用兵者，役不再籍，粮不三载，取用于国，因粮于敌，故军食可足也"的用兵原则。追求战争利益的最大化，这又是孙子用兵的特点。对于战争与经济关系的处理，基于利益最大化考量，孙子提出他在备战环节的核心观点："故兵贵胜，不贵久。"用兵贵在速战速决地取得胜利，而不宜旷日持久。如此方可以实现"兵胜而益强"的攻战争霸目标。

接下来，正如张预所注"计议已定，战具已集，然后可以智谋攻"。孙子先定下"以全争于天下"的大目标，他的具体表述是："凡用兵之法，全国为上，破国次之；全军为上，破军次之；全旅为上，破旅次之；全卒为上，破卒次之；全伍为上，破伍次之。"可见，孙子在战略层面主张攻的态势，设法扩大既得利益，使敌人举国屈服是上策。处处追求"善之善者"的孙子又为这个大目标加上高明之法，将其谋攻之法的核心观点提升为"不战而屈人之兵"的至高境界。"不战"的高明之法是指"伐谋"和"伐交"两种手段。"伐谋"的手段是指知道敌方有某种图谋后，及时以智谋挫败。"伐交"的手段是指用外交手段阻止敌方结盟，孤立削弱对方，使之屈服。能运用这两种方法，实现敌国举国屈服，兵不血刃而利益得到实现，是孙子认为的谋攻的最高境界。当然，最高境界不能实现时，还得野战、攻城，孙子主张必须贯彻以多打少的原则，才能立于不败。

4.《孙子兵法》中的战术思想

孙子的战术思想集中体现在"形篇""势篇"和"虚实篇"，虽然其战术思想全书都有体现，但是，这三篇体现得最为集中。孙子的战术思想在这三篇分别围绕战术层面的守与攻、奇与正、实与虚三对重要概念而展开，我们依次来认识。

"形篇"主要涉及守与攻的辩证关系。在战略层面，孙子明确主张谋攻，但在战术层面，孙子却主张善守，其间差异不可不辨。孙子一开始就提出"昔之善战者，先为不可胜，以待敌之可胜"的重视防守的观点。原因在于，战争的相争，同于博弈理论，最终结果单方面不能完全决定，是由双方互动而决定的。起初双方机会均等，在这种情况下，我方将帅只能先做到做好自己的事情，善守进而立于不败，不给敌人任何可以取胜的机会。但是，孙子终究不同于墨子，守还是为了最终的攻。开始的守只是为了等待敌方的失误，并最终利用对方的失误反守为攻。孙子主张善将者，不但能抓住敌人失误之"机"，而且还善于利用常人不易察觉之"机"，果断采取措施，不断扩大己方战场优势，陷敌方于被动。善将者的每一步行动明智且没有差错，可使自己牢牢把握战场主导权，让敌方陷入不利境地。此时，战场决战时机成熟，"故胜兵先胜而后求战"，不但能百战百胜，而且每一战都胜得非常容易，这才是孙子所谓的"善战者"。理论上说起来容易，真正的困难在于，在实际战争中，为将者很难做到行动中环环相扣，每一步骤都没有差错，直至完全把握战争主动权。

　　"势篇"主要涉及"奇与正"的辩证关系。战阵不过奇正两种。孙子主张"凡战者，以正合，以奇胜"，即用常规战法，正面迎敌，指挥得当，可以立于不败；要想取得胜利，就得善于利用奇谋、出奇兵。奇与正作为一对可以相互转化的概念，第一重内涵指通常经验意义上的区分，如重兵正面迎敌、从防守薄弱处突围等，再如夜晚突袭、布疑兵、空城计等。这一重意义上的奇正之分具有相对性。真正意义上的奇兵在于是否实现"攻其无备，出其不意"的奇袭效果，也就是"奇与正"的第二重内涵。达到这一点就先要准确地"料敌"，即准确判断敌人的具体战术想法，然后，再使我方的具体战术超出敌人的具体战术想法之外，最终实现"攻其无备，出其不意"的效果。结合诸葛亮的空城计来说，诸葛亮一生用兵谨慎，从不冒险，因危急形势所迫，才不得已铤而走险，摆下空城计。诸葛亮被迫改变了自己一贯的用兵风格，今之诸葛已非昔之诸葛。对于司马懿来说，他深知诸葛亮一贯用兵谨慎的风格，不了解其新变化，仍用自己的旧眼光看诸葛亮，诸葛亮才能在司马懿面前做到"出其不意"。因此,"出其不意"就是将帅的高级斗智行为。孙子讲的"以奇胜"主要是在"奇与正"的第二重内涵上来说的。也只有在"出其不意"的层面上,才有可能做到孙子所讲的"善出奇者,无穷如天地,不竭如江河",才有可能达到"奇正之变不可胜穷也。奇正相生,如循环之无端,孰能穷之"的高妙境界。

"虚实篇"主要涉及"实与虚"的辩证关系。在这对战术辩证概念中,孙子的立场非常清楚,就是"以实击虚"。我方兵力优于对方,这一战术原则容易实现。如果我方兵力和敌方相当,甚至少于对方,怎么办?本篇着重讨论这一问题。在"致人而不致于人",即调动敌人而不被敌人所调动的前提下,战争既然是利益的争夺,那么我们就可以以利益为诱饵,充分调动和分化敌人。"我专而敌分。我专为一,敌分为十,是以十攻其一也。则我众而敌寡,能以众击寡者,则吾之所与战者约矣。"十与一都是大约之数,其实就是说,使敌人分为多部,我方集中优势兵力,仍然可以贯彻以多打少、以实击虚的战术原则。

在"虚实篇"的结尾,孙子以水设喻,既是对"实与虚"关系的比喻,也是对战术部分整个灵活战术原则的形象化总结:"兵形象水,水之行(形),避高而趋下,兵之形(胜),避实而击虚。水因地而制行(形),兵因敌而制胜。故兵无常势,水无常形。能因敌变化而取胜者,谓之神。"战术原则高度辩证和灵活,虽然理论层面可以清楚地界定和论说,但作为实践技艺,在实际战争中,关键还在于依据敌情灵活地"因敌变化"而求胜。

5.对《孙子兵法》的评价

孙子认为要做到"先知敌之情"只有"必取于人",当时的君主和将帅却往往要祈求鬼神、用类似的事物去类比推测、用日月星辰运行的规律去验证。孙子对时人的此类做法进行了彻底批判。这些做法表明,当时的人们认为战争的胜负要受到某些超出人的、不能为人所完全掌控的力量支配,孙子的批判其实是对这些力量和因素的拒绝,从而努力将战争完全纳入人的力量、人的智力的掌握之下。作为一位清醒的理性主义者,孙子意图实现对战争的完全掌握,即排除一切超出人掌控之外的偶然，将战争完全纳入必然之域，即依靠人，依靠人的智，依靠上智之人的上智。"上智""上智之人"是《孙子兵法》一书中频繁出现的关键词，"智"字在全书中出现二十余次，甚至书中屡屡出现的"圣""贤""明"一类用语，亦只是"上智"的同义词而已。《孙子兵法》的论述层次定位于"将道"，在谈论"将"的五种品德时，孙子提到的第一个为将之德就是"智"，也是对"智"的强调。对"上智"或"上智之人"的强调是《孙子兵法》一书的重要特征，同时也是我们认识孙子兵学思想的关键所在。

孙子试图依靠"上智"实现对战争活动的完全掌握，这体现在其兵学思想的每一方面无不追求"上智"极致。这一极致追求通过对"善""善之善者"的大量运用表现出来。通过对战略战术重要方面"善境"的孜孜以求，孙子将战争的技艺提升到理想境界。因而，尚"善"是《孙子兵法》的另一个重要特点。

孙子尚"智"和尚"善"两个方面是一致的。总之，他通过艰苦卓绝的伟大努力，将关于战争的经验提升为知识，提升为艺术，最终升华为战争的哲学，无愧于"兵圣""谈兵第一人"的美誉。

（三）《司马法》的仁义之兵

虽说百家之学"皆务为治"，然而，学终究有高下大小之别，有道术与方术之异，不能不慎思明辨。《孙子兵法》是方术而非道术，尽管书中屡屡用到"将道""用兵之道"的说法，然而，孙子兵道之"道"终究不是由道、儒两家所承继的圣道王道。其为方术的特点表现在孙子的兵学是有为小道，与大道的虚静之德相悖，与大道不强为、不妄为的无为之旨相违。孙子不及仁义，只谈利害，其实已经是"贼害仁义"。在习尚霸道之世，可以凭兵胜得一时之强，却不可以行长久。秦帝国的迅速强大，是"刑名法术"刺激下出现的巨大政治泡沫。当秦帝国行二十余年，仅历两世而迅速灭亡之后，天下人深深为之震撼，并惨痛地领悟到争霸逞强之术，非足以安邦定国。汉有天下之后，先黄老，后儒家，其实就是对治世正道的探索。从安邦定国的更长远、更整全视野来看待和研究战争，《司马法》

的兵学思想和智慧，就显得卓尔不群、弥足珍贵。汉代官方对《司马法》非常重视，汉武帝时设置"尚武之官，以《司马(兵)法》选，位秩比博士"（《申鉴·时事》），就是说以《司马法》选出的武官，地位相当于经学博士。司马迁对《司马法》的评价也非常高："闳廓深远，虽三代征伐，未能竟其义，如其文也。"（《史记·司马穰苴列传》）可见《司马法》中兵学思想的深刻和卓越。下面我们做具体介绍。

1. 慎战与系统的备战思想

《司马法》在"仁本篇"提出的对今天仍有重大启示意义的至理名言是："故国虽大，好战必亡；天下虽安，忘战必危。"其含义就是既反对迷信武力，攻伐不休，又要高度重视战争，积极从事备战活动。它正确处理了慎战与备战的辩证关系，将两方面统一于加强战备、巩固国防。即使天下太平，天子诸侯仍然要在每年春秋通过田猎操练部队，演习军阵，以保持"不忘战"。关于如何备战，《司马法》全面揭示了战争与政治、经济、民众、天时地利、人才以及装备之间的紧密联系，提出系统的国防建设观念。在国君以仁治国、以义教民的清明政治条件下，考虑到巩固国防的各方面综合因素，《司马法》提出"五虑"的系统建设观念：通晓顺应天文地理，发展经济，争取人心，巧妙利用地形之利，提高武器装备水平。《司马法》的慎战与备战思想十分全面和成熟，直至今天，仍然有重要指导意义。

2. "国容不入军，军容不入国"的治军思想

《司马法》立足三代"礼乐文明"的文明原则，区分了治国和治军之间的重大差异，深刻道出了治军的特殊要求和自身规律。由于意识到治国和治军的深刻差异，它一再强调"古者，国容不入军，军容不入国""故在国言文而语温，在朝恭以逊，修己以待人，不召不至，不问不言，难进易退。在军抗而立，在行遂而果，介者不拜，兵车不式，城上不趋，危事不齿"，就是说行于朝廷的礼根本不同于军队的规章制度，所以，在朝廷上，要言辞文雅、语气温和，行为应恭敬谦逊，严以律己、宽以待人，君主召见就来，不问就不发言，晋见时礼节隆重，辞退时礼节简单；而在军队中，神态昂首直立，行动勇猛果敢，穿铠甲时无须行跪拜之礼，乘兵车时见上级不必行礼，

城上值更时不用小步疾走以示恭敬，遇有危险可挺身而出而无须讲究长幼尊卑。行于朝廷的礼仪是治国教化的常行正法，行于军中战时的军法规则是特殊领域的特殊准则，一正一奇，一左一右，当分开贯彻不相混杂，以使"德义不降逾"。如果相互逾越混杂，则"军容入国则民德废，国容入军则民德弱"。也就是军队的特殊行为准则会使礼仪的尚德之风气废弛，礼仪的尚德举止会使军人的尚武果敢精神削弱，岂可不慎乎！《司马法》对治国和治军的不同态度与老子在《道德经》中表达的立场完全一致，都是立足真正的文明原则对战争特殊性的卓越洞见和智慧警戒。

根据治军的特殊规律，《司马法》用大量篇幅阐述治军立法的各项原则，指出申明军法、严格赏罚是治理部队的关键之所在。比如提出"从命为士上赏，犯命为士上戮"，即服从命令的军士给最高的奖赏，违抗命令的军士给最重的惩罚，从而保证勇武刚强的军士不敢违抗命令。严格赏罚的威信必须建立在赏罚者尊德尊道而贵义的基础上，否则，违背道义的严酷刑罚，既难以有威信，也会压抑士卒的士气。《司马法》中的"法"不是出自将帅的私意好恶，而必须是源自人们的共同要求，且经过一段时间的试行证实它体现名实相副后，才能开始实施。一经实施，必须严格执行，主帅和部众一样要受其约束。《司马法》还主张赏罚贵及时。及时行赏是为了使军民迅速知晓做好事的好处，施罚要就地执行，是为了让军民立即看到做坏事的害处。只有及时赏罚，才能有效地教导军民尊法行善。为了防微杜渐，还要做到"小罪杀"，否则小罪胜法，大罪随之就会到来。

我们在这里只是略举一二而已，《司马法》由治国延及治军，在"军法"方面有着丰富系统的卓越见解，值得后人借鉴和学习。

3. "以仁为本"的战争观

既然战争是人类整体生活的一个特殊领域，那就没有脱离社会文明要求的独立战争领域，所以，战争观必须纳入政治观，并受社会文明的约束。《司马法》立足古典礼乐文明，提出"以仁为本"的战争观念。首先，"以仁为本，以义治之"是治国之正道，治国失正就会陷入乱，战争乃是面临乱世不得已而选择的"治乱之道"。可见,战争是治乱工具,这和老子所讲的"以正治国,以奇用兵"的思想完全一致。其次,战争的目的是达到由乱归正。《司马法》中说:"即诛有罪,王及诸侯修正其国,举贤立明,正复厥职。"在用战争惩罚了不行仁义之政的人之后,君主与诸侯要让国家回到正道上来,任用贤能,调整恢复各类官职。第三,《司马法》区分了"义战"和"不义之战",坚持"义战",反对"不义之战"。当不义和有罪行为出现并危害政治秩序时,就应当"兴甲兵以讨不义",故"杀人安人,杀之可也;攻其国,爱其民,攻之可也;以战止战,虽战可也"。这种既立足于"仁本"的立场,避免不义的攻伐兼并战争,又正视战争存在的客观现实,肯定从事正义战争必要性的理性态度,无疑是正确和可贵的,比《孙子兵法》的战争观更为深刻和可取。

4. 以"以重行轻则战"为代表的战术思想

与《孙子兵法》《吴子兵法》等其他先秦兵书相比,《司马法》对战术问题的讨论虽然不那么专门系统,但作为兵学经典著作,其切中战争本质,也提出许多重要的战术原则。比如在兵力部署和使用上,它提出"以重行轻则战"的根本原则:"凡战,以轻行轻则危,以重行重则无功,以轻行重则败,以重行轻则战。"即用自己的小部队去对付敌人的小部队会很危险,用自己的大部队去对付敌人的大部队会难以成功,用自己的小部队去对付敌人的大部队会导致惨败,用自己的大部队去对付敌人的小部队才能取胜。这也就是集中优势兵力战胜敌人的观点,它揭示了战术的基本规律,为历代兵家认可,被战争实践所一再证实。《司马法》还提出了其他战术:"重进勿尽,凡尽危",即不能一次性投入自己的全部兵力,应预留战略预备力量;"视敌而举""称众,因地,因敌令阵",即强调善于捕捉战机,因敌变化而调整作战方案;"凡战,击其微静,避其强静;击其疲劳,避其闲窕;击其大惧,避其小惧",即主张避实击虚;"众寡以观其变,进退以观其固,危而观其惧,静而观其怠,动而观其疑,袭而观其治。击其疑,加其卒,致其屈,袭其规",即主动示形动敌,观察分析敌情,出奇制胜;等等。这些都是精辟而深刻的战术思想,说明《司马法》对战术的总结也非常完备。

总而言之，《司马法》是我国传统兵家文化的总源头，是先秦兵学思想发展史上的第一部伟大经典，它既集中体现了战国中期以前战争的性质和特点，也是后世军法、战术的重要来源，对我们认识中国古典兵学思想发展变化的全貌有重要意义。

三、兵家文化的影响及未来

《武经七书》地位重要，是卷帙浩繁的古代兵法的杰出代表，集中体现了我国传统兵学理论的精华和成就。虽然后世不断有兵家人物及兵学著作出现，但是，《武经七书》仍然是中国传统兵学文化的精华。《武经七书》自宋代被确立为官方武学教科书以来，对我国传统兵学文化的传承起到了巨大的推动作用。不只是在武学和战争领域，中国古典兵书所承载的谋略智慧也影响着社会生活的许多方面，尤其是在管理和经济领域，亦发挥着多方面的深刻影响。今天，我们仍然面临着要将其发扬光大的历史使命。

继承和发展传统兵学的首要问题是如何认识及评价中国传统兵学这一宝贵的历史遗产。《司马法》代表了礼乐文明之世兵学的形态、特点和成就，《孙子兵法》代表了乱世之中兵学的形态、特点和成就。对这两种兵学思想的评价，反映了认识和评价中国传统兵学思想的困难和复杂。

我们先大致对比一下《司马法》和《孙子兵法》的巨大差异：在论述的侧重点上，《司马法》注重申明军礼，《孙子兵法》注重纯粹探讨战争指导原则，在战争的目的上，《司马法》基于崇礼尚仁，将战争活动的宗旨归为"讨伐不义""会天子正刑"，而《孙子兵法》则明确主张"伐大国"；在战争善后处理上，《司马法》主张"服而舍人""正复厥职"，而《孙子兵法》主张"拔城堕国"的全胜；在战术战法上，《司马法》主张"徒不趋，车不驰"的"军旅以舒为主"，而《孙子兵法》则提倡"兵之情主速，乘人之不及，由不虞之道，攻其所不戒"；在战场纪律方面，《司马法》主张"无取六畜、禾黍、器械"，而《孙子兵法》明确主张

"因粮于敌""掠于饶野""掠乡分众"。种种明显差异不一而足，总之，《司马法》与《孙子兵法》主旨迥然相异。

造成如此巨大差异的缘由在于学终究有高下大小之别，有道术与方术之异。我们主张从道术与方术的差异的视角来认识和评价两种兵学思想。道术的关键因素在于，立足对人类社会和人性复杂性和多样性的认识，坚持社会和人性的"仁义"正道。《司马法》之所以葆有兵家的道术品质，就在于它坚持社会和人性的"仁义"正道，并将战争这一特殊活动纳入"仁义"正道的规约之下，作为战术之法的兵战"奇道"只是不得已而用之，并且将其界定为辅佐仁义"正道"的工具，而不是取代治国的"正道"。《孙子兵法》是方术而非道术，在于它将战争从人类社会整全性的框架中分割出来，基于自利争夺的基础看待战争。将某一领域独立出来做专门研究，有利于理论研究的系统和深入，但是，却造成兵战之术与政治的脱离，使兵战方技失去社会和人性的"仁义"正道的约束。如果后人反过来以自利争夺的战争观看待政治和人性，就可能陷入"小智不及大智"的狭隘，很容易出现将"仁义"正道视为"空言"的荒唐景象。

而这样的荒唐曾经在战国之世一度成为现实，令人痛心。战国中期以后，百家蜂起。方技之徒明面上号之曰以道济世，其实质则是"各为其所欲焉以自为方"。为学贵在考明源流，辨古今得失。世风高低有沉浮，论学当然不能以偶然的世风为凭，否则一不小心，就会形成拔高方术、贬损道术、助长不良风气的邪说。

既然道术高而方术低，道术贵而方术贱，那么，《司马法》的价值和意义就显得尤为重要，对待《孙子兵法》中方术的正确方式，自然是将其方术重新纳入道术的整全视野，以仁义正道的"阳谋"约束和限制"阴谋诈作"的潜在弊端。对中国传统兵学文化的继承和发展，也要以分辨道术与方术之别为前提，唯有如此，我们才能明智谋划中国传统文化的真正复兴。

从战争层面来说，不仅对自身的历史传统要辨明王者兵学与霸术之别，面对全球化背景下的当今国际局势，同样得辨明仁政与霸权、义战与不义之战。习近平总书记指出："要跟上时代前进步伐，就不能身体已进入二十一世纪，而脑袋还停留在过去，停留在殖民扩张的旧时代里，停留在冷战思维、零和博弈老框框内。"^甲新时代中国特色社会主义思想明确了我们的使命与担当：从国际地位看，当代中国正处于从大国走向强国的关键时期，已不再是国际秩序的被动接受者，而是积极的参与者、建设者、引领者。党的十九大报告深刻指出：中国特色社会主义进入新时代，意味着近代以来久经磨难的中华民族迎来了从站起来、富起来到强起来的伟大飞跃，迎来了实现中华民族伟大复兴的光明前景；意味着科学社会主义在二十一世纪的中国焕发出强大生机活力，在世界上高高举起了中国特色社会主义伟大旗帜；意味着中国特色社会主义道路、理论、制度、文化不断发展，拓展了发展中国家走向现代化的途径，给世界上那些既希望加快发展又希望保持自身独立性的国家和民族提供了全新选择，为解决人类问题贡献了中国智慧和中国方案。^乙中国智慧和中国方案必然包含对中国传统智慧的创造性转化。

甲
习近平. 习近平谈治国理论[M]. 北京：外文出版社，2014：273.

乙
习近平. 决胜全面建成小康社会 夺取新时代中国特色社会主义伟大胜利：在中国共产党第十九次全国代表大会上的报告[M]. 北京：人民出版社，2017：10.

第七章
中国古典文学

文学是对社会生活以及社会进程的形象反映。中国古代文学在长达几千年的发展历程中，留下了极其丰富多彩的文学作品，以其辉煌成就而成为世界文学宝库中的瑰宝。中国古代文学以诗、词、曲、赋、散文、小说等多种体裁，生动形象地记载了中国传统社会不同时代的社会生活和精神面貌，深刻地体现着中国传统文化的基本精神，成为中国传统文化中颇具活力的重要组成部分。

一、中国古典文学的发展历程与辉煌成就

中国古典文学在漫长的发展历程中，高峰迭起，瑰丽璀璨。从先秦散文、《诗经》、楚辞到两汉辞赋、魏晋诗文，从唐诗、宋词到元曲、明清小说，名作辈出，群星灿烂，一代有一代之所胜，堪称文学史上之奇观。

（一）先秦散文与《诗经》

《尚书》是我国目前完整传世的最早的散文著作。《尚书》之后先秦散文分别向偏重记述的历史散文和偏重论说的诸子散文两个方向发展，并且都取得了极大的成功。在历史散文方面，有编年体的《左传》，有国别体的《国语》《战国策》，也有专记个人言行的《晏子春秋》等。其中，文学价值最高的

首推《左传》。它以《春秋》所载的简略历史大事记为本,详细描写了历史大事的本末及有关逸闻琐事,广泛地记载了当时的社会生活,深刻地反映了当时诸侯角逐、社会急剧变革的历史进程。《左传》中所体现的民本思想,历史学家"不隐恶"的原则以及反对用人祭祀和殉葬的进步思想都意义深远。在艺术上,《左传》叙事富于故事性、戏剧性,有扣人心弦的情节,如晋公子重耳的故事等。《左传》善于写战事,并对战争有审慎的评论。如长勺之战、城濮之战、邲之战等等。《左传》善于在具体事件的叙述中刻画人物形象,如《郑伯克段于鄢》中,郑伯、共叔段等人物被刻画得栩栩如生,令人过目不忘。

在春秋战国之交这个社会大变革的时代,新型的士开始出现,并成为最活跃的社会力量。他们出身不同、立场不同,为了解决现实问题,从各自代表的阶级或阶层的利益出发,对政治提出了各种不同的主张和要求,并且著书立说,争辩不休,形成了百家争鸣的局面。据《汉书·艺文志》记载,当时有儒、道、阴阳、法、名、墨、纵横、农、杂、小说十家。诸子散文的发展大约可分为三个阶段。第一阶段是春秋末期至战国初期,散文形式主要为语录体,代表作品有《论语》《墨子》。第二阶段是战国中叶,散文已由语录体向对话体、论辩体过渡,代表作有《孟子》《庄子》。第三阶段是战国后期,散文发展为专题论著,代表作有《荀子》《韩非子》。

《论语》是记载孔子及其弟子言行的书,内容涉及哲学、政治、教育、伦理、文化等各方面。《论语》的核心思想是"仁",提倡"仁者爱人""克己复礼"。《论语》是语录体散文,文字简明易懂,寓意深刻,如"知之为知之,不知为不知,是知也""学而不思则罔,思而不学则殆""岁寒,然后知松柏之后凋也"等。某些篇章通过对话、白描表现人物的神态和性格,富有浓厚的文学意味,如《先进》篇"侍坐章"。《孟子》和《庄子》的内容大多是论辩之词。《孟子》是孟子及其门人所作,其中心思想是仁义。孟子主张施"仁政",行王道,倡导"民为贵,社稷次之,君为轻"的民本思想。他反对暴政虐民,反对掠夺战争,重视后天教化和环境对人的影响。孟子散文的主要特点是气势充沛、感情强烈、笔带锋芒,富有鼓励性,有纵横家、雄辩家的气概。《孟子》善设机巧,引君入彀,常用比喻来陈说事理，辩论是非。《庄子》是道家的经典著作，是庄周及后学所作。《庄子》的主要内容是主张顺应自然，提倡无为而无不为。他承认事物的相对性，但又否认客观事物的差别，希望人类社会返璞归真，回到清静无为的太古时代去。庄子的散文在先秦诸子中有独特的风格。这首先表现在庄子吸收神话创作的特点，大量采用并虚构寓言故事，其散文极富浪漫主义色彩。在庄子笔下，蝉、斑鸠、小雀、蛤蟆、甲鱼、风等等都会说话、辩论。其次是善用比喻。在《庄子》中几乎任何情况、任何事物都可以用作比喻，如佝偻承蜩喻专心致志之道，匠石运斤（《徐无鬼》）喻技艺精湛超群，蜗角触蛮（《则阳》）喻诸侯的战争等。不管庄子或其后学者的主观如何，企图用它们来说明什么观点，达到什么目的，文章本身的深刻意义和极为生动的语言是永存的。再次是文中多用韵，声调铿锵，节奏和谐。如《德充符》末段惠庄二人，一唱一和，全用韵文，然而妙在非常自然。总之，《庄子》一书有时如风行水上，自然成文；有时像万斛源泉，随地涌出，汪洋恣肆，妙趣横生，具有浓郁的浪漫色彩。《荀子》和《韩非子》则是比较严谨的学术论文集。荀子是战国后期儒家学派的杰出代表人物，他指出"天行有常"，不迷信鬼神天道，强调人事的重要性。韩非子是战国后期法家代表人物，反对复古，主张因时制宜。《荀子》和《韩非子》中每一篇文章都中心明确，条理清晰，逻辑严密。《韩非子》中的寓言故事，《荀子》的比喻及排偶句法，都具有较强的文学意味。

《诗经》是我国第一部诗歌总集，共收入自西周初年至春秋中叶约五百年间的诗歌三百一十一篇（现存三百零五篇）。根据音乐的不同，分成风、雅、颂三个部分。其中，风是带有地方色彩的音乐，有十五国风，现存一百六十篇。雅有"正"的意思，当时人们把王朝直接统治地区的音乐看成正声，故雅即周王朝直接统治地区的音乐。雅分"大雅""小雅"，现存一百零五篇。颂有形容之义，是一种宗庙祭祀用的舞曲，它包括"周颂""鲁颂""商颂"三部分，现存四十篇。

《诗经》内容非常丰富，三百余首诗从各个角度反映了约五百年间广阔的社会生活。具体地说，《诗经》主要描写了下列内容：一是记录了周部族的历史。如《生民》《公刘》《绵》

《皇矣》《大明》。这些诗叙述了自周始祖后稷建国至武王灭商的历史，歌颂了周王朝祖先的功德。二是描写战争及徭役给人民带来的痛苦和折磨。代表作品有《鸨羽》《何草不黄》《东山》等。其中，《东山》写行人久役后，在归家途中对亲人的思念，深切表达了在长期的劳役中人民渴望过正常生活的愿望。三是控诉统治者对劳动人民的残酷剥削，讽刺统治阶级的荒淫无耻，表达了人民对压迫、剥削的不满和争取美好生活的信念。代表作品《七月》《相鼠》《伐檀》《硕鼠》等。《七月》一诗用素描手法叙述了农奴一年四季的辛勤劳动过程以及"无衣无褐，何以卒岁"的贫困处境。四是叙述爱情和婚姻，这在国风中占有较大的篇幅。这些恋歌都有一种乐观、健康的基调。《溱洧》表现了在河水涣涣的春天里，青年男女群游嬉戏的欢乐。《静女》等小诗则表现了爱情生活的和谐与喜悦。从这里，我们看到了先民纯洁的内心和开朗的胸怀，即使那些表现曲折爱情生活的诗也是如此，像《狡童》《褰裳》，它们或表现内心的苦闷，或表现欢乐的嬉戏，也都显得那么直率大胆，毫不忸怩作态。在"一日不见，如三秋兮"的相思中，可以想见他们爱情的真挚，那"谷则异室，死则同穴。谓予不信，有如皦日"的誓言，更显示了诗中主人公任何力量也摧毁不了的相爱决心。在表现婚姻生活的诗篇中，《氓》是一首代表作。诗中女主人公以纯洁诚挚的心追求爱情，但结婚仅仅三年就被遗弃，在诗中她发出了"于嗟女兮，无与士耽！士之耽兮，犹可说也；女之耽兮，不可说也"的深切感叹，也谴责了丈夫的负心，"女也不爽，士贰其行；士也罔极，二三其德"，女主人公的不幸遭遇，再现了春秋时期底层妇女的可悲命运，显示了当时男女社会地位的不平等。

　　《诗经》在艺术上的成就是巨大的。古代学者把《诗经》的艺术手法归纳为"赋""比""兴"三类。"赋者，敷陈其事而直言之者也"，这是《诗经》中运用最多的一种手法，它实际上是现实主义的创作方法。如《七月》以素描的手法写农奴们一年紧张的劳动生活，像一幅风俗画一样，那么生动、那么真实地把他们的处境呈现在读者面前。"比者，以彼物比此物也"，如《相鼠》《硕鼠》用老鼠来比喻统治阶级的可憎可鄙。"兴者，先言他物以引起所咏之辞也"，如《蒹葭》，以

"蒹葭苍苍，白露为霜"的萧瑟景象起兴，引起下文，使诗歌更加诗意浓郁。比兴手法的运用，大大丰富了诗歌的表现手法。《诗经》在形式上多数是四言一句，隔句用韵，但并不拘泥于此。许多诗常常冲破四言的定格，而杂用二言、三言、五言、六言、七言或八言的句子。另外，章节的重复也是《诗经》形式上的一个显著特点，它不仅增加了诗歌的音乐性和节奏感，也更好地表达了诗人的感情和诗的韵味。

春秋战国时期是中国古代社会的剧变时期。先秦文学以理性的原则，用散文和诗歌的形式忠实地记录了这一时期的社会生活。

先秦历史散文中，《左传》直书无隐的理性精神，一直为司马迁以来的"良史"所继承，成为史家撰著的原则。《左传》的作者常常通过君子或他人之口来表明自己的观点以及对历史事件和人物的评论，这正是作者理性批判精神的体现。这种精神对后世史学家和文学家的写作有极其深远的影响。

先秦诸子散文就本来的意义说，它们只是政治、哲学、伦理等方面的学术著作，但由于说理论证的风格气势，而使诸子散文成为文学范本。如《孟子》和《庄子》，说的或是政治之理，或是哲学之理，但在说理中充满了丰富饱满的感情，从而使说理、辩论的文字成为散文文学。如《孟子·梁惠王上》中"不违农时，谷不可胜食也"一段，采用连锁推理句式，以前几句得出的结论为前提推出新的结论，再以新的结论为前提推出更新的结论，使文章的前后承接关系更为紧密，从而使说理更有气势。而《庄子·逍遥游》则以奇特夸张的想象为主线，以散而整的句法为形式，使逻辑议论融入具体形象中，从而使说理具有一种飘逸之感。诸子散文以各自不同的思想观点和风格特点影响着一代又一代的中国人，正如习近平总书记所言："老子、孔子、墨子、孟子、庄子等中国诸子百家学说至今仍然具有世界性的文化意义。"[甲]

《诗经》同样以艺术的形式体现了那个时代的理性精神。《诗经》"国风"中的恋歌以及贵族们的某些咏叹，奠定了中国诗的基础及其以抒情为主的美学特征。它们不同于其他民族的古代长篇叙事史诗，而是一开始就以这样虽短小却深沉的实践

[甲] 习近平. 在中法建交五十周年纪念大会上的讲话[N]. 人民日报，2014-03-29（02）.

理性的抒情艺术感染着、激励着人们，它们所表现的"饥者歌其食，劳者歌其事"的现实主义精神对后世文学影响很大，推动着历代诗人、作家去关心国家的命运和人民的疾苦。

（二）楚辞汉赋

当理性精神在北方文坛节节胜利之时，南方由于更多保留和残存了原始氏族社会结构，绚烂鲜丽的远古传统便依旧强有力地保持和发展着。南方文学中仍然弥漫着一片想象奇异和情感炽烈的图腾——神话世界。楚辞就是其代表。

楚辞，也作"楚词"，是战国时期楚国诗人屈原创作的一种新的诗歌体裁。后至汉成帝时，刘向整理古籍，把屈原、宋玉等人的作品编辑成书，定名为《楚辞》。从此，《楚辞》就成为一部诗歌总集的名称。

屈原（约前340—前278年）是中国历史上伟大的浪漫主义诗人。他的作品集中代表了一种根深蒂固的文化体系，这就是充满浪漫激情，保留着远古传统的南方神话——巫术的文化体系。屈原是楚国的贵族，曾官居要职，参与内政外交等重要政治活动，他的政治思想是要使祖国独立富强，达到唐虞三代之治。具体做法是举贤授能和修明法度。屈原因推行改革而遭到贵族集团的排挤和打击，最后被放逐，因报国无门而自沉于汨罗江。诗人在长期流放中，写下了许多不朽的篇章，主要有《离骚》《九歌》《天问》《九章》等二十余篇。

《离骚》是屈原的代表作，也是我国古典文学中最长的抒情诗，更是一篇光耀千古的浪漫主义杰作。《离骚》是屈原在政治上遭受严重挫折之后，面临个人的厄运和国家的厄运，对于过去和未来的思考，是一篇崇高而痛苦的灵魂自传。

《离骚》以"岂余心之可惩"为界，分前后两大部分。在前半篇中，诗人的自我形象，代表着美好和正义的一方，作者相信他的理想和主张，能使楚国强盛。而代表邪恶、与诗人敌对的"党人"，则苟且偷安，并诬蔑诗人是淫邪小人。楚王昏庸糊涂，他虽一度信任和重用诗人，但最终却受了"党人"的蒙骗，背弃了诗人，由此导致诗人的失败和楚国的衰危。诗的后半篇中，诗人以幻想的方式对未来的道路进行了探索。在上天入地，求神问巫后，屈原发现自己已无路可走。在既不能改变自己，又不能改变楚国，自己又不能离开楚国的矛盾中，除了以身殉国外，别无选择。《离骚》闪耀着理想主义的光辉异彩。诗人以炽烈的情感、坚定的意志，追求真理，追求崇高的人格，至死不渝，产生了巨大的艺术感染力。

《离骚》在艺术上有着极高的造诣和独特的风格。其一，《离骚》塑造了一个纯洁高大的抒情主人公的形象。由于理想的崇高、人格的峻洁、感情的强烈，这个形象远远超出流俗之上。其二，《离骚》大量采用浪漫主义的表现手法，这突出地表现在诗人驰骋想象，糅合神话传说、历史人物与自然现象，编织心中的幻境。如关于神游一段的描写，朝发苍梧，夕至县圃，他以望舒、飞廉、鸾皇、凤鸟、云霓等为侍从仪仗，上求帝阍，下求佚女，想象丰富奇特，场面宏伟壮丽。其三，《离骚》中比兴手法运用广泛。它与《诗经》的比兴不同，《诗经》中的比兴大多比较单纯，而《离骚》中则有了象征的性质。如香草象征诗人的高洁。《诗经》的比兴往往只是一首诗中的一个片段，而《离骚》则在长诗中以一个接一个的系统比兴表达诗人的思想，如诗人自比为女子，由此出发，他以男女关系比君臣关系，以众女嫉美比群小嫉贤等。《离骚》形式虽来自民间，但在诗人手中有很大发展，诗句形式大多四句一章，字数不等，亦多偶句，形成了错落中见整齐，整齐中又富有变化的特点。长诗语言十分精练，并大量吸收了楚方言。此外，《离骚》除了诗人内心独白外，还设有主客问答和大段的铺张描写，绘声绘色，对后来的辞赋有很大的影响。

赋是中国特有的一种文学样式，它兼有散文和韵文的性质。其主要特点是铺陈写物，不歌而诵。赋的形成和发展经历了很长时间。汉初的赋，一般模拟屈原的作品，缺乏真实感。贾谊是汉初具有代表性的骚体赋作家，代表作品有《鵩鸟赋》《吊屈原赋》等。在形式上，贾谊的赋趋向散体化，同时又大量使用四字句，显示了从楚辞向新体赋过渡的痕迹。枚乘，对汉赋贡献很大，起着承前启后的作用，代表作为《七发》。作品假设楚太子有疾，吴客往问的谈话，指出楚太子的病根在于腐化享乐、安逸懒惰，这病非药石针灸所能治。接着吴客分述音乐、饮食、车马、宫苑、田猎、观涛等，目的在于用"要言妙道"转移楚太子的志趣。作者认为安逸享乐之病，最好从思想上来治疗，这具有深刻意义。《七发》在艺术上铺张特色鲜明，其描写观涛一节，奇观满目，音色盈耳，使读者精神震荡，有如身临其境。《七发》标志着新体赋——汉赋的正式形成。后代有许多作者模仿之，形成一种定型的主客问答形式的文体，号为"七体"，但作品成就均不及枚乘之《七发》。汉武帝至汉成帝时代，为汉赋的全盛时期，代表作家有司马相如、扬雄等。司马相如，字长卿，《子虚赋》《上林赋》是其代表作品。《子虚赋》中假设楚国子虚先生使齐国，向齐国大臣乌有先生夸耀楚国的云梦泽和楚王在此游猎的盛况，乌有先生不服，以齐国山海之宏大压倒之。《上林赋》中亡是公又大肆铺陈汉天子上林苑的壮丽及天子射猎的盛举，以压倒齐楚。作品歌颂了大一统中央王朝无可比拟的气魄和声威，赋中虽委婉致讽，即认为过分奢侈"非所以为继嗣创业垂统"，但实际上起不了多少讽刺作用。同样司马相如的《大人赋》，本欲讽刺汉武帝喜好神仙，但汉武帝读后却"飘飘有凌云之气"。自司马相如创立新体赋的形式和作风后，作家争相模仿，如扬雄所作的《甘泉赋》《羽猎赋》《长杨赋》《河东赋》，四赋都歌颂汉朝的声威和皇帝的功德，又处处仿效司马相如，但赋中讽刺成分有所增加。扬雄晚年认为辞赋为"童子雕虫篆刻"，无补于规谏，乃辍而不为。

东汉末年，赋走上末路，只有张衡构思十年创作了《二京赋》，在铺叙夸张上更进一步。除此之外，张衡能摆脱藩篱，以平浅的字句、简短的篇幅、平淡的情怀、浓郁的诗意，创作了一些抒情小赋，一扫汉赋载道、模仿、堆积、颂谀的积习，而表现出一种言志、潇洒、淡泊、浪漫、清新的文风，代表作品为《归田赋》。《归田赋》主要表现了作者在宦官专权、变乱迭起的社会状况下，归隐田园的乐趣。张衡的抒情小赋对后代魏晋抒情赋的发展产生重大影响。因此，张衡也是一位承前启后的赋家。

由楚至秦到汉，汉王朝在政治、经济、法律等制度上承袭了秦代体制，但在文学领域，却依然保持了楚文学的本色——浪漫精神。这主要是因为汉起于楚，刘邦、项羽均是楚人，项羽被围，"四面皆楚歌"，刘邦衣锦还乡唱的《大风歌》，依然是楚声。楚汉文学在内容和形式上都有明显的继承和连续性。汉赋虽从楚辞脱胎而来，但它已是"不歌而诵"的形式，这表明赋已是脱离原始歌舞的纯文学作品了。汉代是中国历史上一个空前强大的统一帝国。文景之治，奠定了汉朝稳固的基础。社会的繁荣，既是汉代大赋产生的背景，也是司马相如、扬雄等人描写的题材。所以汉赋在语言上虽有堆砌、重复、拙笨、呆板之疵，但我们依然可通过它感受到物产的丰饶、宫殿的巍峨、服饰的奢侈、鸟禽的奇异、人物的气派、狩猎的惊险、歌舞的欢快。汉赋恢宏的气度正是自强不息的民族性格和积极乐观的时代精神的艺术体现。汉赋对现实生活中万事万物的全面描述和歌颂，表现了中华民族对自身力量的高度自信，对自己所创造的物质文明和精神文明的高度肯定，也表现了对现实世界的热爱。楚汉浪漫文学是继先秦理性文学之后，中国古典文学的又一伟大创造。

（三）魏晋诗歌及南朝文论

从汉末大乱至隋朝统一，社会历经近四百年的分裂和动荡，社会情况复杂，文学也进入一个重要的发展时期。从这时开始，中国古典文学开始构建纯文学的理论，它从明经载道的附庸独立为个人言志的创作。这种变化是从建安文学开始的。

建安时期，文坛上出现众多作家，并掀起了文人诗歌的高潮。代表作家有曹操、曹丕、曹植、建安七子和蔡琰。他们在诗歌形式上，普遍采用新兴的五言形式，奠定了五言诗在文坛上的地位。在诗歌风格上，他们直接继承了汉乐府民歌的现实主义精神，反映了丰富的社会生活，表现了新的时代精神，具有慷慨悲凉的独特风格，形成了"建安风骨"。曹操（155—220年），字孟德，不仅是汉末杰出的政治家、军事家，也是杰出的文学家和建安文学新局面的开创者。一方面，他以统治者的身份，广泛搜罗文士，形成"彬彬之盛"的建安文学局面；另一方面用自己的创作开创了文学上的新风气。曹操的诗虽然大都沿用乐府古题，但并不因袭古意，而是继承了汉乐府"缘事而发"的精神，用乐府古题自作诗。他的诗歌内容可分为两大类，一是反映混乱的现实社会面貌，如《薤露行》《蒿里行》，诗中概括地写出了军阀混战所造成的惨象，流露出诗人伤时悯乱的感情。诗风苍凉激越，形象鲜明，明人钟惺评论为："汉末实录，真诗史也。"二是抒发自己的政治抱负和理想，表现了他统一天下的雄心和顽强进取的精神，代表作品有《短歌行》《龟虽寿》《观沧海》等。曹操在文学上的贡献很大，他的诗歌不仅对建安文学有开风气的作用，而且他创造性地运用乐府旧题来抒写时事，对后来的新乐府诗有很大的启示。曹操的散文作品语言简明、洗练，要言不烦，极富个性，代表作品有《求贤令》《让县自明本志令》等。

曹丕（187—226年），字子桓，曹操之子。他在中国文学史中，有着特殊的地位，文艺批评则由他开始，代表作品《典论·论文》。他的诗歌质朴平淡，情韵绝佳，题材取向偏重男女爱情与游子思妇。如七言诗《燕歌行》，诗人将思妇安放在秋夜的背景中来描写，把她缠绵悱恻的相思之情细腻委婉地表现出来，语言浅显清丽，很能表现曹丕诗歌的一般风格。

曹植（192—232年），字子建，曹操之子，曹丕之弟。他是建安时期最负盛名的作家，《诗品》称他为"建安之杰"。曹植的一生以曹丕称帝为界，明显地分为前后两期。前期曹植幼而聪明，智力超群，深得曹操之赏识与宠爱，几乎被立为太子，故他的前期诗作主要表现他"戮力上国，流惠下民，建永世之业，流金石之功"的雄心。曹丕称帝后，由于曹植前期有争为太子的一段经历，曹丕对他深怀猜忌，横加压制和迫害，有名的《七步诗》，说的就是这个史实。由于这种生活遭遇，曹植深深感到人生的悲苦、身世的无常，为求内心的解脱，理智上虽还是师承儒家，而感情上不免趋向于老庄逍遥的道路，如他的《吁嗟篇》《怨歌行》《赠白马王彪》等，表现出虚无、浪漫的心情与悲愤的情绪。《诗品》中称他的诗"骨气奇高，词采华茂，情兼雅怨，体被文质，粲溢今古，卓尔不群"。曹植的诗无论在形式还是风格上，都有过人成就，无疑是建安文坛之首。

建安七子中文学成就最高的作家是王粲，《文心雕龙·才略》称他为"七子之冠冕"。他能诗善赋，诗以《七哀诗》为最有名。诗中对"白骨蔽平原"的概括描写和对饥妇弃子的特写，深刻揭示出当时军阀混战所造成的凄凉景象和人民的深重灾难，令人触目惊心。

建安文学在我国文学史上占有重要地位。一个时期的文学能形成一种传统而被传承下来是不多见的。钟嵘在反对晋以后的形式主义诗风时，曾慨叹"建安风力尽矣"！初唐诗人陈子昂在进行诗歌革新时，也高举"汉魏风骨"的旗帜，这说明"建安风骨"的传统对后世文学影响之深。

建安后，帝王更迭不断，社会上层争夺异常激烈，政治斗争异常残酷。门阀士族的头面人物往往被卷进上层政治旋涡，名士们一批又一批地被送上刑场，当时著名的诗人、作家、哲学家如何晏、嵇康、张华、潘岳、谢灵运等均遭杀戮。门阀士族生活在一个既富贵安乐又满怀忧惧的环境中，他们的作品便不可避免地流露出无边忧惧和深重哀伤。无论他们是顺应环境，保全性命，或是寄情山水，寻求安宁，或是佯狂放诞，纵酒颓废，但由于内心深处总藏存这种人生的忧惧，情感总是处在一种异常矛盾的状态中。阮籍便是其中的典型。

阮籍（210—263年），字嗣宗。他早年"好书诗"，有"济世志"，但处于魏晋易代之际，在统治阶级内部的残酷斗争中，不仅抱负无法施展，连身家性命都没有保障。于是他放怀竹林诗酒，对黑暗现实采取了一种消极对抗的方式。虽然他仍是司马氏的官员，但终日"饮酒昏酣，遗落世事"。为了拒绝与司马家族的联姻，他大醉六十日让对方没有提出的机会。虽然阮籍在行动上那么放浪潇洒，但内心深处依然十分痛苦。他把这种暗藏在内心的无法发泄的痛苦和愤懑，用隐约曲折的形式倾泻在八十二首咏怀诗中。这些诗篇充满了诗人的感伤、悲痛、恐惧、焦急、忧虑以及欲求解脱而不可能，逆来顺受又不适应的矛盾心情。一方面他很想延长寿命，"独有延年术，可以慰我心"；另一方面他又感到"人言愿延年，延年欲焉之"。一方面，他要"一飞冲青天，旷世不再鸣。岂与鹑鷃游，连翩庭中戏"；另一方面，却又是"宁与燕雀翔，不随黄鹄飞，黄鹄游四海，中路将安归"。阮籍在文学史上创造了一种忧愤无端、慷慨任气的艺术境界，把受政治迫害的痛楚哀伤曲折而强烈地抒发出来，并且写得如此深刻美丽。

当时的士族文人远离社会和人民，清谈玄理之风更盛，玄言文学占据了文坛的统治地位。这类作品大多缺乏现实内容，专重形式之美，锐意雕琢，既损情意，又伤文学之真。直到晋末，陶渊明的出现，才一改当时文坛的枯索之风，重建诗文的情韵。

陶渊明（365—427年），名潜，字元亮。青年时曾有"大济苍生"的壮志，但晋朝极端腐败的政治，统治阶级内部十分尖锐的矛盾以及门阀制度使他无法施展自己的抱负，他在既不能匡时救世，又不能同流合污的痛苦心态中，不得不另寻精神的归处。三十四岁那年，以"不能为五斗米折腰，拳拳事乡里小儿"为由，辞掉彭泽令而退居山林，从此躬耕自给，优游于山水田园诗酒之中，与农樵为友。即使到了不得不出去乞食的地步，也绝不出仕，直至离世。陶渊明的伟大之处就在于人格的高尚。他的作品与行为，是融为一体而不可分的。他不像一般身在江湖心存魏阙的伪君子，也无丝毫沽名钓誉、立异鸣高的企图，他完全是真性情真人格真实的表现。他做官不以为荣，归隐不以为高，穷乏乞食不以为耻，有酒食辄醉，无亦雅咏不辍，一切都是一任天机，逍遥自得，真可谓一尘不染。诗境扫尽铅华，益臻净化。陶渊明的诗歌，具有丰富的内容，一是表现诗人高远的理想、志趣以及守志不阿的耿介品格；二是表现对现实的强烈不满；三是写下大量的田园诗，抒发了诗人对纯洁的田园生活的热爱。陶诗中的山水草木，已不再成为哲理思辨或供观赏的物品，而是诗人生活、兴趣的一部分。在他笔下，春雨冬雪、夏风秋叶、辽阔平原，无不充满生命和情意，拥有真实、平凡又不可企及的美。陶渊明以其高洁的人格和独具特色的诗歌风格，在不同的历史时期，对不同的作家，都产生不小的影响。他用自己的人格力量教育后代文人不屈服于权贵，不与世俗之流为伍。李白的"安能摧眉折腰事权贵"正是对这种精神的继承。高适在无法容忍"拜迎长官心欲碎，鞭挞黎庶令人悲"时，也"转忆陶潜归去来"，要学陶渊明那样与污浊的现实一刀两断。陶渊明疾恶除暴的精神也给后世作家以巨大的支持和鼓舞。辛弃疾在《水龙吟》中写道："须信此翁（指陶渊明）未死。到如今凛然正气，吾侪心事，古今长在。"不过，陶诗中平静安谧的境界，逃避现实的思想也对一些作家有一些消极影响。陶渊明独特的艺术风格，受到历代诗人的企羡，他开创的田园诗一体，为古典诗歌开辟了一个新的境界。从他以后，田园诗不断得到发展，到唐代就形成了山水田园诗派。

自魏晋到南北朝，中国文坛迎来了文学批评的高峰期。这一时期，文学批评讲究文辞的华美、文体的划分、文笔的区别、文思的过程、文作的评议、文理的探求，这都是前所未有的现象。文学批评之风，开始于曹丕的《典论·论文》。首先，他把文学看成"经国之大业，不朽之盛事"；其次，他初步探讨了作家的个性和风格等问题；其三，他提出了奏议、书论、铭诔、诗赋四大类文体互相区别的标准。曹丕之后，又有沈约、萧统、陆机等人，对文学批评都各有意见，各有贡献。但最成熟而最有系统者，莫过于刘勰的《文心雕龙》和钟嵘的《诗品》。

刘勰（约465—约520年），早孤，家贫，然笃志好学，中年时创作了不朽的文学批评名著《文心雕龙》。全书共五十篇，包括总论、文体论、创作论、批评论四个主要部分。总论五篇，论"文之枢纽"，是全书理论的基础。文体论二十篇，每篇分论一种或两三种文体。创作论十九篇，分论创作过程、作家个性风格、文质关系、写作技巧、文辞声律等问题。批评论五篇，从不同角度，对过去时代的文风、作家的成就等提出批评，并对批评方法进行专门探讨。最后一篇《序志》，说明自己的创作目的和全书的布置意图。全书虽由四个部分组成，但理论观点首尾一致，各部分又互相照应，其体大思精，在古典文学批评著作中是空前绝后的。综观全书，刘勰在文学批评上的主要贡献有四。第一，他初步建立了用历史的眼光来分析、评论文学的观点。在《时序》中，他首先注意从历代朝政世风的盛衰来系统地探索文学的盛衰。例如他论建安文学"雅好慷慨"的风格是出于"世积乱离，风衰俗怨"的现实环境。在《通变》中，他又系统地论及历代文风的先后继承变革的关系。第二，他从不同角度阐发了质先于文、质文并重的文学主张，比较全面地说明文学内容和形式的关系。在《情采》中，他指出："故情者，文之经，辞者，理之纬；经正而后纬成，理定而后辞畅，此立文之本源也。"他反对"为文造情"，认为应该"为情造文"。在《风骨》中，他强调文章要有风有骨。所谓风，是指文章的思想，而骨，就是文章的结构。第三，他从创作的各个环节、各个方面总结了创作经验。在《神思》中，他论述了创作构思过程。他认为构思时一方面要"虚静"，另一方面更要注意平时的学识、才能、修养和生活阅历的积累，因为这些积累才是"驭文之首术，谋篇之大端"。第四，他初步建立了文学批评的方法论。在《知音》里，他反对"贵古贱今""崇己抑人""信伪迷真"等错误观点，提出"无私于轻重，不偏于憎爱"的正确批评态度。他认为任何文章都是可以理解和批评的，而一个合格的文学批评家应该有深广的学识和高洁的修养。

钟嵘（约468—约518年），字仲伟。代表作《诗品》写于513年以后。《诗品》一是总论五言诗的起源和发展，二是品评了两汉至梁代的诗人一百余人。钟嵘反对用典和声律论。他认为喜欢用典的人，往往是没有写诗的才能，而以用典来标榜学问。对于声律，他认为只要"清浊通流，口吻调利"即可。过分讲究声律，会使"文多拘束，有伤真美"。钟嵘的《诗品》是第一部论诗的著作，它和《文心雕龙》的出现，体现了这一时期文学批评和文学理论的成熟。《文心雕龙》和《诗品》标志着我国古典文学批评和文学理论发展的高峰。其理论内容不仅对后代作家有深刻的影响，而且某些观点直到今天看来也有较高价值。

（四）唐诗宋词

唐代是我国文学史上一个辉煌的时代，整个文坛出现了自战国以来所未有的百花齐放、万紫千红的局面。其中诗歌更是进入高度成熟的黄金时代。唐代诗人之众和作品之多都超过了以往各代。据统计，流传至今的唐诗有五万多首，独具风格的著名诗人也有五六十个。这个前所未有的文学全面繁荣局面的形成，一方面固然是文学本身不断发展的结果，但更为根本的还是取决于文学发展的社会基础与历史条件。

唐朝为了巩固政权，开始限制豪门士族势力，废除了魏晋以来保护士族特权的九品中正制，通过科举选取官吏，这给许多中下层文人提供了一条宽广的出路，激发了他们对功名事业的种种幻想。知识分子不必再像数百年前左思那样无可奈何地慨叹："郁郁涧底松，离离山上苗。以彼径寸茎，荫此百尺条。"一条充满希望的新道路等待着他们去开拓。边塞军功也是诗人实现政治抱负的重要途径。诗坛上出现了以高适、岑参、王昌龄、李颀等人为代表的边塞诗派。这些诗人几乎都亲历过大漠苦寒、千难万险的军旅生涯。他们的诗，表达了将士们从军报国的英雄气概，不畏边塞艰苦的乐观精神，描绘了雄奇壮丽的边塞风光，也反映了战士们怀土思亲的情绪。边塞诗给唐诗增加了无限新鲜壮丽的光彩。

另有一些诗人以隐士的面目出现，希望幽居山林以获得生活与心境的宁静。诗坛上出现了以王维、孟浩然为代表的山水田园诗派。该诗派较多受佛老思想影响，作品以描写悠闲宁静的山水田园生活为主，在诗中常细致入微地刻画自然景物，构成独到的意境。从山水诗中，我们可以感受到中华民族热爱自然、重视人与自然和谐相处的优良传统。

李白（701—762年），字太白，盛唐诗坛的代表作家。他的作品不只是一般地抒写青春、边塞、江山美景，而是热情地讴歌现实生活中一切美好的事物，猛烈抨击黑暗，极度蔑视腐朽无能的权贵人物。这种追求自由，一心想征服现实的态度，乃是中华民族酷爱自由和反抗黑暗现实的典型体现。李白的诗作似乎没有任何约束，似乎毫无规范可循，一切都是冲口而出，随意创作，但读来却让人感到如此美妙奇异和不可思议，真是"笔落惊风雨，诗成泣鬼神"。"诗仙"李白以其丰富多彩的诗歌内容和极富浪漫色彩的诗歌形式奏出了盛唐诗歌的最强音。

杜甫（712—770年），字子美，伟大的现实主义诗人。他生活在唐代社会由盛转衰的时期。青年时代，他受到盛唐诗坛浪漫氛围的影响，早期诗歌带有相当浓厚的浪漫色彩，以《望岳》为代表。"会当凌绝顶，一览众山小"正流露了诗人的雄心壮志。746年，诗人为实现自己"致君尧舜上，再使风俗淳"的政治抱负，赴长安应试，但不幸落第。困顿长安十年后才被授予右卫率府胄曹参军的微职。在安史之乱中被叛军所俘，后从长安只身逃奔凤翔，受任左拾遗。不久，被贬。759年，弃官西行，流浪于四川、湖北、湖南一带。770年，病逝于由潭州去往岳阳的一条小船上。杜甫中年后饱经忧患的生活，折磨了他，也成就了他。就是在这种生活中，诗人逐渐深入人民生活，看到了人民的痛苦，也看到了统治阶级的罪恶。在饥寒交迫的贫困生活中，诗人写下了大量触动人心的诗篇。这些诗篇或描绘人民遭受的苦难，或忧虑外敌的入侵，或期待国家的中兴。他的诗像一面镜子，照见了安史之乱前后社会生活的各个方面，被后人称为"诗史"。杜诗中忧国忧民的忧患意识以及仁爱精神，是儒家思想中积极因素的艺术表现。杜诗沉郁顿挫、深刻悲壮，个人特点鲜明。

中唐，是唐诗的个性特征充分发展的时代。诗坛上出现了比盛唐时更多的风格流派。诗人的个性不再大同小异，而是风格繁多，个性突出。具体说来，主要有以下四个流派。一是以白居易、元稹、张籍等人为代表的现实主义诗派。他们继承了杜甫正视现实、抨击黑暗的精神，主张"文章合为时而著，歌诗合为事而作"，掀起了新乐府运动。他们的新乐府诗揭露了统治阶级的残酷剥削和骄奢淫逸，同情人民所遭受的深重苦难。在艺术上则以语言通俗流畅、平易近人为特征。代表作有白居易的《新乐府》五十首、《秦中吟》十首，元稹的《田家词》《织妇词》，张籍的《野老歌》《山头鹿》等。二是以韩愈、孟郊、贾岛、李贺等人为代表的浪漫主义诗派。该诗派融合楚辞、乐府浪漫幻想的传统，以浓丽的色彩，出人意料的想象，开创了奇险生新的艺术风格。代表作品有韩愈的《山石》《早春呈水部张十八员外》、孟郊的《洛桥晚望》、贾岛的《剑客》、李贺的《金铜仙人辞汉歌》《雁门太守行》等。三是以刘长卿、韦应物为代表的山水田园诗派。四是以李益、卢纶为代表的边塞派。山水田园派和边塞派都是盛唐诗风的余响，作品虽不乏潇洒风流，但已无盛唐那种乐观豪放的情调，而有一层薄薄的孤冷、伤感和忧郁。代表作品有刘长卿的《逢雪宿芙蓉山主人》，韦应物的《滁州西涧》、李益的《夜上受降城闻笛》、卢纶的《和张仆射塞下曲》等。

晚唐，中央政权在宦官专权、朋党相争的境况下日益衰微，诗人们虽满怀壮志，要治国平天下，但已是很难实现了。晚唐诗坛完全不同于盛唐，其审美趣味和艺术追求都逐渐靠近更为细腻的感官感受和情感色彩的捕捉，呈现给读者的是人的心境和意绪。杜牧、李商隐的诗正是其中的代表。两位诗人在艺术上均取得很高的成就，但那冷艳幽僻的情调，浓厚的感伤气氛，就好像西下的余晖，象征着唐诗的谢幕。

唐朝历经近三百年，无论初唐、盛唐、中唐、晚唐，每个时期均有杰出的诗人和作品，唐诗不仅歌咏重大题材，也描写社会一般风俗，它全方位反映了社会各阶层人物的生活状况和精神面貌，是一部生动的唐代社会史。在诗歌形式上，唐诗完成了我国古典诗派各种形式的创造。古体诗的五古、七古、乐府、歌行，近体诗的五律、七律、五绝、七绝、排律，无不齐备。唐诗的成就，几乎可以说是空前绝后的。

词，是宋代文学的灵魂。据《全宋词》记载：宋词有两万余首，词人有一千四百余位。宋代结束了残唐五代混乱分裂的政局。北宋至靖康之变，维持了一百多年的和平局面。此时，宋代统治者推行优待士大夫官僚的政策，加上社会经济的发展和城市的繁荣，君主与士大夫贵族均追求享乐。唐代随燕乐兴起的、在晚唐已形成绮靡婉约风格的新体诗——词，正与北宋的社会氛围相吻合，于是词这一形式和它的婉约词风，在北宋前期几乎一统天下。后来，出现了与婉约派并立的豪放派。宋代代表词人有晏殊、范仲淹、欧阳修、秦观、柳永、苏轼等。范仲淹曾镇守边塞，写下了一些境界开阔，格调苍凉的词作。欧阳修的词则更多地流连湖光山色，表现洒脱情怀。

柳永（约984—约1053年）原名三变，字耆卿。他是第一个对宋词进行革新的词人。他主要从都市中下层人民生活中吸取创作素材，以描写男女离别相思和个人流落江湖的羁旅之愁见长，词风婉约。他大量创作篇幅较长，结构复杂的慢词，从内容到形式都富有平民色彩，在当时市民中传唱极盛，"凡有井水处，即能歌柳词"。随后，苏轼对革新词风作出了巨大贡献。首先，他打破诗词的界限，把艺术的笔触伸向广阔的现实生活和个人极其丰富的内心世界，丰富了词的题材，提高了词的意境，扩充了词的表现手法，使词成为独立的抒情诗体。在苏轼的词中，无意不可入，无事不可言，除通常的写景抒情外，他还用词来怀古、记游、感旧、说理和谈禅。其次，苏词风格多样，有的词文笔细腻，风情婉转，有的则高歌入云，逸怀浩气，促生了南宋豪放词派。

靖康之变后，侵略者的铁骑使婉约词赖以生存的社会环境不复存在，国破家亡的惨痛经历使文人创作了大量感时伤乱、抒发爱国情怀的词。杰出的女词人李清照就是其中的代表。

李清照，号易安居士。她的前期词作大多抒写少女、少妇的情怀，感情宛曲，词风清丽宛转，后期词作则将国破家亡的悲境与颠沛流离的伤痛相融合，词风沉哀凄苦。

南宋伟大的爱国词人辛弃疾有出将入相之才，满怀抗金报国的凌云之志，但受到朝廷妥协苟安政策的羁缚，壮志难酬，只得将一腔爱国情怀寄之于词。他继承苏轼词的豪放风格并加以发展，创造出雄奇阔大的词境。在词的表现手法上，他创造性地"以文为词"，把经史子集之语融入词中。他的词作，多种风格并存，但壮怀激烈的豪放词是其主调。在辛弃疾的创作影响下，南宋形成了爱国的豪放词派。主要词人有陈亮、刘过、刘克庄、刘辰翁等，他们创作了大量豪放词，与北宋时期的婉约词双峰并峙，平分秋色。

回溯宋词几百年的发展历程，我们发现宋词在总体上有以下特征。其一，词风偏于阴柔和婉。在全部宋词中，婉约词在数量上占绝对优势。宋代有许多婉约词人从不写豪放词，但很少有豪放派词人不写婉约词的。宋词委婉含蓄的美学特征使宋词自有深情婉转、低回往复的特殊魅力。其二，题材取向注重于个人的生活。唐宋之时，文人对诗词的看法不一。他们把具有一定社会意义的题材放在诗里描写，而词的内容则局限于个人的爱恨离别、四时景物、羁旅愁叹等。词作常通过对一般的对象，日常的、普通的自然景象的白描来表现形象细腻、含意微妙的词境，从而使所描绘的对象、事物、情节更为具体、细致、新巧，并涂有更浓厚、更细腻的主观感情色调。有的词境花轻似梦，雨细如愁，尽管意境小而狭，却巧而新。宋词比别的文字形式更亲切、更细腻地表现、描写了人们各种心情意绪。

（五）元曲与明清小说

元曲，是元代文学的标志，历来与唐诗、宋词并称，代表着元代文学的最高成就。

广义的元曲包括散曲和杂剧两部分。散曲，是一种新的文学载体，亦是一种新的诗歌样式，是不具备表演内容的歌词。与词相比，一是句式不同，二是音律不同。散曲又分为小令、套数和带过曲三种。元代散曲作家可考者二百多人，其中关汉卿、马致远、张养浩等为代表作家。他们创作的散曲或表现对现实的不满，或表现男女恋情，或抒写离愁别恨，风格质朴自然，真切动人。

元杂剧是融汇了歌唱、舞蹈、说白、杂技等多种艺术形式的综合艺术，是中国戏剧臻于成熟的标志。元杂剧在结构上一般是一本四折（四场）演一个完整的故事。杂剧的剧本主要由曲词、宾白、动作三个部分组成。角色分工更趋细密。杂剧在元代甚为流行，当时有姓名可考的杂剧作家有八十多个，见于记载的剧目有五百余种，出现了被后人称为"元曲四大家"的关汉卿、马致远、白朴、郑光祖和以《西厢记》"天下夺魁"的王实甫等著名作家。

元杂剧内容丰富，风格多样，广泛而深刻地反映了元代的社会生活。从题材看，主要有以下几类：一是爱情剧。主要描写青年男女对爱情与婚姻的自主追求，鲜明地体现了反封建、反礼教的倾向。代表作品有王实甫的《西厢记》、白朴的《墙头马上》、郑光祖的《倩女离魂》、尚仲贤的《柳毅传书》等。二是公案剧。一般通过描写刑事案件的审判，揭露贪官污吏贪赃枉法、草菅人命的罪恶，歌颂人民的反抗精神和以包公为代表的清官。代表作有关汉卿的《窦娥冤》《鲁斋郎》和无名氏的《陈州粜米》。三是水浒剧。主要描写梁山英雄除暴安良的侠义行为。李逵是元代水浒戏中最重要的角色，半数以上的水浒戏是以他为主人公的。代表作有康进之的《李逵负荆》等。四是世情剧。主要揭露社会上的种种丑恶现象，批判矛头集中于负心郎、守财奴、败家子、伪君子之类的人物。代表作有关汉卿的《救风尘》《望江亭》，杨显之的《潇湘雨》等。五是历史剧。歌颂历史英雄，谴责叛臣逆子。代表作有关汉卿的《单刀会》、纪君祥的《赵氏孤儿》、马致远的《汉宫秋》等。

元杂剧在艺术上取得了辉煌成就。第一，它根据人物的性格特征展开戏剧冲突，成功地塑造了一系列栩栩如生的人物形象。窦娥、程婴、屠岸贾等人物，或善或恶，或忠或奸，无不令人难忘。第二，元杂剧褒贬分明，剧中人物的忠奸善恶一目了然。《赵氏孤儿》讲述的是春秋晋灵公时赵盾与屠岸贾两个家族的矛盾斗争。权奸屠岸贾将忠良赵盾满门杀绝，连公主生下的赵氏孤儿也不放过。义士程婴救下赵氏孤儿；韩厥不愿意将孤儿"献出去图荣进"，放走程婴后，自刎而死。为了找到赵氏孤儿，屠岸贾又要把晋国内凡半岁之下一月之上新添的孩子全部杀害，程婴又和公孙杵臼商量，分别以舍子、献身的壮烈举动，保全了赵氏孤儿。剧本在表现屠岸贾的残暴和奸诈的同时，突出了程婴等人的高贵品质，产生了很好的舞台效果，几百年来广受好评。2010年，由陈凯歌执导，葛优、王学圻等人主演的《赵氏孤儿》上映，引发人们对此剧的再次关注。此故事在18世纪传入欧洲并引起轰动，能让国外观众为之倾倒的正是它所体现的道德光辉，程婴等人之所以能够自我牺牲以保全孤儿正是中华民族长期以来见义勇为、舍生取义精神的艺术反映。第三，元杂剧作家善于将古代诗词里优美的诗句提炼为民间生动活泼的口语，熔铸成自然而华美的曲词。如关汉卿的《单刀会》，作者用了孔子的话，杜牧的诗，苏轼的词和散文，还有民间的口语，从而形成了"文而不文，俗而不俗"的语言风格，产生雅俗共赏的效果。王国维认为元杂剧的语言"写情则沁人心脾，写景则在人耳目，述事则如其口出是也"，实为中肯贴切的评价。第四，元杂剧体现了中国戏剧文学的一个特征：以浪漫的理想化方式处理现实主义题材。这种方式往往使元杂剧呈现"大团圆"的结局，它在某种程度上不仅冲淡了戏剧的悲剧意识，也削弱了剧本的思想意义。然而，也正是这种方式，体现了中国人民"善有善报，恶有恶报"的信念，体现了正义战胜邪恶、幸福普降人间的美好愿望。

　　元代杂剧在中国文学史上有着划时代的意义。元代以前，占据文坛统治地位的是古文和诗词。到了元代，原本为文人所鄙视的大众文学（散曲与杂剧等）逐渐抬头，取代了正统文学的地位。这表明叙事的通俗文学开始登上中国文学的大舞台。元杂剧的作者大多是社会地位不高的文人或演员等，观众更是遍及社会各阶层。它的兴盛意味着文学在作者与读者两个方面都进一步走向民间。

　　到了明代，由于城市经济的高度发展，资本主义萌芽已经出现，市民阶层不断扩大。为适应文化娱乐的需要，通俗文学如小说、戏曲等蓬勃发展。而中国的小说在经历了唐之前的笔记小说、唐代传奇小说和宋代话本小说三个发展阶段后，至明已趋成熟。短篇小说方面，以《喻世明言》《警世通言》《醒世恒言》和《初刻拍案惊奇》与《二刻拍案惊奇》为代表，标志着中国短篇小说的成熟。这些小说"极摹人情世态之歧，备写悲欢离合之致"，对当时被商业繁荣所侵蚀的封建社会进行了广泛的描绘。值得注意的是这些小说中有一个流行的题材，即多方面描写了男女之间的爱情。从《卖油郎独占花魁》《杜十娘怒沉百宝箱》到《乔太守乱点鸳鸯谱》，从《玉堂春落难寻夫》到《任君用恣乐深闺》，有对献身纯真爱情的歌颂赞扬，有对封建婚姻的嘲笑讽刺，有对负心男子的鞭挞谴责，也有对荒淫无度的抨击。

在长篇小说领域，明代小说的开山之作是明初罗贯中在民间流传的三国故事的基础上整理加工而成的《三国志通俗演义》（《三国演义》）。这是中国文学史上第一部章回小说，是历史演义小说的开山之作。这部作品以宏大的结构、曲折的情节，展现了东汉末年和整个三国时期各封建统治集团的军事、政治、外交等活动，是一幅生动的历史画卷。书中"拥刘反曹"的基本倾向，反映了作者的封建正统观念。《三国志通俗演义》创造了数以百计的栩栩如生的人物形象，其中的曹操、诸葛亮、关羽、刘备、张飞、周瑜、刘禅等早已家喻户晓。此书不仅在中国影响甚广甚深，对日本等亚洲诸国也有很大影响。

《水浒传》为施耐庵所作，描写的是北宋末年由宋江等人领导的一场波澜壮阔的农民起义。小说揭露了封建社会的黑暗和统治阶级的罪恶，写出了"官逼民反""乱由上作"的历史真实。书中的一百零八位英雄出身各异，有"帝子神孙，富豪将吏，并三教九流，乃至猎户渔人，屠儿刽子"，不少起义首领被写得个性鲜明、生动形象，如李逵、鲁智深、林冲、武松等，全书渗透着浓厚的忠义思想。

吴承恩以他的写作才能、学识和丰富的想象力写成的《西游记》，是我国空前绝后、奇思幻构、浪漫诙谐的伟大杰作。它通过唐僧师徒四人去西天取经的艰难历程，特别是通过寓人于神、人神合一的孙悟空形象，表现了人民对美好理想的不懈追求和战胜自然、克服困难的大无畏精神。

署名兰陵笑笑生的《金瓶梅》，在中国小说史上是一部具有里程碑意义的作品。它直接取材于明代社会生活，显示出现实主义在我国小说创作中的进一步发展，标志着我国小说创作新阶段的开始。《金瓶梅》取名于委身西门庆的潘金莲、李瓶儿、庞春梅三人的名字。作者通过西门庆罪恶的生活史，展现了明代社会尔虞我诈、争权夺利、道德沦丧的黑暗现实。书中描写了多起沉冤，显示了并未涂上理想色彩，压得人喘不过气来的社会真实境况。《金瓶梅》以描写人物形象为主，书中大量出现的色情描写，有其复杂的历史背景，它不仅是统治者荒淫无耻的反映，也与当时以李贽为代表的肯定"好货好色"的思想有关。

清代乾隆年间，吴敬梓的《儒林外史》和曹雪芹的《红楼梦》先后问世。

《儒林外史》通过刻画一批面目各异的封建知识分子形象，显示了社会的种种形态，把批判的矛头直指科举制度本身。作者认为就是在禁锢思想、毒害人心的科举制度的引诱下，本性善良的读书人变成了一个个不学无术的腐朽官僚或无耻小人。除了儒林群丑外，小说还揭示了官场的腐败、社会的黑暗以及封建道德的虚伪和残酷。作者在揭露讽刺的同时，也塑造了一批寄托其理想的正面人物。贵公子杜少卿，慷慨好施，轻视功名富贵与科举制度，具有一定的反抗精神。作者也肯定了虞育德、庄绍光、迟衡山等人以祭泰伯祠挽回世道人心的举动。作为儒林群丑的对照，作者对忠厚诚笃的下层人物如牛老爹、卜老爹、鲍文卿等加以赞扬，表达了对他们的自食其力、不图富贵等品质的钦慕。《儒林外史》是我国文学史上少有的讽刺杰作。小说中，作者针对不同的人物形象进行了不同程度、不同方式的讽刺。作者擅长在生活真实的基础上加以夸张以取得强烈的讽刺艺术效果。这种讽刺真实地揭露了问题的本质，起着深刻的批判作用。在小说史的发展中，《儒林外史》奠定了我国古典讽刺小说的基础，对晚清的谴责小说有极大影响。

《红楼梦》是中国古典小说的巅峰之作。全书以封建贵族青年贾宝玉、林黛玉、薛宝钗之间的恋爱和婚姻为线索，写出了贾、王、史、薛四大家族的兴衰，揭露了封建社会后期的种种黑暗和罪恶及其不可克服的内在矛盾，对腐朽的封建统治阶级和行将崩溃的封建制度进行了有力的批判，使读者预感到它必将走向覆灭的命运。同时，小说还歌颂了具有叛逆精神的贵族青年，表达了新的朦胧的启蒙理想。《红楼梦》的巨大艺术魅力首先在于作者通过对日常生活琐事和人物内心活动的精微、深刻描写，塑造了一批活生生的艺术形象。《红楼梦》看似描写家庭琐事、吃喝玩乐，实则一步紧似一步，使人读之但觉精微，处处可引人入胜。最精妙的笔墨，要算作者对人物性格的刻画。同是中年贵妇，王夫人与薛姨妈就有明显不同的个性；同是纨绔公子，贾珍、贾琏、贾蓉又自有不同；小姐中的黛玉、宝钗、湘云，丫鬟中的袭人、晴雯、平儿、鸳鸯，无不各有个性、各有特征。作者通过叛逆者贾宝玉的形象，对封建社会的国家政治制度、家庭宗法制度、科举制度、婚姻制度，以及封建的伦理道德、价值规范等进行大胆否定和批判。贾宝玉把封建的正统思想程朱理学斥为"杜撰"，把"仕途经济"斥为"混账话"，把科举制度斥为"诓功名混饭吃"，把"文死谏，武死战"的封建道德斥为"胡闹"。他大胆否定"男尊女卑"的封建观念，认为"天地间灵淑之气只钟于女子，男儿们不过是些渣滓浊物而已"。宝玉种种叛逆的言论及行动，自然被封建家长们看作是"不肖的孽障""混世魔王"。大观园里只有林黛玉与他价值观念相同，他们是在相互了解和思想一致的基础上成为知己，进而相爱的。因此，这种爱情愈发展，就和封建势力的矛盾愈尖锐，宝黛最后的以死殉情（宝玉的出家意味着尘世生命的结束），实际上是年轻的叛逆者在追求个人的自由和尊严时，对封建腐朽势力的殊死反抗。从这种意义上说，宝黛的殉情体现了朦胧的民主色彩，显示了一种新的时代特征。

《红楼梦》与《儒林外史》问世于"康乾盛世"，这个时期从表面上看好像是太平盛世，但各种社会矛盾正在暗流涌动，整个王朝已到了盛极而衰的转折点。吴敬梓和曹雪芹以艺术家的敏锐，洞察到这个社会只能走向没落和败亡。然而吴敬梓和曹雪芹都出身于封建官僚家庭，都深受传统文化的影响，他们对自身所属的阶级仍抱有同情，他们是怀着感伤和惋惜的心情去看待这个历史趋势的，他们的作品也自然成了一曲为封建制度和传统文化所唱的挽歌。但是，值得肯定的是，两部小说毕竟对封建制度及传统文化进行了深刻反思，对新的社会力量、新的文化类型，提出了朦胧的希望。这些观点闪烁着思想解放的光芒，闪耀着对自由、个性、解放的憧憬。

二、中国古典文学的文化精神

文学是民族精神的结晶。中国古典文学深受中国传统文化的长期熏陶，生动而深刻地体现着中华民族独特的文化精神，具体说来主要包括以下几个方面的内容。

（一）关注人间的理性精神

以人为本，向来被认为是中国传统文化的一大特色，也是中国传统文化精神的重要内涵。中国古典文学具有浓厚的人文主义色彩。

中国古典文学深受儒家不言鬼神、注重人伦的积极入世精神的影响。在中国古典文学中，无论是抒情文学还是叙事文学，作家总是把目光对准人间而不是天国。他们关注的是现实世界的悲欢离合而不是属于彼岸的天堂地狱，因而中国古典文学的主题，不是人与神的关系，而是人与自然的默契和人与人之间的关系。现实世界中的君臣、夫妇、亲子、兄弟、朋友、亲族、同胞的人际关怀或人伦冲突，更是其描写的重心。于是，各种生离死别、感新怀旧、婚丧吊贺、国难家灾、历史变故就被经常地、大量地、细腻地、反复地咏叹着、描述着。自然，中国古典文学中，也有一些志怪、鬼神作品，体现了道、佛的宗教意识，但其中大部分作品中神仙鬼怪的矛盾斗争，都是现实世界的写照。《西游记》中的孙悟空，本身就是个寓神于人、人神合一的人物，他敢于蔑视天庭的统治秩序，敢于嘲弄揶揄佛祖，对那些贪婪凶狠、残害百姓并与佛祖沾亲带故的妖魔鬼怪，全然不怕，一一扫尽。这个形象实际上寄托了人民反抗社会邪恶势力的理想。再如蒲松龄的《聊斋志异》，虽写妖狐鬼怪，但通过人鬼相杂、幽明相间的生活画面深刻地反映了现实矛盾，并非为写鬼而写鬼。

（二）中和的美学风格

持中贵和，作为中国传统文化的基本精神之一，对中华民族和中国文化发展起过十分重要的作用。中庸之道反映在文艺观上，便是提倡文艺作品的中和之美。我们从"六经"原典来看，这种主冷静反思，重视克制自己，排斥感性狂欢的文化特征，很早便形成了。随后，中国古典文学又受到儒家中庸哲学思想的影响。孔子倡导的"乐而不淫，哀而不伤"的观点后来发展成"温柔敦厚"的"诗教"，即主张在文学作品中要有节制地宣泄情感，而不要把感情表达得过分强烈。在这种文学思想指导下发展起来的中国古典文学，在整体上便明显带有中和的美学特点。

在中国古典抒情文学中，少有狂喜或狂怒的作品。多数古代诗人都自觉不自觉地遵循着"诗教"的传统，以"怨而不怒""婉而多讽"的方式来批判现实。即便是情诗，也往往写得含蓄深沉、委婉曲折，像《上邪》那样感情奔放的少而又少。但这并不是说中国古代诗歌缺少真挚的感情，只是偏重情感的适度宣泄和表达方式的简约，从而形成了含蓄深沉、温柔敦厚的中和风格。《毛诗序》中"发乎情，止乎礼义"的教言，正是这种中和美学准则的具体体现。

（三）抒情写意的艺术手法

在古代中国，"天人合一"的思想传统源远流长，弥漫于全社会。在中国古代思想家看来，天与人、天道与人道、天性与人性是相类相通的，因而可以达到统一。这种思想观念熔铸了中国传统文化中的艺术精神。唐君毅在《中西文化精神之比较》中指出："艺术精神之本，在物我相忘以通情""原纯粹之艺术精神，根本在移情于物而静观静照之。静观静照之极，必托出对象，使之空灵。对象真达空灵之境，即在若有若无之间，与我全然无对待"。这种艺术精神反映在中国古典文学上，则表现为注重抒情和写意。

抒情性质使中国古典文学总体上呈现出诗的光辉，即使是叙事文学也不例外。例如《史记》就因洋溢着司马迁的充沛情感而被鲁迅誉为"无韵之《离骚》"。

中国古典文学的抒情性质使之在写作手法上重写意。中国古代文论所讲的"神韵""意境",正与中国书画艺术中的"传神""写意"相通。古典诗词中情景交融的境界正是传神写意在诗歌领域的表现。成功的古典诗词,圆融浑成,无始无终,无涯无际,超乎时空而存在。由于不拘人称且省略主语,任何读者都恍然有置身其间、躬逢其事之感。正因如此,中国古典诗词的意境是普遍而又永恒的。传神写意的手法也同样应用于古典小说、戏曲的创作中。中国的古典小说有白描的传统,即用最简约的笔墨,不加任何烘托,勾画出人物栩栩如生的情貌来。

第八章
中国传统音乐

翻开中国传统艺术的巨幅画卷，中国传统音乐这颗璀璨的明珠跃然于眼前，它历经上下五千年，承载着各个时代、不同地域、众多民族的灿烂文化，几经流变依旧光彩夺目。它在不断的交融、碰撞中逐渐凝聚成为具有深厚内涵的音乐形态，广袤、宁静、深邃而又充满活力。

广义上来说，世代相传的、前人创造的音乐均可称为传统音乐。如果再为它加上一个时间限制，中国传统音乐则是指20世纪以前，在中华民族的文化背景中形成的音乐。

一、传统音乐的发展历程

（一）原始至先秦时期

原始时期的"乐"是融音乐、舞蹈、诗歌于一体的艺术形式，它以拙朴、稚嫩、粗犷、炽烈的原始形态，成为先民表达耕种、狩猎、繁衍等基本生存愿望的载体。此时的"乐"更倾向于节奏的表达，粗犷而质朴。

先秦时期，最具代表的音乐形式是宫廷乐舞，它仍是融诗、乐、舞于一体的艺术形式，庄重、肃穆、徐缓的钟鼓乐舞为其最高表现形式。从战国曾侯乙墓出土的编钟（见图8-1）

就可以证实这一点。它庞大的结构、威严的气势、雄浑的音响、精细准确的音律是这个时代王权的象征。此时的乐器品种也日趋丰富，有鼓、磬、埙、篪、鼗、编钟、琴、笛等。

图8-1　曾侯乙编钟

这一时期还出现了中国最早的乐律计算方法——三分损益法。

在音乐美学思想方面，从西周末至春秋时期的"和同之辩"，到先秦诸子百家的论争，都为此后的各种音乐学说奠定了理论基础。其中以孔子为代表的儒家提出的"中和"和以老子为代表的道家提出的"大音希声"等音乐思想，对中国传统音乐的发展产生了深远的影响。这时还出现了我国第一部诗歌总集《诗经》及融汇了儒家全部音乐美学思想的著作《乐记》（此书虽成于西汉，但其思想应是来源于先秦时期）。这些成就共同证明了我国传统音乐在这一时期达到的高度。

师旷，字子野，春秋后期晋国的宫廷乐师，精通琴艺和审音调律，他能弹瑟唱歌，而且能自作新曲，他还提倡诗词要配以曲调来咏唱。明、清琴谱中记载的《阳春》《白雪》等琴曲均为师旷所作。

伯牙，春秋战国的琴师。其琴艺高超，《荀子·劝学》中有"伯牙鼓琴而六马仰秣"，就是说伯牙弹琴时，连正吃草的马也会仰首欣赏。《吕氏春秋·本味》还记载着一段有关"知音"的故事：

伯牙鼓琴，钟子期听之，方鼓琴而志在太山，钟子期曰："善哉乎鼓琴！巍巍乎若太山。"少时而志在流水。

钟子期曰："善哉鼓琴，汤汤乎若流水！"钟子期死，伯牙摔琴绝弦，终身不复鼓琴，以为世无足复为鼓琴者。

现存琴曲《高山》《流水》等都与此传说有关。

（二）秦汉时期

战国末期，秦始皇在征服六国后，将"六国之乐"集于宫中，并为此设立了专门的音乐机构乐府。各地之乐在此交汇和融合。

汉袭秦制，汉武帝时期乐府更为兴盛。汉乐府的职能是将贵族、文人的诗词歌赋编配成曲用于宫廷演出。此外它还担负着采集、加工、整理各地民歌，甚至是征集外域音乐的工作。它的产生促进了汉代民间音乐的繁荣，其中的相和歌、鼓吹乐、百戏较有代表性。汉代是一个海纳百川的时代，在文化上具有很强的包容性，西汉时开辟的丝绸之路，促进了我国与西域各国的经济文化交流，也使音乐得到了丰富和发展。

李延年，汉武帝时的乐官。他知音，善歌舞，并能作曲，曾为司马相如等数十人所撰诗词配曲，创作《郊祀歌》十九章。还曾将张骞从西域带回的乐曲《摩诃兜勒》改写成《新声二十八解》。

蔡邕，字伯喈，东汉文学家、书法家、音乐家。少博学，善辞章，精通音律。其创作的古琴曲《游春》《渌水》《幽思》《坐愁》《秋思》被誉为"蔡氏五弄"。他所写的《琴操》一书，是现存介绍早期琴曲作品最为丰富而详尽的琴学专著。

《胡笳十八拍》，古琴名曲，相传为蔡琰（字文姬）所作。蔡琰于东汉末年被掳入南匈奴，成为左贤王妃，生得二子，十二年后被曹操赎回。传说她在饱尝了思乡之苦及别子之痛后，创作了千古绝唱《胡笳十八拍》。此曲虽长达十八拍，但却只有一个主题。乐曲融入了匈奴乐器胡笳特有的曲调，旋律既委婉凄美又高亢悲壮，音乐真切感人。

(三）魏晋南北朝时期

魏晋南北朝的动荡、分裂，使人们不得不在音乐世界中找寻情感寄托。此时琴得到了文人雅士的垂爱，它成为一种风度的体现，一种高尚人格的代表。琴乐也因此得到了空前的发展。此时琴的形制已基本定型，并有了初期的文字谱，与此同时也涌现出了嵇康、阮籍等一批优秀的演奏家及经典的琴曲，如《梅花三弄》《广陵散》《酒狂》《碣石调·幽兰》等。这时音乐不仅能宣泄内心的苦闷彷徨，更能让精神自由穿梭于时空之中，让人们对生活留有希望。

嵇康，字叔夜，三国时期著名的思想家、文学家、音乐家。他与阮籍、山涛等六人常在竹林写诗赋文、奏乐高歌，世谓"竹林七贤"。嵇康为人刚正不阿，由于不满司马氏的专权，被司马昭所杀。嵇康精通琴艺，最擅长弹《广陵散》，并创作了多首琴曲。他的音乐美学论著《声无哀乐论》，对儒家的音乐思想形成了猛烈的冲击，书中涉及音乐的本质、功能等内容，其中的"言不尽意""得意忘言"是嵇康音乐美学思想的最充分体现。《声无哀乐论》是我国古代具有代表性的音乐美学论著。

《广陵散》，琴曲，又名《广陵止息》，相传源于《聂政刺韩王曲》。此曲结构庞大而富有逻辑性，因其内容反映的是激烈冲突，所以音乐气势磅礴，雄浑壮烈。

（四）隋唐时期

由隋至唐，中国传统音乐进入空前繁荣的时代。强盛的唐代政治稳定、经济发展、民族和睦团结，为音乐文化的高度发展提供了必不可少的外部条件，气势恢宏的盛唐之乐应运而生。融诗歌、器乐、舞蹈于一体的歌舞大曲是这一阶段最为典型的艺术形式。庞大的结构、复杂多变的节奏与速度，使得唐歌舞大曲朝着大型化、规范化、程序化的方向发展。代表曲目有《霓裳羽衣曲》《破阵乐》《水调》等。

唐代注重与东西方各国及各少数民族音乐文化的交流、融合，它吸收了大量外来的音乐元素，如《霓裳羽衣曲》中就融入了西凉音乐的素材。音乐的传入亦带来了多种多样的乐器，如曲项琵琶（即波斯的乌德琴）、筚篥、竖箜篌、铜钹、答腊鼓等，其中曲项琵琶在流传过程中与本土直项琵琶相融合，逐渐发展成为现在的琵琶。与此同时，中国的音乐也影响着世界各国，尤其是以日本、朝鲜为代表的亚洲各国。

唐诗入乐。唐人有选词配乐的传统，好的诗作无不被乐人们争相配乐传唱，李白、白居易、王之涣、王昌龄等人的诗更是被广为传唱。所以，我们能听到田园诗派那来自心灵的吟唱，也能听到现实主义诗派对社会的痛斥及浪漫诗派奇丽的幻想，亦能听到边塞诗人那豪气冲天的万丈情怀。与诗相融的盛唐之乐，博大精深、气势恢宏，它矗立于世界东方，释放着光辉耀眼的中华之光。

李隆基，即唐玄宗，又称唐明皇。他精通音律，善即兴作曲并能演奏多种乐器，传《霓裳羽衣曲》《春光好》等曲为其所作。他大力发展音乐，在宫廷创建教坊、梨园等机构，并亲自作曲、演奏、指挥。从某种程度上讲，唐代音乐的繁荣，李隆基功不可没。

《霓裳羽衣曲》是唐代最著名的歌舞大曲，堪称唐代歌舞艺术的巅峰之作。传其音乐是唐玄宗部分吸收了西凉音乐《婆罗门》而创作的，作品既有中原清商乐的含蓄婉转、清丽悠扬，又有印度佛曲的奇幻、缥缈，是一部将外族音乐汉化的杰作。其规模庞大，结构复杂，共三十六段，分为散序、中序、破三部分。《霓裳羽衣曲》从音乐、歌舞到服饰、道具、场景，都力图创造和表现一种"仙意"，展现出无与伦比的宏大气魄，难怪白居易会发出"千歌万舞不可数，就中最爱霓裳舞"的感慨。

（五）宋、元、明、清时期

这一时期亦是分裂后的相对稳定阶段。与此相应，传统音乐也得到进一步发展。但与唐代音乐不同的是，此时的音乐文化已具有了强烈的世俗性，其重心已由宫廷转向民间，它反映着民众的喜怒哀乐，与人民保持着密切的联系。这一阶段乐种频生，戏曲音乐、曲艺音乐、民间小调为中国传统音乐输入新鲜血液，使之更充满活力。特别是戏曲音乐，它继承了宋元杂剧、南戏的遗风，又从各地民间音乐中吸取养分，催生出众多的剧种和唱腔。

明清时期，琵琶艺术获得很大发展。不仅形成了众多的流派，还涌现出许多著名的琵琶演奏家，同时优秀的琵琶曲也应运而生，《十面埋伏》《霸王卸甲》《海青拿天鹅》等便是其中的代表之作。

《溪山琴况》是此时期众多音乐理论著作中较有影响的一部，它在总结前人琴学理论的基础上，提出了古琴表演艺术的"二十四况"：和、静、清、远、古、淡、恬、逸、雅、丽、亮、采、洁、润、圆、坚、宏、细、溜、健、重、轻、迟、速。为后人研究、借鉴、吸收古琴演奏技巧和审美思想提供了较完整的理论支持。

乐律学理论在此时也有了重大突破，明代乐律学家、历算学家朱载堉的"新法密率"，解开了历代律算学家无法解决的难题——黄钟不能还原，最早提出了"十二平均律"律学理论。

姜夔，字尧章，号白石道人，世称姜白石，南宋词人、音乐家，因屡试不第，终身不仕，与杨万里、范成大、张鉴、辛弃疾等交往颇深。他能作曲，在乐理上自成一家。《白石道人歌曲》六卷中，《扬州慢》《鬲溪梅令》《暗香》《疏影》《长亭怨慢》等词曲，均有古工尺谱，多为姜白石自作。他的词十分注重格律，其内容多为写景咏物及记述客游之况，情调感伤，但往往也曲折地传达出对国家命运的关心。他的著作还有《白石道人诗集》。

《十面埋伏》，琵琶曲，又名《十面》《淮阴平楚》，是琵琶音乐的代表性作品。全曲共分十三段，结构清晰、形象鲜明。它以楚汉垓下之战为题材，歌颂了汉王刘邦的英雄气概，刻画了汉军在鸡鸣山小战到九里山大战中所表现出的英武雄姿。此曲较为充分地发挥了琵琶的演奏技巧。

二、传统音乐的构成

中国传统音乐主要由民间音乐、文人音乐、宫廷音乐等部分组成。

（一）民间音乐

民间音乐有着悠久的历史，它是劳动人民在长期的生产劳动和社会实践中产生的。可以说民间音乐是其他各类传统音乐的基础，无论是宫廷音乐还是文人音乐，它们都在民间音乐中汲取了大量养分，并与之保持着密切的联系。民间音乐以不可胜数的数量、广泛的覆盖面、优美动听的旋律、鲜明浓郁的特点、真挚的情感、蓬勃旺盛的生机，在我国传统音乐中占有重要地位。从整体上说，民间音乐具有以下主要特点。

多元性、丰富性。我国幅员辽阔、民族众多，每个民族在它的发展过程中都会形成具有一定特色的音乐风格，如维吾尔族音乐中的附点、切分节奏，蒙古族长调中的三度颤音等。同时，相对封闭的自给自足的劳动生活习惯，也形成了不同的地域音乐文化。同样是《绣荷包》，流行于江浙一带的，其曲调委婉、流畅、细腻，而流行于东北地区的，其曲调则跳跃、伸展，具有爽朗、粗犷的特点。除此之外，中国历史上还经历了几次文化大碰撞，使外域文化逐渐融入我国。这诸多因素使民间音乐具有品种繁多、内容丰富、形态各异等特点。

口头性。民间音乐大都是劳动人民自发的口头创作，同时也借助口头形式进行传播。这主要是因为再科学的记谱法也难以把民间音乐的韵味充分体现出来，古人所说的"谱可传而心法之妙不可传，存乎其人耳，善学者能自得之"就是这个道理，而且乐谱还会限制人们的发挥、想象，与之相比，面对面的传授不仅能较好地捕捉音乐的韵味，还有利于对音乐的再创造。因此，口传心授就成为民间音乐的主要传播方式。

创作的集体性。与其他音乐种类由作曲者单独创作不同，民间音乐大都是由集体创作的。由于经口头传播，一些作品经由某个人创作出雏形之后,在流传的过程中,由后人一代一代地丰富、完善,从而形成纵向的集体创作方式。还有一些民间音乐是在集体的直接参与下创作而成的。如劳动号子,它是在某些需要集体配合的劳动中,由于需要统一力量、协调动作,因而就有人领头吆喝,其后众人应和,如此一呼一应循环往复而逐渐成形。《淮南子》中有"今夫举大木者,前呼邪许,后亦应之,此举重劝力之歌也"的记载,这便是对先民一边运木一边唱号子的真实写照。

实用性。民间音乐来自人们的劳动生活,因此它具有广泛的实用性。除了娱乐功能外,它还可以作为青年男女交流感情的媒介,在红白喜事中用来渲染气氛,在集体劳动中充当指挥者,在买卖人的吆喝中招揽生意,等等。它像"百科全书"一样记载着人们最细微的情感和最具体的生活。

(二)文人音乐

文人音乐是指中国封建社会知识阶层创作的音乐。生活在封建社会中的文人,在身处不得志的境况时,常借音乐去寻求精神世界的自由,使主观精神达至理想境界。但是由于长期受封建礼教的束缚,文人的这种"精神的自由"并不能完全释放开来,所以作为精神载体的音乐又会受到一定的限制。这使文人音乐形成了一种清心寡欲的浪漫主义风格——它带人徜徉寰宇却不洋溢激荡,只是以含蓄的表达方式追求意境与弦外之音,用有限的音乐传达无限的情思。以古琴曲《梅花三弄》的前六小节为例:

1=F 2/4 3/4

| 15 5 | 5·32 | 15 5 | 5·32 | 12 123 | 55 5— |

在这短短的六小节里,并没有复杂的音符组合,而只用了"1""5"这两个较为稳定的音符("3""2"为经过音),节奏趋于简洁,再配以泛音的演奏,梅花那凌霜傲寒、高洁不屈的节操与气质已豁然出现在人们眼前。无须繁复的创作手法,音乐留给听者的是充满想象的弦外之音。

文人音乐与诗歌一直保持着相互支持、相互促进的关系。琴歌《阳关三叠》就是这两者结合而产生的佳作，它是根据王维的《送元二使安西》谱写的。《阳关三叠》以文字的声律配合乐曲的音律，使音乐与诗达到完美的统一。

文人音乐经过长期的发展，形成了一套完整的音乐美学思想体系，它较大地影响了中国传统音乐总体风格的发展，其特征正如吴毓清先生所说："在清和淡远与孤芳自赏中蓄以深沉的忧患意识与孤愤、超脱之想。从其内涵说，通常地，它既是对于封建社会的一种无力的抗议，也是对人的尊严和自由、人性追求的一种扭曲折射。"[甲]

> 甲
> 吴毓清.儒学传统与现代音乐思潮音乐学论文集[C]// 济南：山东友谊出版社，1997：975.

（三）宫廷音乐

宫廷音乐可分为典制性音乐和娱乐性音乐两类。典制性音乐用以显示典礼的隆重和帝王至高无上的地位、尊严。它包括祭祀乐、朝会乐、凯歌乐等。典制性音乐往往沿用古乐或模拟古乐，以增加庄严、肃穆的效果。娱乐性音乐主要取材于民间音乐和其他国家的音乐，在对这些音乐经过精心挑选、加工、改造之后，供统治者欣赏，主要包括筵宴乐、行幸乐、吹打乐等。

功利性是宫廷音乐最显著的特点。宫廷音乐是封建统治者的统治工具之一，用来表现统治者的威严、高贵、神圣不可侵犯，为统治者歌功颂德。同时它还兼有教化和训导人民的功能。宫廷音乐的旋律大都庄重、优美、典雅、绵延徐缓，多采用齐奏方式演奏。这种对齐奏方式的偏爱正是政治上"大一统"观念的体现。

宫廷音乐属于封建统治阶级礼仪、制度的一部分，遇到改朝换代，新的统治者往往将其废除，再建立起符合自身需要的新的宫廷音乐，这就是宫廷音乐难以完整保存的重要原因。

三、传统音乐的形态特征

（一）融于审美之中的节奏

节奏是音乐的骨骼，中国传统音乐对节奏有着独特的认识，即融于审美之中的节奏。如同用轻重、虚实去认识力度的大小，用刚柔、清浊、明暗去认识音色的变化一样，长短、顿挫、迟速、周疏这些带有审美意味的词也在规定着节奏的内容，并且似乎还含有对力度、速度等内容的暗示。除此之外，中国传统音乐审美中重自然、重人的观念也影响着节奏，它淡化了乐谱的功能，而更注重听觉上的感受。这样，被赋予丰富内容的"节奏"也就不再像原本意义上的节奏那样，有规则而均匀，而是在听觉的基础上随着情绪，随着自然之律，较自由地进行。这种特点在琴乐中表现得很明显，《敬斋古今注》中说："诸乐有拍，惟琴无拍。琴无节奏，节奏虽似拍，而非拍也。……故琴家谓迟亦不妨，疾亦不妨，所最忌者，惟其作拍。"所以可以这样理解，既然最好的音乐是自然本身，所谓天地有大美而不言，既然最美的节奏是自然的节奏，那么琴之节奏必然会与自然之律及琴师自身气息的调理相通，自得天籁之真谛。

（二）以"三音组"为基础的五声调式

中国传统音乐的五声调式是由宫、商、角、徵、羽五个音所构成的。它有五种形式，即宫调式、商调式、角调式、徵调式、羽调式。五声调式的特点是避免了半音和三全音这类不协和的音程，比较适用于单音音乐。五声调式特有的风格体现在旋律进行时音与音之间的结合关系上。一般每个调式大都是由两个"三音组"结合而成的。如羽调式中的"三音组"为６１２、３５６两组，在羽调式的音乐中，这两组音在旋律的构成上起着重要的作用。以古曲《春江花月夜》为例：

```
1=G  2/4
66  1̇26 | 5  5·6 | 55  61̇2̇ | 3 - | 3̇23  535 |
6·1  2·3 | 123  216 | 5  51̇2 | 61̇2̇  615 2 |
3 - | 361̇  5653 | 2 - | 356  6561 |
232  1231 | 2 - ‖
```

五声调式的音乐明朗、清丽，具有单纯、质朴、简洁的特点。这些特点均符合儒道释的美学主张。

（三）多元化的结构原则

在传统音乐中，许多音乐作品常以"大体如是"的逻辑进行整体布局，这常使我们难以准确地把握音乐的总体结构。这种现象的形成，一方面是由于传统音乐口传心授的传承方法增加了音乐的不确定性，使许多音乐的结构变得模糊不清。另一方面，在思维方式上重直觉、重顿悟，以"忘形"为上的思想，使传统音乐在曲式结构上很难看出精心设计的人为痕迹。虽然没有明确的曲式，但中国传统音乐并非没有自己的结构原则。在漫长的历史当中，中国传统音乐形成了多样且独具特色的结构原则。

1. "起、承、转、合"式结构原则

"起、承、转、合"原则体现在许多艺术形式中。中国传统音乐经常把乐曲所包含的整体、乐段，甚至乐句都纳入起、承、转、合的原则中。其中"转"部常在音乐素材、节奏、调式等方面与"起"部形成对比，由此去演绎音乐的兴奋点或高潮，使音乐具有较强的张力，赋予音乐更多的韵味。以古琴歌曲《阳关三叠》为例：

```
1=♭A  4/4
6·1  32 | 1  22 - | 5·6  5  35  3532 | 1  22 - |
渭城 朝雨  浥轻尘， 客 舍青 青  柳色新。

16  66  5̣6̣ | 6̣ - 6·1  32 | 1  22 - |
劝君 更尽 一杯 酒，  西 出 阳关  无故人。
```

其中"起"句较舒缓、平和;"承"句则是起句的延续;"转"句情绪激越、深沉,旋律以富有动力的节奏跳跃到乐曲的最高音,充分表现了情绪的转变;"合"句是对起句的完全重复,似对整体的一个总结。在这段旋律中"起、承、转、合"的原则与音乐的情绪自然、完美融合。

2. 三部式结构原则

中国传统音乐多受"起、平、落"思维方式的影响,强调在统一的基础上逐渐变化、展开乐思,这就使三部式结构多采用渐变手法发展音乐。在传统音乐中即使音乐需要对比,也常以渐变的方式将其淡化,使对比在无形中展开。

3. 变奏式结构原则

中国传统音乐的变奏原则建立在对主题段落加以变化重复的基础上。它强调的是一种渐入,讲究音乐线条的流动性,是传统音乐中一种重要的结构原则。被孔子称为"尽善尽美"的"韶乐",全曲共进行了九次变奏。阿炳的《二泉映月》,全曲共有五次变奏。这些作品采用变奏式结构原则的原因在于变奏手法对深化音乐主题、塑造统一的音乐形象有着重要作用。

四、传统音乐的美学境界

(一)中和

"中和"是中国传统音乐所追求的一种美学境界。

《国语·郑语》中史伯曾说:"和实生物,同则不继。以他平他谓之和,故能丰长而物归之。"这是说,只有事物内部相异或对立的方面按一定规律和谐统一起来,事物才能获得继续发展的动力。史伯还提到"和六律以聪耳",是说不同律高的音乐组合在一起,就能产生好听的音乐。他认为"声一无听,物一无文",暗示了一种美的构成规律,即和谐的美来自事物内部变化时的协调统一。音乐中若能将各种矛盾因素有机地协调统一起来,使之形成音响上的起伏变化,便能达到"和"的境界。

在《左传·昭公二十年》中,齐大夫晏婴将史伯"和"

的观点加以继承发展，他提出"一气，二体，三类，四物，五声，六律，七音，八风，九歌，以相成也。清浊，小大，短长，疾徐，哀乐，刚柔，迟速，高下，出入，周疏，以相济也"，强调了音乐的美在于诸要素的和谐统一，"和"是不同事物关系协调后的结果。

史伯、晏婴提出"和"是音乐美的构成规律，这种关于"和"的认识更多地倾向于音乐外在的审美。其后以孔子为代表的儒家思想，在前人的基础上提出了"中和"并将其发展成为一种深入人心的审美观念。

孔子要求音乐的情感表现要适度而有分寸，在欣赏音乐时，内在的情感体验应保持"中和"的状态。"乐而不淫，哀而不伤""不偏不倚""无过无不及"等都是儒家中和思想在音乐中的反映。

（二）大音希声

"大音希声"出自《老子》第四十一章：

大白若辱，大方无隅，大器晚成，大音希声，大象无形。

李泽厚、刘纲纪在其《中国美学史》中说："老子这句话的本意，是在借音作为比喻来说明'道'是人们的视听感官所不能把握的东西。从视觉所及的'形'来说，'道'是'无状'之状，无物之'象'（《老子》第十四章），也就是'大象无形'；从听觉所及的'音'来说，'道'就是无声之音。"[甲]虽然"大音希声"在最初是为阐明"道"而出现的，但它仍反映了老子在音乐美学上的思想。在后人的继承发展下，"大音希声"逐渐成为道家音乐美学中的至高境界。

那么"大音希声"该如何理解呢？《老子》第二十五章说："有物混成，先天地生，寂兮寥兮，独立而不改，周行而不殆。可以为天地母，吾不知其名，字之曰道，强为之名曰大。"这里"道"即是"大"，文中以"大"喻"道"之至高无上，宽广无限。"音"指"音乐"，《说文解字》中说："音，声也。生于心，有节于外，谓之音。"因此"大音"可解释为最完美的音乐。"希"，老

[甲] 李泽厚，刘纲纪. 中国美学史：先秦西汉编[M]. 合肥：安徽文艺出版社，1999：210.

子说"听之不闻名曰希","希声"就是听不到声音。从字面上讲"大音希声"可理解为:最完美的音乐是听不见声音的。

"大音希声"的第一层含义是说最完美、最完善的音乐是无状之状、无物之象,是作为"道"的音乐。这种符合"道"的最美、最好的音乐是无法用声音去实现的。一旦这种音乐能够被表现出来,那它就不是最完美的音乐了。正如"道可道,非常道"一样难以言表。

"大音希声"的另一层含义在钱钟书的《管锥编》中有所表露,文中说:"寂之于音,或为先声,或为遗响,当声之无,有声之用。是以有绝响或阒响之静,亦有蕴响或酝响之静。静故曰'希声',虽'希声'而蕴响酝响,是谓大音。乐止响息之时太久,则静之与声若长别远暌,疏阔遗忘,不复相关交接。《琵琶行》'此时'二字最宜着眼。"[甲]钱钟书拓宽了"大音希声"的思想范围,在他看来"希声"等同于白居易《琵琶行》中"此处无声胜有声"中的"无声","希声"存于"有声"之中,并在有声的映衬下更具表现力。钱钟书试图将这种个人对音乐虚实关系的艺术体验,赋予"大音希声"之本体中,以使之在艺术的现实世界里更具有活力。

道的艺术的最高境界是"独与天地精神往来","大音希声"所追求的正是这种自由的精神境界。它无为而自然,朴素而虚静,至美至善。其存在方式似乎与听觉感官把握的音乐外在形态无关,而完全存在于精神层面,是一种需要用心去聆听的音乐。传说中陶渊明自备无弦琴抚弄的故事就是这方面的例证。《陶渊明传》中说:"渊明不解音律,而蓄无弦琴一张,每酒适,辄抚弄以寄其意。"陶渊明似乎有意识地要实现"大音希声"的最高境界,那是一种"但识琴中趣,何劳弦上声"的情味,一种以精神来感受天地大音的追求。

(三)空静、淡远

空静、淡远是经历了道、玄、禅后逐渐形成的一种美学观。它所体现的是未经人为扰乱的客观自然本性,是一种令

[甲] 钱钟书. 管锥编[M]. 上海:生活·读书·新知三联书店,2007:695.

人的内心归于朴素、融化于自然、体悟道之本性的境界。

禅的艺术强调"空"，但"空"并不是精神空虚，而是要排除干扰、消除杂念。

中国传统文化讲究与自然的融合，因此传统音乐也多以宁静优美的自然景物为题材，表现一种守静的美。幽兰高洁，墨竹雅韵，寒松风骨，皓月当空，这些在静中充满灵动的生命都成为音乐的表现对象。

空静讲求的是一种心境。只有心中空静如一池碧水，才能让弹奏的对象占据整个的心灵。就像伯牙学琴于成连，琴技虽有所成，但终不达精妙之地。后成连将伯牙置于"绝海之滨，空洞之野，渺无人迹"之地时，伯牙终做到心无杂念、情志专一，从而领悟了音乐之真谛。空虽空，却不是空洞无物，而是"空"中有生命的灵韵；静虽静，却不是寂灭无声，而是静中有生命的律动。它是将自然化为心中之静的美学意境。

空静必淡远，这是一种必然的发展。淡远，是封建社会后期中国艺术追求的至高境界，是一种"渐老渐熟，乃造平淡"的艺术境界。它的表现特征是"只取远神，不拘细节"。当淡远停留在音乐表面时，它是由声音渐虚、渐微、渐静所产生的空间效果。而当淡远成为美学境界时，它在更深层上营造的是蔑功利、脱凡欲、求清寂、追求自由的精神世界，它具有平淡却恒久的意味。在淡远的音乐境界里没有明显的对抗，没有彻底的悲剧，有的只是淡淡的惆怅和恬静的笑意。心灵的痛苦在大自然的背景下淡化，灵魂的激荡在自由的节奏中平静，神思的浮动在悠扬的旋律中延伸……

空静、淡远是道、玄、禅造就的一种优美的美学境界，它可使人们的心灵从纷繁的世界退避到另外一个更为广大、浩瀚却宁静、和谐、空明、悠远的自然界中去。这其中虽有消极、逃避的一面，但依然会流露出对生命、自然的向往和热爱。

（四）韵外之致

在音乐的发展中，随着人们对更深层次的美的追求，音乐也不止停留在反映客观事物，而是努力去表达人们的意志和愿望。所以中国传统音乐一般很少直接去模仿自然界，而是致力于表现高山流水那"峨峨兮""洋洋兮"的意韵。正是这种独特的表现方式，形成了中国传统音乐在美学上的又一追求——韵外之致。

司空图说："近而不浮，远而不尽，然后可以言韵外之致耳。"其中的"韵外之致"是一种超越形貌、味道的深微的意味。它甚至成为一种衡量艺术优劣的标准。

韵在音乐中，既依存于声音又疏离于声音，随着乐曲的停止，它会逐渐游离声音载体，在人的想象空间与心境之间穿梭往来。这便是"余音绕梁三日而不绝"的奥秘所在。"物色在于点染，意态在于转折……语气在于吞吐，体势在于游行，此则韵之所由生矣。"这句话说明韵在表现形态上应以"虚""动"为本。韵外之致将自然的景物化作情思，隐秘于清虚、高洁、玄远的流动之乐中。这些作品多具有气韵生动、情深意远的品格，在乐声中寓以精深的人生哲理，时而引人沉思，时而催人奋进，在给人们心灵启迪的同时，也留下了许多耐人寻味的余韵。所以《高山》《流水》在几经流变后仍是"山在虚无缥缈间""水在若有若无处"。

韵外之致是中国音乐审美中一道独特的风景。也许对中国传统音乐最终的认识，就是要悟出这言外之意、弦外之音、韵外之致吧。

（五）音乐性的美

音乐是中国传统文化的重要组成部分，在悠远的历史发展过程中，它的特性逐渐融入各个艺术门类中，使诸多艺术也呈现出音乐性的美。

1.传统音乐与绘画

绘画本是空间艺术，但受传统音乐的影响，中国绘画也有了流动的韵味——音乐性。当卷轴缓缓拉开，时间的流动就已在画中。中国画，无论是山水还是人物、动物，其基本特征皆是以墨造型。画家借助水墨的虚实、干湿、粗细、曲直、轻重等变化，创造出具有节奏性与律动性的多种线条。这起伏而有韵律感的墨线，散发着音乐般的神韵，似画面上飘响着的优美旋律。石壶的题画文字中说："画中有声，不在笔墨而在意度，观者可以目闻也。"画中之声就是画的韵律之美。许多画家都努力在画中寻求可闻之乐。明代画家徐渭的《驴背吟诗图》，有一种驴蹄行进的节奏感，观者似乎听见了驴蹄的声音，这种意境离不开画家敏锐的节奏感。南宋马麟的《静听松风图》运用笔墨的渲染和线条的游走变化，造成一种松枝轻摆、流水萦绕的艺术效果，以松风流水的意境，让人们静静地去聆听松风轻吟、流水低唱的清幽雅韵，似一段"余音袅袅，不绝如缕"的琴乐。

中国画侧重轻描淡写，泼墨写意。水墨画以墨为主色，或辅以淡彩，画中留有多处空白，这使画面更写意、更简淡、更空灵。"笔虽不周而意周"，于简淡、疏旷中见空灵活泛。这不正是传统音乐对空静、淡远的追求吗？

2.传统音乐与诗歌

传统音乐与诗歌的渊源已久，正是这种联系使诗歌有着音乐般优美的韵律。音乐的韵律是借助起伏跌宕的旋律和张弛有序的节奏传达出来的，而诗歌若要用语言的艺术来表达音乐中的韵律之美，则要调动一切富有想象和创造性的词句去努力再现音乐的起伏和张弛，赋予诗句以旋律感、节奏感。如马致远的《天净沙》："枯藤老树昏鸦，小桥流水人家，古道西风瘦马，夕阳西下，断肠人在天涯。" 平仄的交织似音符的变化，感情语气的强弱顿挫似旋律的起伏，用简单规整的节奏层层推进，带出诗的主题"夕阳西下，断肠人在天涯"，营造出诗句无限的音乐之美。

诗歌中蕴含的音乐性的美，在吟诗时更能生动地表现出来。吟诵者在平仄交错、合辙押韵的诗句中，可运用声音的抑扬顿挫、阴柔疾徐使这种音乐性的美再次升华，使吟诵余音可以与琴曲的余音之韵相媲美，耐人寻味、绕梁不绝。

诗歌中音乐性的美，从更深的角度看还可以理解为天籁，即自然之乐的美。诗人们常以大自然的音乐之美、空灵之美作为诗歌的意韵，并使其成为品评诗作高下的一个重要标准。"春江潮水连海平，海上明月共潮生""采菊东篱下，悠然见南山""君不见黄河之水天上来，奔流到海不复回"这些来自心灵的感叹，无不是自然之乐的回响。

诗歌在音乐中也发挥着积极的作用。它可直接表述音乐的内容、意境，将原本抽象的音乐具体化。在乐曲的标题上它也有着画龙点睛的效果，《梅花三弄》《阳春白雪》《平沙落雁》《春江花月夜》这些颇具诗意的标题似神来之笔，使得音乐更富灵韵。

3. 传统音乐与舞蹈

音乐与舞蹈可谓水乳交融、密不可分。先秦的乐舞即是诗、乐、舞的融合，《毛诗序》中有"情动于中，而行于言；言之不足，故嗟叹之；嗟叹之不足，故咏歌之；咏歌之不足，不知手之舞之，足之蹈之也。"这里道出了舞蹈与音乐的内在关系，即都是情感的艺术。这种共性使它们虽以各自不同的方式塑造艺术形象，但两者仍能构成一个和谐的统一体。音乐给予舞蹈的不仅是听觉上的补充，更赋予舞蹈在"舞"的过程中一种音乐性的美感。

有人说节奏是音乐的骨骼，其实它也同样支撑着舞蹈。节奏是舞蹈表达情感的基础，节奏的疾、徐、长、短、刚、柔的变化可以突出不同的思想情感。舞蹈可以没有旋律，但却离不开节奏，因为节奏已融入了舞者的每一个动作中，哪怕是一举手、一投足、一个眼神，在静与动之间都与音乐的节奏相呼应。

今天，在"国风""古风""中国风"等一系列向古老传统文化回望、致敬的流行风尚之下，传统音乐中积淀着的民族情感、民族气质以及优美动人的曲调和多重美的品格，仍带给当代人以无限的喜悦、慰藉和鼓舞。

第九章
中国戏曲文化

中国戏曲，以其独特的民族风格和非凡的表现形式，在中国传统文化中占有重要位置。中国戏曲，既不同于其他国家的戏剧，也有别于中国现有的歌剧、舞剧、话剧等艺术形式，而是中国传统戏剧的独特称谓。宋代的刘埙最先使用戏曲这个名词，当时主要是指宋杂剧和南戏等。从近代王国维开始，戏曲就成为包括宋元南戏、元明杂剧、明清传奇以至近代的京剧和所有地方戏在内的中国传统戏剧文化的统称了。

一、戏曲的孕育和产生

中国戏曲萌芽很早，但成熟较晚，从远古的大禹治水到元代杂剧，其间经历了漫长的准备和充分的孕育，所以一旦形成，就显得非常完善。

据史传，当年大禹治水之日，涂山女派人前往涂山之阳迎候大禹，可能因为等待太久，禹还没有来，心里焦急的涂山女便唱道："候人兮猗！"此歌可能就是"南音"的起源。当然，简单的因情绪冲动而发出的歌唱实在不能和戏曲同日而语。但正如《毛诗序》所说："言之不足，故嗟叹之；嗟叹之不足，故咏歌之；咏歌之不足，不如手之舞之，足之蹈之也。"这说明，由语言到歌唱，实在是有歌舞的第一步，而歌舞，正是戏曲起源的第一个要素。所以追根溯源，公元前21世纪，中华民族发出的第一声歌唱，可能正是中国戏曲产生的种子。

《诗经》中有这样一首男女对唱的歌：

女曰："鸡鸣。"

士曰："昧旦。"

"子兴视夜，明星有烂。"

"将翱将翔，弋凫与雁。"

"弋言加之，与子宜之。宜言饮酒，与子偕老。琴瑟在御，莫不静好。"

....

著名学者余冠英这样翻译：

女说："耳听鸡叫唤。"

男说："天才亮一半。"

"你且下床看看天，启明星儿光闪闪。"

"干起来啊起来干，射野鸭儿也射雁。"

"射鸭射雁准能着，和你煮雁做佳肴。

有了美肴好下酒，祝福我俩同到老。

你弹琴来我鼓瑟，多么安静多美好。"

....

这个对唱，很容易使我们想到当年延安有名的两出戏——眉户剧《兄妹开荒》和《夫妻识字》。可见，在公元前的民歌中已经存在今日戏曲的要素和体式了。

中国戏曲文化，由古代歌舞、滑稽戏、说唱艺术三种不同的文化艺术形式综合而成。在这三种艺术形式中，歌舞其实早在原始社会就已经颇为流行。

（一）古代歌舞

戏曲最早起源于原始歌舞。最初的原始歌舞主要出现在先民的节日庆典中，表现采集、渔猎、驯养、农耕、战争和男女爱情，表达对天地、神灵、图腾的敬畏以及对生殖的崇拜。最初的歌舞都是集体性的，后来出现了擅长歌舞的专门人才，即巫觋。巫觋的表演因不同地区的文化环境而有差异，名称也不同。一般在北方叫"跳神"，在南方叫"巫舞"。无论"跳神"还是"巫舞"，先民相信其可以传授神的旨意，表达人的祈愿，可以在人神之间起一个重要的媒介作用。而巫觋属装神弄鬼之徒，在装与扮的过程中，是要从衣着、动作、形貌上做一番改变的，是要有表演的成分的，因而其中存在着戏剧的萌芽。

汉武帝时期，经济发达，国力强盛，表演艺术也繁荣起来。汉代的表演艺术统称为"百戏"，又叫"散乐"（相对于殿堂雅乐而言）。汉帝国的强盛，疆域的辽阔，表现在审美观上是"以巨为美，以众为美"，因而才会有各种表演艺术共聚一堂，彼此竞赛。东汉张衡的《西京赋》中有一段专门描写当时的百戏演出情况，有歌、舞、扛鼎、寻橦、冲狭、走索、吞刀、摔跤等。此外，还提到一个"东海黄公"的故事："东海黄公，赤刀粤祝，冀厌白虎，卒不能救。挟邪作蛊，于是不售。"东晋葛洪的《西京杂记》中也记述过这样的故事：有东海人黄公，少时为术，能制蛇御虎。佩赤金刀，以绛缯束发。立兴云雾，坐成山河。及衰老，气力羸惫，饮酒过度，不能复行其术。秦末，有白虎见于东海，黄公乃以赤刀往厌之。术既不行，遂为虎所杀。这是一种以人虎相斗为题材的故事表演，其间有人虎相斗的过程，有虎的咆哮和人的挣扎，还有与所扮演对象相适应的装扮：黄公头裹红绸，身佩赤金刀；白虎是人装成虎形。可见，这种表演带有一定的戏剧因素。

（二）滑稽戏

春秋时期，从古巫中又分化出"优"。优以歌舞、逗乐、杂耍等服侍于帝王左右，娱人而不娱神。优都是由男子充任的。据《列女传》记载："夏桀既弃礼义，……求倡优、侏儒、狎徒，能为奇伟戏者，聚之于旁。"汉朝人所记载的夏朝时的"戏"，究竟是什么样子？不好考证。但周幽王的宫廷里已经出现了优，这却是有史实记载的。当时有一条不成文的规矩：

王行事不当，别人不能批评，但优却可以以调笑讽刺来输送批评的信息，即使说错了也不要紧，不受责罚不算犯罪。这就如同《诗经》产生时期以诗歌讽刺某人某事一样，"言之者无罪，闻之者足以戒"。

魏晋南北朝这三百多年，是在战乱与分裂中走过来的。虽然社会动乱不安，但作为戏剧因素的各种文艺表演却仍在继续发展着。值得一提的是三个有名的歌舞戏：钵头、代面、踏谣娘。它们都是带有故事性的节目表演。王国维认为："古之俳优，但以歌舞及戏谑为事。自汉以后，则间演故事；而合歌舞以演一事者，实始于北齐。顾其事至简，与其谓之戏，不若谓之舞之为当也。然后世戏剧之源，实自此始。"生活中的偶然事件，促成了俳优和歌舞交织在一起由许多人演出，但这种偶然，因为包含着符合艺术规律性的必然，所以就在以后被继承、发展以至发扬光大了。

尤其值得注意的是，南北朝时期的民族大融合也使各民族的民间艺术得以融合。鲜卑与西域各国交往很频繁，北魏建立后，西域各国的音乐、艺术也便随之传入中原汉族地区，使得俳优得以借鉴其他民族的音乐文化，滋润已经初步与歌舞结合的滑稽故事。汉族的民间歌舞开始和胡乐相结合，最后发展沉淀为今日戏曲的声容；而俳优和各地方言语音结合，最后发展和沉淀为今日戏曲的科白。

本来，歌舞的唱和舞，是有旋律、节奏、动作的严格要求的，其演出带有因规范而形成的相对恒久性；而滑稽戏，以语言为表演手段，辅以化装和随机的动作，并无定制。把这两者结合在一起，不能不说有一定的困难。但生活和历史的契机有时就是解决难题的关键。公元319年，羯族石勒自称为赵王，建立后赵。其间他的一个担任参军的官员贪污官绢，石勒就令一个优人穿上官服扮成参军，再让另一个优人从旁戏弄他、羞辱他，两人互相问答，以滑稽讽刺为主，在科白、动作之外，还加进了歌唱及管弦伴奏。这样，优的表演由一个角色变成两个角色，随意性的讽刺时事也变成了有相对独立形式的参军戏。以后，这种参军戏就成为一种固定的表演，由两个角色慢慢增加到多个角色同演一个故事，甚至还出现了女性角色。两人演参军戏，被戏弄的叫"参军"，戏弄参军的叫"苍鹘"。发展成多角色以后，就有了"戏头""引戏""副净""副末""装孤"等角色。这种有计划的演出，便很容易把歌舞穿插进去。歌与说并用，辅之舞蹈动作表现故事、渲染剧情。

民间歌舞和滑稽戏的结合，对中国戏曲的产生有重要意义。但中国戏曲作为博大精深的综合艺术，中国戏曲文化作为具有复杂内涵的体系性文化，并不是滑稽戏和民间歌舞的简单结合。事实上是民间歌舞和滑稽戏不断发展，不断提高演唱的艺术水准，俳优的表演水准也不断提高，几近炉火纯青，然后在各自都飞升到一个较高层的艺术空间后，才逐渐得以化合，而且这种化合过程，得有一个催化剂，这就是说唱艺术。

（三）说唱艺术

说唱艺术是一种新的艺术品种，虽然它具有滑稽戏"说"的成分，也具有民间歌舞"唱"的成分，但却不是滑稽戏和民间歌舞的简单相加。说唱艺术的出现，使得原来各自处在自发、封闭状态中的滑稽戏和民间歌舞有机融合。说唱艺术对戏曲的影响主要有两点：首先是其内含的文学性对后来戏曲剧本创作的影响；其次是说唱音乐对后来戏曲唱腔的影响。

两汉魏晋是文学走向自觉的时代，文人开始用铺采摛文的辞赋制造虚幻的现实，驰骋笔墨，把取材于历史或传说的人和事戏剧化。两汉时代乐府诗歌中，出现了配合管弦歌唱故事的"相和歌辞"，如《陌上桑》《白头吟》等。这种乐府诗歌在南北朝时被称为大曲，这是因为这些诗歌是用大曲这种音乐形式来演唱的。一支曲子反复演唱多遍来叙述一个完整的故事。诗歌是其内容，大曲的乐曲是传导内容的形式。大曲的前面加一个引子，叫作"艳"，后面加尾声，叫"趋"或"乱"。"艳""趋""乱"本是楚歌、吴声、西曲，不是儒家提倡的雅乐，而是属于摇荡人的心志的"新声"。但从魏晋以降，享乐之风盛行，"新声"应风兴起，上层阶级对声色之乐的爱好达到痴迷的地步，原来汉赋仅有的一点"曲终奏雅"也被彻底甩掉。上层阶级在日常生活中对声色之乐的追求开始与文人创作艳情诗的爱好结合起来，"怜风月，狎池苑，述恩荣，叙酣宴"的风气流行诗坛。这一时期，在歌词唱完后，还常有一段由音乐伴奏的舞蹈，以供娱乐之用。

到了隋唐时期，大曲在音乐舞蹈上又得到较大发展，形成散板—慢板—快板—散板的乐曲结构形式，而且反复次数很多，最多达到四十遍。到了宋代，因前述部分的散板部分太长，用音乐描述故事不太方便，就摘取慢板和快板到尾声，反复若干遍来叙述一个故事，歌词当然也随着时代的发展而前进，进化为艳词，这种形式叫作"摘遍"，在宋杂剧中成为述唱故事的主要形式。

唐代的变文到宋代就发展成了鼓子词。鼓子词的音乐是一支曲调的不断重复，比较单调。北宋中叶，说唱艺人孔三传又创造了诸宫调来说唱长篇故事。诸宫调的形式是在乐曲上不限于用一个曲子，而是根据故事的情节需要，选用合适的宫调来表现。说一段故事，再唱一段表现这段故事情绪的曲子，表演的表现能力便大大增强了。

中国的说唱艺术到了金代又出现了一次飞跃，出现了董解元创作的说唱诸宫调《西厢记》。人们经常用"董西厢"来指代说唱诸宫调《西厢记》，说唱诸宫调《西厢记》的出现，意味着说唱艺术无论在文字上还是音乐上，抑或在说唱艺术的表现力上都已经完全成熟。这种成熟为戏曲的产生在文字、音乐方面铺平了道路。而后，戏曲的产生便水到渠成。

正是说唱艺术将民间歌舞和滑稽戏的精粹融合在一起，使中国戏曲得以出现完备的形态。没有说唱艺术的渗入，原来的民间歌舞和滑稽戏因为缺少有头有尾的故事情节和有血有肉的人物形象，无论怎样都不可能构成激动人心的戏剧冲突。有赖于发展到成熟阶段的说唱艺术，歌舞戏、参军戏、杂剧才能最终发展为中国戏曲。

（四）勾栏瓦肆

中国戏曲由民间歌舞、滑稽戏和说唱艺术及其他一些被称为"百戏""散乐"的民族艺术形式融合发展而来。但融合上百种艺术品类并最后铸成戏曲这一灿烂的新艺术品种还得有一个熔炉，这个熔炉就是勾栏瓦肆。

瓦肆，也称瓦市、瓦舍、瓦子，是宋朝伊始大城市娱乐场所的集中地。"瓦"的本意，是野合易散的意思。北宋时期，许多商业城市都搭盖了专为艺术表演而设的瓦舍，瓦舍中搭有许多棚，棚内设有若干栏杆——因其所刻花纹皆相互勾连，故称勾栏。勾栏瓦肆内，荟萃了各种门类的艺术表演。本来，自汉代以来，百戏就是集中表演的。汉代百戏在宫廷演出时，表演地设在平乐观。北魏开始，孝文帝把表演场所改在寺庙里。隋炀帝时，每年正月初一到十五，专门在皇宫端门外八里长的地方辟出一处场所，集中上演散乐和百戏，让文武百官和前来朝贺的外国使臣随意观看。唐代开始，大的寺庙也是集中演出的场所。宋代钱易在《南部新书》中记载："长安戏场多集于慈恩，小者在青龙，其次荐福、永寿。"尤其值得一提的是，唐玄宗时，因为皇帝本人的喜好专门设置梨园，作为演出和训练乐工的场所，有几百名来自民间的乐工在这里学习，唐玄宗还以梨园来命名这个专门训练乐工的机构。梨园和当时专司礼乐的太常寺、专管歌舞散乐的内外教坊，为鼎足而立的机构。由此以后，梨园逐渐成为戏曲界的代称。直到今天，许多人还常常把戏曲演员称作"梨园弟子"，把戏曲界称为"梨园行"。

到了宋朝，都城汴梁等地成为繁华的商业都市，东京除了相国寺是大游乐场而外，瓦肆比比皆是。据宋孟元老《东京梦华录》所记，东京的瓦肆遍布东西南北四城，有桑家瓦子、里瓦、中瓦、朱家桥瓦子、州西瓦子、州北瓦子等若干座。城东靠近大商业区的瓦肆最大，在这一带不仅有好几个瓦肆，而且每个瓦肆中都有几十座勾栏棚，一个勾栏棚内是一个表演点。瓦肆内集合多种艺人常年卖艺。艺人以卖艺为职业，不再是业余演出。观众主要是市民——手工业者、商人、城市平民、知识分子，也有官僚和贵族。艺人在勾栏内分别表演着讲史、诸宫调、合生、武艺、杂记、傀儡戏、皮影戏、猜谜、舞蹈、滑稽表演等，随之出现了由滑稽戏发展而来的杂剧。到南宋，因为政治腐败，临安成了被称为"销金锅儿"的享乐之都，娱乐得到空前的畸形发展。南宋都城临安的瓦肆勾栏承袭了北宋东京的模式，但杂剧演出水平有了很大提高。各种表演形式互相观摩，互相竞争，也互相吸引，最后逐渐融合。起源于滑稽戏的宋杂剧正是在勾栏瓦肆中吸收了各种技艺而成为中国戏曲的雏形。

二、戏曲的定型和发展

中国戏曲在元朝得以成熟并定型。

王国维先生是最早提出这个观点的人。他认为："我国戏剧,汉魏以来,与百戏合,至唐而分为歌舞戏及滑稽戏二种,宋时滑稽戏尤盛,又渐借歌舞以缘饰故事。于是向之歌舞戏,不以歌舞为主,而以故事为主,至元杂剧出而体制遂定。""北剧、南戏,皆至元而大成,其发达,亦至元代而止。"[甲]就戏曲形态而言,王国维先生认为,元杂剧较以前戏曲的进步,主要有两方面,一是从元杂剧开始,每部剧作一般都有四折,每折换一个宫调,每调中的曲子,都在十曲以上,比以前的大曲自由,又较以前的宫调雄肆。每曲中又字句不拘,可以增减。二是戏曲由以前的叙事体变为代言体,于科白中叙事,至于曲文则全为代言。这种代言体因为可以把叙事和抒情相结合,又可以多方面多角度地表现剧情,当然更具有戏剧的特质。这也就是说,中国戏曲在元朝真正定型。元杂剧的形成,是中国戏曲艺术发展到成熟阶段的重要标志。

(一)元代杂剧和南戏

元杂剧已经有相当生动的故事内容和人物形象。在上演由三国、水浒、包公案等由话本改编的剧目时,把话本中渲染景色、描摹人物、展开故事情节的手段在戏曲演出中体现出来,甚至人物的打扮、化装也借鉴了话本小说的描写——如关羽的红脸、包公的黑脸等(戏曲和小说的关系历史悠久。综合艺术首先要依靠文学艺术。将小说改编成电影、电视剧,情同此理)。说唱诸宫调的乐曲组织形式是元杂剧按不同宫调组织曲调的滥觞。这种以歌唱为主结合说白的表演形式,使元杂剧成为有说有唱、载歌载舞的表演艺术。而且,因为借鉴了舞队的舞蹈、扑打的武技、傀儡戏和皮影戏的动作及脸谱,元杂剧中角色的身段、化装、形体动作、舞蹈程式都尽善尽美。

元杂剧一般每部四折,演唱四套宫调不同的曲子。除了人物在所唱曲调中夹以对白外,情节不够连贯,或者单用曲调不能充分表现剧情的地方,就用一个楔子作为补救。楔子或用在开场,或用在一二折和三四折之间。四套曲子各由一个演员主唱。扮演男主角的演员叫正末,扮演女主角的演员叫正旦。一些扮演

[甲] 王国维. 宋元戏曲史[M]. 北京:东方出版社, 1996:133, 134.

次要的男女角色的演员被称为外末、冲末、外旦等。扮演反面角色的男演员叫净或副净，女演员叫搽旦。反面人物往往只起配角的作用，虽然偶尔也唱一两支小令，但从来不唱整套曲子。四个宫调演唱一个故事，既符合事物从发生、发展、高潮到结束四个阶段的程序，也符合剧中矛盾的开端、发展、高潮到结束的情节。有些复杂的人物故事，可以分成多本、多折演唱（如《西厢记》就有五本二十一折）。元杂剧的曲词采用了曲牌联套体的形式，即在同一宫调的范围之内，按歌唱的习惯，将不同的曲牌归为一套。四折戏分用四个宫调：第一折多用"仙吕"，第二折多用"南吕"或"正宫"，第三折多用"中吕"或"越调"，第四折多用"双调"。每套曲词都一韵到底。曲词配合音乐演唱，用以描摹场景，抒发剧中人物的感情，间或也用以交代事件、对答发问。它继承中国抒情诗和叙事诗的传统，但写得更生动活泼，接近口语。宾白有人物上场时自报家门的定场白、互相对答的对口白、插在曲词中的带白以及背着剧中人物直接向观众陈说的背白。它继承话本小说和说唱诸宫调中说白的部分，浅显而又流畅，为了配合人物形象和舞台音乐节奏的需要，也注意调子、句式和押韵。元杂剧中人物的科介动作，即后世戏曲行话中所说的"做"和"打"。加上歌唱和宾白，元杂剧已经包含戏曲演出的全部要素——唱、念、做、打。

元杂剧的演员一般都在各个戏班，戏班归教坊或乐部这两个官设的机构管理。宫廷或官府宴请时常常要戏班来演出。演出一旦触犯朝廷的禁令或官府的忌讳，那就要受到笞挞甚至被处死，所以许多元杂剧结尾都对当时的皇上歌颂一番。在大都或其他城市演出的大戏班，都是官办的或曰官管的。但也有不少在各地流动演出的小班子则不属官办或官管。可以说，当时的戏曲文化，已经是官办和民办相结合，专业和业余相结合，遍布全国各地。

元杂剧的演出一是在都市的勾栏里进行。勾栏内有艺人上演的舞台（戏台），舞台对面和两侧，是设有座位的看棚，中间是没有座位的看场，规模很大。演出时有人写海报，有人做宣传，观众按不同"票价"（那时并没有戏票，是借用这个词描述）交钱进场。二是在村镇的庙台演出。庙台是镜框式的，观众露天三面围观。在庙台演出的戏班多是流动的民间小戏班（间或也有大戏班到乡镇来），一般在迎神赛会或物资交流集会时演出。有时候，戏班也可能在大街小巷的繁华地带、在没有戏台的空地上为观众演出。因为戏曲演出从一开始就受到物质条件的限制，舞台比较小，道具和布景都比较简单，所以故事中场景的变化、时令的更替等，都主要是通过剧中人物的特定动作来暗示，引发观众的想象并规定观众的想象。这种做法从元杂剧定型开始一直延续到现代，反而促成了中国戏曲演出不受时空限制、以虚拟示意为特点的传统，成为中国戏曲的一个显著特色。

元代以前，戏曲演出多不太重视剧本。从元代起，剧本真正成为"一剧之本"。成熟剧本的出现是戏剧成熟的标志。流传至今的三百多个元杂剧剧本，是中国戏曲文化走向成熟的重要标志。部分优秀剧目，如关汉卿的《窦娥冤》《救风尘》，王实甫的《西厢记》，马致远的《汉宫秋》，白朴的《梧桐雨》，纪君祥的《赵氏孤儿》，石君宝的《秋胡戏妻》，康进之的《李逵负荆》等，数百年来被改编为各种新的戏曲形式，长演不衰，有的剧本还流传到国外，影响至为深远。

元杂剧作家与剧本到底有多少，我们今天并不清楚。元代人钟嗣成《录鬼簿》中记载有杂剧作家八十余人、剧本四百多本；元末明初人贾仲明《录鬼簿续编》又有所补充；明代朱权《太和正音谱》收录作家近二百人、剧本五百多本；明代臧晋叔《元曲选》收录剧本一百种；还有诸多其他记载收录数目不一的剧本……仅从流传下来的这三百多个剧本看，也足以感受到元杂剧所取得的辉煌成就。

元代前期杂剧盛行，以大都为中心，逐渐向南方发展。到元后期，杂剧创作和表演的中心就移到了杭州一带。与此同时，南方本来就有的南戏并未因杂剧的流行而受到影响，而是出现了杂剧作家兼作南戏，也有杂剧演员兼演南戏的现象。

我们今天看到的元代南戏，分两种情况：一是以原始面目出现的南戏，即收录在《永乐大典》中的《宦门子弟错立身》和《小孙屠》等；二是以被改动过的面貌出现的"明改本"，如"荆刘拜杀"四大本和《琵琶记》等。

南戏是在南方民间歌舞的基础上发展起来的，当它成为一门独立的艺术后，仍然保留着民间艺术的特点。音乐上，南戏最大的特点是不协宫调、随意灵活。它的曲调主要是民间流行的各种歌曲、宋代流行的词体歌曲及大曲、诸宫调、唱赚等传统音乐，在漫长的发展过程中，南曲逐渐形成了独特的声腔。在表演上，南戏的各种角色都能演唱，与杂剧的一人主唱到底相比，既有利于刻画各色人物，也有利于调节舞台气氛。南戏的角色主要有七种：生、旦、净、丑、外、末、贴。其中以生、旦为主。

（二）明清传奇

明清传奇是在宋元南戏的基础上发展而来，是继元杂剧之后戏曲发展史上的又一座高峰。明初传奇继承了南戏的体制，但具有更多说教的意味。

明代中后期，社会经济发展，人们的生活方式和思想观念发生了极大的变化，文人士大夫、高官大臣等不仅不再贱视戏曲创作及表演，甚至还亲自参与到创作中来。这样一来，不仅提高了剧本的文学品位，改变了剧作的社会功能，而且直接促进了戏曲的发展与繁荣。

中国戏曲是以唱为主的，唱腔基本上就能代表一个剧种。明代前期，在南戏的影响下，各地都有以民间曲调为基础的曲调体系。在后来的演变发展过程中，逐渐形成了影响较大、流传较广的四大声腔：弋阳腔、海盐腔、昆山腔和余姚腔。昆山腔经魏良辅等民间戏曲音乐家改良后，得到进一步提高和发展，尤其是当梁辰鱼创作的《浣纱记》用昆山腔的声调搬上舞台后，剧作和声腔互相辉映，获得极大成功。从此明代戏曲"竞奏雅乐"，曲文追求典雅绮丽。昆腔以昆山、太仓为中心，迅速向四方传播。而弋阳腔，则因其善于与各地方言土语结合的特点，也在流传过程中迅速扩大了影响。

明清传奇作家灿若星辰，作品层出不穷。据历代文献记载，明清时期的传奇作家有八百多人，作品存目两千五百余种。

（三）京剧

京剧是在地方戏兴盛的基础上产生的新剧种，又称皮黄戏。京剧从孕育到形成，经过了这样几个阶段。概括地说，从乾隆五十五年（1790年）徽班进京到嘉庆十五年（1810年）徽班与其他戏班融会贯通是京剧的孕育时期。从嘉庆十五年至道光二十二年（1842年），楚腔来京，与徽班合作，形成皮黄戏（后称京腔），是京剧的形成时期。道光二十二年至光绪二十年（1894年），是京剧走向成熟的时期。

乾隆五十五年，为了祝贺乾隆皇帝的八十岁寿诞，一个由安徽商人扶植的戏班"三庆班"进京演出，领班的人是高朗亭。这个徽班的主要唱腔是二黄，兼有昆腔、吹腔、梆子等。唱腔相当丰富的高朗亭善于博采众长，到北京演出时又吸收了各种唱腔，并大量融进了北京语汇，使演出的表现力愈加丰富，此后徽班在北京颇负盛名。清代李斗《扬州画舫录》载："高朗亭入京师，以安庆花部，合京秦二腔，名其班曰'三庆'。"随后还有不少徽班陆续进京。著名的有四喜、春台、和春，再加上三庆，后世称之为"四大徽班进京"。

道光八年（1828年），流行于苏、浙、皖、赣等省的楚腔（亦称汉调）由名演员米应生（米喜子）、李六、王洪贵、余三胜、谭志道等人先后携班来京。楚腔主腔是西皮调，与徽剧的二黄通力协作，同台演出，形成了西皮、二黄大联唱的局面，于是出现了皮黄戏。此时可以说京剧已具雏形。

在京剧的形成过程当中，有一大批艺人都起到了重要作用，其中最有影响的是被称为"三鼎甲"的程长庚、余三胜、张二奎。此外，小生行的徐小香；老生行的卢胜奎、王九龄；旦行的胡喜禄、郝兰田；净行的庆春圃；丑行的黄三雄、杨鸣玉、刘赶三等，都对京剧艺术的形成起了极大的推动作用。

在京剧表演艺术家的推动下，京剧的艺术水平迅速提高，获得了大众的喜爱。在剧本的创作上，既有艺人的作品，也出现了文人的创作。文人的介入，使得京剧剧本越来越正规。同时，京剧的表演中心也由以北京为中心而向周围地区辐射，于是，京剧的繁荣期到来了。其中一个重要表现就是出现了一大批技艺超群绝伦的演员，尤其突出的是被称为"后三鼎甲"或"老生后三杰"的谭鑫培、汪桂芬、孙菊仙。清代画家沈蓉甫绘成《同光名伶十三绝》，画中人物为当时深受广大群众喜爱的十三位演员扮演的角色。十三位演员分别是张胜奎、刘赶

三、程长庚、时小福、卢胜奎、谭鑫培、郝兰田、梅巧玲、余紫云、徐小香、杨鸣玉、朱莲芬、杨月楼。他们是京剧艺术成熟时期的杰出京剧表演艺术家。

三、中国戏曲的表演文化

中国戏曲是融歌、舞、乐、诵于一体的舞台艺术，先天即具有综合艺术的形态和特色。在早期的戏曲演出中，往往都有执事人掌编、导、演调度之权，既组织演出，也负责安排演练。及至宋、元以后，戏曲有了剧本，在表演时就有了"科"与"介"的动作提示，演出时常由剧作家兼当演出指导。明代末叶，汤显祖开始总结戏曲表演的经验，成为中国导演艺术和戏曲表演理论的拓荒人。他亲身参与演出，并写下了颇具价值的"指导氍毹"（氍毹，本指毛织的地毯。因古代演戏多在地毯上，所以氍毹也被用来指代舞台）的诗文和批语。其后冯梦龙写下了"戏曲改定本"，详细阐述排演中对原剧作的修改删节和实际构思。到了清代，李渔在其《闲情偶寄》中的词曲部和演习部中，对戏曲的表演技巧进行了全面阐释。

中国戏曲的表演仅仅借助于有限的舞台和几个小时的时间，表现一个完整又情节复杂的故事，还得有一个主题思想隐藏在后面，这绝非易事。从孔子起，中国古代的思想家向来认为，艺术应该对人的精神起一种感化、净化、升华的作用，而不应该引导人们放纵本能、追求私欲、追求低级趣味，也不能使人消极、悲观、颓丧。戏曲作为中国传统文化的重要组成部分，也要重视人文教养。所谓人文教养，就是要重视对人的教化和塑造。这种指导思想使中国传统的文化艺术常常不能仅仅停留在模拟、刻画一个具体的、有限的对象，不满足于仅仅描述生活中某一个具体的事物或具体事件，而要超越具体的事物和事件，表达对人生、对世界的体验和感受，这其实是一种形而上的追求。这种形而上的追求落实到戏曲表演中，就要求戏曲艺术家不能仅重视对某一具体对象或局部的刻画，而要追求一种意境，即唐代刘禹锡所谓的"境生于象外"的美学趣味。这种超越具体的、有限的物象、事件、场景，进入无限的时间、空间，表达对人生、历史、社会的哲理性感受和领悟的所谓"胸罗宇宙，思接千古"的艺术表现原则，就无形中为中国戏曲的表演制定了一种文化上和美学上的规范。这种规范具体地说就是表演上的程式性和综合性，舞台结构体制上的虚拟性和对时空的特殊处理，形象创造上的以形传神和善恶分明，以及为了完美地体现这些规范演员要具备的非凡的表演基本功。演员表演时，要综合运用唱、念、做、打各种表现手段来塑造舞台形象，用深入浅出的夸张手法，来适应剧场性的评价效果。戏曲的艺术语言，有唱有念、形式多样，在文字不足以显形时，则用舞蹈来造型，舞蹈不足以传声，就用音乐声腔来抒情。观众通过演员的表演，在评价伦理道德的同时，进入审美境界，品味其形式美，并受到感染。

（一）表演上的程式性和综合性

所谓程式，就是以生活为基础，按戏曲舞台的特殊规律，经过选择、提炼，形成一套有规律可循的规范化的表现方法。程式不同于公式，公式是刻板的，而程式是发展的、有灵魂的，否则便成为僵化的、非艺术的东西。就艺术的假定性讲，凡艺术皆有程式，由于艺术家的艺术语言、民族风格和所运用的艺术材料不同，会形成创作表现中的不同程式。中国戏曲的表演程式是运用歌舞手段表现生活的表演技术格式。唱、念、做、打以至音乐伴奏皆有程式，制约着戏曲形象塑造的一切方面，也贯穿舞台演出的结构体制并统一于戏曲的舞台演出风格。程式是在实践中产生的，民间艺人用传统的创作方法，在吸收民间歌舞、说唱艺术、滑稽表演和武术杂技等各种技艺中的表演技术后，在简陋的物质条件下，要达到表现纷纭复杂的生活现象的目的，就须将各种表现手段调整、综合并加以规范化，这就是程式产生的过程。这个复杂的艺术加工过程，主要包括歌舞化、戏剧化和节奏化三点。

在戏曲的各种表现手段中，音乐和歌舞，特别是歌唱始终是主导因素。唱戏，"戏"首先是要"唱"的。由于唱有韵，所以念白就要和它配套，不能保持生活语言的自然音调，"无声不歌"，念白也需要吟咏，产生韵律和节奏的回环跌宕，形成音乐美。语言音乐化了，形体动作也必须提炼到舞蹈化的高度，"无动不舞"，才能使动作也产生韵律和节奏美，于是种种富有舞蹈美的身段、工架和武打就产生了。另外演员表达喜怒哀乐等感情时，也要强调外在节奏和统一的形式，只有这样才能使感情宣泄产生强烈的艺术震撼力。这样，一些用来辅助表现情绪、渲染艺术效果的舞蹈工具便在实践中产生了，而要使这些工具成为表达艺术思维和发挥艺术张力的工具，就要求演员在经过专门训练，摸透其性能后，将之组织成规范性的艺术语言。听觉形象音乐化，视觉形象舞蹈化，歌舞结合，唱白和谐，视听同感，头发可甩，胡须可舞以后，戏曲便使生活中的一切都变了形，其反映生活时，便不能再对生活的真实面貌进行机械模拟和再现，而只能以自己特有的假定性语言所塑造出的鲜明形象来表现生活真实的本质，以一种艺术真实代替生活真实。显然，这种综合各种艺术成分的表演技术格式，只能是以严格的规范形成程式才能使之统一并发挥艺术效果，产生艺术魅力。

还有，民间歌舞和说唱艺术等在进入戏曲表演的过程中，要把它们自身固有的形式打碎，化入戏剧需要的形式之中，这就会使这些不同的艺术形式发生质的变化——具有戏剧性，以戏剧性作为新的素质。比如唱的曲调，单独的唱一般是曲牌联套体，进入戏剧后，就需要化为板式变化体，唱词重押韵但不重平仄，这样可以一口气连唱数十句，也可以只唱一两句，完全视内容需要。唱快板珠落玉盘，唱慢板行云流水，可以唱了再念，念了再唱，也可以夹唱夹念如雨夹雪式的，这种戏剧化的说、唱给叙述和抒情创造了非常有利的条件。再如一些功夫性的表演，如果以杂技杂耍的形式出现，那是自由而单调的，但进入戏剧后，就必须为特定的内容服务，一切技术手段不过是塑造人物形象、表现戏剧主题的手法，那就有了各种限制，但同时也使种种功夫表演不再是单调的功夫，而有了丰富的情感内涵和思想内涵。举例说，说掉泪就掉泪是一种特技，但如果仅仅作为一个特技对大众表演，那最多只能博得大众一笑，但进入戏剧，由角色在需要表现悲痛时流出眼泪，那就可能与其所表现的剧情一起感染观众，让观众跟着演员掉泪。显然，这就是特技有了戏剧化的素质了。

再有，要使唱、念、做、打多种艺术手段统一，就离不开节奏。在一出戏里，根据剧情需要，各种表现手段有时互相衔接，有时互相结合，这就需要戏曲形体动作的节奏和戏曲音乐的节奏相辅相成地贯穿于全剧。连通各种不同节奏的枢纽是由各种打击乐器的音响组成的锣鼓经。鼓点和锣声是调节一出戏中唱、念、做、打等形体表演节奏的指挥棒，要达到既渲染剧情又向观众解释剧情两重效果，这些节奏就都要形成一定的程式，既便于演出人员记忆，也便于观众与演出内容沟通。在戏曲中，打击乐、弹拨乐、管弦乐等组成的音乐节奏不能独立于表演之外，而要结合戏曲情景和演员的形体动作表现出来，它也与整个舞台气氛的渲染不能分割。有时人物还没有上场，舞台上已经充满了音乐所创造的一种气氛。音乐节奏服从表演节奏，但表演节奏又要靠音乐节奏来调配和提拉。音乐节奏抓住欣赏者的注意力，把他们拉入净化了的戏剧情景中去。

戏曲表演中的种种程式，就是在复杂的综合过程中形成和发展起来的艺术和技术上的格律、规范。程式存在的意义在于，它使生活的原生态升华到音乐和舞蹈的境界，以一种独创的形式使生活得到更集中、更鲜明、更强烈的艺术表现。由于有了程式，演员演出时的手法、技巧、技术等就都有了容易被感知和被把握的物质外壳，演员也容易继承前人的经验掌握戏曲表演的规律。演员在掌握了程式及其内在规律后，又可以结合自己对生活的理解和体验，进入新的创作状态，创造出鲜明的艺术形象并进而创造出新的表演程式。

就戏曲反映生活的本质来讲，程式和生活总是矛盾的。这种矛盾表现为，生活要靠程式给予规范而又要突破它的规范，程式要靠生活给予内容而又要约束生活的随意性。为解决这个矛盾，中国戏曲传统就有了"戏不离技，技不压戏"的说法。演员演出时必须发挥程式的积极作用以赋予戏剧内容以鲜明的表现力，但又不能被程式束缚，在演出时跌入形式主义而削弱对戏剧内容的表现。"戏"与"技"要高度统一于剧情的需要。作为综合艺术的戏曲，对程式的运用也是综合性的，多种程式综合于一部戏的表演中，程式才有实用的价值。

（二）舞台结构体制上的虚拟性和对时空的特殊处理

戏曲不同于小说，也不同于电影，尽管它也是反映生活的一种特殊形式，但却要求在舞台这个有限的空间和有限的时间内表现戏里的生活图景。这必然会产生反映生活场景的无限空间和舞台相对的有限空间，戏曲情节延续的无限时间和实际演出的相对有限时间这两种矛盾。戏曲在解决这两种矛盾时，公开表明舞台的假定性，不去追真也不去拟真，承认戏就是戏，对舞台空间和时间的处理采取一种超脱的态度，不追究舞台空间的利用是否与表现的生活场景成比例，也不追究演出时间是否合乎情节时间的延续，甚至还可以不顾生活的逻辑。它采用分场的结构体制和虚拟的表现手法，通过创造独特的意境，对生活进行广泛的形象概括。

戏曲舞台在空间观念上的特殊处理有以下几种形式。

（1）以人物的活动为依归确定舞台环境。有人物活动，舞台环境即存在；离开人物，舞台即成为抽象的空间。人物上下场是戏剧环境变化和剧情发展的枢纽。

（2）在同一场中，演员的虚拟动作，可以让一个舞台环境迅速地转入另一个环境。人行千里路，马过万重山，只要一个圆场，或一场趟马就可以表现。一个"控门"的动作就表示从室外进到了室内。一个"绕场"就表示换了一个地方，甚至从一个世界进入另一个世界，由地上到了天庭。

（3）在某些场合，舞台空间完全不合生活的逻辑，比如《空城计》里诸葛亮坐于城头，不过只是把椅子放在桌子上，司马父子手中的刀枪一不小心就会拍到诸葛亮的脑门上，但实际表现的环境却是高空与平地，相距很远。

戏曲舞台也会对时间进行特殊处理。舞台时间的安排，完全由戏曲情节的需要决定，不是为了表现时间本身，而是为了表现这个时间中的人物的行动和性格。有时候一个圆场就过去了几十年，眼睛一睁一闭，一个晚上就过去了，但有的时候，人物由睡到醒，可能伴有大段的唱段、许多的动作，前后占用十多分钟。比如"宋江杀惜"，实际生活中，宋江杀人可能只需要几秒钟，但在舞台上，这个过程经历了一个唱、念、做、打的全部展示。这种处理给戏曲带来一种既流动灵活又相对固定，既连续不断又相对间隔的分场结构体制。有戏则长，人物一刹那的心理可以安排很长的唱段和很多动作；无戏则短，一个换场可能跨越几十年。这表明戏曲不是依靠灯光布景等舞台技术和制造舞台生活的幻觉来吸引观众，而是依靠表演艺术来吸引观众，靠演员的表演和观众的想象表现生活场景。人行千里路，马过万重山，一个圆场，观众心里就已知晓，甚至一看到这个程式，就一切了然。演员一句"离了家下，来到河下"，观众就知道这中间说明了什么，省略了什么，没有情节意义的时间、空间，对戏曲就没有任何作用。戏曲的空间和时间观念使有限的舞台可以反映广阔深远的生活场景。

　　超脱的舞台时空观是戏曲分场体制的前提，而体现戏曲分场体制这一舞台体制结构的手段则是虚拟化。虚拟化是戏曲舞台结构体制的灵魂。虚拟手法的作用不仅在于有利于灵活处理时空，更重要的还在于它有利于演员塑造人物形象。演员以虚拟手法表现客观事物，又在艺术创造中观照自己，形成一种情景交融的感觉，凡登山、涉水、行船、走马等虚拟动作莫不如此。虚拟的景物不脱离演员单独存在，而是与演员形影不离，表演休止，景亦消逝。演员表演时，也用诗文创作中托物言志、借景抒情的手法，借剧中描绘之景，诉说自己的独特心理。如昆曲《荆钗记》中，钱流行以唱念写景抒情："古树枯藤栖暮鸦""景萧萧，疏林中暮霭斜阳挂。闻鼓吹。闹鸣蛙。……空嗟呀。自叹命薄，难苦怨他"，这分明是经过主观心理折射出的景色。虚拟手法充分利用了舞台的假定性，但又要体现艺术反映社会生活的特点，在细微的每一处都显露源于生活的痕迹并接受社会生活的检验。舞台是空的，戏是假的，可是假戏又要真做。虚拟表演的动作越符合生活的逻辑，越准确严谨，就越能打动人。比如，戏曲舞台上的门总是往里拉的，窗户总是向外推的，推窗拉门的动作已形成固定的程式，尽管空空的舞台没有门窗，但演员一做这种动作，观众便能领会。因为这符合传统中国建筑的特点和人们的生活经验。执鞭代马，观众眼中无马但心中却有一匹马在舞台上展现，因为演员上马时不仅有唢呐模仿马嘶，而且演员还要做出如生活中跨上马背那样的动作并打一个圆场。这就是说，不管虚拟手法有多大的假定成分，还是和客观的生活密不可分，程式也不是随意创造的，而是从生活中来，又到生活中去。但戏曲艺术作为一种艺术形式，虚拟的表演又一定要处处合乎美的特点。比如梅兰芳表演的

《贵妃醉酒》，本来生活中喝醉酒的人，哪怕是贵妃，其醉态也可能不太雅观，但梅兰芳创造出了一个既能使观众联想到酒醉而又姿容妙曼地舞蹈于舞台的程式，表现生活又高于生活，集中了生活中醉美人千娇百媚的憨态而又避开了一切不雅。这个程式直到现在还存活于舞台。

对于戏曲来讲，虚拟化不仅是戏曲舞台结构体制得以完美展示的充分条件而且也是必要条件。

（三）形象创造上的以形传神和善恶分明

中国戏曲表演艺术在形象创造上要求演员把剧中人物的内心活动、精神气质和音容笑貌等转化为鲜明的外部形象，而且主要依靠富有表现力的动作完成形象创造。动作是演员从纷纭复杂的生活现象中提炼出来的，而且是典型化的，足以表现人物的独特个性和丰富内涵。一般地说，戏曲动作都是比较简洁地概括生活，但有些也比较复杂。比如山西梆子《三关排宴》，佘太君和萧太后这一对战场上的死敌在议和的场面上，佘太君隐忍着家仇国恨，以胜利者的身份担任和谈代表，为了国家和民族的根本利益大度容让，而萧太后因战争失利只好求和，心里十分气恼沮丧但偏偏又要维持太后的面子。这些心理和复杂的性格特征是通过动作和音乐以"三请三让"的外交礼节表现出来的，人物通过手、眼、身、法、步以及语言传达出性格神韵。中国戏曲要求演员既要勤于观察生活，又要精于提炼，从而准确、鲜明地刻画出人物的外形和神韵，做到形神兼备。许多优秀的戏曲演员也因为做到这一点而被观众认同和喜爱，观众甚至将演员和其扮演的角色混为一谈。我们把叶盛兰称"活周瑜"，把裘盛戎称"活包公"，此之谓也。

以形传神，可以说是所有中国传统艺术都要遵循的原则，它反映儒家和道家的思想及文化本色。儒家把礼和乐当作辅助政教的艺术。《论语·八佾》讲："礼，与其奢也，宁俭。"简单易行，方能产生更大的作用。《礼记》中说："大乐必易，大礼必简。"力求简易，可以发挥审美教育的效果。老子在《道德经》第二十二章更指出："少则得，多则惑，是以圣人抱一为天下式。"这些思想和文化要求反映在戏曲中，就要求演员吸取生活中最能表现本质的东西来直接表现人物形象，风格素朴简约，这样作品才有神韵。儒家对音乐的要求是"典雅纯正""中正和平"，即区别于"淫邪"的"郑声"的"雅乐"，表现在戏曲中，就是要求演员不能仅仅停留在"形似"地表现生活。某种程度上，只有富有艺术家思想感情和创作气质的东西，才能称之为高雅。戏曲艺术基本上是表现俗生活的，如果演员在演出时要追求"典雅纯正"的风格，就要在传神写意上下功夫。以形传神，形神兼备，才能做到脱离"俗恶"的境界。

作为综合艺术的戏曲，是中国人民生活状态的真实写照。中国人通过戏曲表现自己的生活状态，传达自己对生活的理想和追求，当然不可能超然其外而没有评价。故而戏曲表演在形象创造上，不但要求形神兼备，而且还寄托创作者对人物性格和品德的评价。善恶美丑，爱憎分明，或贬或褒，立场鲜明。这种褒贬，常常通过人物的动作神态乃至化装打扮等外部造型而得到鲜明的表现，分寸掌握得很准确，手法也多种多样。比如戏曲舞台上的关羽，最早在蒲剧中，被定型为红脸膛、绿蟒袍、三绺长髯。这种造型以浓重的色彩烘托出"面如重枣"的"美髯公"庄严威武的气势，所以很快在戏曲的所有剧种中，关羽的外部形象都如此定型。而且演关羽的演员要求唱腔高亢激越，有虎虎生气，动作被规定为干脆而勇猛，不动则已，动则令人震惊。甚至一个亮相，夫子盔上的珠子都要求刷刷作响。总之整个是一个勇武的将军形象，寄托着中国人对"武圣"的崇敬和歌颂之情。

戏曲表演的形象创造，寄托着儒家传统文化对社会现实中各种善恶美丑现象的直接介入，总是爱憎分明地去褒贬剧中人物。角色行当的脸谱化就是一个明显的例证。从一个方面说，脸谱化当然不是含蓄地表现生活，但实际上戏曲在表现生活时却往往是含蓄的。它的含蓄性体现在演员表演的分寸和对生活现实的讽刺中，它常常并不直接触及当时的政治，而又要讽刺当时的政治，于是便采取以历史为鉴的手段，借助某个历史故事、历史人物或虚拟的人物来使观众产生相关联想。另外演员的脸谱其实也含蓄地暗示某种东西。比如戏曲中的"白净"人物，抹大白脸，专门扮演权奸阉宦一路人物。扮演这类人物，既要表现出这类人物因权大、位高、势重而具有的形象特征，又要深刻揭露其奸诈、阴险、凶狠暴戾的本质特征。这种人物其实在生活中就有两面性：可能表面是白脸，像正派人通常显示的面孔一样，但实际却阴险狡诈，善于伪装，过度粉饰就成为假面的白脸，所以舞台上的"白净"正好含蓄地揭示生活中的此类人"温瞰近于小面，忠义处如正生，卑小处如副末"（李斗语），伪善、卑琐在脸上便显示出来。从这个方面讲，脸谱化又不能说就不是含蓄地表现生活。

（四）非凡的表演基本功

中国戏曲重视艺术"高台教化"的作用，但这种教育功能和认识功能，却又和娱乐功能紧密地结合在一起。戏曲讲究在美的前提下实现教化作用，艺术美感以一种"形式美"在舞台上展示。念白"虽不是曲，却要美听"（王骥德《曲律》），演出要求"声要圆熟，腔要彻满"（燕南芝庵《唱论》）。身段工架上讲究出场、亮相的姿势有静态美，手、眼、身、法、步的联系和协调有动态美。所有的功夫表演以及各种道具表演技巧，不但是表情达意的手段，而且在线条、姿态和韵律上都要给人以美感。不但每一个动作都要做到形式美，而且要求在动作的运动过程中照顾到每一个观众的视角。正如盖叫天所说："一伸拳、一举步的姿势，都要练成为可以雕塑的独立塑像。"为了在形象创造中实现戏曲表演的美学要求，中国戏曲在长期艺术实践中逐渐形成性格化表演程式的分类系统，即生、旦、净、末、丑等各个角色行当。这些角色行当都有一套完备的要求演员掌握的基本功。

戏曲表演中，对演员的基本功要求非常高。

首先要求演员把表演的感情节奏同音乐节奏、舞蹈节奏紧密结合。演员必须要体验角色的真情实感，且体验要深刻而细致：一方面，演员所体验的感情，既是演员的，又是角色的，两者合一，演员该哭就能流泪，该笑就能笑，甚至该出汗就要出汗；另一方面，这种体验经过演员再创造后，被纳入程式规范，同音乐节奏、舞蹈节奏紧密结合，甚至能以配合着音乐的雉尾、帽翅表演，搓步、跌步、滑步等功夫舞蹈准确地表现角色的喜怒哀乐，达到比生活感情更强烈、色彩更鲜明的艺术效果。

其次要求演员把纳入程式的体验过程和严格的技术表现过程相统一。演员体验角色时要钻进去，而表演角色时又要跳出来。本来感情的体验是个性的，程式的表现是规范的，两者有矛盾。感情要求程式给予形式但又要突破程式的约束，程式要求感情充沛但又不能让其自由泛滥，而"钻进去，跳出来"就可以使这种矛盾得以解决。

最重要的，戏曲演员是利用一整套程式技术来创造角色的。这个程式技术不是一个人制成的，它是长期以来以"衣钵真传"的方法继承发展而来的。因为时代在发展、在变化，各个剧种的特点又都不同，所以程式技术呈现一种百花齐放的局面。掌握这些技术，既需要好的形体条件，又需要好的心理条件，还需要掌握一定的文化知识。对于演员来说，掌握这些程式技术是要有很高的基本功要求的。"十年磨一戏"不是夸张，小生的几声笑，需要情绪和呼吸有机配合，声音的亮度和节奏速度也有严格要求。只限于眼神的微笑和全副面孔以及全身都在狂笑在表演上有严格区别，演员要经千锤百炼才能达到鲜明准确的审美要求。净角一怒如龙吟虎啸，叱咤风云，只有经过舌、腭、鼻腔、腹部呼吸等一系列严格训练，才能形成一阵闷雷滚滚忽然霹雳闪的强大声势。这些都要求演员在理智监督下，把五官四肢锻炼得敏感到筋肉具有思维的程度，把全部的心理意识渗透到有高度技巧的筋肉里去、骨节里去，使程式能表达丰富的语言。而且这种程式要熟练到似乎来自天然，不是来自人工，使演员的形体动作和心理动作成为戏曲表演的天性。这种以生活为基础的戏曲化了的天性，要求演员有歌唱家的歌喉、气功师的运气本领、魔术师的机智、杂技演员的形体动作和对于艺术本质的深刻理解，以及深厚的美学修养。这种要求的高度、深度和难度，正如李渔在《闲情偶记》中所讲："闺中之态，全出自然；场上之态，不得不由勉强，虽由勉强，却又类乎自然。此演习之功之不可少也。"

总之，中国戏曲的表演文化是有独特内容的呈体系性的艺术架构。它没有西方表演体系中所谓"体验派"与"表现派"的尖锐对峙,而且综合这两个流派的优长,要求表演达到表现与体验、理智与情感、用"头脑"与用"心"的和谐统一。而且,中国戏曲的表演抱定着"宜俗宜真"的原则,以一种平民主义的精神把大众的趣味视为表演准则和风格的导向,要求戏曲表演做到老少咸宜,将通俗性、大众性作为表演遵循的准则。

四、中国戏曲"以文教化"的功能

中国戏曲从产生之日起,就与老百姓结下不解之缘。它是劳苦大众的精神食粮——我们用"食粮"这个语词,是标示其对于劳苦大众的不可或缺。惩恶扬善是中国戏曲的重要使命,以文载道的传统贯穿几乎所有的戏文之中,"或为君子小人,或为才子佳人,登场便见;有时欢天喜地,有时惊天动地,转眼皆空""人情到底好排场,耀武扬威,任你放开眉眼做;世事原来多假局,装模作样,唯吾脚踏实地看",这些常贴于戏台两旁的对联,是宣传戏曲的特点和作用的最简洁的写照。它们并不是一般的借题发挥,慨叹世道人情,而是揭示了中国戏曲"以文教化"的功能。这也是中国戏曲极富人民性的一个根本原因。列宁说过:"艺术属于人民。它必须深深地扎根于广大劳动群众中间。它必须为群众所了解和爱好。它必须从群众的感情、思想和愿望方面把他们团结起来并使他们得到提高。"[甲]中国戏曲正是这样的艺术。

"舞台方寸悬明镜,优孟衣冠启后人。"中国戏曲是中国人认识社会、认识自身的一面镜子,它深深地扎根于劳动群众之中。劳动群众既通过舞台看世界,认识人世,认识生活,也从舞台上的演出中得到精神享受和灵魂的愉悦。

中国的戏曲文化,是中国传统文化的典型代表,是极富中国特色的一种文化。

中国戏曲既葆有旺盛的生命力,也曾经走过非常曲折的发展道路。因为它影响广大,植根、开花、结果于不同时代中,植根、开花、结果于社会生活之中,植根、开花、结果于人民之中,所以它必将随着社会和人民的前进而不断发展。

甲
克鲁奇科娃. 列宁论文学与艺术[M].
北京: 人民文学出版社, 1960: 912.

第十章
中国绘画与雕塑

中国传统艺术源远流长、博大精深。从陕西蓝田猿人和北京周口店山顶洞人遗物的清理中我们可以清楚地看到，我们的祖先在劳动和斗争中创造世界、完善自己的同时也在创造着美。蓝田人那些粗糙的石斧、砍砸器、刮削器不仅是实用的，更是和谐的美的萌芽。山顶洞人用骨、石、贝做的装饰品则直接开启了中国艺术的大门。由此而下，中国人经过新石器时代神秘奇崛的彩陶文化与威严、辉煌的青铜文化的洗礼，逐渐形成了包括书法、绘画、雕塑、建筑、音乐、戏曲、舞蹈等门类的中国传统艺术宝库，形成了中国传统艺术独特的艺术规律和艺术特性。其中，中国绘画与雕塑是中华民族极为宝贵的精神文明财富，是中华民族对人类文明与世界文化宝库的巨大贡献。

一、中国绘画及其艺术特性

（一）历史回顾

中国绘画的远祖最早可追溯到原始社会新石器时代的彩陶纹饰：甘肃礼县、秦安等仰韶文化遗址出土的物品上绘有大量雷纹、涡纹、网纹、几何纹等彩陶装饰纹；青海大通县上孙家寨出土的舞蹈纹彩陶盆上所绘的五人一组群舞图画。这些图画清晰地反映着先民丰富多彩的渔猎生活，体现着他们对生活美的追求与期盼。他们在劳动中创造着世界，完善着自己，也创造着艺术，创造着自己的绘画。

1949年长沙陈家大山楚墓中出土了令世人震惊的帛画《人物龙凤图》，以浪漫主义手法，准确的造型，流畅的线条，描绘了龙凤，引导墓主人的灵魂升天的情景。1973年长沙子弹库楚墓出土的帛画《人物御龙图》，郭沫若曾说它是生命胜利的歌颂，和平胜利的歌颂，充分表现着战国时期的时代精神。[甲]这大约也是墓主人的企盼、愿望、美德的形象表现吧。至于画中侧身直立的有须男子，执缰驾龙向天界飞升，更是楚人幻想、追求的超然境界。郭沫若诗中称其"仿佛三闾再世"，应当说此画作者在三千年后遇到了知音。

将幻想与现实有机结合创造一种全新的绘画境界，这是中国绘画从幼年期就已产生的一种本质特征，这一优秀传统影响一代又一代的中国画家去寻觅、去创造。

秦帝国虽二世而亡，然而它所留下的政治、经济、文化成就却是至今令人惊叹不已的，特别是成为举世瞩目的世界第八大奇迹的秦始皇陵兵马俑。与此同时，秦都咸阳宫殿的残墙上的绘画遗存显示了秦代绘画的辉煌。那是用各种颜料绘制的《秦驷马图》，其富丽堂皇之气象简直是铜车马出巡的再现。这一写实的手法，是中国绘画传统的重要组成部分。所应注意的是，中国绘画的写实仍然有着独特的抽象性和意象性，而不是自然主义的写实。

从大量汉代墓室壁画、画像石、帛画中，我们可以清晰地看到这些从远古而来的传统审美意识、造型手段在不断延续、发展、丰富。

湖南长沙马王堆出土的帛画中，对墓主人形象的塑造和对太阳、太阴的神话式的解释，就是明证。汉代大量画像石上有对古代神话、传说的描绘，对女娲、伏羲、东王公、西王母的描绘，对孔子、老子等历史人物的描绘，对"荆轲刺秦""二桃杀三士"等历史故事的描绘。

佛教从汉代传入中国后，佛教绘画艺术也直接影响了中国本土固有的绘画传统。从魏晋南北朝石窟和墓室壁画上佛教内容的大量遗存中我们就能清晰地看到这一点。本土宗教、

[甲] 郭沫若. 关于晚周帛画的考察[J]. 人民文学, 1953（11）.

世俗生活、神话传说、历史故事、幻想世界等题材之外又加入了大量佛教故事，大大丰富了中国绘画的题材范围，打开了中国宗教绘画的新天地。许多以宗教绘画闻名的画家也走到中国画坛的前列。张僧繇、曹不兴等人的名字至今仍被人们铭记。与此同时，由印度等地传来的对人体美的表现与歌颂，以及新的色彩表现手法，不但是中国传统绘画意识的一次重大突破，也进一步丰富了中国绘画的色彩表现手法。从新疆、甘肃的石窟壁画中我们可以得到更多的实证资料和感性认识。除民间画工之外，著名知识分子画家曹不兴、卫协、顾恺之、陆探微、张僧繇等也都是画佛的圣手。

魏晋南北朝时期，中国绘画与其他艺术门类在政治动乱、思想活跃、玄学风行的大文化背景下仍有较大的发展。此时期，墓葬壁画的传统内容有了新的发展：晚近题材如《竹林七贤与荣启期》的砖刻画在六朝墓室中赫然拼成巨幅；一大批知识分子画家步入画坛；中国绘画技法由汉代的粗笔涂染渐趋细密精微；没骨画法在张僧繇的笔下出现；中国绘画理论研究有了巨大成就（顾恺之《魏晋胜流画赞》、谢赫《古画品录》、孙畅之《述画记》、姚最《续画品》）。

顾恺之在为裴楷画肖像时，颊上加三根毛，对典型细节的捕捉，使所画人物"神明殊胜"；他画嵇康、阮籍肖像时对"点睛"特别慎重，强调"传神写照正在阿堵中"。流传有序的《女史箴图》，当是隋唐时期能得顾恺之笔墨神韵的摹本。由此也能看出魏晋时期画家创作态度之严谨，技法之进步。顾氏重视形与神的关系，他强调"一毫小失，则神气与之俱变矣"。对传神中细节刻画的重视，对技巧与绘画神气之间的关系的探索，是顾恺之对中国绘画的重大贡献。

南齐谢赫不但是形象记忆力极强（写貌人物，不俟对看，所须一览，便工操笔）、善于捕捉所画对象特征的大画家，而且也是一位承前启后，创立绘画"六法论"的杰出的艺术理论家。他在《古画品录》里提出了品评画家、画品的六个条件。这就是至今仍有着现实意义的"六法"：气韵生动、骨法用笔、应物象形、随类赋彩、经营位置、传移摹写。"六法"既有对中国画技法的历史总结，也有对中国画审美观念的高度概括。特别是骨法用笔，即抛开光与色的干扰直接着力于物象骨气。气韵生动，即对气韵的追求，画家对自己心中所产生的与描绘对象融为一体的气与韵的追求是中国画的灵魂。谢赫画论的精辟处至今熠熠生辉，成为中国传统美学理论的重要组成部分。

隋唐时期，是中国传统文化发展的高峰期。这一时期绘画发展的突出特点表现在以下几个方面：石窟壁画长足发展；墓室壁画巨作出现；多姿多彩、风格各异的人物画家群体出现；水墨山水画发展；花鸟画出现；理论上有新突破。敦煌壁画中丰富多彩的隋唐壁画，为《丝路花雨》《仿唐乐舞》的创作提供了诸多形象资料，也启迪着今日许多画家去创作与李唐王朝昔日辉煌有关的画卷。唐永泰公主墓、李贤墓等墓室中壁画丰富的内容、深邃的寓意、传神的造型、生动畅达的线条，使人自然地想到了"吴带当风"的神采和"曹衣出水"的风神。阎立本的《历代帝王图卷》《步辇图》等大量历史题材绘画所反映的内容是当时政治生活中的头等大事，其技巧之纯熟，造型之惟妙惟肖均让人叹为观止。特别是《步辇图》，画唐贞观十四年（640年）吐蕃王松赞干布派使者禄东赞朝见唐太宗要求与唐王朝通婚的场面，其意义远在绘画艺术之上，这也正是中国绘画的现实主义传统的魅力与生命力的体现。被尊为"百代画圣"的吴道子是唐代绘画的代表人物之一。他主张以"焦墨薄彩"作疏体、白画，充分发挥线的造型功能。他在长安兴善寺画画时，"立笔挥扫，势若风旋"，观者云集，喝彩、惊呼，一时传为佳话。《天王送子图》集其技艺之大成。宋代米芾说他的画"行笔磊落，挥霍如莼菜条，圆润折算，方圆凹凸"，从中可以看出吴道子的线条有了粗细、方圆变化，有了立体感、流动感。无疑，这是技巧上的探索与进步，是高标准刻画形象所必需的技艺，这也正是吴道子对中国绘画线描技法的重大贡献。人物画中以仕女作为绘画主体的人物画的出现也是唐代社会繁盛的历史反映。张萱的《捣练图》《虢国夫人游春图》《唐后行从图》，周昉的《簪花仕女图》《挥扇仕女图》等就是典型的佳作。画中的仕女多丰肌肥体，这正是盛唐仕女以丰肥为美的时尚的体现。一幅幅雍容华贵的贵族妇女生活图画，也正是李唐王朝贵族奢侈生活的真实写照。仕女图造型细腻逼真，准确表现衣纹、肌肉体态的挺拔流畅，画中细筋入骨、浓淡分明的线条，以及对蛾眉的渲染表现等，都为中国工笔重彩人物画树立了楷模、创立了新法。至于韩干的《牧马图》《照夜白图》，韩滉的《五牛图》都是当时绘画的精品，中华之国宝。少数民族画家胡瓌是擅长以游牧民族生活入画的画家，《卓歇图》是其传世代表作，也是中国绘画史上的奇葩。隋展子虔的横幅《游春图》是山水画成为独立画种的重要标志，也是青绿山水的代表作品。把山水画从"人大于山"的陪衬地位独立出来，这是绘画技艺与理念的进步，由此中国画又有了新发展。稍后，唐李思训又创作了大量"金碧山水"，发展了展子虔的技法和表现内容，他笔格遒劲，讲究皴法，开创"北宋画法"。设色与对楼阁的刻画，更是他的贡献，其影响于宋、元、明、清画家既深且远。王维的水墨山水画则是文人画的开风气者。"诗中有画，画中有诗"既是对王维诗画技艺的评价，也是对中国文人诗画艺术境界、美学理想的高度概括。初唐的薛稷，是以画鹤知名的大画家。中晚唐之边鸾"善画花鸟，精妙之极"。白居易居长安时所写《画竹歌》更是咏画竹的绝唱。花鸟画在唐代蔚为大观，成为独立的画种，这是中国画史上重大的突破与进步，影响十分深远。在美术理论上有李嗣真的《续画品录》、张怀瓘的《画断》、朱景玄的《唐朝名画录》、张彦远的《历代名画记》，它们从不同角度记录、评价、论述了中国画的各个方面，王维、吴道子、杜甫的诗文里也都有不少关于绘画的精辟见解。

　　五代十国，战乱不已、生灵涂炭，经济、文化发展均遭受重创。然而偏安一隅的西蜀、南唐却有着相对的繁华。特别是皇家画院的建立，网罗、培养了不少才能出众的画家。南唐顾闳中绘制的《韩熙载夜宴图》，用连环画方式真实地描绘了当时上层贵族整日饮宴、乐舞的荒唐生活，将中国绘画的现实主义传统推向一个新的高峰。同时期的画院画家周文矩的《重屏会棋图》中着力描绘了南唐中主李璟与其弟会棋的情景，亦是现实主义的代表作。西蜀、南唐画院中都有肖像画这一主题，并将中国人物肖像画创作提高、发展到一个新阶段。从帝王、文武功臣到皇后、皇妃、仕女、道释人物，都在画家笔下神采奕奕、风姿万种。西蜀画院黄筌的花鸟画，以工笔双勾，随类赋彩，传世《珍禽图》等成为中国花鸟画的代表作。山水画则有荆浩"恣意纵横扫，峰峦次第成"，关仝"石体坚凝，杂木丰茂，台阁古雅，人物幽闲"，将唐代王维的水墨山水画发展到一个新的高度，后世并称"荆关"。

宋代，酷爱书画的徽宗赵佶更将画院发展成为皇家美术学院——国子监画学，集教育、研究、创作、网罗人才于一身。宫廷画家也是当时中国画坛的中坚。山水画画家中有以描绘秦岭山水雄奇壮美称著的范宽。《雪景寒林图》与《溪山行旅图》（见图10–1）是其代表作。

董源、巨然以"披麻皴"法绘江南秀色，所画山川草木葱茏，水光接天，或平远或高远或简淡或深厚，都有郁郁之生气。又有郭熙，全用水墨作山水画。《格古要论》中说他的山水画"其山耸拔盘回，水源高远，多鬼面石，乱云皴，鹰爪树，松叶攒针，杂叶夹笔、单笔相半，……绝佳"。他又是画论家，《林泉高致》是他的代表作。花鸟画创作，首推赵佶。他是很全面的画家，无论工笔重彩、水墨小写意都画得十分生动、潇洒。特别是他用"瘦金书"笔法入工笔画、作题跋，书画结合得天衣无缝，令人叫绝。在画院考试、课程设置、教育方法中，他十分重视对画家全面艺术修养与观察生活、写生基本功的培养。从入学考试命题用"踏花归去马蹄香""乱山藏古寺""竹锁桥边卖酒家""野水无人渡，孤舟尽日横"等诗句，即可见其用心。宋代文人中苏轼、米芾、晁补之也都是知名画家，只不过文人画派的代表人物并不赞同宫廷画家的绘画主张与表现手法。苏东坡"论画以形似，见与儿童邻。赋诗必此诗，定知非诗人""瘦竹如幽人，幽花如处女。低昂枝上雀，摇荡花间雨"等论画诗句道出了中国绘画传神写意的真谛所在。他关于"画竹必先得成竹于胸中"的议论，更进入"其身与竹化"的物我皆忘的最高创作境界。米芾所创的"米点山水"，丰富了中国画表现雨中山川的技法，升

图10–1 溪山行旅图（范宽）

华了中国画的境界。

在宋代绘画中，宋徽宗时张择端的《清明上河图》成为中国画史上的瑰宝。作者用中国画特有的散点透视画法，游目骋怀中描画了北宋末年以汴河为背景的丰富多彩的历史生活场景。《清明上河图》场面之博大，人物之繁多，情节之复杂，人物形象之生动，布局之严密，都是亘古未有的，这幅作品也成为中国画史上的奇迹。

南宋马远、夏圭的山水画更开创了一代新风。马远常常选取山川之一隅以大斧劈皴法画山石，以劲捷的线条画树木、屋宇、舟船，所成山水，小中见大，笔墨洗练而意境幽远。夏圭所作的《长江万里图》，运用散点透视，从横移中让我们领略长江之雄奇壮伟。他的山水画深得范宽雄厚之气，水墨淋漓、浑穆厚重中仍不失典雅、清丽。中国绘画史上将他们并称"马夏"是很有道理的。中国文人水墨山水画到宋代"马夏"发展到了高峰。此后元、明、清许多文人山水画仍然在"荆关""董巨""马夏"等范围内徘徊。

元、明、清以后的中国画，虽然派别林立，但从绘画的总体来讲进步并不显著。元代大书家兼大画家赵孟頫在书法上直追"二王"，提出"用笔千古不易"的主张，在绘画上也极力模古，追求"古意"。他的题画诗"石如飞白木如籀，写竹还于八法通。若也有人能会此，须知书画本来同"准确地揭示、概括了中国书法与绘画的内在联系。中国画既有书法意识又有强烈的抒情色彩，元代画家十分注意这一点。王冕的《墨梅》写道："我家洗砚池头树，个个花开淡墨痕。不要人夸颜色好，只留清气满乾坤。"画梅、兰、竹、菊"四君子"以抒怀是元代文人画的一个突出特点。"霏霏桃李花，竞向春前开。如何此君子，四时清风来。"吴镇的《画竹》也体现了这一创作特点。元代山水画画家以"黄、王、倪、吴"最为知名。黄公望（子久）、王蒙（叔明）、倪瓒（泰宇）、吴镇（仲圭），四位的生活际遇以及所得之江南山川灵气，造就了他们在艺术上相近的追求。后人称富春江以及浙东山水都是"倪黄粉本"不是没有道理的。清简、萧疏、平淡、苍茫、空灵中寄寓了画家各自复杂的情怀。他们更将诗文书法题于画上，将"诗、书、画、印"集于一身，在中国画形式美的完善方面作出了重要贡献。

明代画坛，有浙派戴进，承"马夏"之余绪；吴伟得线描、泼墨之趣；吴派沈周、文征明，山水得"董巨"与赵孟頫等之真谛；唐寅、仇英以山水、人物、仕女名噪画坛；董其昌、莫是龙、陈继儒都是当时一流的山水画家，他们的作品和画论丰富了中国画的艺术宝库。徐渭、陈道复、孙克弘、陆治更以其水墨写意花鸟画丰富了明代画坛，为中国画宝库增色。特别是徐渭（号青藤道人）的泼墨大写意《杂花卷》真可以当作抒情诗去解读、去感受。他将花鸟画创作看作针对时弊的工具，是他关心政治、同情人民的平民意识的体现，难能可贵。

清代初年画坛上"四王"（王时敏、王鉴、王翚、王原祁）追"黄倪"以干笔枯墨皴擦作山水，以仿临为主旨，虽然也画出了一些好的作品，但总体上抑制了中国山水画的生命力。倒是明末清初的石涛、朱耷、髡残、弘仁等，主张"搜尽奇峰打草稿"（石涛），"寄爱憎于花鸟"（朱耷），"师法黄山"（弘仁），他们的见解、主张、画风给中国画注入了新的生命力，开辟了中国画的新天地。清代乾隆年间，活跃在江苏扬州一带的高翔（字凤岗）、金农（字寿门）、黄慎（字恭寿、恭懋）、郑燮（字克柔）、李鱓（字宗扬）、李方膺（字虬仲）、汪士慎（字近人）、罗聘（字遯夫）人称"扬州八怪"或"扬州画派"，他们在艺术主张上有共同的平民意识。"些小吾曹州县吏，一枝一叶总关情"（郑燮），"心恶时流庸俗"（李鱓），就是他们的心灵写照。在表现手法上，他们力主求新、求变、求个性风格的体现。这也就是他们的艺术主张和艺术作品至今仍被国内外珍视的原因。中国画发展到清代，虽然已失去了唐宋的辉煌，但已萌生了求新、求变、求个性风格体现的艺术追求。这些基于深厚传统之上的新的冲动正是21世纪以来中国画发生大变革、大发展的内因。

（二）中国绘画的艺术特性

从对传统的回顾中我们看到了中国画昔日的辉煌，也了解到中国画包括山水、人物、花鸟三大画种。倘细分，山水画可分为青绿、浅绛、水墨、焦墨等；人物画可分为历史、道释、仕女、民俗故事等；花鸟画从技法运用上可分为工笔重彩、小写意、大写意等。若从应用范围分，中国画可分为宫廷画、民间画、文人画、宗教画、市民画等。但不管是哪一种、哪一类中国画，都有着共同的艺术特性。

1. 中国绘画的基础是书法，是笔情

中国画自古至今都十分重视线的运用。有意蕴、有生命的线的律动、线的节奏形成了中国画特有的笔法、笔势、笔情。以有意蕴的线（包括由线变出的点、块、面），抓住描绘对象造型上的骨干与气韵去"写"，这就是中国画所强调的"骨法用笔"。这种"写"，在传统人物画中就是"十八描"，在山水画中就是皴法，在花鸟画中就是大写意、小写意、工笔，这就是笔法。近代美术教育家吕凤子在《中国画法研究》一书中曾说："据我的经验：凡属表示愉快感情的线条，无论其状是方、圆、粗、细，其迹是燥、湿、浓、淡，总是一往流利，不作顿挫；转折也是不露圭角的。凡属表示不愉快感情的线条，就一往停顿，呈现一种艰涩状态，停顿过甚就显示焦灼忧郁感。有时纵笔如风趋电疾，如兔起鹘落，纵横挥洒，锋芒毕露，就构成表示某种激情或热爱，或绝念的线条……"有生命的线是中国绘画的基础与骨干。明代董其昌曾说："以草隶奇字之法为之，树如屈铁，山如画沙，绝去甜俗蹊径，乃为士气。"清代石涛也强调："一画收尽鸿蒙之外，即亿万万笔墨，未有不始于此而终于此。"线条的内涵几乎包含了天、地、人、物多层次、全方位的生命信息。线为骨干的意识，也就是书法意识，是中国画的重要特点。骨法用笔的骨法既包括画家有个性的书法语言中有骨气的线，也包括画家捕捉到的物象本身所溢出的骨气，二者有机结合就是出现在画面上的线。中国绘画的独特之处在这里，中国绘画深邃的内涵在这里，中国绘画的神秘奇妙之处也在这里。

2. 对墨趣的追求

中国画最讲究的是"墨分五彩"。近代书画大师潘天寿曾说："色易艳丽，不易古雅；墨易古雅，不易流俗，以墨配色，足以济用色之难。水墨画，能浓淡得体，黑白相用，干湿相成，则百彩骈臻，虽无色，胜于青黄朱紫矣。"甲 用墨，要讲墨韵，浓淡分明，便是活墨。中国画讲究"墨趣"，讲墨的干湿浓淡变化所产生的自然美。这种自然美，也就是"墨韵"。墨韵是流注笔势之中，于画面之上的有生命节奏的气，是"挥毫落纸

甲 潘天寿. 听天阁画谈随笔:三[J]. 老年教育（书画艺术），2011（2）：28-29.

如云烟"的"云烟",是画家胸中之气与笔下淋漓的墨气相融的物化形态。齐白石笔下的虾、蟹,讲笔法、墨法;石涛的山水画讲笔法、墨法;徐渭的《杂花卷》更是笔墨淋漓的抒情诗。中国画以墨为色彩的主体与基础,墨的运用寄寓了历代中国画家的审美意识与艺术追求。中国画家"惜墨如金",翰不虚发,因为黑与白是两种最单纯的色素,也是最丰富的色彩。中国书画讲究笔歌墨舞,墨也是有生命节奏与韵律的活的艺术元素。

3. "游目骋怀""以大观小"

中国画运用了特殊的透视法,即"游目骋怀""以大观小"的散点透视。"游目",即画家的视点可以上下左右移动。"以大观小"是坐着宇宙飞船观察地球,就像我们现在欣赏微缩景观一样。由此产生了山水画中的"三远",即"高远""平远""深远"。五代荆浩、关仝的山水画,宋代张择端的《清明上河图》、巨然的《秋山问道图》、夏圭的《长江万里图》、范宽的《溪山行旅图》都是运用散点透视的典范作品。近世张大千所作《长江万里图》长卷依然沿用了这一传统的透视法。

4. 遗貌取神

中国画家重视"神"的传递。在人物画中,"中国人物画则一方着重眸子的传神,另一方则在衣褶的飘洒流动中,以各式线纹的描法表现各种性格与生命姿态"[甲]。唐代张萱的《虢国夫人游春图》,唐章怀太子墓壁画中的《观鸟捕蝉图》,就是这样的传神之作。即使是山水画,中国画家追求的也是"得山水清气,极天地大观",是"登山则情满于山,观海则意溢于海",是"外师造化,中得心源"之后寄意笔墨丹青。这时画家所着眼的不是自然实景,而是胸中之景。石涛所谓"搜尽奇峰打草稿",不是整理写生稿,而是重铸胸中丘壑,是为山川传神,是通过整体的画境、画面整体的节奏与韵律去为山川传神。马远的"一角"与夏圭的长卷都是传山川之神的佳作。花鸟画更是这样。近代齐白石的牡丹,用洋红作花,用浓淡墨作叶,离牡丹的真实形象相距甚远,但我们仍然觉得那是鲜活的牡丹。他笔下的虾更是龙虾、草虾的综合体,是画家心中、笔下的活脱脱的虾。"论画以形似,见与儿童邻。"苏东坡的观点就是遗貌取神。齐白石曾说作画"妙在似与不似之间。太

甲 宗白华. 论中西画法的渊源与基础[M]//宗白华. 美学与意境. 北京: 人民出版社, 1987: 152.

似为媚俗，不似为欺世"。不似之似就是意象，就是遗貌取神。"妙在似与不似之间"，这是遗貌取神的精意所在。

5．意境与气韵

中国画着重于对画家灵魂的抒写。中国画所描绘的"境"主要是画家心中的意境，是意象的化境，是画家诗心的外化。优秀的中国画家很多时候都同时是优秀的诗人与哲学家。

唐代的王维之所以能"诗中有画，画中有诗"，首要条件是他是才气横溢的诗人。宋代的苏东坡首先是了不起的大文学家、大诗人，其次才是大画家；宋代的米芾是饱学之士，他创作的诗词、文章都是一流水平，书法更得魏晋书法家之真谛，在这样敦厚的文化底蕴上，悟出雨中山水的特质，创造"米点山水"，创造雨中山水的佳境，就是十分自然的事了；清代的郑板桥举凡诗、文、词、赋、道、情无一不精，书法方面更是创制了"六分半"体，那么他创作出境界极高的"我自不开花，免撩蜂与蝶"的墨竹就是必然的了；再如明末清初的朱耷，他学识渊博，诗文书法都有奇崛的特点，作为明末遗民，清人入主中原，这位年轻贵族子弟心中始终愤愤不平，这种郁积之气，在他的笔下化作了残山剩水，"是真零碎山川颠倒树，不成图画更伤心"，化作了"白眼看青天"的单腿、方眼的怪鸟，他的心声铸成他别具一格的画境。意境是中国画的生命与灵魂，也是中国画的特质。意境是中国画家禀赋、修养、悟性、诗心的自然流露，也是我们研究、欣赏的中国画透过笔墨物象所要寻觅的生命的灵与性之所在。意境的创造必须与气韵的表达同步。这就要求画家把由物象得来之骨气、神气、虚实流动之气与自己的豪气、雅气、逸气、静气、喜气、怒气、闷气、愤愤不平之气、瞬间波变之气，自然地融合，化作画中的笔情、墨趣，化作笔墨虚实变化的节奏与韵律，使作品始终有一种可以感知的骨肉筋血气息流淌的韵律，有一种往复回环的气，一个浑然一体的多层面、虚实相辅的气场。这虚实相生的气场就是中国画的意境得以表达的基础。

二、中国雕塑及其艺术特性

（一）历史回顾

中国雕塑以社会功能划分可分为宗教雕塑、明器雕塑、陵墓雕塑、纪念性雕塑、建筑装饰雕塑、工艺性雕塑六个大类。研究人员最新发现，我国最古老的雕塑可追溯到一万多年前，造型是一只不到二厘米长的"小小鸟"。在这漫长的历史长河中，我们的先民以自己独特的审美观念、造型规律创造出了丰富多彩的艺术形象。商、周人民在青铜器物上创作了威严狞厉的兽纹浮雕、线刻，创作了神秘奇妙的人面、鸟纹浮雕、线刻，又制作了玉虎、玉蚕、玉人、玉鸮等精妙的艺术品，制作了铜驹尊、铜犀尊、铜羊头觥、铜虎、铜牛等青铜艺术品。秦人创作了世界第八大奇迹秦始皇陵兵马俑。兵马俑雕塑数量之多，形象之生动，解剖结构之准确，造型手法之独特，塑造、烧制工艺之精良，整体设计思想之精密，动用雕塑家和工匠之多，总体工程之浩大，都是同时期世界上其他民族无法比拟的。秦汉雕塑家群体的出现更是中国文化史上的奇迹。

汉代茂陵霍去病墓石雕群的出现，表现出西汉雕刻家精湛的技艺和捕捉物象本质特征，以极简省的刀法给予意象刻画的审美意识。其中《马踏匈奴》（见图10-2）所表现的英雄气概令人振奋。马的刚毅自若，匈奴的惊恐、挣扎，令人叫绝。卧牛、卧虎等均是用几根极简要的线勾画物象轮廓、动态、神情，以少胜多，造就了中国雕刻史上意象雕刻的奇观，也成为世界文化宝库中的瑰宝。

图10-2　马踏匈奴

陕西咸阳杨家湾汉墓出土现存咸阳博物馆的三千彩绘兵马俑更是中国雕塑史上的奇观。四川成都出土的东汉"击鼓说唱陶俑"、四川彭山出土的东汉陶马、甘肃武威出土的"青铜奔马"（亦称"天马""马踏飞燕"）、陕西茂陵出土的"鎏金铜马"等都以光彩照人的生动形象为中国雕塑史谱写了光辉的篇章。魏晋南北朝时期佛教兴盛,宗教雕塑有了极大的发展。山西大同云冈石窟北魏的佛像,甘肃天水麦积山石窟北魏、西魏彩绘坐佛、菩萨及倩女像,甘肃敦煌北凉、北周彩绘菩萨像,河南洛阳龙门石窟北魏的石雕菩萨、飞天像等均雕饰精美。

隋唐时代佛教雕塑有了更大的发展。甘肃敦煌莫高窟的唐代彩塑菩萨,河南洛阳龙门奉先寺的唐代石雕大佛,陕西西安的唐代石雕坐佛、石雕菩萨残躯等集唐代佛教雕塑之大成。以世俗人的形象为参照去塑造神佛,使神佛形象有了更多的世俗成分是唐代宗教雕塑的一大进步。至于唐墓殉葬品中大量明器雕塑中之三彩俑、粉彩俑,无论人物、动物都塑造得栩栩如生。陵墓雕刻中墓前大石雕的雕刻更令人叹为观止。乾陵的鸵鸟,顺陵的走狮、石马,桥陵的侍臣、石狮、华表,屹立于渭北原野之上,雄奇壮伟。大型浮雕"昭陵六骏"无论是造型上解剖结构的准确,还是对六骏神韵的传递,都表现出雕刻家极高的造型能力和伯乐般的情怀。

宋代雕塑更靠近世俗。山东长清灵岩寺的彩塑罗汉,就是一位沉思的北方大汉;四川大足宝顶的石雕养鸡女,就是一位慈祥善良、勤劳质朴的农妇;山西晋祠彩塑宫女群像,是典型的中国美女形象,其表情、仪态、服饰的细节等都被刻画得生动异常。

此后,元、明、清中国雕塑逐渐失去了秦汉隋唐的雄风和宋代的精妙传神,走向衰落。元代的粗糙,明清的渐趋烦冗。相对而言,工艺雕塑中出现了一些精美的玉雕、牙雕、翡翠雕,有的堪称国宝级精品。但大型雕塑就很难找到可与前代佳作媲美的作品了。

(二)中国雕塑的艺术特性

中国的雕塑更多的是与建筑物(包括陵墓、石窟、寺庙)处于同一设计空间而与之统一和谐。中国雕塑的艺术特性也因此而形成。

1. 线条美——强调线条的表现

中国古代雕塑的表现语言是线条，强调多样的、流动的自由之美。中国的绘画艺术尤其强调用线造型，传统人物画的衣纹有十八描之分；中国的书法艺术经历了从象形到抽象的演变，成为纯粹的线性结构的艺术；同样，中国古代雕塑中常有一种行云流水、骨力追风的线条之美，有如音乐的旋律。

中国古代雕塑的曲线造型和多用线刻表现成为其一大特色。春秋战国时期是中国传统文化形成的重要时期。"百家争鸣"带来中国历史上第一次思想文化大繁荣，各家各派思想的激烈交锋深远地影响着中国社会，以孔子孟子为代表的儒家思想，以老子为代表的道家思想，以及墨子兼爱、非攻的思想都对中国社会产生了深远影响。雕塑受各种思想文化的影响，表现出柔和、灵动和优美的形态，最明显的特点是很多雕塑都倾向流线造型。

线条美的另一方面还表现在中国古代雕塑强调和突出线条。中国古代很多雕塑运用了线刻与圆雕相结合的手法，这种手法甚至出现在大型石窟雕像中。从中可以看出中国传统造型思想对于线条美的重视，即使到了明清时期雕塑已开始用体的观念造型，但创作者还是刻意地突出流畅的线条，这一点显著地反映在如行云流水般令人赏心悦目的人像衣纹上。

2. 气韵生动——强调内在精神的表现

中国古代雕塑所表现出的内在特质与绘画类似，强调灵性、意趣，创作不拘泥于事物原来的面目，有适当的夸张变形，但又不完全脱离现实，是一种情与理的结合，重写意与传神，突出内在精神。在成都附近出土的东汉《击鼓说唱俑》（见图10-3）是很有代表性的传统雕塑作品，陶俑动作夸张，塑造手法质朴、概括，俑的每个部位都以夸张的手法来表现，那手舞足蹈的动作和兴奋激动的表情，让人似乎看到当时的热闹场面。

图10-3 击鼓说唱俑

更有突出代表意义的是汉代的茂陵石雕,这是为霍去病墓修建的纪念性雕塑,形体朴拙粗犷、雄健豪迈,特别是《马踏匈奴》中的马昂首挺胸,将匈奴兵踏于蹄下,那豪迈勇武的神韵让人不由地联想到年轻有为的青年将领霍去病的英武形象。

3. 绘塑结合——多种艺术手法的综合运用

中国的艺术形态从原始社会的混生到各种艺术门类的独立经历了很长时间,然而这种独立也只是相对的,中国传统艺术中很多门类依旧保持了这种混生的特征。比如中国画,不但有画家签名,钤有自刻印章,还有画题,有的还有诗,集绘画、书法、诗歌、篆刻于一身,让人品味到诗情画意、图文并茂的精妙。中国建筑也多是综合了雕刻、绘画、书法、园林等多种艺术形式。至于雕塑,作为一门造型艺术,也融合了多种表现形式。无论是具有典型楚文化特质的漆器,还是气势恢宏、威武雄壮的秦始皇兵马俑,还是精巧别致的唐三彩与气象万千的六朝佛像,无一不是雕塑与其他艺术手法的结合。

4. 天人合一——亲近自然的特质

中国古代雕塑作品较注重作品的自然天成和材质美感,商周的青铜器、战国的玉器、大唐的唐三彩,都不同程度地反映出材质的自然之美。

多以动物为主题是中国雕塑的显著特色之一,纪念性雕塑如历代帝陵石刻,多是以各种动物作为题材,唐代的唐三彩,明清时期的玉器、陶瓷等也多以动物为题材,马、龙、凤、象、狮、鹤等都是中国古代工匠常常表现的对象。这些现象的背后,是中国历代美学家所推崇的美学法则——天人合一。在中国人的意识里,作为宇宙整体一部分的人,应与自然和谐相处。

5. 材美工巧——注重工艺美

《考工记》载:"天有时,地有气,材有美,工有巧,合此四者,然后可以为良。"这是中国古代一个极为深刻的造物原则和价值标准,是中国传统造物思想之精华的扼要表述。所谓"材美"是肯定人对材料质地、品性的选择,要求人们按照自身的需要和旨趣去体认材料。"工巧"则要求造物主体对"美材"予以巧治，即"因材施艺""适材加工"。中国这种造物观在造型文化中有生动反映。那些驰名中外、令人长久追慕的古代精美工艺品与各种制品，如商周玉器、战国漆器、汉代织锦、宋代陶瓷、明代家具等都离不开古代工匠对中国古典造物原则的深刻认识和把握。中国古代雕塑用材丰富，青铜、玉、陶、石、木、铁等均可使用，这在世界范围内是不多见的。不同的材质有不同的质感、纹理，从而呈现出不同的艺术效果。青铜的光泽、玉的玲珑剔透、陶土的朴实无华、石材的厚实雄伟，材质之美在中国古代工匠手中被表现得淋漓尽致。

我们只有在深入领悟传统艺术精神、充分认识现代各种设计思潮的基础上，兼收并蓄，融会贯通，寻找传统与现代的契合点，才能打造出符合新时代的雕塑形式，才能创作出雅俗共赏、走向世界的现代雕塑。

第十一章
中国书法艺术

中国书法艺术以其独特之美成为中华民族文化宝库中一颗灿烂的明珠，也是世界文化宝库中的奇葩。

几千年前，我们的祖先创造了汉字。几千年来，这种表意文字又为中华民族保存了无比丰富的文化遗产。在书写应用汉字的过程中，书法艺术逐渐产生。书法实用功能和观赏价值兼具。如果说汉字书法是一种特殊的意象艺术，那么，由点线搭配、变化所构成的表意的汉字本身就是这种艺术的造型基础。在漫长的历史岁月中，在人们书写、应用的过程中，汉字书法也形成了一整套艺术规律。它起于点画用笔，基于单字结构，成于章法布白，美于风神气韵，既要"求工于一笔之内"，又要寄情于点画之间，法度森严而又变化无穷。它所体现的文化思想、审美意识更是那样神奇、丰富，令人神往，令人陶醉。它既抽象又具体，是意象艺术的代表。

书法艺术是那样深奥，深奥得和哲学家的玄谈妙理一样。它有时像依偎着山花芳草的清清小溪静静流淌，有时像奔腾的黄河、长江一泻千里；有时像狂风暴雨，有时像清风明月；有时像龙腾虎跃气象万千，有时像幽林鸟鸣悦耳入心；有时像苍茫无垠的北国大地，有时像细雨飘洒的江南村舍；有时像清新明快的田园小诗，有时像震撼人心的历史丰碑。它是无声的音乐，静态定格的舞蹈，抽象的绘画，大自然风云变化的旋律，书法家心潮起伏的波澜。

一、中国书法艺术的发展历程

中国书法艺术的发展经历了一个漫长的过程。

（一）寻找自我的时期

这一时期汉字尚在寻找自我，书法亦在悄悄地寻找自我。这一时期从漫长的新石器时代一直延续到汉代，经历了数千年。作为记录语言的符号、交流思想的工具的汉字，首先从实用出发，不断寻找、完善自己的面貌，终于找到了方块汉字这一最终的归宿。爱美是人类的天性，追求和谐、稳定、平衡是自然美、人体美给人类的启迪。汉字在寻找自我的过程中自始至终受先民审美意识、审美习惯、模糊的审美标准的影响。所以如今即使从现代人的审美观去审视古人留下的汉字遗作时仍然会感到它是美的，是书法艺术品。它的"丽质"不是天生的，而是先民的创造。它的点线，从一开始就是有意蕴的，是先民有意识，或无意识、潜意识支配下创造出的"心线"。它蕴含着、反映着先民美的理想、美的理念和法度。

有了汉字这个载体，有了方块汉字这个基点，中国书法艺术才有了纵横发展的根据地，才会有神奇而博大、生机勃勃的昨天、今天和明天。

萌芽期。从旧石器时代到新石器时代，特别是新石器时代，先民用刻画符号（见图11-1）、图画、图腾去表达自己的思想，记录自己的语言，这就是汉字的萌芽。汉字的创造和书法的萌芽几乎是同步的。直拙、尖利、朴实、神秘是早期汉字的特色。"意象"从一开始就融入汉字与书法，成为汉字与书法的灵魂。这一过程大约经历

图11-1　半坡陶文拓片上的刻画符号

了两千年。先民苦苦地求索、追寻，艰难地创造着人类文明，创造着作为人类文明标志的文字，创造着尖底瓶、人面鱼纹陶盆一类的生活用品和伟大的艺术品。

少年期。从殷商、西周、春秋、战国至秦代，其间跨越了奴隶社会、封建社会两个时期，大约一千五百年。先民在这一时期将原始的符号、图画逐渐发展为更复杂的文字（见图11-2）。殷商的甲骨文，在构造上以象形为基础，已有了指事、会意、假借、形声等被后人总结为"六书"的规律；在形式美上既保留了原始符号自然、烂漫的因子，也开始有意无意地对后人总结的书法三要素，即中用笔（包括笔法和刀法）、结字、章法。商、周的金文（见图11-3），则较甲骨文字形更趋稳定，对形式美的追求也更加明晰。唐兰认为长篇金文中讲究"分行布白""笔画肥瘦"。结构的疏密，转折的方圆，位置的高下，处处受了拘束，但都自然而然地产生一种和谐的美，这就是书法。^甲和青铜器一样狞厉、威严、凝重、神秘，是西周金文书法的风格。

图11-2 王宾仲丁·王往逐兕涂朱卜骨刻辞

甲 唐兰. 中国文字学[M]. 上海：上海世纪出版集团，2005.

图11-3 金文拓片

到了春秋战国时代，由于社会的动荡与分裂，汉字与汉字书法也发生了一次大的裂变。汉字在西周金文中相对稳定的结构受到冲击，文字异形现象更为严重。汉字书法也出现了地域性的特点，荆楚一带、东方诸国与秦陇中原体系的书法的差异是十分明显的。鸟虫篆、蝌蚪书、狭长的装饰美术字等都出现了。活泼、夸张、变形、多姿的风格特点无疑是先民在使用汉字时的新的探索，也是在美化汉字时的新的探索。这一时期虽然庄严场合一般使用的仍然是西周以来的大篆（或称古文、籀文、古籀），但草篆、篆体美术字（越王勾践剑铭之类）已广泛应用，古隶已经萌生，与诸侯割据、百家争鸣、思想解放的总的社会政治变革、文化思潮的特点相一致，这一时期的汉字与汉字书法呈现出"放"的景象。

汉字首要的职能是语言书面化的工具。在春秋战国时期，汉字在形式美上多有尝试，终于在秦统一之后又向继承西周传统的秦系文字回归。"书同文字"正是适应了社会各阶层的需求。应当说秦小篆的定型是汉字的一大进步、一大改革，是汉字寻找自我的第一个胜利，第一个里程碑。小篆是对几千年来汉字的大整理，在汉字实用性的完善上是功德无量的。秦小篆（见图11-4）所呈现的圆融、整肃、均衡、对称的特点至今仍然是人们习篆的追求。还应看到，前代和同时代所产生的各种汉字构造、汉字书法面貌，都为后来汉字书法艺术的发展打下了良好的基础，积淀了书法艺术百花齐放、流派纷呈的沃土。

图11-4 《秦诏版》小篆

此时期的汉字在寻找自我的历程中艰难地迈着迟缓的步子，还没有脱离象形的基本形态，像一个眉清目秀的少年，仍然带着几分稚气和天真。

青年期。汉代四百余年，是汉字发展的转折点。这四个多世纪中，篆书虽然仍被使用着，但逐渐失去了统治地位。从战国时代就已萌生的隶书，因为有构形简明、化圆为方、笔画方折、易识、易写等特点,到了汉代,迅速由民间走向官方,成了通用的文字形体。

汉代完成了汉字的"隶变""隶定"过程,因而人们把中华民族的通用文字叫汉字。方块汉字将汉字在小篆中残存的一点象形遗意也消除了,汉字成了"不象形的象形字"。这一过程的完成大约在西汉中晚期。有居延汉简(见图11-5)和河北定县出土的西汉简书为证。

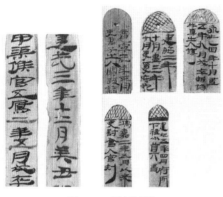

图11-5　居延汉简

汉代简书,结体扁方,基本笔画中波挑、波磔大量使用,点如木楔,竖如柱,横折笔画如摧峰折剑,有了一整套程式。

隶变的发生不仅与人们渴望要求通用文字简单易用的需求有关,也与人们的审美心理与阴阳对立统一观密切相关。圆多了求方,这是汉字发展史上最伟大的变革。从此汉字成了纯粹的符号,成了表音又表意的神秘的由点画组成的符号。从此汉字书法艺术的发展也进入到了以有意蕴的、净化了的点线寄意达情的新的历史时期。汉字找到了自我:符号化的表音表意的方块汉字。书法也找到了自我:寄情点画之间。

汉代是中国书法史上充满活力的一代,也是书法艺术清晰地、自觉地由实用文字的书写走向独立观赏艺术的大跃进的一代。

有这样两个事实可以证明:

汉代初年,主持营建汉长安城的丞相萧何为了给宫殿写榜书,"覃思三月,以题其额"。此其一。

西汉哀帝时杜陵人陈遵为河南太守,"性善书,与人尺牍,主皆藏弃以为荣"。此其二。

这是有史可证的两个事实。从这样的事实可以看出:书法的实用功能和观赏价值始终是统一的;书法作为独立观赏艺术在西汉时已十分流行,它的产生应当更早一些。

这一时期"以书取仕",能写好隶书的人就能做官。汉代大量的简牍帛书、石刻文字、瓦当文字、金文等无疑在实用中推动了书法艺术的发展,简牍帛书可以说是书法最有活力的部分,今日研习书法者,仍可以从中受到启迪和教益。东汉桓灵之世树碑立传之风大盛,无疑又给书法家展示才华提供了更大空间。隶书大家们挥毫书丹,创作了面目各异的隶书佳作。

刻石(见图11-6、11-7)的茂密雄强、方整劲挺、法度森严、烂漫多姿,简牍帛书、瓦当文字的多姿多态,书写了汉代书法艺术的华章。汉代书法如果以东汉大量隶书碑版为主去分析,可以看出,此类受"礼""乐""刑""政""中和"等思想与书法心理支配而产生的经过雕饰规范过的隶书不是以韵胜而是以法胜。它们的点线是净化的、情理化的。既讲究舒放自然,点画传情,又讲究用笔、结字、章法的程式,把"放"纳入一定的范围法度之中,这就是贯穿于书法审美兴趣、审美习惯、审美心理的中华传统文化思想对书法艺术的要求。大量碑版(见图11-8、11-9)的书法艺术风格,是汉代书法风格的代表。但汉代毕竟是隶法初建的

图11-6　汉《开通褒斜道摩崖刻石》　　图11-7　汉《石门颂》

图11-8 汉《曹全碑》　　图11-9 汉《张迁碑》

一代，所遗碑版、简牍帛书、金文、陶文的风格仍然是丰富多彩的。"汉兴有草书"，汉赵壹的《非草书》一文更传递了汉代草书盛行的信息。大风格之下的多元变化正是事物多元化发展在艺术上的体现。

汉代是汉字找到了自我的时代，是汉字书法充满活力的时期。汉字书法艺术的活力还表现在，这一时期篆书逐渐失去统治地位，隶书、行书、楷书、草书应运而生。只是隶书完善于汉代，而楷书、行书、草书的完善推迟到了下一时期。

（二）找到自我、完善自我的时期

这一时期，汉字书法艺术找到自我，并完善自我。这就是中国书法史上出现书圣王羲之的时期——魏晋，历时二百余年。人们在讲到此时期的书法时往往沿用"晋人尚韵"来概括。事实上这四个字并不是对魏晋书法的总体风格的准确判断。这一时期，从汉字的发展看，是汉字最终完成楷书、行书、草书形体演变的时期，也是汉字完成五种书体演变的时期。也正是这一时期，钟繇等人从隶书和萌芽状态的楷书中，从前代人的真书中总结出了一套新体书法——楷书的规矩和程式，完成了楷书的定型。这是与隶书的定型一样伟大的工程。钟繇建立的楷书的标准化程式至今仍被使用着。也正是这一时期，书圣王羲之与其子王献之以及同时代的许多书法家完成了行书、草书（包括章草、今草、狂草）的定型，创作出"天下第一行书"《兰亭序》（见图11-10）与《丧乱帖》《二谢帖》《得示帖》（见图11-11）等堪称楷模的行书作品和《十七帖》与《初月帖》（见图11-12）等草书作品。"钟王"等一大批书法家在追求汉字实用性的同时，求速度，求简易实用，求形式美。他们不但相继完善了楷书、行书、草书三种书体，确立了用笔、结字、章法上的艺术技巧，而且总结了书法美的艺术规律，为建立中国书法理论体系作出了重大贡献。卫恒、王羲之的书学理论成为中国书法美学理论的基石。从这样

图11-10　王羲之《兰亭序》

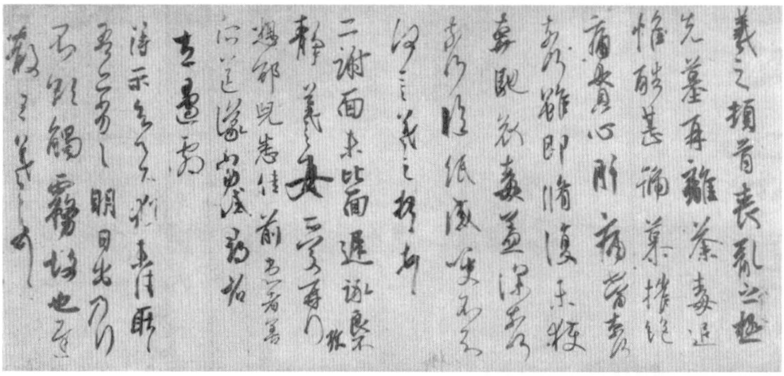

图11-11　王羲之《丧乱帖》《二谢帖》《得示帖》
（由右向左分别为《丧乱帖》《二谢帖》《得示帖》）

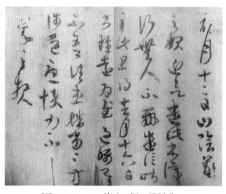

图11-12　王羲之《初月帖》

的事实去看，不能简单地说"晋人尚韵"，而应当说晋人集前人和同时代人书法艺术之大成，为书法艺术创立了美的典范、美的法则、美的规矩、美的技法。虽然魏晋时士大夫们受"玄谈""通脱""无为而治"等道家思想观念的影响，在艺术上表现出一种自然直率的气息，但仔细分析，意中有法、为意立法、建立法度才是这一时期书法艺术的总特点。后世"才知书法独推晋，换骨先由汉转丹"（王世镗《论书诗》）就说明了这一事实。

魏晋是中国书法史上承前启后的时期，这一时期集前代艺术成就之大成，书法艺术获得大发展，汉字书写从实用升华为独立观赏艺术。艺术家借实用文字的美化去发挥自我，去表露自己的性灵，这一切又都在法度之中，这就是这一时期书法的特点。

有了魏晋书法的法度，有了魏晋人总结的书法艺术美的理论，中国书法艺术这条大河才能顺流而下。

（三）高峰期

从南北朝至唐末是中国书法艺术发展的高峰期，个人风格争奇斗艳，个性特点强烈的书法家群体涌现。从南北朝至唐末，近五百年，又分为两个阶段：一是从南北朝至隋，是高峰的前奏与酝酿阶段；二是唐代，步入高峰期。

由南北朝至隋末，在二百多年中我们的国家经历了南北分裂和隋朝的统一。经过魏晋人对行书、楷书、草书的完善和对书法艺术理论的总结，到了南北朝时期书法艺术发生了有趣的变化：一是篆、隶的低潮；二是行草书沿着"二王"的路子继续前进；三是楷书的大发展；四是民间书法家大量涌现。楷书以其较隶书更为简单易写广受群众欢迎。那些书写、刊刻墓志、碑版、造像记的大量无名书法家，那些抄写佛经的虔诚的经生，他们所创的楷书作品是如此丰富多彩。北魏《张猛龙碑》（见图11-13）、《太妃李氏墓志》、《元简墓志》、《始平公造像记》（见图11-14）等给后世留下大量结体扁方、方笔棱铮的魏碑典范。《蒙文庆造像记》《姚伯多造像记》《毛遐造像碑》等却给后人留下了大量稚拙生辣、粗犷蛮荒得令人瞠目的书法作品。《张玄墓志》（见图11-15）、《郑文公碑》、

图11-13 北魏《张猛龙碑》　　　　图11-14 《始平公造像记》

《文殊般若经碑》（见图11-16）、《高归彦造像记》、《朱昙思等一百人造塔记》等作品，倘置之唐人楷书之中也无从辨其时代。其中《高归彦造像记》简直与元代赵孟頫楷书相类，《朱昙思等一百人造塔记》甚至像宋代苏东坡的楷书。就是在民间书法家大显身手的南北朝，楷书才有了长足的发展与进步，为

图11-15 《张玄墓志》　　　　图11-16 《文殊般若经碑》

唐代楷书的发展与著名书法家对楷书个性化的自觉追求奠定了基础，提供了可资借鉴的大量楷书艺术技法和美的规律。经过隋代三十余年的过渡，唐代迎来了书法发展的高峰期。

有人把楷书的定型推至唐代。这里我们不必将魏晋南北朝时期的书法遗迹罗列出来与唐楷加以对比分析，因为南北朝时期楷书已经写得十分漂亮了。楷书百花齐放，行草书沿着王羲之的风格缓慢行进，篆隶书渐入低潮，这就是南北朝至隋的书法的总特点。

唐代历时近三百年。在近三个世纪的岁月中，由于有教育、取仕方面的政策，更有魏晋以来中国书法艺术已逐步完善的基础，在唐代经济、文化发展的社会条件下，中国书法艺术高峰期的到来就成了历史的必然。前人有所谓"唐人尚法"的论断，事实上不尽如此，作为中国书法艺术发展高峰期的唐代，所有立志于书的知识分子、书法家都努力寻找自己的书法语言，寻找书法艺术中的自我。这样就造就了唐代个性特点极为突出的书法家群体。南唐李煜在评论唐人书法时有这样一些论断：

> 善法书者，各得右军一体。若虞世南，得其美韵而失其俊迈；欧阳询，得其力而失其温秀；褚遂良，得其意而失其变化；薛稷，得其清而失于窘拘；颜真卿，得其筋而失于粗鲁；柳公权，得其骨而失于生犷；徐浩，得其肉而失于俗；李邕，得其气而失于体格；张旭，得其法而失于狂……

他是以右军（王羲之）书法作为规范去要求唐人的。比来比去唐人书法都与右军有所不同，都有一个顽固的自我在。这一点正好从另一面说明了唐代这些大书法家创作时有了明显的个人风格，有了自己面貌。正因为这些书法家失去王右军的"温秀"，而有了"粗""狂""生犷"的"体格"，才使他们成了中国书法发展高峰期的佼佼者与一代书风的代表。特别是张旭，正由于其书法的"狂"，才让他成为草圣，才受到杜甫赋诗称赞："张旭三杯草圣传，脱帽露顶王公前，挥毫落纸如云烟。"还有颜真卿，李煜贬他，宋代米芾也贬他，说他和柳公权"大抵颜柳挑踢，为后世丑怪恶札之祖，从此古法荡无遗矣"。但李煜与米芾所指责的正是颜真卿破古法求自我的创新之处。如果说"唐人尚法",李、米二人也不会有那么多批评了。正因为唐代大书法家在书法中借助点线努力表现自己的个性、情绪、风格,自己的"意",所以才招来坚守并推崇王右军之"法"的批评家的非议。

其实唐代的大书法家都在追求"意"。就拿褚遂良来说,他对王右军书法有极精到的研究,但在他临写王右军书法时就不那么死板。米芾说他:"虽临王帖,全是褚法。"有强烈的自我,这才是唐代大书法家的气魄和风度。不是简单的"尚法",而是追求自己之法,追求法外之意,追求个性化,这才是唐代书法家的群体风格。正是因为在法与意的对立统一中唐人更注重意,更注重自己个性的表现,所以魏晋以来完善了的楷书在唐代有了长足的发展,出现了至今仍为楷模的大量书法家。行书、草书这两种自由奔放的书体也有了很大的解放,两位草圣"癫张醉素"的出现就是历史的必然。而由远古而来的篆书,唐代李阳冰等人只在小篆内兜圈子。隶书至唐,程式化几乎要把隶书的生命力扼杀了。这说明如果说在篆、隶书方面"唐人尚法"那还有点道理,但如果说唐代的楷、行、草书"尚法"就不符合实际了。

(四)高峰后的自省期

这一时期是高峰后的自省期,从唐末五代开始,经宋、元、明三个朝代,历时七百多年。在这一时期,中国书法艺术在唐代高速发展之后,进入了徘徊四顾的自省期。在此期间,篆书、隶书仍然呈现出衰微的休眠状态。也出现过不多的几位书法家,但他们的作品没有超出唐人的水平。楷书由于从魏晋南北朝至隋唐创造的典范太多,要想出新实在太难了。所以虽善书者甚多,但也都未能超越唐代楷书名家。北魏无名氏的大量楷书人们好像一下子都忘到脑后了。但就在这漫长的岁月中,具有丰富的点线波变的行、草书却成了书法家情感驰骋的理想园地。五代的杨凝式、彦修,宋的"苏、黄、米、蔡"四大家,元的赵孟頫、鲜于枢、吴镇,明的"邢(侗)、张(瑞图)、董(其昌)、米(万钟)""三宋(宋琏、宋广、宋克)""文(征明)、祝(允明)""倪(元璐)、黄(道周)"等都是以个性特点极强的行、草书名震当朝影响后世的。他们的大量行草书作品在形式美的追求上都进入了新的境界。对传统技法综合研究、选摘运用、努力出新是他们在自省中法古开新的一种创作意识。杨凝式的斜风细雨式的笔意与章法，米芾冲破"二王"藩篱的"刷字"，鲜于枢强调"胆！胆！胆！"，张瑞图的三角形转折，宋克的熔章今狂草为一炉，文征明的硬毫运用，倪元璐、黄道周一泻直下滚动的笔势等都是极可贵的。而在技法的背后看得很清晰的就是书家们寄情点线的意。前人曾说"宋人尚意，明人尚姿"，其实五代、宋、元、明历代书家无不"尚姿"，也无不"尚意"。无姿不能表意，无意也就没有了由有意蕴的变化着的线所形成的有生命的姿。

（五）理论沉淀期

经过七百余年的自省，到了清代，帝王的喜好、科举制度所推行的"馆阁体"楷书的影响的确成了书法艺术发展的阻碍。但清代金石文字出土、发现日渐增多，文人学士留心斯道者亦不少。特别是雍正、乾隆之世，大兴文字狱，把一大批学人赶进了故纸堆，在金石文物出土较多的时期，许多人转而致力于金石考据之学，这一学科正好是研究中国传统文化的基础学科，也是研究中国书法的基础学科，许多学者由金石学入手，自然地转入研究书法。这就促成了清代书法发展的大变革。"碑学之兴""篆隶之盛"是清代有别于中国书法自省期的最显著的特点。碑学地位的尊崇使书法发展打开新局面。西周金文、秦汉刻石、六朝墓志、唐人碑版，大至摩崖刻石，小至造像、残砖残瓦、片石只字，皆为世重。再加上两位书论家包世臣、康有为著书立说，力倡碑学，尊碑抑帖，导致清代后期以至今日研究书法者多喜北碑。清代为中国书法艺术的振兴贡献巨大，为书法艺术发展新高潮的到来进行理论积累与建设。清代是中国书道中兴的一代，就是从这个意义上讲的。大量书学论著、金石著录、文物考据著作的产生，大量篆书、隶书书法家的出现，篆刻家群体的形成，行草书法家对个性的追求，书坛许多怪杰的出现，都说明了这一点。

（六）法古开新，创造书法新纪元

沉思期。从清末至1980年，中国人民经历了内忧外患军阀混战的清末民初，经过艰苦卓绝的十四年抗战，经过缔造共和国的浴血奋战,经过在废墟中建设国家的艰苦岁月,经过令人痛心的十年内乱。这一时期,书法暂时让位于国计民生的大事而沉寂下来。此时期虽然也产生过一批著名书法家,也有堪称大师的国手,但总的趋势是沉淀、沉思。

复苏期。20世纪70年代末,摆脱了"四人帮"桎梏的中国文化进入蓬勃发展期。书法学习班,各种书法展览、竞赛,国内的、国际性的,多层次、全方位、立体交叉,层出不穷。努力研习传统,努力求新、求变,寻求振兴中华书学的途径,成为中国书法家与书学研究者努力的方向。他们默默地献身书学研究的基础工程,并在创作领域争奇斗艳。书论家群体、书法家群体群英荟萃,大量书法论著、辞书出版了,中华儿女在中华书法艺术的发展中携起手来,通过书法找到了民族共同语言。中国书法在沉寂之后苏醒了,带着深厚的民族文化积淀,带着几千年优秀的艺术传统,以新的面貌出现了。它既古老而又年轻,在全世界中国书法热的大潮中,努力走自己的路。这就是当代书法的时代风貌、时代特点。

二、中国书法艺术的本质特征——意象

要弄清这个问题,必须从中国书法史上存在的这样一些事实出发:千百年来被大多数学人公认的优秀的书法艺术作品;历代逐步形成的书法技法、规律;古代大量而未形成严密体系的书学理论;作为书法艺术文化背景的中华传统文化;作为中华文化思想出发点的中华民族传统的宇宙观和方法论——思维方式。

"圣人作易,立象以尽意。意,先天,书之本也;象,后天,书之用也。"清人刘熙载《艺概·书概》中的这段话言简意赅地点破了书法艺术的本质特征——意象。我们的研究由此开始,去寻找书法研究与欣赏的共同语言。

(一)意象思维论的提出

意象思维是亘古以来就存在于先民思想、意识、潜意识之中的明亮耀眼的文明之光。

《易经》中就提出了"立象尽意"的观点。立象,包括诉

诸人体感官的视觉形象、听觉形象、触觉形象、感觉形象,都是为了表达立象者之意,表达立象者的愿望、追求、理想、情趣、瞬间感想、思绪波变、有意识、无意识、潜意识,等等。

《易经》所表达的理论,所揭示的规律,是人类精神文明的精华,也是中华民族认识世界、改造世界的宇宙观、方法论。

在艺术领域,中国这一古老的学说至今仍有着超时间、超空间、超地域、超国度、超民族、超阶层、超越一切层次间隔的奇妙的统摄作用。中国画讲究"形神兼备",中国诗讲究"情景交融",中国音乐讲究"情动于中,故形于声",中国书法讲究"书者抒也"。中国人在艺术领域内的思维方式有人称之为"形象思维",其实在艺术领域内,在艺术创作与艺术欣赏范围内,人们的思维方式既有形象思维,又有逻辑思维。实际上,将艺术领域内中国人的思维方式称为"意象思维"更为确切。因为在艺术领域内,无象不含意,无意不借象。在汉字创造的过程中,在书法艺术的萌芽、成长、成熟的全过程中,在书法艺术发展的历史中,在书法研究的多层次领域内,意象始终起着灵魂、统帅、总摄的微妙作用。这也就是我们讨论书法意象这一论题的出发点。

(二)中国书法的载体——汉字

我们的汉字,其创造途径有二:一是描写形象;二是符号抽象。东汉许慎总结提出构造汉字的六种方式:指事、象形、形声、会意、转注、假借,称之为"六书"。其中象形、指事正是指描绘形象的画图与符号抽象两个方面。

《系辞传》中说:"上古结绳而治,后世圣人易之以书契。"契,是用刀在木条上刻画符号。《系辞传》中又说:"古者包牺氏之王天下也,仰则观象于天,俯则观法于地,观鸟兽之文与地之宜,近取诸身,远取诸物,于是始作八卦,以通神明之德,以类万物之情。"这段话揭示了汉字创造的全过程与汉字本身的意蕴。创造过程是:仰观俯察(天、地、文<纹>与地之宜、身、物)→作八卦(符号、图形)→通德、类情(成为人们能够了解和认识的感情、思维信息的物化形式)。

山东大汶口仰韶文化遗址出土的陶文(见图11-17)中就有"太阳晒着,山上起了火"的意象文,古文字学家唐兰先生释之为"热"。

至于甲骨文、金文中大量应用的、图画意味极浓的文字更是意象思维的物化形式（见图11-18）。

图11-17　山东大汶口仰韶文化陶文

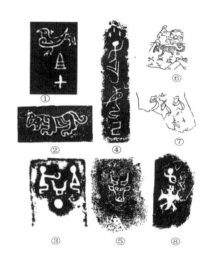

图11-18　甲骨文、金文中的图画文字

图11-18①：金文中的鸟形。取侧面，线条勾勒，洗练而准确，下有"且（祖）甲"二字。

图11-18②：金文中的虎形。侧势，以凝重的线条准确、概括地按结构画出虎的全形。后来大、小篆书的"虎"字就是甲骨文、金文中虎形的写意简化式。

图11-18③：金文中的"卿"字。像二人拥鼎共餐，取侧影示象。

图11-18④：商小子作母己卣铭文。文字为"小子作母己"，其中"小"字是用三个小点表示，属于符号范围；"子"是象形，小孩的侧、背影；"母"字是"女"字加两点，表示哺育孩子的女子的乳房。几个字虽名曰象形字，其实都是意象字。

图11-18⑤：金文中的牛形。用正面牛头表示牛，以部分代全体。后来大、小篆书中的牛字就是它的再简化。

图11-18⑥：甲骨文中的象形、马形。很像我们现在的儿童画。

图11-18⑦：猴形、虎形。夹杂在甲骨文中。这些类似于儿童画的形象正是人类创造应用汉字的初级阶段的意象思维方式的体现。这些虎、猴只是简描轮廓，突出种类特征，不做细节描绘，是极美妙的写意画。

图11-18⑧：金文。上为子形，也就是"子"字，像小孩嬉戏，下为蝙蝠形。均用剪影方式表现，与线条勾勒不同，但都是突出物象特征的写意式表达。

汉字的创造，是一个意象思维过程，也是一个创造意象艺术作品的过程，一个创造意象文字的过程。

人们说隶变以后的汉字是"不象形的象形字"。是的，隶变以后沿用至今的方块汉字已经基本算是纯符号化的文字。汉字在篆书中有过的象形因素大部分已经消失得难见踪影。我们仔细去分析甲骨文、金文、大篆、小篆中的象形字，实际上它们也不是具体的象形，更不是绘画六法论中的"应物象形"，既不是拍照所产生的形象，也不是工笔画中的形象，而是写意画中选取最突出特征进行描绘，最简化、最洗练、最概括的一种形象，是意象而不是具象。

中国汉字是以象形为基础创造的，由符号和象形两种形式衍生出来的供人们使用的文字。从某种程度上来讲，象形字本身就是意象字，那么隶定以后的汉字就更偏向意象文字了。

（三）中华民族传统文化思想与书法艺术在意象层面的契合

1. 五种书体形成过程中的意象思维

汉字创造的过程是意象思维的物化过程。汉字五种书体的定型化过程也是意象思维的物化过程。

篆书定型。汉字在原始的图画、符号以至甲骨文、殷商早期金文阶段，时而蝌蚪，时而鸟迹虫痕，大小参差错落，尖利直拙，活泼多姿。这主要是由于此时期的汉字书体也同汉字创造一致，"肇于自然"，因而有着原始、粗犷的美。但到长篇甲骨文出现，很明显已渗透了理性精神，在阴阳调和、刚柔相济的意识支配下，笔画上纵收得体，结字上斜正疏密匀停，章法上渐趋整齐。这种精神意识、理念发展到西周早期就升华为大篆定型的意象思维，也就是秦统一文字后小篆的意象思维。晋卫恒《四体书势》"篆势"中所讲的篆书的特点就是对篆书这一意象思维物化形式的生动描述。他说：这种始于鸟迹的篆字是仓颉按照圣人所立的法则制造的，它"或龟文针裂，栉比龙鳞，纾体放尾，长翅短身。颓若黍、稷之垂颖，蕴若虫蛇之棼蕴。扬波振激，鹰跱鸟震，延颈胁翼，势似凌云。或轻笔内投，微本浓末，若绝若连，似水露缘丝，凝垂下端。纵者如悬，衡者如编，杳杪邪趣，不方不圆，若行若飞，蚑蚑翾翾。远而望之，若鸿鹄群游，络绎迁延；近而视之，端际不可得见；指㧑不可胜原"。这就是西周金文成熟定型以后的意象特征，也是在西周秦系文字基础上加以省改，"罢其不与秦文合者"，统一文字后的秦代小篆的意象特征。这一描述并没有直接去解剖篆书结字的笔画写法的粗细长短斜曲变化的比例，也没有解剖篆书结字的黄金律，也没有分析篆书章法的格式要领，只是运用大量比喻讲篆书的笔势、字势、章法意蕴。像什么？什么都像又什么都不像。不像之象，意象是也（见图11-19）。

图11-19　散簋铭文

还有一个值得注意的现象，汉字篆书中曾经在小范围使用的鸟虫书和字体狭长装饰性极强的中山王墓出土的铜器铭文等花体字逐步被淘汰了。西周曾有过的草篆一类的草体篆字也逐步被淘汰了。充满着理性精神，具有严密的"法"的书体出现了。西周金文大篆、秦小篆成了今天我们学习篆书的两大类楷模。大篆体系的战国秦石鼓文更被誉为"书家第一法则"。秦小篆促长引短，务取其称，笔画圆融流动，结字严密整肃。从大篆到小篆，剔除了矫揉造作装饰性的篆书花体字，抛却了形态活泼的草篆，形成了法度森严的篆书标准体，而在严密的为后世所遵循的"法"中又处处体现着"意"。

隶书定型。"隶出自古，非始于秦。"战国时期，当篆书占据统治地位的时候，作为篆书的一种草率形式，方折直截的具有隶书笔势、体势的书体已经出现。这种书体的出现，从追求书写的速度、简易来说是必然的,从形态基因来讲也许是偶然的。圆多了求方,方多了求圆。篆书笔道始则方折,继则圆融,最后大篆、小篆笔法定于圆融。阴极阳生,圆融多了求方折变化,这是人们审美心态变化的必然之理。由阴柔之美渐求阳刚之美,篆书中含有隶书的因素。古隶就是在这种规律的支配下产生的。古隶产生在学术思想百花齐放、百家争鸣的春秋战国时代,首先在民间使用。至秦统一文字时始大量使用于官方文书。云梦睡虎地秦墓出土的大量记载秦律的竹简就是明证。这种"以赴急速"介乎篆隶之间的书体到了汉代中期受理性精神、中和为美的思想支配,放而后收,纵而后敛,散漫而后求规矩,逐步形成了规范化、程式化的新书体。笔画带波挑、波磔,结体呈横势扁方,后世人们称之为今隶。这也就是东汉广泛应用的、今日作为隶书楷模的汉隶。东汉蔡文姬说其父蔡邕的隶书(又称"八分")是取了篆书的"八分"。是哪"八分"? 只能意取。晋卫恒《四体书势》讲隶势犹如描述篆势一样仍然运用大量比喻。

"或穹窿恢廓,或栉比针裂,或砥平绳直,或蜿蜒缪戾,或长邪角趣,或规旋矩折。修短相副,异体同势,奋笔轻举,离而不绝。纤波浓点,错落其间……"其中也没有一句具体地分析隶书的笔法、结字,只作意象描述。模糊、印象、类比,让我们只能用意象思维去追寻它的外象所包含的理、法、意蕴(见图11-20)。

图11-20 隶书《曹全碑》

即使在政治上、经济上充满活力的西汉,在书法文化思想上人们却在追求平衡、宁静、法度、规矩。这种心态不仅书写《居延汉简》的黄河上游的西汉西部的无名书法家有,在黄河、太行山以东河北定县书写简书的西汉无名书法家也有。他们所书作品风格十分相近。隶书定型化标志着西汉人的意象思维过程在隶书上的相对完善和终结。通过后来人们分析的隶书种种规矩，我们看到了"中和"。通过大量风格迥异的隶书作品，我们又看到了"中和"大原则下的变化，也就是看到了静中之动，共性中之个性。我们通过这些更可以体味到大一统天下中人们审美心理上的不平衡、不满足、不守成。阴阳调和中仍然存在着阴阳相推，既统一又矛盾。"天行健，君子以自强不息"。革新，变化，进取，这是天理、事理，也是书理之极则。

楷书、行书、草书的定型过程也同于此理。这三种书体的定型在于魏晋之际。除了人们追求简易、适用的因素之外，我们必须注意这样一个事实，即魏晋时代的学术思想，是在"中和为美"的审美观念支配下，又具有了当时所崇尚的"通脱""舒散""玄谈"的意识，既讲"法"，又讲"意"。后人称"晋人尚韵"，就是从这一层意义上讲的。这些观念意识是对西汉以来占统治地位的儒家礼教的扬弃和对以老子为代表的道家哲理的追求。这种观念意象的物化过程促成了汉字书体的三种重要演变：打破了隶书的"中和"，建立新的"中和"，集秦汉以来的楷书因素之大成，以钟繇作品为代表的楷书（见图11-21）出现了；崇尚"通脱""舒散"，追求"龙跳天门，虎卧凤阙"的气势与"清风出袖，明月入怀"的韵致，以王羲之父子的作品（见图11-22与第198页图11-10）为代表的行书出现了；剔除西汉以来章草的隶书笔意，字字独立、简易方便的今草和尽兴挥洒一笔终行连绵的狂草书出现了。三种书体形式美的典范的出现既是秦汉魏晋时期文人对汉字书法多样性追求的必然产物，也是汉字书体本身多元因素的综

图11-21　钟繇《贺捷表》

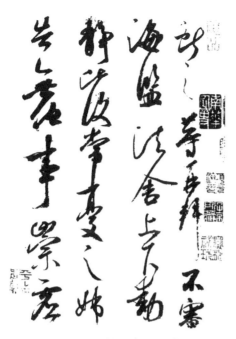

图11-22　王献之《鹅群帖》

合作用。"真如立,行如行,草如走",也是用意象思维去解说这三种书体的特征。

过去我们对书体演变的理解往往只从表面、形式上去分析,从方便应用的角度去找演变的原因和脉络,而恰恰忽略了中华传统文化这个根,忽略了意象思维这个至关重要的艺术思维方式。所以只找到形而忘记了质,只找到了表而没有入里,只进入了三维空间而没有进入多维空间。这样,就难免有许多说不清。

2.书法三要素的意象特征

书法有三个基本要素:用笔、结字、章法。书法是起于用笔,基于结字,成于章法,美于气韵。书法三要素形式美的基本法则无一不受意象特征的支配。

用笔的形式美与笔势、笔法、字势相关。

笔势上,古人提出"一"如千里阵云,隐隐然其实有形;"、"如高峰坠石,磕磕然实如崩也。(传卫铄《笔阵图》)用比喻讲了点画笔势,是抓住意象特征的一种形象表述。我们对它的理解也只能用意象思维。中国书法贵在自然,矫揉造作,装腔作势,均不可取。不知意象之理而以具象手法作书,终不能登书法的大雅之堂。

怎样才算好呢？自然，作书如做人，贵在自然。

笔法上，前人讲求"藏头护尾，力在字中""中锋用笔，侧锋取势""沉着痛快""如锥画沙""如印印泥""力透纸背""入木三分""藏露互见，方圆兼备"……

为什么一定要用中锋？为什么一定要用藏锋？为什么要"藏露互见，方圆兼备"呢？那是因为中国书法的任何一种成熟的、优美的"法"的背后，都包含着带有中华民族传统文化思想积淀的"意"，也可以说带着中华民族几千年来传承下来的文化思想的遗传因子。中国书法的"法"是建立在"意"的基础之上的。是法中有意，意中有法。单纯求法是不会真正理解法的。为什么藏锋？藏锋的字有含蓄蕴藉的美，它正体现了"中和为美"的审美观，与孔子所主张的"文质彬彬"，与我们中国人谦逊的美德完全契合、相通。藏锋正是这些品格的物化形态。为什么要运用中锋？中锋用笔可以做到"沉着痛快""入木三分""力透纸背""如锥画沙""如印印泥"，一句话，能充分表达笔势的力量感。这不也正是中国人主张做人做事要脚踏实地、一步一个脚印的精神气质的体现吗？至于"藏露互见，方圆兼备""中锋用笔，侧锋取势"，就是平衡阴阳，以期达到刚柔相济、气血调和、形神俱佳。

字势上，中国书法要求"初学分布，但求平正；既知平正，务追险绝；既能险绝，复归平正"，要求"密处不犯，疏处不离；计白当黑，调匀点画；点画呼应，顾盼有情"。其中"计白当黑"，就是老子"有无相生，难易相成，长短相形，高下相倾，音声相和，前后相随""知其白，守其黑，为天下式"的思想在书法结字上的具体化。在紧守中宫、重心平稳的基础上极力追求斜侧变化，静中求动，动中求静，阴阳相混，水火既济，这样结字字势美的法则、规律和天地万物之理就相通了。结字字势美的规律我们在《易经》的哲理里，在阴阳相推、八卦卦象里也能找到它的奥旨。我们应用于书法的九宫格，就是应用了九宫八卦，我们所讲的中宫就是太极图的中心部位。在一个字的结体中，只有守紧中宫，重心偏下、偏上、偏左、偏右都不离中宫，然后将笔画按己意进行伸展、紧缩、斜出、俯仰、偏正变化，才能使整个字主笔、副笔安排得错落有致而不会歪斜倾倒。蔡邕的《笔论》中说："为书之体，须入其形。若坐若行，若飞若动，若往若来，若卧若起，若愁若喜，若虫食木叶，若利剑长戈，若强弓硬矢，若水火，若云雾，若日月，纵横有可象者，方得谓之书矣。"书法结字与天地万物之神韵通过意象思维的思路完完全全相通了，但这种相通也只是意象相通。不能简单地用书之象去模拟物之象，低层次地用书之象去追物之神。

　　章法上，中国书法要求阴阳调和，气血畅达，以"字里金生，行间玉润"为美的典范。这里"气"是至关重要的。气息流淌，就是《易经》所提出的："变则通，通则久。""久"即是"恒"。章法的要害就是"活"，就是静中之动。气活则韵胜，韵胜则有神。这样的书法章法就会历久而仍有魅力。

　　结字、章法上都讲求计白当黑，就是要求书法家要有意识地留心空白，精心留白。书法不是再现什么物象，而是创造一个新的世界，创造新的形象，成为新世界的一部分。而空白正是这种有意识的组合形式的一部分。书法以及中国绘画的空白部分所表现的空间意象不只是为了烘托黑墨所表现的主体，而是书画家伸向宇宙空间的无尽的遐想。"空即是色"。在意象思维里，"寂然凝虑，思接千载"，空白里有着多层的丰富意象。这就是中国书画家的空间意识，画家画虚处，以不画为画，书法家计白当黑，以不写为写。这是意象思维所造的禅境、道境。在传统中国戏曲舞台上我们也能看到这一点。

　　3. 书法学习、创作、欣赏中的意象思维
　　如果我们弄清了五种书体形成过程中意象思维的作用，弄清了书法艺术三要素中的意象特征，那么在书法学习、书法创作、书法欣赏中就找到了开启鸿蒙的钥匙。有了这把钥匙，我们对古代大量书学理论就能举一反三，见一而知十。

　　书法学习的主要内容是研究把握书法三要素的理和法。如果弄清了三要素中的意象特征，理解了法中之意、意中之法，那么这种学习就是活的、有灵魂的意象思维过程。摆脱了机械模仿、没有生气的书法学习与研究，就会进入书法学习的更高境界。

在真正称得上书法创作的艺术劳动中，意象思维往往体现在人们通常所说的"悟"。"悟"，就是书法家基于对天地万物的体验而在灵魂深处产生的艺术火花，也就是孙过庭在《书谱》中所讲的"五合"（神怡务闲、感惠徇知、时和气润、纸墨相发、偶然欲书），主客观条件十分和谐时，才能进入创作的最佳状态，才能悟得创作之灵感。这时的"悟"也就是佛家的"禅定"，道家的"抱一"，用意念使自己进入最佳的心态，进入无始无终的艺术层次。古代大书法家王羲之、张旭、怀素、颜真卿、黄庭坚、苏东坡、米芾等都是善于将自己对天地万物之感受"一寓于书"而体现于笔势、字势、章法之中的。羲之爱鹅，张旭从公孙大娘舞剑器，怀素从夏云奇峰，颜真卿从屋漏痕中悟笔势，就是运用意象思维由物象联想到书法的。要进入书法创作，除了技法诸方面的基本训练之外，还要从学书第一天起就注意对悟性的唤醒与培养，发挥意象思维的统摄作用，在意与象的多层空间里巡游。悟，冲动，甚至是潜意识的瞬间感受，往往是极宝贵的，是进入书法创作的契机。

王国维在《人间词话》里讲到做学问的三境界，实际进行书法创作也是这样。

第一阶段，寻寻觅觅，寻求表现自己的意象感情的书法语言。寻找自己的"心线"，寻找表现自己丰富感情的多重"心线"。

第二阶段，冲破传统，不断否定自我，又不断完善自我，不断进入新的艺术创作境界。"衣带渐宽终不悔，为伊消得人憔悴"，就是这一境界中痴迷的艺术家的神情状态。

第三阶段，情之所至，物我皆忘。在这一境界中，书家完全进入心忘手、手忘法的佳境。"书为心画"在这里得到最完美的体现。"张旭三杯草圣传，脱帽露顶王公前，挥毫落纸如云烟"，所成之作"变动犹鬼神，不可端倪"。怀素"醉来信手两三行，醒后却书书不得""人人欲问此中妙，怀素自言初不知"，进入如醉如痴的忘我境界。在这种心态下，书法家的潜意识、梦、联想、幻觉……各种在冷静状态下不会出现的美的意念都出现了。这时所创作的书法作品已不是初级的意象所能解说，它已是"不可说"的心象、心画了。"不可说"的心象、心画，仍然深含意蕴。所谓"情与景会，意与象通"就是这个道理。不可说又可说，书法创作之理也在无极有极之间徘徊四顾。

书法欣赏的过程，实质上是运用意象思维联想的过程。

书法欣赏也有三个阶段。第一阶段，人们凭自己的直觉乃至第一印象去判定书法作品。欣赏者认为眼前的书法作品有的狂放，有的清秀，有的含蓄，有的稚拙，有的婀娜，有的粗犷，有的俏丽，有的纤弱，有的野怪，有的粗疏，有的甜媚……这一阶段是一般人都能达到的，是书法欣赏的初级阶段。这时欣赏者的着眼点是整幅书法作品所给予他的总感觉，涉及书法作品外露的气势韵味。这从许多人对书法作品的称赞或贬斥的评论中可以找到例证。

第二阶段，即由感性认识进入理性认识的阶段。它要求欣赏者要懂得书法美的艺术规律，懂得书法美之所以产生的根植于中华传统文化思想之中的书法审美意识，熟悉中国书法美的典范。这时的书法欣赏就是有具体分析的、有血有肉的，而不是颠来倒去地用几组形容词去套书法作品，给予它们"遒劲""含蓄""奔放""婉约"之类的称赞，或者指斥它们为"轻滑""佻俏""巧媚""粗野"等。这就要求欣赏者要学点书法基础知识，研究点书法美学，多观摩历代书法艺术珍品，由外行变成内行。

第三阶段，即追寻优秀书法作品的内在精神因素的阶段。书法像一只出林的鸟儿，当它摆脱了实用功能的羁绊，就能尽情地翱翔在精神世界的天空。这时，理性的、纯技法的分析就退居其次了。古人所谓"字外求字"，就是要求我们在品评书法作品时，必须考虑到书法作品之所以产生的诸种因素，通过点线变化的形式美，追寻书法家的阅历、见识、学问、气质、感情波动等内在因素。同时运用意象思维、联想、形象思维，把欣赏者自身面对书作所产生的共鸣、感受也注入欣赏对象。"仁者见仁，智者见智"，欣赏者学问、修养、识见、美学理想的高低直接决定着欣赏水平的高低。

进入书法欣赏的第三阶段是困难的，但也是其乐无穷的。

古代书法家张旭从公孙大娘舞剑器中悟笔法，今日舞蹈家从书法作品中悟出舞蹈，音乐家根据书法作品谱曲，就是运用意象思维联想、想象，捕捉这几种艺术门类内在的体现意的节奏、韵律、情趣，再用自己的艺术语言去表现。这种触类旁通式的再现是妙不可言的化境。游离于不同艺术门类之间而使之相通的就是意象。

总之，书法作品的审美观念所体现的文化思想，是中华传统文化思想的重要组成部分，它超越阶级、超越时空，存在于中华民族的遗传基因中。中华民族书法文化思想在魏晋时期渐趋成熟，在唐代达到高峰以后，深深地植根于中华儿女的意识中，植根于每一个中国人的遗传基因里。几千年来，从某种程度上来说，在中国人的意识中，诸子百家的思想已经合流了。从宇宙观到世界观、方法论，从一般的哲学观念到美学观念，兼容的美学思想已融入中国人的遗传基因之中。

4.书法艺术的灵魂——抒情性

抒情性是书法的灵魂。书法这门承载着中华民族文化基因和书写者个人情怀的艺术，有其共同遵守的世界观、方法论、价值观、审美观，也有因人而异、因时而异、因事而异的情绪、感受以及审美趣味。包世臣在《艺舟双楫》说："书道妙在性情，能在形质。"书法艺术一方面要"求工于一笔之内"，达到一定的技术要求，还要"寄情于点画之间"，在作品中表达自己个性化和情绪化的元素。正如祝允明所说的那样："有功无性，神采不生。有性无功，神采不实。"韩愈评论张旭的草书时说："往时张旭善草书，不治他技。喜怒、窘穷、忧悲、愉佚、怨恨、思慕、酣醉、无聊、不平，有动于心，必于草书焉发之。"书法家的各种情绪和心境都能通过草书表达出来。

书法作品的内容包括两个层面：一是书作的文学性与文字内容；一是书法家所运用的有个性、有意蕴的书法语言。同一作者在书写不同内容，或者在不同情形下书写同一内容时作品的面目也往往不同。孙过庭在《书谱》中就描述了王羲之书写不同作品时呈现出的不同意象："写《乐毅》则情多怫郁，书《画赞》则意涉瑰奇，《黄庭经》则怡怿虚无，《太师箴》又纵横争折。暨乎兰亭兴集，思逸神超……"

大家熟悉的王羲之创作的《兰亭集序》（见第198页图

11—10），被誉为天下第一行书。这件不朽的作品书写于惠风和畅、天朗气清的暮春时节，这一天群贤毕至，王羲之和他的朋友们在兰亭流觞曲水修禊事，他们"仰观宇宙之大，俯察品类之盛，所以游目骋怀，足以极视听之娱，信可乐也"。参与雅集者临流赋诗共三十七首，合为一集，公推王羲之撰写序文，是为《兰亭集序》。在惬意的环境中做着惬意的事情，所以《兰亭集序》字里行间都带着惬意的气息。王羲之所处的魏晋时期社会处于不安定的状态，两汉时期作为主流意识形态的经学在此时已经影响渐弱，文人士大夫们尚通脱、喜玄谈，饮酒、服石，寄情于山水之间，追求个性自由，在烦躁中追求洒脱和静气。《兰亭集序》所显现出的气息正与当时的社会风尚以及王羲之在兰亭雅集时惬意的感受相一致。

被称作"天下第二行书"的颜真卿《祭侄文稿》（见图11—23）初看有粗头乱服的凌乱感，人们一开始往往会质疑为何要把这篇满是涂改痕迹的草稿尊崇至如此高的地位。但当我们了解到颜真卿书写这篇祭文的心情时就会被深深打动。安史之乱时颜真卿的哥哥颜杲卿镇守常山，史思明攻打常山，颜杲卿孤军奋战，求救于太原节度使王承业，而王承业却"拥众不救"，致使"孤城围逼""巢倾卵覆"，敌方以"夙标幼德、宗庙瑚琏"的颜杲卿小儿子颜季明为胁，逼迫颜杲卿投降，杲卿不从，颜季明及其他家族成员遂被杀害，颜杲卿亦遭杀害。两年之后，经颜真卿哭诉，颜杲卿被肃宗"谥忠节"。颜杲卿长子颜泉明再到故地寻找家人遗骸，以空棺盛回了颜杲卿的部分尸骨和颜季明的头颅。"抚

图11-23　颜真卿《祭侄文稿》

念催切,震悼心颜"的颜真卿奋笔写下了这篇祭文。正因为饱含悲愤之情,他才能自然勃发地书写胸中所念所想而不计字之工拙。试想此稿若以工整的小楷写出,那作者肯定不是死者的亲人而是旁人了。正如宋代的陈深跋此帖说:"详玩此帖,纵笔浩放,一泻千里,时出遒劲,杂以流丽,或若篆籀,或若镌刻,其妙解处,殆出天造,岂非当公注思为文,而于字画无意于工,而反极其工邪?"

将《兰亭集序》和《祭侄文稿》相对比,一者清丽一者苦涩,一者惬意一者悲愤,皆跃然纸上。

苏轼的《黄州寒食帖》(见图11-24)被称作天下第三行书,写于苏轼因"乌台诗案"被贬黄州第三年的寒食节,帖中收录了苏轼两首自作诗。"自我来黄州,已过三寒食",起首娓娓道出时间地点;"今年又苦雨,两月秋萧瑟",在阴雨中诉说着来黄州的感伤心绪;渐渐地由伤感转入沉郁凄怆,作者过着"小屋如渔舟,蒙蒙水云里。空庖煮寒菜,破灶烧湿苇"的窘迫生活;在寒食节看着衔着纸钱的乌鸦时,他不胜感慨,欲回京城但"君门深九重",欲祭祖坟但"坟墓在万里";于是由沉郁凄怆而转入深深的无奈,心绪如"死灰吹不起"一般。了解了诗的大意,再来看书法。起收处气息相对内敛、结字平中见奇,及至"雨势""渔舟""破灶""湿苇""乌衔纸""哭途穷"等阴霾晦暗的意象时,则写得较其他字大了很多,可以想见苏轼在写这些词语时那种凄怆的情感喷薄而出。但在喷薄之中又含有无奈,"水云""空庖""在万里""吹不起"等字则写得内敛,甚至压抑。那起起伏伏、大开大合的字势构成的章法,正像一首交响乐,有开始、有发展、有高潮、有结尾,表达出作者心绪的起伏。扬雄说:"言,心声也;书,心画也。"诚

图11-24 苏轼《黄州寒食帖》

非虚语!

三、形式与意义：书法艺术在当代的双向探寻

统观中国书法的发展，一部书法史就是一部书法不断适应时代发展而求新求变的历史。随着时代的发展，现代不断地沉淀为传统，一边是变，一边是常，在不断求新求变的过程中，书法的形式与意义也不断得到丰富与拓展。比如，钟鼎铭文的出现是商周时期书法求新求变适应生产力发展的体现；秦汉以降书法的求新求变则主要以石刻碑铭的方式表现出来；魏晋时期纸张普及使用，短札尺牍就成为这一时期书法求新求变的形式；明代中晚期带有厅堂装饰功能的立轴书法的出现，使书法从案头走向壁上，完成了这一时期书法的求新求变……书法的求新求变不仅体现在书法的形式方面，在书体、风格流变、审美追求、文化承载上同样体现着每一时期独特的追求。

鸦片战争之后，中国书法遭遇了前所未有的困境。先是科举制度的废除，以书取仕、楷法遒美再也不是文人追求升迁的有力工具，人们写好书法的内在动力弱化了；紧接着是钢笔的出现，毛笔逐渐不为人们日常所用，尤其是20世纪90年代以来电脑和手机的使用，日常的文字记录大都依赖键盘、触屏，甚至语音输入完成，书法的实用功能日渐萎缩。如何保存、发展自身，寻找书法在现代生活中的出路就成了很多有识之士探讨的问题。

当代书法的现代性创变面临的最大考验就是必须经受合理性的追问。

书法之所以成为一门承载着中华传统文化思想的独特艺术形式，关键就在于它所展现的美的形式符合并凝结了中华民族的审美心理。"美不自美，因人而彰"，书法之美不能客观存在，它总是与社会民族的审美理念相关，无论创作者在作品中使用了多么复杂并且在作者本人看来多么高级多么和谐的形式构成方法，如果这种构成方法不能符合并凝结社会、民族的审美理念，那么这样的作品就成了徒具形式的躯壳。

这就决定了书法的现代性创变不能单方面地表现形式或意义的一端,而应从形式与意义两个方面进行双向探求,追求两者的统一而非分离,这才是当代书法现代性创变的正确路径。

当代的书法活动可以分为学术研究、教育、创作三大部分。无论书法的学术研究偏重历史还是理论,都能传承弘扬书法的文化精神。书法教育则兼有传承书法技法和书法文化的双重传承功能。书法创作就显得复杂一些,当代的书法作品主要有三种用途:第一种是参加由各级书法组织举办的书法展赛;第二种是个人的书法书写、创作、展示;第三种是以各种形式走进社会生活。

书法展赛带有强烈的竞技性质,要从成千上万件作品中挑选出有限的入展作品,这时,一件作品能否入选取决于评委在很短时间内的判断。如此情形之下,评选就成了一个竞技场,借以竞争的工具就是技法含量与形式美,作品的文化内涵和意义以及作者个人的性情学养则无法展现出来。这类作品大多只适合陈列于展览厅,一旦进入居室或公共空间有可能与环境不协调,实用性不强,并存在同质化和程式化的弊端,不能很好地显现作者的感情。当代的书法展赛对提高书法家的技法水平起到了非常重要的作用,但这不是当代书法复兴的终极目标,只是一种促进书法发展的手段。

对于大多数书法参与者来说,审美体验是其书写的原初动力。在书写中借由笔体验书法的"法",感知书法的"法"中蕴含的文化理念和审美理念,在提升书写技能的过程中"体道艺之合,究圣哲之蕴",在对优秀传统文化的传承、体验中,对先贤作品的临习、认同中陶冶性情、见贤思齐,潜移默化地完善自身的修养,可以说是绝大多数学习书法的人的初衷。而在掌握了一定的书写技巧和审美理念之后,他们往往会通过参加展赛来进一步提升技能、获得社会认可,或书写具有一定形式美和内涵的作品进行展示,或书写能够被应用于各种空间的作品。

书法家和研究者常常忽视走进社会生活的书法作品在书法现代性创变中的作用,但它们恰恰代表了当代书法现代性创变的方向。社会生活空间包括居住空间和公共空间,这些空间最能直观地反映当代人们的文化取向和审美追求,走进各种特定空间的书法作品就需要与它所在的空间和谐相融,以其"有意味的形式"阐释所在空间的意象,并展现自身之美。

当代社会的文化取向和审美追求是多元的,这就决定了书法的形式和意义的多元性。在现代的社会生活中书法作品的完成不再仅是在宣纸上写毕钤印,除了要选择与人物、事件、场所相契合的文字内容外,还应该关注作品的装裱装饰形式、材料,以及作品的展示环境,使书法作品在形式与意义上与所在空间交相辉映。唯其如此,当代书法的现代性创变才能从学理探究走向社会生活,从实验走向应用,兼具形式与意义,在社会生活中接受合理性的考验,在现代社会中焕发新的生机与活力。

第十二章
中国古代科学技术

中国是发明火药、指南针、造纸术和印刷术的文明古国，这四大发明曾有力地改变了世界历史的进程。正如李约瑟所说："从公元前200年到大约公元1400年至1450年这一段时间内，中国比欧洲总要进步得多。"[甲] 四大发明的出现绝非偶然，中国科技文明，离不开一度相对领先的科学技术思想和方法，离不开一度相对领先的科学技术学科群。明代中叶以后，中国科学技术逐渐滞后，亦有一定的原因。了解中国古代科学技术发展概况，目的是鉴古知今，继往开来。

[甲] 李约瑟. 四海之内[M]. 劳陇，译. 北京：生活·读书·新知三联书店，1987：81.

一、中国古代科学技术思想和方法

中国古代主要科学技术思想和方法，基本形成于春秋战国时期，此时诸子百家争鸣，学术空前繁荣，涌现众多思想家和学派，如儒家、墨家、名家、法家、阴阳家及兵家、农家、杂家等。司马迁在《史记》中谈"六家之要旨"时分别指出各家理论的长处和不足，并认为各家的长处"弗能废也""不可不察也""不可失也"，说明诸子百家思想必然会对中国千百年来的科技发展产生深远的影响。

（一）古代主要科学思想和方法

不信鬼神是自然科学发展的思想前提。儒家思想自西汉以来作为中国占统治地位的思想，基本观点是不信鬼怪神仙。鬼神是生产力水平相对低下的情况下，人类受自然力的支配且能动力有限时，杜撰出的种种人格化的、主宰人类的精灵形象。科学技术的发展，有赖于进步的世界观，有赖于理性的思维排除各种迷信和神秘主义。《论语》中多处谈到孔子对鬼神的态度，《论语·雍也》中孔子说："务民之义，敬鬼神而远之，可谓知（智）矣。"《论语·先进》中孔子说："季路问事鬼神。子曰：'未能事人，焉能事鬼？'"《论语·述而》中孔子说："子不语怪、力、乱、神。"孔子反对谈自然界中根本不存在的鬼神，所谓"敬鬼神"，实为表达对自然的某种崇敬感恩之情，表达人与自然和谐相处的愿望，并不认为世上存在什么有意志的鬼神实物。

人和自然的关系，我国古代称之为天人关系，诸子思想中不乏对天人关系的科学认识。一是把自然界明确作为人类观察研究的对象。科学的发生和发展，离不开对自然界的观察和研究自然界，人类只有对自然现象保持浓厚的兴趣，才有孕育自然科学的土壤。《吕氏春秋》说："天生阴阳寒暑燥湿，四时之化，万物之变，莫不为利，莫不为害。圣人察阴阳之宜，辨万物之利以便生。"（《尽数》）辨别自然之"利害"，有赖科学观察，要善于捕捉和发现问题、客观事实及规律，"听于无声，视于无形"（《重言》）。所以"天斟万物，圣人览焉，以观其类。解在乎天地之所以形，雷电之所以生，阴阳材物之精，人民禽兽之所以安平"（《有始》）。二是人可以胜天。《荀子·天论》说："天行有常，不为尧存，不为桀亡。应之以治则吉，应之以乱则凶。强本而节用，则天不能贫；养备而动时，则天不能病；修道而不贰，则天不能祸。故水旱不能使之饥，寒暑不能使之疾，袄怪不能使之凶。本荒（农业）而用侈，则天不能使之富；养略而动罕，则天不能使之全；背道而妄行，则天不能使之吉。故水旱未至而饥，寒暑未薄而疾，袄怪未至而凶——受时与治世同，而殃祸与治世异，不可以怨天，其道然也。"人可以发挥主观能动性，战胜殃祸，不可以怨天。三是主张能动性必须和受动性统一。先哲认为，人虽然有认识和改造世界的能动性，但是人的实践活动要受客观规律制约。《史记》说帝喾是黄帝节用思想的重要继承人，"取地之材而节用之，抚教万民而利诲之"。人的实践活动应遵循客观规律，即"其动也时"，"动"指实践活动，"时"指时机或机会，"动"要合"时"，实质是讲要兼顾能动性和受动性。司马迁继承这一思想，评价阴阳家学说时，一方面反对把阴阳家神秘的学说视为真理，"使人拘而多畏"，实际"未必然也"；另一方面又肯定阴阳家四时、二十四节气中符合天地自然规律的内容，强调人类不能滥用主观能动性，应顺"天道之大经"而"不可失也"。

强调人后天的学习作用，尊师重教，注重科学技术知识的教授与传播。人的知识要靠学而知之，不能靠遗传。孔子说过"学而不思则罔，思而不学则殆""学而时习之""温故而知新"，等等。人类进步有赖于科技进步，人类产生新的科技知识和群体科学文化素质的提高是相互促进的。提高人的素质，教育是关键。孔子说："学而不厌，诲人不倦。"《吕氏春秋·尊师》明确指出："治唐圃，疾灌寝，务种树；织葩屦，结置网，捆蒲苇；之田野，力耕耘，事五谷；如山林，入川泽，取鱼鳖，求鸟兽。此所以尊师也。"并说："义之大者，莫大于利人，利人莫大于教。知之盛者，莫大于成身，成身莫大于学。"神农、黄帝、颛顼、帝喾、尧、舜、禹等就是榜样，他们"学而受益，未有不尊师者也"。

演绎推理的思维方法。战国中后期墨家在《墨辩》中提出演绎推理的方法，"辩"的目的和作用包括明是非、审治乱、明同异、察名实、处利害、决嫌疑等六个方面。演绎推理包括"或""假""效""侔""止"等，分别相当于形式逻辑演绎推理中的选言推理、假言推理、直言推理、复杂概念推理和直接推理。《吕氏春秋》提供了演绎推理的丰富多彩的实例，每篇开头先提出一个全称判断性命题，由此展开说理证明，同时归纳和类比推理相互穿插，其推理成果及推理方法对后人学习思维的规律有很强的示范作用。

归纳综合的思维方法。《吕氏春秋·用众》指出："物固莫不有长，莫不有短，人亦然。故善学者，假人之长以补其短。""天下无粹白之狐，而有粹白之裘，取之众白也。夫取于众，此三皇、五帝之所以大立功名也。凡君之所以立，出乎众也。"取众之长补其短或曰集腋成裘，从方法论看属于由个别到一般推理，包括不完全列举和完全列举。从认识论看，一方面可防止闭关自守、故步自封、夜郎自大、骄傲自满;另一方面又不盲从、不人云亦云,而是解放思想,去伪存真,博采众长,"袭"只能来自对"腋"的辨别、采集、深加工和创造发明。

法天则地的类比思维方法。法天则地的类比思维方法始于黄帝,其法本意是用人类社会的事物与天地类比,取法则于天地自然精华。《史记》说:"维昔黄帝,法天则地,四圣遵序,各成法度。"老子也说:"人法地,地法天,天法道,道法自然。"也就是说人类所追求的"道",实为自然之道。法天则地思想是丰富人类理性认识的源泉,要取法天地自然,就得认识自然、观察自然,以推动自然科学的发展。司马迁说:"自初生民以来,世主曷尝不历日月星辰?及至五家三代,绍而明之,内冠带,外夷狄,分中国为十有二州,仰则观象于天,俯则法类于地……圣人统理之。""仰则观象于天,俯则法类于地",直接启发了我国的天文学、气象学、区域地理学等学科,并推动了相关学科的发展。法天则地的另一个作用是人类社会应从天垂象、地载物中得到启迪和理性升华,用类比得出的以德配天地为宗旨的整套理论,来指导人类社会运行。

由已知到未知、由近及远的推理方法。《论语·述而》中,孔子提出"举一反三"的类推方法,即知道一间房子有四个角,了解其中一角,可推知其他三个角。《吕氏春秋·察今》指出,认识事物要抓事物的本质而不是表象,否则会枉费精力,"力求之其本,经旬必得;求之其末,劳而无功"。抓事物之"本",其法是"审近以知远""以今知古",由此及彼、由表及里。并说:"有道之士,贵以近知远,以今知古,以所见知所不见。故审堂下之阴,而知日月之行,阴阳之变;见瓶水之冰,而知天下之寒,鱼鳖之藏也;尝一脟肉,而知一镬之味,一鼎之调。""以今知古"之法,至今仍是现代地质科学的常用方法,即用当今天体演化规律与现象,来探索和解释史前宇宙的演化规律与现象。

构思两个有意义的相反概念的思维方法。孔子说他的思维方法是"叩其两端而竭焉",主张认识问题要从正反两方面仔细推敲,穷追不舍,尽量思辨地搞清道理。从两个甚至多个不同的角度去观察、思考事物,常会获得惊人的发现和创造,对立思辨和发散式思维有助于突破思维定式，提出新问题。《吕氏春秋·别类》就有生动范例："相剑者曰：'白所以为坚也，黄所以为牣也，黄白杂则坚且牣，良剑也。'难者曰：'白所以为不牣也，黄所以不为坚也，黄白杂则不坚不牣也。又柔则锩，坚则折。剑折且锩，焉得为利剑？'剑之情未革，而或以为良，或以为恶，说使之也。"青铜合金要用锡和铜，锡色白、质坚而不韧；铜色黄、质韧而不坚。青铜合金到底是结合了两者的优点还是缺点？或者说结合了优点也结合了缺点？两者的比例如何？人们通过构思两个相反并存的事实，不断提出问题，依靠实践来不断证实或证伪，这就推动了科技进步。

辩证思维的方法。诸子百家几乎都以辩证思维来思考问题，这里仅以《吕氏春秋》为例。《吕氏春秋》首先主张认识事物要利用两点论，分清主次矛盾。《举难》中说："尺之木必有节目，寸之玉必有瑕瓋。先王知物之不可全也，故择物而贵取一也。""取一"，就是讲事物存在多个矛盾时，应对利弊进行充分分析，抓住矛盾的主要方面。二是认为主次矛盾可在一定条件下相互转化。《似顺》中说："事多似倒而顺，多似顺而倒。有知顺之为倒、倒之为顺者，则可与言化矣。至长反短，至短反长，天之道也。"三是懂得控制事物动态平衡的方法是防止主次矛盾性质发生变化。《博志》中说："冬与夏不能两刑，草与稼不能两成，新谷熟而陈谷亏……故天子不处全，不处极，不处盈。全则必缺，极则必反，盈则必亏。先王知物之不可两大，故择务，当而处之。"认识到事物内部矛盾对立双方"不可两大"，对此务必分清主次，"择务，当而处之"。这些思想，能够指导人们科学地考察事物内部的矛盾运动，控制矛盾的转化发展，辩证地观察研究各种自然现象，根据需要把握量变，防止事物向对立面转化，能动地防止或诱导质变。

（二）古代主要技术思想和方法

技术是联系科学和生产的中介，科学只有应用于生产中才能成为直接生产力。我国很早就开始建立相应的官吏制度和职能部门，将科技渗透于生产之中。《史记》中说，帝尧时期，设羲、和二人为天官，履行"敬顺昊天，数法日月星辰，敬授民时""岁三百六十六日，以闰月正四时"的职责。帝舜建立百官体制，垂善"驯予工"，益善"驯予上下草木鸟兽"、弃（后稷）始"播百谷"，分别任垂为工师、益为虞师、弃为农师，"垂主工师，百工致功；益主虞，山泽辟；弃主稷，百谷时茂"。工师、农师成为我国古代擅长手工业、农业的人群的化身。工师被演绎为"百工"之长，百工极言种类繁多。周代，百工成为国家的重要职能部门。《考工记》说："国有六职，百工与居一焉……审曲面势，以饬五材，以辨民器，谓之百工。"百工所辖的手工业部门包括土木工、金工、皮工、设色工、刮磨工、抟埴工六大类，每类又分许多工种，流水作业，如"攻金"就包括筑、冶、凫、栗、段、桃等六个加工程序。孔子说："百工居肆，以成其事。""百工居肆"就是把百工集中在一起从事生产，形成产业，实现手工业作坊化、部门专业化管理，从而获得规模效益。百工相互配合协作，产品批量化、标准化，便利生产分工与技术渗透、嫁接，只有这样才能"以成其事"。

重要技术的发明者、传授者、推广者，被视为圣人。《考工记》说："有虞氏上陶，夏后氏上匠，殷人上梓，周人上舆。"又说："知（智）者创物，巧者述之，守之世，谓之工。百工之事，皆圣人之作也。烁金以为刃，凝土以为器，作车以行陆，作舟以行水，此皆圣人之行作也。"先哲认为凡造福人类的首创性发明，并不易出现，故"舟车之始见也，三世然后安之。夫开善岂易哉？"（《吕氏春秋·乐成》）因此，凡"尽其巧，毕其能"的技术发明者，理应视为对人类文明有重大贡献的圣人。《吕氏春秋·勿躬》说："大桡作甲子，黔如作虏首，容成作历，羲和作占日，尚仪作占月，后益作占岁，胡曹作衣，夷羿作弓，祝融作市，仪狄作酒，高元作室，虞姁作舟，伯益作井，赤冀作臼，乘雅作驾，寒哀作御，王冰作服牛，史皇作图，巫彭作医，巫咸作筮，此二十官者，圣人之所以治天下也……使二十官尽其巧，毕其能，圣王在上故也。"道出了推动科技进步的能者与社会稳定之间的辩证关系。

主张打破身份地位，选拔科技人才。对有科技才能的人，即便他们出身低微，也要敢于打破常规把他们提拔到地位较高的岗位上来,使他们有优厚的经济收入,有职有权。在职位、待遇、政事上器重有科技才能的人,目的就是让他们充分发挥聪明才智,取得事业成功。《墨子·尚贤》中说:"故古者圣王之为政,列德而尚贤,虽有农与工肆之人,有能则举之,高予之爵,重予之禄,任之以事,断予之令。曰:'爵位不高,则民弗敬;蓄禄不厚,则民不信;政令不断,则民不畏。'举三者授之贤者,非为贤赐也,欲其事之成。"

技术发明的核心是要善于因物假物、因时循势,发明创造出利用自然又能事半功倍的技巧和工具。因物假物要求尊重和谙熟自然规律。《孟子·离娄上》中说:"为高必因丘陵,为下必因川泽。""离娄之明、公输子之巧,不以规矩,不能成方圆。"《管子·牧民》中说:"不务天时,则财不生;不务地利,则仓廪不盈。"《夏本纪》中说:大禹"陆行乘车,水行乘船,泥行乘橇,山行乘檋"。《吕氏春秋·慎势》中说:"水用舟,陆用车,涂用輴,沙用鸠,山用樏,因其势也。"又说:"禹通三江、五湖,决伊阙,沟回陆,注东海,因水力也。……如秦者立而至,有车也;适越者坐而至,有舟也。秦、越,远途也,静立安坐而至者,因其械也。"人类改造自然须不断创造闪烁智慧的生产工具和生产方法,从事技术发明的关键是将已有的科学知识转化为可供生产运用的技术诀窍,不能因物假物,就难以发明新的技术和工具,不因天时地利,便会违背客观规律。故《荀子·劝学》中强调:"假舆马者,非利足也,而致千里;假舟楫者,非能水也,而绝江河。君子生非异也,善假于物也。"

技术发明将不断扩大人类利用自然的领域,技术进步必须处理好开源与节流、资源再生与资源消耗的关系,也就是说要处理好人与自然协调发展的关系。荀子认为,利用科技知识合理开发自然资源,就不必"忧天下之不足"。《荀子·王制》中说:"圣王之制也,草木荣华滋硕之时,则斧斤不入山林,不夭其生,不绝其长也;鼋、鼍、鱼、鳖、鳅、鳝孕别之时,罔罟毒药不入泽,不夭其生,不绝其长也;春耕、夏耘、秋收、冬藏,四者不失时,故五谷不绝,而百姓有余食也;污池渊沼川泽,谨其时禁,故鱼鳖优多,而百姓有余用也;斩伐养长不失其时，故山林不童，而百姓有余材也。"《荀子·富国》中主张人类只要"善治"可再生的资源，便能一岁数获："今是土之生五谷也，人善治之，则亩数盆，一岁而再获之。"同样，瓜桃枣李、百蔬六畜禽兽、鼋鼍、鱼鳖、鳅鳝、昆虫万物，只要"善治之"，就能不可胜数、不可胜用。先哲注重人类的长远生存与发展问题，认识到正确处理眼前利益与长远利益、局部利益和整体利益的意义。《吕氏春秋·义赏》中说："竭泽而渔，岂不获得？而明年无鱼。焚薮而田，岂不获得？而明年无兽。诈伪之道，虽今偷可，后将无复，非长术也。……焉有一时之务先百世之利者乎？"

"工欲善其事，必先利其器"的"利器"思想，即促进技术不断发展的重要动力是寻求高效的劳动工具。孔子说："工欲善其事，必先利其器。"（《论语·卫灵公》）人类只要期望生产得到进一步发展，提高工作效率，那么必然需要日益进步的生产工具和工艺。《庄子·天地》中说：子贡曾游于汉阴，见一位老人抱瓮灌溉圃畦，便主动向老人介绍一种先进的"机械"——桔槔，"凿木为机，后重前轻，挈水若抽，数如泆（yì，同"溢"）汤""一日浸百畦，用力甚寡而见功多"。庄子借老人之口，拒绝使用桔槔，并奚落儒家"有机械者必有机事，有机事者必有机心，机心存于胸中，则纯白不备"。对此，子贡向随行弟子谈了孔子的思想："吾闻之夫子，事求可，功求成。用力少，见功多者，圣人之道。"也就是说，对于桔槔这类技术发明，儒家认为是圣人之作。在生产实践中，办事要寻求可行，功业要寻求成就，那么就应该发明各种机械，用力越小越好，获得的功效越多越好，这是《庄子》对"工欲善其事，必先利其器"提供的最好解释。儒家崇尚技术发明，在生产实践中追求有机械、有机事、有机心，将创造并推广可提高生产力的生产工具，视为"圣人之道"，这种思想有利于推动技术不断向前发展。

合理开发和支配劳动对象，加强产业管理，追求质量优良、工艺精巧的良器（名牌产品）的思想。《考工记》说："天有时，地有气，材有美，工有巧。合此四者，然后可以为良。"制造良器需要四因素兼备，除原材料美与做工巧外，还要具备天时与地气因素。所谓地气，就是说每一个地区都会有本地独特的地理特点和原材料，要注意发挥地方特色和优势，扬长避短；所谓天时，就是指某些手工业生产会受到一年四季自然变化等因素的影响，生产良器要掌握天时，如弓矢生产，因为造箭使用的胶、漆等原材料就与四季（温度湿度）的变化密切相关。《吕氏春秋》指出，为了保证器物精良，官营手工业务必重视经营管理，工师要做到让百工配合得井井有条，各工种的监工要负起责任，生产要不误时机，原材料要保证质量，原材料消耗要准确计量："命工师，令百工，审五库之量，金铁、皮革筋、角齿、羽箭杆、脂胶丹漆，毋或不良。百工咸理，监工日号：'毋悖于时，毋或作为淫巧，以荡上心。'"（《季春纪》）。同时，实行产品质量监督考核制度，每件产品都要刻上制造者的姓名，依据产品好坏，进行奖惩："陶器必良，火齐必得，兼用六物，大酋监之，无有差贷"（《仲冬纪》），"物勒工名，以考其诚；工有不当，必行其罪，以穷其情"（《孟冬纪》）。

崇尚简朴实用和追求雕文刻镂的技术思想并存。所谓简朴实用是指技术发明或产品应考虑百姓民众的利益，既讲究实用便利，又讲究节约简朴；所谓雕文刻镂，是指封建王公贵族，生活用品和器物追求奢侈豪华。这两种并存的技术思想，《墨子·辞过》中便有所反映。

如建筑思想，墨子认为"为宫室之法，曰：室高足以辟润湿，边足以圉风寒，上足以待雪霜雨露，宫墙之高足以别男女之礼。谨此则止。凡费财费劳力不加利者，不为也"；王者贵族则追求"宫室台榭曲直之望、青黄刻镂之饰"。

如制衣思想，墨子认为"为衣服之法，冬则练帛之中，足以为轻且暖，夏则絺绤之中，足以为轻且清。谨此则止。故圣人之为衣服，适身体，和肌肤而足矣"；王者贵族则追求"锦绣文采靡曼之衣，铸金以为钩，珠玉以为佩，女工作文采，男工作刻镂，以为身服"。

如舟车思想，墨子认为"故圣王作为舟车，以便民之事。其为舟车也，全固轻利，可以任重致远；其为用财少而为利多，是以民乐而利之"；而王者贵族的舟车除要完整、坚固、轻巧、便利外，还要求"饰车以文采，饰舟以刻镂"等。

墨子还把器物对人是否有用作为"巧"与"拙"的标准。《墨子·鲁问》记载：公输盘削木头与竹子制成木鹊，木鹊可在空中飞行三天不落下来。公输盘自认为极巧妙。墨子却认为木鹊没有实际用途，还不如木工做车辖有用。"故所为功，利于人谓之巧，不利于人谓之拙。"可以说，以上两种技术思想在我国古代生产实践中都得到了充分的体现。

运用归纳列举法总结成熟的生产经验或技术。成书于战国晚期的《吕氏春秋》《礼记·月令》便是运用这种方法的典范，它们将长期以来中国人民在生产实践中形成的彼此联系制约的经验和技术思想进行总结，按月份进行归纳列举，使之成为易于普及的系统知识。首先，根据日月活动的周期，将一年分为四季十二个月，即春季：孟春、仲春、季春；夏季：孟夏、仲夏、季夏；秋季：孟秋、仲秋、季秋；冬季：孟冬、仲冬、季冬。然后，精选列举每月应该注意的彼此相关的生产经验及技术。主要内容包括以下各项。

（1）天文知识。以二十八宿为参照物，给出本月黄昏与黎明时昏中星与旦中星（即南方天空所见的恒星）的位置及太阳的位置。

（2）气象知识。代表本月天气特征的气象谚语。

（3）本月动植物生长的规律。

（4）本月主要政事、农事、工事和虞事，突出政事为农事服务。

（5）本月做到人与自然协调发展应注意的事项。

（6）天气正常时本月的天气情况，以及天气异常时本月可能发生的自然灾害，注意防患于未然。

"上揆之天，下验之地，中审之人"，努力研究、检验、考察天地人三者之间的联系，以及这种总结经验知识的方式与方法，对古人从事社会实践均具有重要的指导和借鉴意义。

针对具体的自然对象，分门别类整理成熟的生产经验和技术。成书于春秋至西汉初期的《管子》系统研究了我国的土壤，这是运用上述方法的典范。

《地员》按照农业生产中长期形成的有关土壤的知识及经验，将土壤分类，即良田沃土（五施之土）、紫色硬土（四施之土)、黄色湿土(三施之土)、盐碱黏土(二施之土)和黑色黏土(一施之土)等,然后对每种土壤进行具体分析研究,内容包括:①土壤的性质、肥沃程度及灌溉条件;②适宜本土壤生长的粮食作物、经济作物、树木及花草种类;③地下水的一般深度、颜色、水质及人饮用后对身体的利弊。

《地员》进一步将我国(九州)土壤分为3大类90种,即上等土壤30种,可种植12类植物,包括5种粟土、5种沃土、5种位土、5种荫土、5种壤土、5种浮土;中等土壤30种,可种植12类植物,包括5种怸土、5种垆土、5种壏土、5种剽土、5种沙土、5种塥土;下等土壤30种,可种植12类植物,包括5种犹土、5种壮土、5种殖土、5种穀土、5种凫土、5种桀土。区别了各种土壤的特征,如土壤的颜色、湿度、硬度、孔隙度、肥沃程度等。列举适应本土壤的各种物产,涉及农作物、林果、花草、药材、鱼类、畜牧类。并指出泉水特点及水土环境对人类的影响。

总而言之,中国古代早期形成的科学技术思想与方法,从人类科技发展的历史过程来看,是比较先进的,并产生了长期的积极影响。若考察逻辑思维能力,中国古代尤为擅长类比思维和归纳思维,演绎思维虽略显不足,但绝非不懂演绎推理。综合运用理论思维方法时,尤其擅长辩证思维。中国古代重视农业、重视官营工矿业及手工业,故有比较发达的货币体系和商品经济。中国古代相对发达的农业、官营工矿业及手工业,作为中国古代物质资料生产和生活资料生产的主要内容,为科学技术发展奠定了基础。中国古代早期形成的科学技术思想与方法,比欧洲封建的中世纪要先进得多,这也是中国古代科学技术一度取得辉煌成就的重要原因。

二、中国古代科学技术主要成就

中国古代科学技术在数、理、化、农、医等自然科学领域,以及纺织、建筑、机械、冶金、造纸、印刷等技术领域,都取得了十分辉煌的成就,这里仅介绍天文学、农学、数学、地质冶金和医学等五个方面。甲

甲 以下数据均来源于赵树新主编的《科学技术概论》(西安交通大学出版社,1999年)

（一）天文学

早期天文学是为农业服务而发展起来的学科，传说黄帝研究日月星辰的主要目的是为了"敬授民时""顺天地阴阳四时之记""时播百谷草木，淳化鸟兽虫蛾"。公元前14世纪，中国殷墟甲骨文中已有日食和月食的常规记录。公元前12世纪，殷末周初采用二十八星宿划分星区。公元前11世纪，传说周朝建立测景台，最早测定黄赤交角。1978年湖北随县曾侯乙墓出土的漆盖上，绘有二十八星宿图，说明春秋战国时，我国天文学在曾国这样的小诸侯国也有所发展。先民把天体黄道、赤道附近的恒星分为二十八个星区，每星区有一主星，总称二十八星宿。大约春秋之后，这种星区划分方法，经中亚传入印度、波斯、阿拉伯等地。

《尚书》《竹书纪年》《春秋》中已开始记录观察天象的重要发现。关于日食，公元前2137—前476年，我国文字记录37次，希腊记录始见于公元前585年；太阳黑子，公元前43—公元1638年，我国文字记录达106条，欧洲最早记录始见于公元807年；彗星，公元前1034年至清末，我国文字记录超过500次，其中哈雷彗星31次，欧洲最早记录始见于公元前11年；新星与超新星，公元前1400—公元1700年，我国记录新星达90颗，超新星10颗，欧洲最早记录始见于公元前134年。"二十四史"从《史记》始创《天官书》起，历代正史继承传统，并演变为《天文志》和《律历志》。战国时，齐人甘德作《天文星占》，魏人石申作《天文》，二书虽佚，从后人著作中引录文字看，甘、石二人区划天穹、编制星表，构思了宇宙图景。

汉代，《史记》在历术甲子篇中记载了珍贵的四分历历谱，岁实为365.25日，闰周为"十九年七闰"，发现五大行星逆行现象（观察者所见行星自西往东走称顺行，反之称逆行）和135个朔望月发生的月食周期，编制了包含522颗恒星的星表，积累了许多准确的观察记录。汉代天文仪器有测日影以定冬至的圭表，计时工具有漏壶；宇宙结构学说有盖天说、浑天说、宣夜说。东汉张衡是浑天说的代表人物，提出月球不发光仅反射太阳光，正确解释了月食的成因，观察记录了2500余颗恒星。

三国时，东吴陈卓绘制星图，有283星官1463星。东晋时，天文学家虞喜发现岁差规律，提出每50年向西移动一度的岁差值。南北朝时，刘宋的何承天将虞喜岁差值修正为100年移动一度，使之更为准确，自此回归年和恒星年两个概念为人们所接受。公元5世纪南齐时，祖冲之编制了《大明历》，首次把岁差计算在内，并精确测定了交点月和木星一周天的时间。

唐代，僧人一行领导司天机构制造黄道游仪、水运浑天仪（自动天文钟的始祖）、覆矩等，组织大规模大地测量。开元十五年（727年）完成新历《大衍历》，其中对月离、日食、月食和五星运动的计算精度都有较大提高，并获得了北极出地高度、日夜长度和昼夜漏刻等大量数据。在世界上首次测得子午线1°长315里80步（约131公里）的数值，仅比现代测量结果偏大约20公里。宋代，沈括、苏颂创制与革新天文仪器，将铜浑仪与水运浑天仪合二为一，成为水运仪象台（发明锚形擒纵器部件，成为世界机械钟表的始祖）。沈括还著有《浑仪议》《景表仪》《浮漏仪》等著作。今存苏州南宋绍熙元年（1190年）的石刻天文图，刻绘元丰年间（1078—1085年）观察到的恒星1434颗，比欧洲文艺复兴之前观测的恒星数多412颗。

元代，郭守敬主持制定了《授时历》（1280年），岁实为365.2425日，与地球绕太阳公转一周的实际时间只相差26秒；制成简化浑仪——简仪，并在"东至高丽，西至滇池，南逾朱子崖，北尽铁勒"的辽阔地区建立26个观察站。明代，徐光启等人编纂了《崇祯历书》137卷，将一周天分为360度，一昼夜分96刻24小时，度、时以下采用60进位制度，标志着欧洲天文学的发展成果被吸收到我国天文学的发展中。

为了纪念古代中国天文学家的杰出贡献，经国际天文学联合会批准，用张衡、祖冲之、一行、郭守敬、沈括等人的名字，命名了小行星；用石申、张衡、祖冲之、郭守敬、万户等人的名字，命名了月球上的环形山。

（二）农学

《史记》记载，早在黄帝时期，黄帝"迎日推策""顺天地之纪""治五气，艺五种"，教导先民栽培黍、稷、稻、麦、菽等五种谷物，告别原始采集、渔猎生产方式，从原始森林来到水草丰美、相对平坦的河谷地带，开始了以农为主、亦牧亦渔的生活。考古证实，长江流域发现的水稻稻种距今已有9000

余年，不仅实际早于黄帝种水稻的时代，而且远远早于印度植稻的历史。距今6000年左右的仰韶文化半坡村遗址，生产以农业为主，有用来开垦耕地、砍劈用的石斧、石锛、石铲；有收割用的石刀、陶刀；有用来加工谷物的石碾、石磨盘、石磨棒；有用来渔猎的石网坠、石矛、石（骨）镞；陶罐中存有芥菜或白菜一类种子；家畜已驯养有猪、狗、鸡和黄牛等。蚕绢曾在河南安阳殷墟出土，表明公元前13世纪，中国劳动人民已经开始养家蚕，利用蚕丝织成丝绢。《诗经》上记有植物名称100余种，动物名称200余种。《史记》说秦始皇未焚农书和医书，说明春秋战国时期，科技文化经长期积累，出现了空前繁荣。《尚书》《周礼》将全国的土壤分为三类九等，提出了"土宜"之学，记载了各地代表性的农作物和经济作物。《吕氏春秋》有比较系统的古农书内容，包括《十二纪》《上农》《任地》《辨土》《审时》等篇目，阐述"候应"之学和"土宜"之学，包括四时之禁、山野之禁、耕作（五耕五耨）、施肥、合理密植、保墒、改良土壤、选种等，除五谷种植法外，还介绍了经济作物麻的种植方法。

汉代，《史记·货殖列传》提出了农林牧副渔规模经营、专业化经营的思想，提出只要尊重客观规律，种植养殖户可以富比王者诸侯。生产实践中先后出现了两种提高土地利用率的先进耕作制度，即代田法用来提高大面积土地的耕作效益，区种法用来提高单位土地的产量；水利有明渠引水灌溉法、井渠法；农书主要有《氾胜之书》与崔寔的《四时月令》。

晋代，戴凯之的《竹谱》是我国最早的植物专谱，嵇含的《南方草木状》分草、木、果、竹四章，列举华南植物79种，是我国最早的地方植物志。北魏时，诞生了贾思勰的重要著作《齐民要术》，全书共10卷92篇，专讲生产技术，包括农作物的耕种、粮食作物栽培、畜牧、养鱼、食品加工保存与烹调方法、淀粉加工、制胶、制笔等农业手工业技术等。

《农桑辑要》与《王桢农书》是元代的经典农学著作。《农桑辑要》系元朝大司农司组织编写，初具农业百科全书格局，分典训、耕垦、播种、栽桑、养蚕、瓜菜、果实、竹木、药草、孳畜等门类，所论以耕种栽培为主，兼及禽畜、蜂、鱼饲养，倡导棉花、苘麻的栽培。《王桢农书》系王桢任县尹时，为提倡种桑、棉、麻等经济作物和改良农具而著;"农器图谱"部分,共附图306幅,展示了我国古代丰富的农业生产工具;"谷谱"叙述了农作物,兼及竹木、瓜果、蔬菜的栽植、收获、贮藏、加工技术和方法。

明清时期,宋应星的《天工开物》是一部综合性科学著作,与农业及其手工业相关的内容包括谷类和棉麻栽培、养蚕、缫丝、食品加工、制糖、榨油、制烛、造纸等。明末徐光启的《农政全书》和清代鄂尔泰、张廷玉等人编写的《授时通考》,均随科技发展而扩充新的内容,具有农业百科全书性质。

(三)数学

成书于战国时代的《尸子》记载:"古者,倕(chuí,传说为黄帝或尧时人)为规矩准绳,使天下仿焉。"这相当于在4000余年前,我国已有圆、方、平、直等的测绘工具。我国新石器时代的玉玦、玉璧加工可达到正圆形,表明已能用测绘工具检验、控制加工物的几何形状。我国很早就开始采用十进制法及计算工具。《史记·周本纪》云:"若国亡不过十年,数之纪也。"这里,"纪"便指以十为计数的进制。《史记·五帝本纪》说,尧舜时代我国"肇十有二州",表明行政区划当时就用十进制。商代甲骨文中有一、二、三、四、五、六、七、八、九、十、百、千、万等13个记数符号,除与现行阿拉伯数字符号书写表达不同外,计数和运算原理完全相同。这种进制方法欧洲直到12世纪才开始学习使用。计算工具——算筹(筭)大约始用于公元前7世纪,《说文解字·竹部》云:算筭"长六寸,计历数者。从竹从弄,言常弄不误也"。算筹以271枚为一握。算盘至晚在元代已广泛使用,陶宗仪的《南村辍耕录》中有"走盘珠"、算盘珠"不拨不动"等语。

《周髀算经》与《九章算术》是成书于公元前100年前后即西汉时期的两部重要数学著作。前者为天文数学,指导思想是用数学方法设想宇宙模式,涉及的数学知识有勾股定律、相似三角形对应边关系及分数乘除法、等差数列、圆周长求法、任意正数开平方、一次内差法等。后者是对春秋战国至西汉中期数学成果的总结与概括,全书9章包括246

个数学问题,包括分数四则运算、比例运算、面积体积运算、开平方、开立方、一元二次方程、正负数加减运算等。

魏晋南北朝时期,数学是通过注释前人论著发展的。三国时吴人赵爽注解了《周髀算经》,除对经文逐段解释外,还探讨了勾股定理的各种变形公式。刘徽完成《九章算术注》,主要对《九章算术》中的算题算法进行推理论证,采用了演绎、归纳等逻辑思维形成的类推法,对幂、方程、正负、勾、股、弦等20多个概念明确定义,创新了"割圆法",提出了极限思想,即圆的内接正多边形的边数无限增加,其周长就愈接近圆的实际周长。同期还产生了《孙子算经》《五曹算经》《张邱建算经》《夏侯阳算经》《缀术》《五经算术》等数学著作,唐代将它们统称为"算经十书",作为算学馆的教学内容。南北朝刘宋时期,祖冲之将圆周率首次精确到小数点后第7位(3.1415926~3.1415927),比西方早了1000多年。

唐代,李淳风等人对"算经十书"深入汇注,编制了《麟德历》,对数学和天文学发展起了重大促进作用。宋代,秦九韶著《数书九章》18卷,主要数学成就是"大衍求一术"(一次同余方程组解法)和"正负开方法"(高次方程求正根法)。金元之际,李冶著《测圆海镜》12卷,收入170个问题,探讨了内切圆、旁切圆的求径问题,亦是阐述天元术的代表作;元代,许衡,郭守敬等人在《授时历》中,提出了"招差法"(即三次内插公式)和"弧矢割圆术"(即球面直角三角形解法),学术上具有领先性。

(四)地学冶金

《史记·五帝本纪》中说:上古时,黄帝"旁罗"(即广泛调查)"水波土石金玉"。尧舜时,先民学会凿井取水,初晓了地下水知识,解决了生存必需的取水问题,变傍山水渔猎为耕作定居。

《周礼》记载,周代矿产开发和冶金已开始设立职能部门。如"矿人:掌金玉锡石之地,而为之厉禁以守之";"盐人:掌盐之政令,以共百事之盐"。《考工记》在世界上最早提出冶金(合金)理论,总结了青铜(铜与锡)的六种(六齐）合金比例。《管子·地数》较早记载了不同矿产的共生组合关系和勘矿规律，即"上有丹沙者下有黄金，上有慈石者下有铜金，上有陵石者下有铅锡赤铜，上有赭者下有铁，此山之见荣者也"，以及"上有铅者其下有银"。并指出："地之东西二万八千里，南北二万六千里……出铜之山四百六十七山，出铁之山三千六百九山。"《山海经》对战国时期我国铜、铁之山总数有与《管子》相似的记述，并以南山经、西山经、北山经、东山经、中山经、海外经为地理区划，分别记述了各区（山经）产金玉、产金、产银、产铜、产铁、产锡之山的名称，彼此间的距离和方位，矿山上部与下部或者南坡与北坡（阳坡、阴坡）的矿产分布情况。《史记·货殖列传》在总结人民所喜好的各种物产时，涉及与矿冶有关的物产有玉石、盐、金、锡、连（链）、丹砂等，而"铜、铁则千里往往山出棋置"。这表明自西汉前溯，我国在数百万平方公里的范围内，开发金、银、铜、铁、锡、铅、玉石、丹砂、食盐等矿产及其冶金业，取得了举世惊叹的成就。

《史记》中说："黄帝采首山之铜，铸鼎于荆山之下。""禹收九牧之金，铸九鼎。"商周时期出现灿烂的青铜文化，商代中晚期批量铸造青铜贝，青铜作为货币充当一般等价物说明冶铜业已较为发达，以往铜器只能被少数贵族占有的局面已经改变。春秋战国时期，各国纷纷发行铜币，黄金也开始充当货币，昭示商品经济空前繁荣。迄今出土文物可见楚国制造的金爰和银布贝。一些铜器，装饰采用鎏金、鎏银技术。铁的使用在《禹贡》中便有记载。战国时楚、燕、齐、韩、赵等国的冶铁业都比较发达。诸侯国多设有矿冶管理部门，司马昌曾任秦国的铁官，睡虎地秦墓竹简考证表明，秦冶铁业管理机构有"左采铁"和"右采铁"之分。

汉代在盐铁官营政策的宏观调控下，以盐铁、铸币为标志的矿冶开发成为国家经济的重要支柱。《汉书》说："自孝武元狩五年三官初铸五铢钱，至平帝元始中，成钱二百八十亿万余云。"郑玄笺："十万曰亿。"折合铜材8000余吨（每枚五铢钱重3.5~4克）。东汉时，南阳太守杜诗，发明了水力鼓风炉，用水力转动机械，为冶铁炉传送空气，提高了炼铁效率。迄今已发现西汉冶铁遗址数十处，名气与规模较大的有河南南阳、巩义铁生沟及郑州西北古荥镇冶铁遗址，拥有球墨铸铁、生铁铸造、生铁柔化和贴钢技术，出土铁器经研究证实有白口铁、灰口铁、脱碳钢等品种，炼炉高为6米，容积达50立方米，冶铁燃料已开始用煤和煤饼。冶铁使用煤饼，说明煤矿开采已具有一定的规模，居民燃料亦可能用煤。

晋代，发明了生铁和熟铁混合冶炼成钢的灌钢技术。陶弘景云："钢铁是炼生（生铁）、鍒（熟铁）作刀镰者。"表明灌钢术得到普及，可大量生产价格较低的刀、镰一类农具。唐代，"吹灰法"炼银技术非常成熟，其发明时代应能上溯久远。

宋代，国家金属产量开始有详细的"岁课"记录。据《宋史·食货志》记载，皇祐至元丰元年（1049—1078年），每年课金603.8～428.4公斤，银8796～8614公斤，铜3228.83～9277.23吨，铁4583.33～3482.19吨，铅62.13～5821.91吨，锡209.33～1469.76吨，水银1396.6～2124.35公斤。令世界瞩目的是，我国率先建立水法冶金（湿法冶金）产业，年胆铜课额可达1266吨，陕西延长石油，沈括时用来燃灯、制蜡、制墨和治疗牛羊癣疥。煤炭业形成较大规模，北宋朱翌《猗觉寮杂记》中说煤炭产地有河北、山西、山东、陕西等地。《文献通考·钱币》记载："河东（泛指山西）民烧石炭，家有橐冶之具。"庄季裕的《鸡肋编》记载："汴都（开封）数百万家，尽仰石炭，无一家燃薪者。"说明普通百姓人家不仅用煤来做饭，而且家庭作坊亦能大量用煤来从事冶炼，京城居民燃料几乎全部用煤，意味着形成了煤炭产业。药学著作《证类本草》全面介绍了金属、非金属矿产的产地，矿物及矿床知识，勘矿开采理论及物理、化学、冶金成果，汇集了当时的科学技术思想和实践经验。

元代，陕西延安县、延川县永平村、宜君县采铜川等地，人工凿井开采石油。凿井技术采用四川开凿盐井法，即小口径卓筒深井技术。这种采油法比美国宾夕法尼亚州用22米深油井开采石油（1895年）早了500多年。这一时期，煤炭可作为优质燃料的知识被意大利旅行家马可波罗介绍到欧洲。

明代开始较大批量生产黄铜和白铜，前者是铜锌合金，后者是铜镍合金。在世界上率先掌握了密闭加热冶锌技术，使黄铜合金有了原料保证。钢铁史上，率先发明高炉与炒钢炉串联炼钢法，节省了热能，加快了脱碳过程，提高了炼钢炉效率。宋应星《天工开物》对矿冶技术总结颇详。

（五）医学

中医中药学是中国传统文化的独特贡献之一。它将人体视为有机的整体，利用各种天然的物质（药物），辨证论治，形成博大精深的理论体系，至今仍占据西医西药难以替代的重要医学地位。传说"神农尝百草"，在辨别各种植物对人类的用处时，中医中药学逐渐形成，并形成砭石、艾灸等简单疗法。春秋战国时期，有许多公开或秘传的中医中药著作。生活于公元前5世纪的扁鹊，年少时跟随长桑君学习，便得到一些"禁方书"。传说由黄帝所作的《黄帝内经》（成书西汉说也十分常见），分为《素问》和《灵枢》两部分，对人体病理、病因、病状以及诊断、治则、药物性味功效、配伍制方、针灸、养生之道等论证尤详，为我国古代生理学、病因病机学、诊断学、治则学及针灸学、方剂学、药理学及临床各科辨证论治奠定了学科理论基础。

春秋时期，《神农本草经》总结了秦以前的药物学成就，包括药理学、配伍规律等，载药365种，其中植物药252种、动物药67种、矿物药46种。《史记》记载汉武帝时名医公乘阳庆有许多中医著作，已知书名有《脉书》《上经》《下经》《五色诊》《奇咳术》等秘藏书。东汉名医华佗发明麻醉剂——麻沸散。张仲景著《伤寒杂病论》，经后人整理成《伤寒论》和《金匮要略》二书，成为医家经典。《汉书·艺文志》记载汉成帝时有医经7家共216卷，经方11家共27卷。当代在长沙马王堆西汉軑侯夫人墓出土医书多达10种，弥补了秦汉时期古医学著作大多亡佚之憾，这些医书有《五十二病方》《足臂十一脉灸经》《阴阳十一脉灸经》《群经见智录》《养生方》等，足见中医药学之繁荣。

魏晋南北朝时期，代表著作有皇甫谧的《针灸甲乙经》、东晋葛洪的《肘后备急方》、刘宋雷敩的《炮炙论》等。梁陶弘景的《神农本草经集注》是对《神农本草经》的较早注本，由《本草》和《名医别录》两书合编而成，内容包括序录、玉石部、草部、木部等，载药700余种，涉及药物性味、产地、采集、形态、鉴别、炮制等。

隋唐五代时期，医学基本理论有隋代巢元方的《诸病源候论》50卷，分67门，包括1720候。论述了内、外、妇、儿、五官各科疾病病因、病理和症状。临床医学方面，有孙思邈的《千金方》和王焘的《外台秘要》；药物学方面有我国第一部也是世界上最早的国家药典《新修本草》。《千金方》由《千金要方》（载方5300首）和《千金翼方》（载方2900首）组成，集唐以前医学之大成，其意义正如孙思邈所言："人命至贵，有贵千金，一方济之，德逾于此。"《新修本草》简称《唐本草》，由苏敬等人撰成，全书54卷，分本草、药图、图经三部分，载药840种，图经占25卷，图文并茂，包含众多学科，如动植物形态学知识在生物学史上有重要意义。晚唐《海药本草》记述了海外引进的各种药物，体现了中西文化积极交流的气象，作者李珣祖上原是波斯人。

宋代的医学著作颇多，以《经史证类备急本草》最有名，简称《证类本草》，北宋唐慎微撰，大观二年（1108年）修订，政和元年（1111年）又经官修。全书31卷60余万字，引用历代"经史方书"270多种，载药1746种，药物多附有图谱，新增药物628种。明代李时珍撰《本草纲目》就是选此书为底本。

明代，朱橚《救荒本草》（1406年）对许多植物作了简要说明，并画出414种植物的图形。李时珍《本草纲目》（1596年）是一部举世闻名的科技巨著。全书52卷，约190万字，参阅古代文献800余种，历时27年（1552—1578年），三易其稿，载药1910种，其中新增374种，插图1126幅，附方10000余首。全面总结了我国16世纪前的药学理论，对研究生物、化学、天文、地理、地质、采矿等方面均有重要价值。国外有多种文字译本，被誉为"东方医学巨典""中国动植物志"。从治学上看，《本草纲目》还具有重要的方法论意义：一是善于批判继承前人研究的成果；二是坚持实践的观点，辨疑证伪；三是在归纳综合的基础上建立科学的分类体系，纲与目纵横分明，构成有机的统一体；四是注意药物宏观形态及物理、化学性质的分析和研究；五是理论体系方便实践操作，易于学习运用。

（六）中国古代科学技术对欧洲的影响

李约瑟研究认为，从公元1—18世纪期间至少有26项重要发明先后由中国传到了欧洲和其他地区，这证明了古代中国的科学技术在世界科技史上的地位：①龙骨车，西方落后中国约15个世纪；②石碾及水力石碾，西方分别落后13和9个世纪；③水排，西方落后11个世纪；④风扇和簸扬机，西方落后14个世纪；⑤活塞风箱，西方落后约14个世纪；⑥平放织布机和提花机，西方落后约4个世纪；⑦缫丝、纺丝和调丝机，西方分别落后3~13个世纪；⑧独轮车，西方落后9~10个世纪；⑨加帆手推车，西方落后11个世纪；⑩磨车，西方落后12个世纪；⑪牲口拖重物用的高效马具即胸带和套包子，西方分别落后8和6个世纪；⑫弓弩，西方落后12个世纪；⑬风筝，西方落后约14个世纪；⑭竹蜻蜓和走马灯，西方分别落后10和11个世纪；⑮深钻技术，西方落后11个世纪；⑯铸铁技术，西方落后10~12个世纪；⑰游动常平悬吊器（陀螺），西方落后8~9个世纪；⑱弧形拱桥，西方落后7个世纪；⑲铁索吊桥，西方落后10~13个世纪；⑳河渠闸门，西方落后7~17个世纪；㉑造船和航运方面的无数发明，包括防水隔舱、高效率空气动力帆和前后索具，西方落后多于10个世纪；㉒火药以及相关的一些技术，西方落后5~6个世纪；㉓船尾的方向舵，西方落后约4个世纪；㉔罗盘（磁匙）、罗盘针、航海罗盘针，西方分别落后11、4和2个世纪；㉕纸、雕版印刷术、活字印刷术和金属活字印刷术，西方分别落后10、6、4和1个世纪；㉖瓷器，西方落后11~13个世纪。李约瑟认为，这一时期西方比中国先进的发明仅有3项，即螺丝钉、双压水泵和曲轴，中国落后西方分别为14、18和3个世纪。^甲

二、明清之际中国科技发展及逐渐滞后的原因

恩格斯说："科学的发生和发展一开始就是由生产决定的。"^乙物质资料的生产要不断发展，就要求科学技术不断进步，明清之际科技发展的趋势，离不开所处的文化和经济背景。

中国古代广义的生产包括农、工、商、虞四业，其中农、工、虞均直接生产物质资料；商比较复杂，从业者可以亦工亦商，物质生产和交换领域的劳动兼而有之。司马迁《史记·货

甲 李约瑟. 中国科学技术史：第1卷[M]. 自然科学史研究所李约瑟著作翻译出版办公室，译. 北京：科学出版社，1990.

乙 恩格斯. 自然辩证法[M]//中共中央马克思恩格斯列宁斯大林著作编译局. 马克思恩格斯全集：第20卷. 北京：人民出版社，1971：523.

殖列传》分析中国人民所喜爱的种种物质资料后,得出四业的关系是:"待农而食之,虞而出之,工而成之,商而通之。"并转引《周书》说:"《周书》云:'农不出则乏其食,工不出则乏其事,商不出则三宝绝,虞不出则财匮少。'财匮少而山泽不辟矣。此四者,民所衣食之原(源)也。原大则饶,原小则鲜,上则富国,下则富家。"农、工、商、虞四业是人民的衣食之源,四业兴旺发达,富国富家,这一经济思想无疑是非常杰出的。

农业在中国古代被称为"本业",与"本业"相对,工商虞被视为"末业"。子贡问政,孔子说:"足食,足兵,民信之矣。"(《论语·颜渊》)又说对民应"富之""教之"(《论语·子路》)。所谓"足食富民"思想,就是以农业为本业。"足兵"要求军备精良充足,必须发展末业。视农业为国家的根本,也就是把农业作为国民经济的基础,这成为中国传统文化的一种主流思想,实践证明符合我国国情。孟子说:"五亩之宅,树之以桑,五十者可以衣帛矣。鸡豚狗彘之畜,无失其时,七十者可以食肉矣。百亩之田,勿夺其时,数口之家可以无饥矣。"(《孟子·梁惠王上》)司马迁构想"原大则饶",提出商品农业及专业户思想,他主张住户应因地制宜,如陆地牧马、养牛、养羊,草泽养猪,水塘中养鱼,住在山区有大树千棵、枣树千棵、栗树千棵、橘树千棵、楸树千棵,平原种千亩漆树、千亩桑麻、千亩竹子,城郊种千亩良田、千亩栀子或茜草、千畦生姜或韭菜等,凡能成为以上种养专业户者,收入都可与千户侯相等。可惜,明清之际虽一再强调发展本业,但农业生产力实际未达到司马迁所希望的水平。

末业并不是说这种行业不重要。农末俱利思想,是我国古代治国之道的主要内容。司马迁说:"农末俱利,平粜齐物,关市不乏,治国之道也。""平粜齐物",要求发展农业经济,稳定物价;"关市不乏",需要发展工虞商业,繁荣市场供应。孟子曾就社会分工谈发展手工业的重要性,在和白圭的一次辩论中明确指出:万室之国,若只有一人制造陶器,则"器不足用也"。在孟子看来,一个拥有万户的小国,要满足社会对陶器的需要,就应有一定规模的制陶业。(《孟子·告子下》)因此,孟子主张:"市,廛而不征,法而不廛,则天下之商皆悦，而愿藏于其市矣；关，讥（稽）而不征，则天下之旅皆悦，而愿出于其路矣。"（《孟子·公孙丑上》）也就是说，儒家思想是国家可以利用税收为杠杆，甚至通过免税，为发展商品经济提供适当的优惠政策。司马迁进一步提出商品经营的规模问题，他以当时的消费情况为依据，认为在发达的城镇，从业者（经营其中一项）每年的经营规模可达到一定程度：如千瓮酒、千缸醋酱、剥牛羊猪皮千张、200匹马、250头牛、2000只羊猪等，经济收入可比得上千乘之家。司马迁认为商品需求和种类总是不断变化的，所以"富无经业"，致富的方法、途径多得很，"布衣匹夫之人，不害于政，不妨百姓，取与以时而息（增殖）财富，智者有采焉"。

明清之际的中国商业，大体上讲，有了很大的发展，出现了资本主义萌芽。明清商品经济发展的规模，可从对外贸易略加窥测。《明史·外国传》记载，明朝与亚洲、非洲等90余个国家有外事往来。外国赴京的使者络绎不绝，名为"入贡"，实为贸易。《明会典·外夷下》还载有外国使团到达京城后每人准允购买的商品数量和品种，可以看出外国人对中国商品的需求与偏爱。明廷规定，使臣进贡到京者，每人许买茶50斤，青花瓷器50副，铜锡汤瓶5个，各色纱罗绫缎各15匹，绢30匹，棉布、夏布各30匹，棉花30斤，花毯2条，纸200张，颜料5斤，果品、砂糖、干姜各30斤，药饵30斤，乌梅30斤，皂矾白矾10斤，不许过多。民间中外贸易的种类及数量，应比官方限制要丰富得多。

中国的茶叶、丝绸、瓷器、火药、钱币等是在西方十分受欢迎的商品，而西方并没有带来中国人喜欢的商品。中国长期处于贸易顺差地位，直到鸦片的输入。乾隆时举人程含章的《论洋害》反映了外贸形势的变化，他说：以往中外贸易，每年获益可"值千万金"，以货换货，对中国无多大害处，唯鸦片一物，"沿海数千万里，处处皆可登岸，虽十万兵不能守也"，造成了严重危害。"天下之大利在洋，而大害亦在洋，诸番所产之货皆非中国所必需，若大呢、毛哔叽（叽）、铜锡、棉花、苏木、药材等类，每岁约值千万金，犹是以货换货，不必以实银交易，于中国尚无所妨。惟鸦片一物，彼以至毒之药，并不自食，而乃卖与中国，伤官民，耗吾财源……一岁破耗数百万，十岁破耗数千万，不过二三十年，中国之白金竭矣。"可见，鸦片可以改变洋人贸易的逆差地位。因鸦片走私掠夺了中国大量的白银，必将导致当时中国的经济形势逐渐步入恶性循环。

明清之际的工矿业主要包括棉纺业、丝织业、采矿冶金业、制瓷业、舟车业等，生产方式仍以传统的手工操作为主，基本属于劳动密集型产业，雇工人数可观，但设备、工艺、商品的科技含量较低。

而明清之际的西方科技是逐渐呈加速发展的。16世纪中晚期，近代自然科学门类萌芽产生。17世纪，开始把观察、实验方法和数学方法结合起来，自然科学大踏步前进。18世纪，天文、生物、力学、电学、化学等取得很多重要成就，技术加速进入生产，变为直接生产力。

明清之际中国科技逐渐滞后有着错综复杂的内因和外因。从外因看，信奉弱肉强食的西方列强绝不会轻易放弃对中国的掠夺，仁慈地坐视中国自立自强。从内因看，中国封建社会已病入膏肓，朝廷以中央帝国自居，安于现状，夜郎自大，没有抓住康乾时期的历史机遇，更主动、更虚心地学习更先进的科学技术，解放思想，致力引进西方的生产技术与设备，发展生产力。一方面，西方科技呈加速发展，并迅速转化为生产力，中西差距越拉越大；另一方面，科技落后加剧了国力衰落，封建帝国腐败、虚弱、无能的弊病愈演愈烈，巨额白银滚滚外流，得到的不是中国急需的技术装备及人民生活的改善，而是祸国殃民的鸦片。挽救中国、振兴科技已非封建国家所能胜任。

中国古代有连接东西文明长达数千年的丝绸之路，平等、互利、友好交往，对发展中西文明都有益处。历史经验表明，开放往往利弊共存，历史对当代中国的启示是：要抓住机遇，在加速推进全球化，构建人类命运共同体的同时，关键要"两手都要硬"，撷取消化积极的东西手段要硬，防范打击有害的东西手段也要硬。

第十三章
中国传统史学文化

习近平指出:"历史是一面镜子,鉴古知今,学史明智。重视历史、研究历史、借鉴历史是中华民族五千多年文明史的一个优良传统。当代中国是历史中国的延续和发展。新时代坚持和发展中国特色社会主义,更加需要系统研究中国历史和文化,更加需要深刻把握人类发展历史规律,在对历史的深入思考中汲取智慧、走向未来。"甲

中国传统史学文化成就非凡,是中国乃至世界人类文化宝库中一颗璀璨的明珠。中国传统史学发达,史学名家众多,史学名著灿若星河,创建了完备的修史制度,形成了多样的史学体裁,构成了传统史学的壮丽画卷。梁启超在《中国历史研究法》中称:"中国于各种学问中,惟史学最发达;史学在世界各国中,惟中国为最发达。"乙中国传统史学是中华民族留给后人的宝贵精神财富。

甲 习近平致信祝贺中国社会科学院中国历史研究成立[N]. 人民日报, 2019-01-04(01).

乙 梁启超. 中国历史研究法[M]. 上海: 上海古籍出版社, 1998: 10.

一、传统史学在中国传统文化中的地位

传统史学是中国传统文化的主要载体和主干,从先秦至清末,传统史学在中国传统文化中占据了非常重要的地位。

第一,中国传统史学是中国传统文化的主要载体,为中国传统文化提供了史料支撑。

中国传统文化离不开中国史学的支撑，缺乏足够史料及历史著作支撑的传统文化是很难被今人理解和接受的，更遑论对传统文化有较深理解了。因此，理解中国传统文化首先要对中国传统史学有所了解，也只有将中国传统文化置于中国历史的背景下体悟，才能真正把握中国传统文化的精髓，否则极易流于空疏浅薄。

举例而言，"孝"是中华民族的传统美德，也是儒家文化历来所倡导的理念，堪称中华民族的精神内核之一。在传统典籍中，对孝道阐释最为全面的自然是《孝经》，它也是儒家十三经之一。但《孝经》全文仅2300余字，且多为理论叙述而较少事例论证，因此仅凭此书很难理解孝在中国传统文化中的地位，也很难想象在中国传统社会是如何尊崇孝道的。这就需要后人借助中国传统史籍中的材料以印证《孝经》所记所言。

翻阅史籍，中国历代宣扬及提倡孝道的记载比比皆是。汉以孝治天下，曾大力推行"举孝廉"制度，孝行卓异者可出任官员。据黄留珠先生统计，西汉自元光元年（公元前134年）以后（包括新莽），共举孝廉约3.2万人，东汉共举孝廉约4.2万人，整个汉代举孝廉人数总计约7.4万人。[甲]故史家认为：汉代"得人之盛，则莫如孝廉，斯为后世所不能及"[乙]。由此可见两汉时期中国社会对孝的尊崇。此后，各朝各代对孝道都不遗余力地提倡，并形成制度。如政治制度方面有"丁忧"制度，即在职官员遭遇父母去世，必须去职守孝。明武宗时期，大学士杨廷和收到父亲的讣告即回家守制。万历五年（1577年），内阁首辅张居正之父去世，因张托词"夺情"不愿去职而被御史和六部官员上疏弹劾，引发了一场政治风波。在司法制度方面则有由"百善孝为先"理念引申出来的"存留养亲"制度，即犯人直系尊亲属年老需人侍奉而家无成丁，所犯之罪不属十恶之罪，允许上请减刑，流刑可免发遣，徒刑可缓期，将犯人留下照顾老人，待老人去世后再实际执行。《魏书·刑法志》载：若祖父母、父母七十以上，无成人子孙，旁无期亲者，具状上请，流者鞭笞，留养其亲，终则从流，不在原赦之例。用法律制度来保障孝行，可见中国传统社会对孝道的尊崇。

借助上述史料，今人才得以全面理解中国传统的孝道。这

[甲] 黄留珠. 秦汉仕进制度[M]. 西安：西北大学出版社，1985：106.

[乙] 徐天麟. 东汉会要[M]. 上海：上海古籍出版社，2006.

些史料的保存，恰仰仗中国传统史学的发达。由此扩展开来，举凡传统政治、经济、伦理、军事等各个方面的知识，皆赖传统史学才得以存留至今。

中国传统史学发达，为今人保留了数量可观的史籍。据统计："《隋书·经籍志》史部著录史书874部，16558卷，占著录图书总卷数的34%左右。《四库全书总目》和《清史稿·艺文志》著录的史部图书，据粗略统计，更多达3900部左右，80000多卷。再加上大量未被著录的史书，其数量就更大了。"[甲]汗牛充栋的史籍所记的内容包罗万象，涉及中国传统社会的方方面面，堪称传统文化和学术的百科全书。"二十四史"堪称中国传统文化的百科全书，从《史记》到《明史》，上起黄帝时代，止于明朝崇祯十七年（1644年），其内容涉及传统中国的经济、政治、文教、天文历法、军事、户口物产等各个方面。如在《旧唐书》中就如实记载了均田制、两税法、租庸调等经济制度及具体实施情况；其中的"历书"和"天文志"中还记载了李淳风和僧一行制定的《麟德历》和《大衍历》，保存了珍贵的科技史资料。正史之外，尚有其他私修史书、典志体史书、学案体史书及地方志。借助这浩如烟海的史籍，我们可以了解中国的传统文化。故中国传统史学是中国传统文化这棵参天大树生长的深厚土壤，从传统史学入手是了解传统文化的捷径。

第二，中国传统史学是中国传统文化之主干。

中国传统文化博大精深，涵盖传统中国社会的各个层面，以今人目光观之，基本属于史学范畴。

从古代目录学上看，西汉刘歆所撰《七略》和东汉班固所撰《汉书·艺文志》之中虽无专门之"史部"，但他们均将史学著作附录于"六艺略"的"春秋类"。以史附经，可见史学在当时的重要性。至唐初确立了经、史、子、集四部分类法，史著独列专部，位列经部之后居第二。延至后世，更有"六经皆史"的说法，进一步凸显史学的地位。

清代杰出史学家和思想家章学诚认为："六经皆史也。古人不著书，古人未尝离事而言理，六经皆先王之政典也。"[乙]"六经皆史"之说由来已久，最早源自刘歆的《七略》，其后隋人

甲 商聚德，等. 中国传统文化导论[M]. 保定：河北大学出版社，1996：304.

乙 章学诚. 文史通义[M]. 上海：上海古籍出版社，2015.

王通，唐人刘知几、陆龟蒙，宋人刘恕、王应麟以及元人郝经、刘因等都曾有"经史不分""经即史""五经皆史"等类似的观点，被社会接受并迅速传播。[甲] 举例而言，元代刘因曾言："古无经史之分，诗、书、春秋，皆史也。"[乙] 明代王世贞曾言："盈天地间无非史也。……六经，史之言理也。"[丙] 李贽曾说："经史一也。史而不经，则为秽史矣，何以垂戒鉴乎？经而不史，则为说白话矣，何以彰事实乎？故《春秋》一经，春秋一时之史也。《诗经》《书经》二帝三王以来之史也。而《易经》则又示人以经之所自出，史之所从来，为道屡迁，变易匪常，不可以一定执也。故谓六经皆史也。"[丁] 可见，章学诚"六经皆史"之论是中国传统史学的一次"层累"的学术构成[戊]，也表明中国传统史学涵盖内容之广，涉及传统文化的各个方面。

特别值得注意的是，传统史学还塑造了中国人的思维方式。早在春秋"百家争鸣"之时，各派思想家多"借史言事"以论证自己的观点，依据历史建立学说。儒、墨、法、道各家思想家，均对历史极尊重。从《尚书》《诗经》开始，儒家对问题的论证就是以历史为论证手段的。对此，明人王阳明就说："六经皆只是史，史所以明善恶、示训诫。""以事言谓之史，以道言谓之经，事即道，道即事，《春秋》亦经，五经亦史，《易》是包牺氏之史，《书》是尧舜以下史，《礼》《乐》是三代史。其事同，其道同，安有所谓异？"[己] 不仅儒家，先秦诸子也几乎无一不以历史为主要论证手段，先秦诸子皆据历史以建立其学说，一般士大夫亦据历史发表言论。

从中华民族的演进历程来看，"黄炎族掌文化的人叫作史，苗黎族掌文化的人叫作巫。黄炎族与一部分苗黎族混合成华夏族，巫史两种文化并存，互相影响也斗争"。"史重人事，长于征实；巫事鬼神，富于想象。……战国时期北方史官文化、南方巫官文化都达到成熟期。"因此，著名史学家范文澜称史官文化为中国传统文化的主干。[庚]

综上所述，中国传统史学从保存至今的典籍、记载的内容及塑造中国人思维方式等方面，堪称中国传统文化的主干，故了解中国传统史学文化是学习和掌握中国传统文化的前提。

[甲] 赵彦昌. "六经皆史"源流考论[J]. 社会科学战线, 2004（3）.

[乙] 刘因. 静修先生文集：卷一[M]. 北京：国家图书馆出版社, 2006.

[丙] 王世贞. 艺苑卮言：卷一[M]. 上海：上海出版社, 1925.

[丁] 李贽. 焚书：卷五[M]. 北京：中华书局, 1975.

[戊] 谢贵安. 中国史学史[M]. 武汉：武汉大学出版社, 2012.

[己] 王阳明. 传习录注疏[M]. 邓艾民, 注疏. 上海：上海古籍出版社, 2012.

[庚] 范文澜. 正史考略绪言[M]. 上海：上海书店, 1931.

二、中国传统史学在世界文明史上地位突出

中国传统史学著作连绵不断、浩博精详、记载准确，为世界各国所少有。即便是将传统史学文化置于人类文明的范围内来考察，其所取得的成就也是颇为引人瞩目的。黑格尔曾言："中国历史学家的层出不穷、继续不断，实在是任何民族所比不上的。"又说："尤其使人惊叹的，便是他们历史著作的精细正确。"^甲《中国科学技术史》的作者李约瑟也对中国传统史学赞誉有加："也许不用多说，中国所能提供的古代原始资料比任何其他东方国家，也确比大多数西方国家都要丰富。譬如印度便不同，它的年表至今还是很不确切的。中国则是全世界伟大的有编纂历史传统的国家之一。"^乙

中国传统史学的影响辐射周边地区，在东亚文化圈中具有示范及引领作用，直接带动了日本、韩国和越南等国家史学的创立和发展。朝鲜传统史学乃是"中国传统史学的一个分支"，"史书体裁和史学思想都是效仿中国史学的"。^丙"受中国传统史学沾溉之同时亦演化出其自身特色。"^丁日本史籍《日本书纪》在史料上直接或间接地参考了中国多部史籍，如《汉书》《后汉书》《三国志》《梁书》《隋书》等。"随后《续日本纪》《日本后纪》《续日本后纪》《日本文德天皇实录》《日本三代实录》五部史书，继续弘扬《日本书纪》的特点，吸收和继承中国纪传体史书的某些特点。""越南古代史书体裁也是在中国史书的影响下而生成的，主要采用纪传体、编年体与纪事本末体。"^戊越南阮朝曾仿效中国明代撰修实录的制度，编撰了编年体实录《大南实录》，《大南实录》是研究越南阮氏王朝历代皇帝的重要资料。《大越史记全书》被视为研究越南历史最重要的编年体史书，从书名即可见深受中国《史记》的影响。

中国传统史学典籍在东亚文化圈内颇受欢迎。几乎每一部重要的中国史书在周边各国都有程度不同的影响，也正是在中国史籍的影响下，周边各国传统史学才渐渐发展起来。其中，尤以《史记》在东亚地区的传播具有代表性。

《史记》是朝鲜儒士喜读的史著，也是其科举的重要内容和经筵日讲的重要史书，在朝鲜王朝政治与日常生活中占有

甲 黑格尔. 历史哲学[M]. 王造时，译. 北京：三联书店，1956：161，163.

乙 李约瑟. 中国科学技术史：第1卷[M]. 自然科学史研究所李约瑟著作翻译出版办公室，译. 北京：科学出版社，1990：78.

丙 孙卫国. 中国史学对东亚史学的影响与交流[J]. 历史教学问题，2012（4）.

丁 孙卫国，郭江龙. 《朝鲜王朝世宗实录》的编纂与中国实录传统的影响[J]. 史学理论研究，2015（3）.

戊 乔治忠. 论中日两国传统史学之"正统论"观念的异同[J]. 求是学刊，2005（2）.

重要地位。朝鲜两大正史《三国史记》与《高丽史》是效法《史记》之作，编纂意图和体例上依从以《史记》为准的中国纪传体史书。即便在其他编年体史书中，也能见到《史记》的影响，或补《史记》之阙，或与其论难，或效仿《史记》中的某种体裁。可见，《史记》对朝鲜史学的影响是全面而深入的。高丽时代，朝鲜史学家金富轼编纂的史书《三国史记》，是东亚各国典型的受中国史学影响而编纂的史书。《史记》大概是公元600年由圣德太子派出的第一批遣隋使带回日本的，《史记》始传日本乃是中国史学始传日本的重要标志。

中国传统史学的影响力并不局限于东亚文化圈，即便是与同样具有两千年以上发展史的欧洲史学相比也毫无逊色之处。早在商周时代，中国就出现了最早的记事历史，如《尚书》。至春秋时期，各国均有记载本国历史的典籍。《孟子·离娄下》曾言："晋之《乘》、楚之《梼杌》、鲁之《春秋》，一也。"到《左传》对历史的记载则更加生动翔实。至两汉时期，《史记》《汉书》等一批"其文直，其事核，不虚美，不隐恶""不激诡，不抑抗，赡而不秽，详而有体"的史书的出现，更为中国传统史学树立了记事的典范。

同时期，在古希腊罗马史学上则出现了希罗多德（代表作《历史》）、修昔底德（代表作《伯罗奔尼撒战争史》）、李维（代表作《罗马史》）、塔西佗（代表作《罗马编年史》）等史学家，但他们"几乎皆与小说家、剧作家接近，而非纪实的史学家"[甲]。他们的作品流传至今，文学上的价值远超过史学上的价值，故有学者称："（希腊人）对本民族的起源很不感兴趣，……他们的好奇心只追溯到前几个世代为止，他们相信自己的祖先是神。……柏拉图在《泰米阿斯篇》（《泰阿德篇》）一书中所说梭伦的一件轶事可以说明这点，他说，梭伦在埃及祭司们提问时，发现他自己或任何其他希腊人谁也不知道他们自己的古代史。埃及祭司说：'你们希腊人仍处在幼年时期，你们没有从你们祖先那里得到任何古老的教诲，也没有得到任何一门古老的学问。'和埃及人想象所及的漫长的远古回忆比较起来，希腊人所能回顾到的景象就有如小巫见大巫。希腊人的头脑中追溯到的，一点都没有超过特洛伊战争以及在那次战争中那些天生的英

[甲] 杜维运. 中国史学与西方史学之分歧[J]. 学术月刊，2008（1）.

雄们。"[甲]也有学者认为："希腊哲学家都不关心历史，没有人精研历史，历史在教育中也没有确定的地位。仅有的一位希罗多德，虽创造了公元前5世纪的希腊史学，但是公元前4世纪的时候，其所创的史学便中断了。当时之史学更是不能取代哲学或宗教，在希腊人的心目中，史学也从无地位。"[乙]比较起来，中国先秦两汉的史学可以说遥遥领先于同时期的古希腊罗马的史学。

魏晋、南北朝至隋唐时期，是中国史学的大发展时期。不但汉族修史，周边游牧民族建立的政权也纷起效仿撰修史书记载本民族的历史。在这一时期出现了独立的史学学科，设立了史馆制度，由宰相兼修国史，甚至皇帝亲自参与到史书的修撰之中，即所谓的"御撰"。唐杜佑撰修《通典》，创立了典志体这一专记典章制度的新史学体裁，"这是一部贯穿上下古今数千年的典章制度通史，中国史学史上甚至世界史学史上第一部出现的此类历史，开创之作，当之无愧"[丙]。史学理论方面则有被称之为"里程碑式"著作的刘知几所著的《史通》问世（710年），《史通》提出了系统的史学批评的理论和方法论，标志着古代史学理论的形成，是中国古代史学发展的里程碑。

同时期的西方世界，正经历着被称之为"黑暗时代"的中世纪，整个欧洲社会笼罩于宗教的迷雾之中。该时期的史学完全被神学笼罩，为神学服务，写史者的目的在于论证上帝的存在，热衷于从圣经中寻找历史的解释，神话、奇迹、传说，等等，并把它们作为信史载入史籍。他们虔诚地相信，人类的历史掌握于上帝不可思议之手，历史上人世间所发生的一切皆是上帝的安排。对此，十九世纪德国史学家西贝尔批评说："那个时代，没有历史判断的观念，缺乏历史真实的意识，毫无精密省察的倾向。宗教的权威主义，至高无上，维护传统，包庇教条。"杜维运先生则称该时期的欧洲史学处于"黑暗时代"，希腊、罗马灿烂的史学已退至"洪荒时代"，无法与同时期中国史学取得的成就相提并论，这种状况持续千余年，大致到中国元朝时期才算结束。[丁]

杜维运先生在《中国史学史》中对中国传统史学在世界上

[甲] 汤普森. 历史著作史[M]. 谢德风, 译. 北京: 商务印书馆, 2017: 36-37.
[乙] 龚鹏程. 中国传统文化十五讲[M]. 北京: 北京大学出版社, 2006: 141.

[丙] 杜维运. 中国史学史[M]. 北京: 商务印书馆, 2010: 531.

[丁] 杜维运. 中国史学史[M]. 北京: 商务印书馆, 2010: 544.

的地位和意义言之甚详，其观点大致如下：[甲]

其一，中国传统史学的纪实性远逾西方古代史学。中国史学以如实记载史事，即以"纪实"为基本原则，古希腊史学则多类文学创作。"希腊、罗马史学家写史，大都用修辞学的方法，一位将军在战幕揭开前向军队的激昂演说，一位政客在议会上的慷慨陈词，实际上并没有文献的根据，而多出于史学家的想象。""罗马史学家的文章风格与治史方法，显示出历史与修辞学之间的密切关联。有文学上的惯例，史学家将演词托诸其人物之口……习俗准许不必斤斤计较于正确，时日可以不用，文献不被搜求。"[乙]希腊史学家修昔底德所著的《伯罗奔尼撒战争史》中，即便没有文献根据，史家也可写入很多自己的想象，导致虚构演说词成为罗马史学的一种传统。

其二，中国史官记事的传统为西方古代史学所欠缺。中国最迟从夏代起，就设有负责记载天下之事的专职人员，凡有重要的政治活动，皆及时予以记载。史籍之中所谓的"君举必书""史不绝书"，"诸侯之会，其德刑礼义，无国不记"，便是对当时史官记事盛况的描述。而且中国史官是一群有学养有风节的人，他们博学多识，而又神圣独立，正直不屈，以至能奋笔直书，真历史赖以保存。无数人及时直书当代发生的事件，数千年如一日，是唯一在中国历史上有过的盛事。正因如此，中国史学著作皆依据坚实而丰富的史料文献撰著而成。反观西方史学，其撰述则主要援用口头传说资料以完成其著述。被视为西方史学创造者的希腊人却无专职记录史事的人员，他们所注重的历史，还只是史诗所提供的历史。于是希腊和罗马史学家只能依靠口头传说和亲身游历体验来进行史学撰述。罗马时代的史学家依然沿袭希腊传统，主要采用口头传说写成其历史。

其三，中国传统史学撰述的范围要广于西方史学。就内容而言，西方古代史学专注于记载军事史和政治史，描写战争的史书占据了希腊史学著作总量的五分之四。中国史学则包罗万象。例如，《史记》所记除帝王将相等政治人物之外，还记载了社会上形形色色的人物，如儒林、循吏、游侠、佞幸，等等。《货殖列传》《平准书》等又涉及国家的经济政策和经济发展

[甲] 杜维运. 中国史学史[M]. 北京：商务印书馆，2010.

[乙] 杜维运. 中国史学史[M]. 北京：商务印书馆，2010：52.

状况。就时间跨度而言,中国传统史学著述的时间范围往往跨越两三百年,甚至贯穿数千年。如《春秋》所记涉及近三百年的历史。就空间范围而言,中国传统史学所记多为著者所知的整个世界。孔子所写《春秋》,是一部世界史,而不是一部鲁国史。《春秋》一书所载为孔子所知的世界上所发生的大事,而不局限于鲁国。司马迁著《史记》"于中国外,写他所能知的整个世界,匈奴、朝鲜、南越、东越、西南夷、大宛,一一列传,人迹所至,日月所临,全写到《史记》里面去了"[甲]

由上可见,直至十九世纪之前,中国传统史学一直遥遥领先于西方史学,所取得的成就为欧洲史学界所望尘莫及。即便是近代之后,中国传统史学虽然式微,但学术生命并未断绝,这实是中国传统文化中颇为引人瞩目之处。

三、中国传统史学之特点

(一)体例多样,内容丰富

中国传统史学在长期的发展演进中,形成了多样的体例,承载了丰富的内容。

(1)按时间跨度可分为断代史和通史。断代史指以朝代为断限的史书,主要特点是只记录某一时期或某一朝代的历史。始创于东汉班固所著的《汉书》。"二十四史"中除《史记》外均属断代史体例。又如《建炎以来系年要录》,专记宋高宗赵构一朝的史事。

与断代史限于某个时代不同,通史是跨时代的研究,不间断地记叙自古及今的历史事件。以现代史学观之,通史体现的是一种"大历史观"。《史记》开中国纪传体通史修撰之先河,全书记载了上自传说中的黄帝,下至汉武帝时代,历时三千多年的史实。又如中国第一部编年体通史《资治通鉴》,该书起自周威烈王二十三年(公元前403年),直至五代后周世宗显德六年(959年)征淮南止笔,全书涵盖了十六朝共一千三百余年的历史。

(2)从内容编排方式上可分为编年体、纪传体、纲目体、纪事本末体。编年体以《春秋》《汉纪》《资治通鉴》《建炎以来系年要录》为代表。其记事方式是以事系日、以日系月、

[甲] 杜维运. 中国史学史[M]. 北京:商务印书馆,2010:261.

以月系时、以时系年。按照年、时、月、日的顺序来记叙当时所发生的事件，是以时间为核心。因编年体是孔子删订《春秋》时所创，所以该体例被宋代史家认为最能体现圣人之教和微言大义，加之《春秋》的宗旨是"尊王攘夷"和名分等级，所以在内忧外患的宋代社会深受理学家的重视，促成宋代编年体史书盛行。史家称："宋人认为，编年体以帝王为中心，而国之治乱尽系于帝王之心，故编年体易于认清历史盛衰与帝王之心的关系。"^甲

纪传体是以本纪、列传人物为纲，时间为纬，记载历史事件的一种史书编纂体例。纪传体史书的突出特点是以大量人物传记为中心内容，是记言、记事的进一步结合。"二十四史"的体裁均为纪传体。以《史记》为例，全书约五十二万六千五百字，分为"本纪"十二篇以历代帝王政绩为核心，"世家"三十篇载诸侯，"列传"七十篇写人臣，"表"十篇为大事年表，"书"八篇记典志、礼乐、天文、历法、封禅、水利、财用，共一百三十篇，以人物传记为全书主体部分。

编年体与纪传体各有所长，编年体易于表达"微言大义"，纪传体则可以"论""赞"的方式表达史家对于历史的批判。两种体例结合，就出现了纲目体。纲目体是宋代史学家在编年体的基础上为便于"笔削褒贬"和"驰骋议论"而创设。^乙纲目体的篇目结构是先设总纲，或称大类，各纲之下再设细目，目以纲聚，以纲统目，纲举目张。南宋朱熹对于纲目体的创设居功至伟，他从《资治通鉴》中节取事实，纲仿《春秋》，目仿《左传》，撰成《资治通鉴纲目》。该书专重书法，意在褒贬，具有极强的正统观念。^丙明代何乔新称"朱子之作《纲目》也，岁年有远近，详书甲子以纪之，则岁周于上而天道明矣；国统有离合，特书正统以别之，则统正于下而人道定矣。有始终兴废灾祥沿革之正例者，有善可为法恶可为戒之变例者，皆大书以提要，则大纲概举，而鉴戒昭矣。有追原其始遂及其终者，有详陈其事备载其言者，皆分注以备述，则众目毕张，而几微著矣。"纲目体将历史叙述与历史评论结合起来，对后人影响极大，"质诸人心而无疑，参诸众论而无愧，信夫可以接《春秋》之坠绪也"^丁。《续资治通鉴纲目》《通鉴续编》皆采用此体例。

甲 谢贵安. 中国史学史[M]. 武汉：武汉大学出版社，2012：215.

乙 谢贵安. 中国史学史[M]. 武汉：武汉大学出版社，2012：215.

丙 陈廷亮. 中国古代史学史概要[M]. 西宁：青海人民出版社，2006：81.

丁 何乔新. 椒邱文集，上海：上海古籍出版社，1991：23-24.

无论是编年体还是纪传体，在记事方面都存在着明显的不足。南宋时又出现了以事件为中心的著史体裁纪事本末体。纪事本末体以事件为主线，将有关专题材料集中在一起，是以事件为中心进行编撰的著史体裁。《资治通鉴》成书后，颇受重视，但编年体史书的体例虽然突出了时间为中心的历史发展顺序，却不可避免地割裂了完整的历史事件。为弥补此缺陷，南宋袁枢撰成《通鉴纪事本末》一书，首创纪事本末体。该书选取《资治通鉴》中的文字，以事件为中心，每事定一个专题，将分散的材料抄录在一起，形成一个完整的故事。该书所用的体例既不同于编年体以纪年为主，也不同于纪传体以立传为主，而是以记事为主，把历史上的大事，详其首尾，集中表述其过程。《四库全书总目·卷四十九》载："自汉以来，不过纪传、编年两法，乘除互用。然纪传之法，或一事而复见数篇，宾主莫辨；编年之法，或一事而隔越数卷，首尾难稽。（袁）枢乃自出新意，因司马光《资治通鉴》区别门目，以类排纂，每事各详起讫，自为标题。每篇各编年月，自为首尾。始于三家分晋，终于周世宗之征淮南，包括数千年事迹。经纬明晰，节目详具，前后始末，一览了然。遂使纪传、编年贯通为一，实前古之所未见也。"

以史籍所记载的内容类型不同，可分为典章制度体、会要体、学案体。

典章制度体，即典制体，首创于唐代杜佑所著的《通典》，是以记录历代制度为核心的政书类史书。此类史书最具代表性的是被概称为"十通"的十部政书，即《通典》《通志》《文献通考》《续通典》《续通志》《续文献通考》《清通典》《清通志》《清文献通考》《清朝续文献通考》。

从学术渊源上来讲，典制体来源于纪传体史书中的"书"和"志"，它的出现是史学发展到一定阶段的产物。"就史学进路而言，典制体史著无论在内容还是方向上，均与历代正史显有区别。"[甲] 杜佑所撰《通典》一书，分为食货、选举、职官、礼、乐、兵、刑法、州郡、边防九门，其下再分若干子目。每一子目对每一制度按朝代顺序考镜源流，详述优劣，便于读者了解某项制度的沿革。杜佑在《通典序》中指出："夫理道

[甲] 邹国义. 典章制度史：探讨"变通张弛之故"[J]. 历史教学问题，2005（2）.

之先，在乎行教化，教化之本，在乎足衣食。……夫行教化在乎设职官，设职官在乎审官才，审官才在乎精选举，制礼以端其俗，立乐以和其心，此先哲王致治之大方也。故职官设然后兴礼乐焉，教化隳然后用刑罚焉，列州郡俾分领焉，置边防遏戎敌焉。是以食货为之首，选举次之，职官又次之，礼又次之，乐又次之，刑又次之，州郡又次之，边防末之。或览之者庶知篇第之旨也。"

梁启超曾高度评价杜佑在体例上的创造："纪传体中有志书一门，盖导源于《尚书》，而旨趣在专纪文物制度，此又与吾侪所要求之新史较为接近者也。然兹事所贵在会通古今，观其沿革。各史既断代为书，仍发生两种困难：苟不追叙前代，则原委不明；追叙太多，则繁复取厌。况各史非皆有志，有志之史，其篇目亦互相出入，遇所缺遗，见斯滞矣。于是乎有统括史志之必要。其卓然成一创作以应此要求者，则唐杜佑之《通典》也。"甲

会要体属于断代的典章制度体，与典制体最大的不同是单写某一朝代的国家制度、历史地理、风俗民情等。该体例由唐朝苏冕在撰写《唐会要》时首创。"会要者，志之所祖也。所以原典故之本末，志书之所未尽者，莫不悉其源而书之。"除《唐会要》外，还有《宋会要辑稿》《明会要》等。

学案体是专门记述学术源流的史书体裁，类似于今天的学术思想史，始创于明末清初黄宗羲的《明儒学案》。该书综述明代近三百年的学术发展史，梳理各家学术观点，按师承关系和学术宗旨将儒学名流分为若干派系，称为"学案"。《明儒学案》的编排体例是每个学案前有小序，之后为每人的小传，涵盖学人的生平经历、著作、思想及学术源流传授，后载语录以为补充。清人莫晋评价《明儒学案》一书说："（此书）言行并载，支派各分，择精语详，钩元（玄）提要。一代学术源流，了如指掌。"近代梁启超评论说："著学术史有四个必要的条件，第一，叙述一个时代的学术，须把那个时代重要的各学派全数网罗，不可以爱憎为取；第二，叙述某家学说，须将其特点提挈出来，令读者有明晰的观念；第三，要忠实传写各家真相，勿以主观上下其手。第四，要把各个人的时代和他一生的经历大概叙述，看出那人的全人格。梨洲的《明儒学案》

甲 梁启超. 中国历史研究法[M]. 北京：东方出版社，1996：25.

总算具备这四个条件。"梁启超盛赞《明儒学案》是极有价值的创作:"将来做哲学史、科技史、文学史的人,对于他的组织虽有许多应改良之处,对于他的方法和精神是永远应采用的。"[甲] 学案体的代表作除黄宗羲所著《明儒学案》外,还有全祖望著《宋元学案》、江藩著《国朝汉学师承记》、徐世昌著《清儒学案》等。

此外还有国别体,即以国家为单位,分别记叙历史事件。如《战国策》《国语》《三国志》等。

在中国传统史学绵延不绝的历史长河之中,史家依据不同的内容,创造了丰富多样的体裁,涵盖了当时人类生活的各个方面。史学体例多样,不但说明中国传统史学之发达,亦可证明中国传统史学与传统文化关系之密切。

甲 梁启超. 中国近三百年学术史[M]. 夏晓虹,陆胤,译. 北京:商务印书馆,2011.

(二)史官地位崇高,悠久的官修史书传统

中国传统社会对史事的记载是非常重视的。正如前文所说,最迟在商代或夏代,中国就设立了及时记载天下事的史官,这是领先于世界的。而且中国古代设立史官,在地域上,从中央到地方,普遍设立,数目相当可观。以周代而言,见于文献及金文中的史官,据近人统计多达一百二十九人。,实际史官的数量必人数更多。[乙]

中国史官的职务,最初职责近乎卜祝之间,故有学者认为"史官是在原始社会末期出现的,是由'巫'发展而来的"[丙]。在《国语》中记载:少昊之世,"家为巫史(韦昭注:巫主接神,史次位序)"。《吕氏春秋》记载:"夏太史令终古出其图法,执而泣之。夏桀迷惑,暴乱愈甚。太史令终古乃出奔如商。汤喜而告诸侯曰:'夏王无道,暴虐百姓,穷其父兄,耻其功臣,轻其贤良,弃义听谗,众庶咸怨,守法之臣,自归于商。'"

此外,史官还掌管天人之间的各种事务。如祭祀、卜筮、记事、观测天象、解说灾异、典藏图书等。史载:"大史掌建邦之六典""小史掌邦国之志""内史掌王之八枋(柄)之法,以昭王治""外史掌书外令,掌四方之志,掌三皇五帝之书"。[丁] 随着时间的推移,史官职务愈来愈以记事为主。史书所载,天子之侧,诸侯之旁,皆有史官,以便及时记载重要政治人物的言行。所谓"君举必书""左史记言,右史记事""动则左史书之,言

乙 杜维运. 中国史学史[M]. 北京:商务印书馆,2010:41.

丙 傅玉璋. 中国古代史学史[M]. 合肥:安徽大学出版社,2008:8.

丁 李学勤. 周礼注疏[M]. 北京:北京大学出版社,1999:813,821,833,835.

则右史书之""天子无戏言,言则史书之"。《史记》中所载战国时代秦赵两国的渑池之会,就描述了御史记事的场景。

不过需要注意的是,早期史官尚非专职的史学工作者,"观象制历"是他们的主要职掌。[甲]司马迁父为太史令,其本职是观测天象并如实记载下来,为制定历法及现实决策提供资料。东汉时政府设官修撰《东观汉记》,但修史地点经常变动,并非专门的修史机构,也无专责修史之官员。班固是以兰台令史的身份撰成《汉书》。真正出现专职史官和修史机构,是在三国魏晋时期,"设官修史始三国,设置机构始西晋"[乙]。

三国时,魏明帝太和年间(227—233年),"诏置著作郎"(《晋书·职官志》),于此始有专职史官。两晋时期,置大著作一人,掌修国史。此后历代政府均设专职人员负责记录历史,中国史官记事数年如一日,"举目世界,未有其比"[丙],为后人留下了大量的历史文献,成为保存民族记忆的宝贵财富。

北魏时代,朝廷设立著作局,此为国家设史馆之滥觞。北齐正式设置史馆,开后世史馆修史之先河。学者称"中国古代史馆始于北齐","史馆"一词也出现于此时。[丁]隋唐时期,则进一步将史馆制度规范化、制度化,被此后历朝历代所沿袭,成千年不废之定制。唐太宗贞观三年(629年)设史馆,隶属于门下省或中书省。唐一般由宰相"兼修国史",故唐朝所修正史多由宰相领衔署名,参与者多为朝廷重臣,如房玄龄、令狐德棻、魏征、褚遂良、长孙无忌等。由此可见,当时政府对史书撰修工作是十分重视的。

宰相兼修国史是中国传统政治文化中颇为引人瞩目的现象,突显了史学在传统中国社会的崇高地位。历代统治者对史官也高度重视。如南北朝时,东魏权臣和北齐的奠基者高欢,曾对史官魏收说:"卿勿见元康等在吾目下趋走,谓吾以为勤劳。我后世功名在卿手,勿谓吾不知。"(《北史·魏收传》)明代陆深曾言:"天下不可一日无史,亦不可一日无史官也。百官所任者,一时之事;史官所任者,万世之事。"并强调史官"是职也,是非之权衡,公议之所系也"。

[甲] 许兆昌. 史官源流考[J]. 吉林大学社会科学学报, 1997(1).

[乙] 谢保成. 中国史学史[M]. 北京:商务印书馆, 2006: 331.

[丙] 杜维运. 中国史学史[M]. 北京:商务印书馆, 2010: 42.

[丁] 谢保成. 中国史学史[M]. 北京:商务印书馆, 2006: 125.

史官待遇之高也颇受时人羡慕。唐代史馆华丽，修史其中，酒馔丰厚，史书修成后，朝廷赏赐优厚，所以唐代读书人多喜居史职。薛元超晚年曾自述平生有三大憾事：一是没能参加科举以进士及第，二是未能娶山东五姓的女郎为妻，三是不能参与编修国史。此事载于《隋唐嘉话》，薛中书元超谓所亲曰："吾不才，富贵过分，然平生有三恨：始不以进士擢第，不得娶五姓女，不得修国史。"此事是否属实已难以考证，但从中亦可见当时史官地位的尊贵。

孔子所编《春秋》、司马迁所撰《史记》，皆是私人著作。从唐朝开始，私人修史转变为国家修史，正史的撰修成为国家行为。从唐朝开始直至清末，正史大多为官修史书。史馆的设立和官修史书制度的确立，对中国传统史学产生了积极与消极两方面的影响。积极的一面是史学借助国家之力，在史料征集、人员备置等方面具有巨大优势，保证了史书撰写的效率。消极的一面是朝廷加强了对史学的控制，垄断了国史和正史的修撰，史学成为政治的附庸，成为仅仅服务现实政治提供治乱兴替借鉴的工具。而且众手杂成，缺乏像司马迁那样个人修史所表现出来的思想性和独立性。清人皮锡瑞指出："官修之书不满人意，以其杂出众手，未能自成一家。"[甲]但毕竟官修史书代表了修史之时社会的主流价值观，避免了私修史书中个人私意的过多掺杂，撰成之史更符合时代特征。

官修史书利弊皆有，但倾全国之力撰修当代史及前代史，使得大量的基本史实得以保留。"二十四史"中的绝大部分都是在这种修史制度下产生的，被认为是中国传统史学的突出成就。《资治通鉴》更是集体撰写历史的典范。存留至今的，卷帙浩繁的《明实录》《清实录》及大量《起居注》等研究明清帝王治国施政全貌的史籍，更是依靠政府推动及大量专职人员的努力才得以成书。在农耕时代不依靠国家力量而单凭史家一己之力很难取得今日所见之史学成就。

（三）强烈的道德教化意识

中国传统史学出现之初，就带有强烈的道德教化意识。孔子编《春秋》即可体现史学的教化功能。孔子编《春秋》

甲 皮锡瑞. 经学历史[M]. 北京：中华书局，1959：201.

的目的是"正天下之位，一天下之心"，带有鲜明的"尊周攘夷"之意。左丘明曾称赞《春秋》一书具有道德教化的意义："《春秋》之称微而显，志而晦，婉而成章，尽而不污，惩恶而劝善。"（《左传·成公十四年》）"（《春秋》）上之人能使昭明，善人劝焉，淫人惧焉，是以君子贵之。"（《左传·昭公三十一年》）孟子论述《春秋》时说："世衰道微，邪说暴行有作，臣弑其君者有之，子弑其父者有之。孔子惧，作《春秋》。《春秋》，天子之事也。是故孔子曰：知我者其惟《春秋》乎！罪我者其惟《春秋》乎！""昔者禹抑洪水而天下平，周公兼夷狄，驱猛兽而百姓宁，孔子成《春秋》而乱臣贼子惧。"（《孟子·滕文公下》）汉司马迁在"太史公自序"中亦曾言："夫《春秋》者，上明三王之道，下辨人才之纪，别嫌疑，明是非，定犹豫，善善恶恶，贤贤贱不肖。存亡国，继绝世，补敝起废，王道之大者也。""有国者不可以不知《春秋》，前有谗而弗见，后有贼而不知。为人臣者不可以不知《春秋》，守经事而不知其宜，遭变事而不知其权。为人君父而不通于《春秋》之义者，必蒙首恶之名。为人臣子而不通于《春秋》之义者，必陷篡弑之诛，死罪之名。"

《春秋》以史明德的教化功能被后世历代正统史家所继承和发扬，至魏晋南北朝时期，中国传统史学中"正统观普遍涌现并熟练地应用到史书中"[甲]。东晋习凿齿为防范权臣桓温篡位撰写《汉晋春秋》一书"以裁正之"。习凿齿强调曹魏乃是篡逆，"皇晋宜越魏继汉，不应以魏后为三恪"，"以晋承汉，正名当事"（《晋书·习凿齿传》）东晋亦为正统王朝，不可以强力代之。陈寿撰《三国志》以魏为正统，于"魏书"立本纪，"蜀书""吴书"仅立列传。南北朝时，各割据政权的史书都声称自己是受天命的正统王朝，其他政权是"僭伪"，"南书谓北为'索虏'，北书指南为'岛夷'"（《北史·序传》）。《魏书》所载慕容绍宗讨伐萧衍的《檄梁文》中称：萧梁"伪主昏悖，不惟善邻，贼忍之心，老而弥笃。纳逋叛之诡谲，蔑信义以猖狂，天丧其神，人重其怨"，自己将"师行以礼，兵动以义，吊民伐罪，理有存焉"。通篇充满了浓郁的道德批判意味。

这种道德评价在欧阳修等撰写的《新五代史》中表现得尤

[甲] 谢保成. 中国史学史[M]. 北京：商务印书馆，2006：116.

为典型。欧阳修认为五代十国时期是乱世,于是便效法孔子,借修史以施行褒贬,以期重树社会道德和秩序。因此在《新五代史》中,欧阳修屡次感慨在五代时期君臣父子失序,社会动荡不安,华夏沦为夷狄,"干戈贼乱之世","君君臣臣父父子子之道乖,而宗庙、朝廷、人鬼皆失其序"。五代时期,"父子骨肉之恩,几何其不绝矣""夫妇之义几何其不乖而不至于禽兽矣""礼乐行政几何其不坏矣""中国几何其不夷狄矣""礼崩乐坏,三纲五常之道绝,而先王之制度文章扫地而尽于是""臣弑其君,子弑其父,而缙绅之士安其禄而立其朝,充然无复廉耻之色者皆是也"。在篇目设计上,《新五代史》也打上了鲜明的道德烙印:全书列传采用类传形式,设《家人传》《臣传》《死节传》《死事传》《一行传》《唐六臣传》《义儿传》《伶官传》《杂传》等,凡专事一朝者列入《臣传》,历仕多朝者气节有亏列入《杂传》,根据死者尽忠的程度,头等者进入《死节传》,次者进入《死事传》。

正因史学具有如此强烈的道德评判功能,故当权者不得不对自己的言行有所约束,以防不当言行被载入史籍。唐朝宰相韦安石阅毕史官朱敬则写成的史稿后,不禁感叹道:"世人不知史官权重宰相,宰相但能制生人,史官兼制生死,古之圣君贤臣所以畏惧者也。"(《新唐书·朱敬则传》)宋太祖赵匡胤"弹雀"一事也是明证。史载:

(宋)太祖尝弹雀于后园,有群臣称有急事请见,太祖亟见之,其所奏乃常事耳。上怒,诘其故,对曰:"臣以为尚急于弹雀。"上愈怒,举柱斧柄撞其口,堕两齿,其人徐俯拾齿置怀中。上骂曰:"汝怀齿欲讼我邪?"对曰:"臣不能讼陛下,自当有史官书之。"上悦,赐金帛慰劳之。[甲]

虽然在史书之中进行道德评价颇受今人批评,但在传统史学中却时常出现,并且不因政权更迭变动而消逝,具备某种超时代的意义。明清鼎革之后,因忠明抗清而死者众多。但清乾隆年间,清廷超越政权的忠贰观念,从儒家忠义观念出发重新裁定评判历史人物的行为,并撰成《钦定胜朝殉节诸臣录》一书。全书表彰忠明抗清者,称他们为"疾风劲草,百折不移""死不忘君,无惭臣节"的忠贞之臣,应"用加赠典,以励纲常"。《钦定胜朝殉节诸臣录》共收录抗清死难者两千余人,认为这些人"各为其

[甲] 司马光. 涑水记闻[M]. 北京:中华书局,1989:7.

主，义烈可嘉""胜国殉节之臣，各能忠于所事，不可令其湮没"（《钦定胜朝殉节诸臣录·卷首·谕制序》）。乾隆帝还特地指出："至若史可法之支撑残局，力矢孤忠，终蹈一死以殉；又如刘宗周、黄道周等之立朝謇谔，抵触权奸，及遭际时艰，临危受命，均足称一代完人，为褒扬所当及。其他或死守城池，或身殒行阵，与夫俘擒骈僇，视死如归者"，均应"稽考史书，一体旌谥"。（《钦定胜朝殉节诸臣录·卷首·乾隆四十年十一月初十日乾隆皇帝上谕》）清国史馆编修《国史》时，乾隆帝特别敕令国史馆要专设"贰臣传"，将投降清廷的明代官员归为不忠不义之人收录其中。后又依据降臣对清廷的附顺态度和贡献大小进行区分，分列甲乙两编。洪承畴列为甲编，钱谦益"行素不端""进退无据""非复人类"，列为乙编。至于吴三桂和耿精忠这些降而复叛者，连"贰臣"都算不上，只能列为"逆臣传"，以示贬抑。（《清高宗实录·卷一〇五一·乾隆四十三年二月乙卯》）

中国传统史学文化中，史官修史注重道德评判，后人读史亦常从道德层面审视历史人物。正是这种强烈的道德教化意识，强化了国人的是非观念，塑造了国人的精神气质，对民族心理产生了广泛而持久的影响。

（四）重视史家个人素养

中国传统文化重视史学著作的撰修，尊崇史官，故对史家的个人素养提出了极高的要求。尤其是史学成为一门独立的学科之后，对于史家必须兼备才、学、识、德等素养的要求也逐渐明晰。

在知识广博方面，《隋书·经籍志·史部序》中对史官提出："夫史官者，必求博闻强识，疏通知远之士，使居其位，百官众职，咸所贰焉。是故前言往行，无不识也。天文地理，无不察也。人事之纪，无不达也。内掌八柄，以诏王治，外执六典，以逆官政。书美以彰善，记恶以垂戒，范围神化，昭明令德，穷圣人之至赜，详一代之亹亹。"

唐时著名史家刘知几从才、学、识三方面提出了"史学三长"的理论。据《旧唐书·刘子玄传》记载，礼部尚书郑惟忠问刘知几："自古以来，文士多而史才少，何也？"刘知几对曰："史才须有三长，世无其人，故史才少也。三长谓才也，学也,识也。夫有学而无才,亦犹有良田百顷,黄金满籝,而使愚者营生,终不能致于货殖者矣。如有才而无学,亦犹思兼匠石,巧若公输,而家无楩柟斧斤,终不果成其宫室者矣。犹须好是正直,善恶必书,使骄主贼臣,所以知惧。此则为虎傅翼,善无可加,所向无敌者矣。脱苟非其才,不可叨居史任。自敻古以来,能应斯目者,罕见其人。"史家的基本素养被刘知几概括为才、学、识三个方面,可谓真知灼见。才,指史家撰写史学作品的表达能力;学,指史家要掌握渊博的历史知识和丰富的历史资料;识,指史家明是非、别善恶、观成败的能力。在刘知几看来,才与学固然不可缺少,但识尤为重要。"假有学究千载,书富五车,见良直而不觉其善,虽多亦安用为?"(《旧唐书·刘子玄传》)

清代史家章学诚认同刘知几的观点,指出:"才、学、识三者得一不易,而兼三尤难。千古多文人而少良史,职是故也。"并进一步提出:"史所贵者义也,而所具者事也,所凭者文也。……非识无以断其义,非才无以善其文,非学无以练其事。"在此基础上,章学诚提出"史德"是史家应具备的另一素质。所谓"史德"就是"著述者之心术","善恶褒贬,务求公正""不益以人也"。而且他将"史德"与圣人相联系,认为"有君子之心而所养未粹,大贤以下所不能免也,此而犹患于心术,自非夫子之《春秋》不足以当也"。《文史通义·史德》中说史家只有做到像孔子一样,才能真正具备"史德"。

"史德"理论对后世影响极大,龚自珍在《尊史》中也曾说过:"史之尊,非其职语言、司谤誉之谓,尊其心也。"[甲]而且还特别论述了史才与史德之关系,"史之材,识其大掌故,主其记载,不吝其情,上不欺其所委贽,下不鄙夷其贵游,不自卑所闻,不自易所守,不自反所学。以荣其国家,以华其祖宗,以教训其王公大人,下亦以崇高其身,真宾之所处矣"[乙]。

史家若德行有亏,其史著常会被视为"秽史"。陈寿《三国志》一书被认为是接续《史记》《汉书》之作,唐代房玄龄在承认其"善叙事,有良史职才"的同时,认为陈寿因私仇而致书中多有不实记载。《晋书·陈寿传》中记载:"丁仪、丁廙有盛名于魏,寿谓其子曰:可觅千斛米见与,当为尊公作佳

[甲] 龚自珍. 龚自珍全集[M]. 上海:上海人民出版社,1975:81.

[乙] 龚自珍. 龚自珍全集[M]. 上海:上海人民出版社,1975:28.

传。丁不与之,竟不为立传。""寿父为马谡参军,谡为诸葛亮所诛,寿父亦坐被髡,诸葛瞻又轻寿。寿为亮立传,谓亮将略非长,无应敌之才;言瞻惟工书,名过其实。议者以此少之。""陈寿索米"之事是否属实,及房玄龄对陈寿的评价是否公允尚存争论[甲],但从中可见传统中国对"史德"有非常高的要求。

北齐史家魏收,因其为人轻浮,有"惊蛱蝶"之称。他在撰修《魏书》时曾声称:"何物小子,敢共魏收作色,举之则使上天,按之则使入地。"书成之后,引发众怒,有人指摘"遗其家世职位",有人控诉"其家不见记载",有人批其记事"妄有非毁""好诋阴私",众说纷纭。(《北史·魏收传》)虽然魏收之才颇为令人称道,但因"史德"有愧,致《魏书》"存在着某种撰述不实的问题"[乙],影响了全书的质量。

中国古代的史学家,不仅从理论上解决了史家自身素养的问题,而且身体力行,付诸实践。正由于此,我国才出现了众多的史学名家和大量的优秀史著,使中国传统史学不论在数量上,还是在质量上都走在世界史学的前列,形成了独特的史学文化,使传统史学的文化内涵得以留存至今。

四、中国传统史学之文化内涵

(一)秉笔直书的高贵精神

历史作为一门求真、求善的学问,基本原则就是如实客观地记载历史事实,不隐恶,不溢美,只有如此才能有效地发挥史学的社会功能。但是要真正做到如实客观记载并非易事,有时甚至要付出生命的代价。在历史上,多有史家因秉笔直书触犯帝王权贵而惨遭杀害。故刘知几感叹:"险世途之多隘,知实录之难遇。"(《史通·直书》)尽管如此,还是有许多正直的史家,把史学作为一项事关民族、国家前途命运的神圣事业,以崇高的社会责任感和献身精神,不畏强暴,不避权贵,刚直不阿,孕育了秉笔直书的高贵精神。

早在先秦时期,中国人就形成了据实直书的精神。《左传》曾言:"君举必书,书而不法,后嗣何观?"据实直书即为"书法"之一。据《左传·襄公二十五年》载:齐国权贵崔杼

[甲] 谢贵安. 中国史学史[M]. 武汉:武汉大学出版社,2012:129.

[乙] 谢贵安. 中国史学史[M]. 武汉:武汉大学出版社,2012:140.

杀了齐庄公，立景公。齐太史不畏权贵，直书道"崔杼弑其君"，结果惨遭杀害。齐太史的两个弟弟继续这样写，也被杀害。齐太史的第三个弟弟依然这样写，崔杼只好做罢。南史氏闻太史尽死，便冒死带着简册前往，准备继续将史实写入史册。中途得知史实已写入史册，才返回。直书典范还有晋国太史董狐。《左传》曾载太史董狐不畏权贵，如实记录晋国权臣赵盾对晋灵公被弑之事负有不可推卸的责任。孔子对此大加赞赏："董狐，古之良史也，书法不隐。"南史氏和董狐为后世史家树立了直书的典范。《周书·柳虬传》记载："南史抗节，表崔杼之罪；董狐书法，明赵盾之愆。是知直笔于朝，其来久矣。"

司马迁也是秉笔直书的典范。在《史记》中，他不但写了当朝天子汉武帝的雄才大略，也以"敢述汉非"的浩然正气，忠实地记载了汉武帝与当朝的种种不善之事。诸如汉武帝迷信方术的愚昧、热衷封禅的荒诞、生活上的奢靡，以及酷吏的残暴、权贵的骄横等，无一从司马迁的笔下逃过。类似据实直书之事在中国历史上比比皆是，现罗列如下几例。

三国时吴人韦曜撰修《吴书》，吴帝孙皓令他为己父孙和作本纪，韦曜以孙和未登帝位为由予以拒绝，并将孙和编入列传。孙皓大怒，将韦曜下狱杀害。（《三国志·韦曜传》）

东晋孙盛著《晋阳秋》，词直理正，记事无隐，如实地记载了权臣桓温枋头战败的史实，引起桓温的不满。桓温威胁孙盛之子说："若成此书，自是关君门户事。"孙盛诸子"乃共号泣稽颡"，请父亲为全家近百口人的生存考虑，按桓温之意进行修改。但是，孙盛坚决不改，并另行抄录一份让他人保管以存信史。（《晋书·孙盛传》）

北魏崔浩奉诏编写魏史，撰成《国书》三十卷。因书中"叙述国事，无隐恶"，如实记载了魏皇族拓跋氏早期的隐秘历史，崔浩被一些鲜卑贵族怨恨而下狱。后崔浩被杀，夷三族，受此事牵连而死者达百人以上，史称"崔浩史狱"。案发之后，世祖拓跋焘问高允"国书皆浩做否"时，高允凌然答道："臣与浩同作，臣多于浩。"虽太子为其开脱，但高允坚称："臣谬参著作，……今已分死，不敢虚妄。"拓跋焘赞叹道："直哉！

临死不移，贞臣也。"(《魏书·高允传》)

不畏权势，秉笔直书的史家，即便是在大兴文字狱的清代，也不乏其人。如清代著名史学家全祖望，生活在文字狱横行的雍正、乾隆年间，他不避文网，不怕灭族，著史表彰明代忠烈，获得"直笔昭垂，争光日月"的盛赞。

这些用生命和献血捍卫历史真相的正直史官，让专制君主心存忌惮。如唐太宗谨言慎行，"守而勿失"就是"欲史氏不能书吾恶也"(《新唐书·褚遂良传》)。为使史官能够做到据实直书，中国古代还形成了君主不观当代国史之制。据《贞观政要》记载：贞观十三年（639年），唐太宗向谏议大夫兼知起居事褚遂良提出，想阅读史官所作的起居注。褚遂良说："今之起居，古之左右史，以记人君言行，善恶毕书，庶几人主不为非法，不闻帝王躬自观史。"唐太宗问："朕有不善，卿必记耶？"褚遂良答："臣闻守道不如守官，臣职当载笔，何不书之。"黄门侍郎刘洎进言道："设令遂良不记，天下亦记之矣。"坚持没有让唐太宗看起居注。一年后唐太宗又对房玄龄说："朕每观前代史书，彰善瘅恶，足为将来规诫。不知自古当代国史，何因不令帝王亲见之？"房玄龄对曰："国史既善恶必书，庶几人主不为非法。止应畏有忤旨，故不得见也。"唐太宗说："朕意殊不同古人。今欲自看国史者，盖有善事，固不必论；若有不善，亦欲以为鉴诫，使得自修改耳，卿可撰录进来。"房玄龄遂撰高祖、太宗实录各二十卷，表上之。甲

由这段记载可知：其一，君主不观当代国史之制古已有之，其目的是为了保证史官能够据实直书。尽管唐太宗寻找各种理由借口，最后看到的也只是"实录"，而非更原始的"起居注"。即便如此，唐太宗仍受到后人的非议。其二，据实直书，善恶无隐的治史传统已深入人心，并成为史家修史所必须遵循的原则。

整个中国传统社会中，那些仗义直书、书法不隐的史家，备受人们尊敬，而那些趋炎附势、曲笔媚主者则遭到世人鄙弃。刘知几在《史通》中，专写《直书》篇，其中写道："盖烈士徇名，壮夫重气，宁为兰摧玉折，不作瓦砾长存。若南、

甲 吴兢. 贞观政要[M]. 长沙：岳麓书社，1991：261-262.

董仗义直书，不避强御；韦、崔之肆情奋笔，无所阿容，虽周身之防有所不足，而遗芳余烈，人到于今称之。夫王沈《魏书》，假回邪以窃位，董统《燕史》，持谄（谄）媚以偷荣，贯三光而洞九泉，曾未足喻其高下也。"正是这些正直的史学家，捍卫了传统史学的纯洁性和神圣性，代表着中国传统士大夫的不屈气节，堪称中华民族的脊梁。他们不仅为我们留下了大量的"信史""实录"，更为我们留下了秉笔直书的高贵精神。

（二）殷鉴、通变的历史意识

"殷鉴"一词出自《诗经》，"殷鉴不远，在夏后之世""宜鉴于殷，骏命不易"，说明早在先秦时期，中华民族的先民就有了以史为鉴的观念。留存至今的先秦典籍之中记载的各类古代圣王先贤的事迹，虽内容互有抵牾，但借鉴历史以指导现实的功用则是确凿无疑的。[甲]故有学者称："周初统治者为了周朝的政治前途对历史所作的思考和总结，特别是对历史经验教训的认识和应用，是先秦最为突出的历史意识。""对历史经验和教训的思考，主要凝结成以史为鉴的意识。"[乙]

先秦时期的殷鉴意识经过历史的发展与沉淀，已经成为历代修史者的自觉追求。《史记》撰写于西汉武帝时期，恰逢汉王朝发展的繁盛时期。但在《史记》之中，司马迁着力将秦始皇和汉武帝加以比较，对两人好大喜功、大兴土木、浪费民力国帑、寻访仙道长寿、封禅巡游等事迹皆加以对比，其目的就在于警戒西汉统治者，不要忽略繁荣背后隐藏的危机，避免重蹈秦二世而亡之覆辙。

魏晋南北朝时，历史借鉴功能较偏重对治国措施的探讨，"与儒学、玄学的说教和缥缈相比，史学具有具体生动的特点"[丙]。裴松之在注解《三国志》时就建议宋文帝要多读史书，从中汲取治国经验："虽一贯坟典，怡心玄赜，犹复降怀近代，博观兴废。将以总括前踪，贻诲来世。"这样才能"智周则万理自宾，鉴远则物无遗照"。

北宋司马光编撰《资治通鉴》更是着眼于史学的"殷鉴"功能。司马光之所以撰修此书是他认为"纪传之体，文字繁多，虽以衡门专学之士，往往读之不能周浃"，更何况帝王"日有万机，必欲遍知前世得失，诚为未易"，因此他计划将"上

[甲] 杜维运. 中国史学史[M]. 北京：商务印书馆，2010：35.
[乙] 谢贵安. 中国史学史[M]. 武汉：武汉大学出版社，2012：56.

[丙] 谢贵安. 中国史学史[M]. 武汉：武汉大学出版社，2012：118.

自战国，下至五代，正史之外，旁采他书，凡关国家之盛衰，系生民之休戚，善为可法，恶为可戒，帝王所宜知者"编为一书，"庶几听览不劳，而闻见甚博"。[甲]书成后，宋神宗认为该书"博而得其要，简而周于事，是亦典刑之总会，策牍之渊林矣"，从鉴前世之兴衰考当今得失的角度赐书名为《资治通鉴》，强调的正是史学鉴古知今的功用。至于唐太宗李世民说的"夫以铜为镜，可以正衣冠；以古为镜，可以知兴替；以人为镜，可以明得失。朕常保此三镜，以防己过"，更是成为中国人耳熟能详的至理名言。这种重视对历史经验的总结和借鉴的历史意识绵延千载而不绝。

中国传统史学思想的另一个文化内涵是"通变"，"通"即会通，"变"即演变。中国史学家将"通"与"变"结合起来，作为一个完整的概念以表明社会和自然事物一样，都是在不断运动之中，如同日月盈虚变动一般呈现出盛衰的变动。此即《系辞传》所言："形而上者，谓之道；形而下者，谓之器；化而裁之，谓之变；推而行之，谓之通。举而措之天下之民，谓之事业。"

中国传统史学中强调通变的意义在于意识到历史是一个不断变化的过程，古今不能割裂，亦不可泥古不化。"通"，即"会通"。在史学方法上，强调"会"，就是收集文献，综括史事，包容各种事理，从横的方面把各种书籍和学术内容汇集于一书；在史学思维上，强调"通"，就是要贯通古今，穷原竟委，从纵的方面把整个历史连贯成一个整体，使古今连接，时代相继，分析前因后果，考究普遍法则。可见，"会通"的理念就是强调古今贯通，把历史作为包罗万象的整体和前后相续的过程考察，探究其结构层次和演变轨迹，说明其具体动因和终极缘由。

举例而言，西汉司马迁在《史记·货殖列传》中曾说："故物贱之征贵，贵之征贱，各劝其业，乐其事，若水之趋下，日夜无休时，不召而自来，不求而民出之。岂非道之所符，而自然之验邪？"可见，司马迁已经意识到历史的兴衰起落，社会经济的演进变化，是不言自明的自然之事。南宋郑樵也强调通变，说："天下之理，不可以不会，古今之道，

[甲] 司马光. 司马温公集编年笺注[M]. 成都：巴蜀书社，2009：127.

不可以不通。""百川异趋，必会于海，然后九州无浸淫之患；万国殊途，必通诸夏，然后八荒无壅滞之忧。会通之义大矣哉！"他认为只有"会通"才能"极古今之变"，并依此原则而撰成《通志》。

总之，中国传统史学所说之通变就是强调把历史的变与不变联系起来，把论历史大势走向与说历史兴亡联系起来。古代中国人不认为天或天命是一种不变之常，而是一种变化中的常。所以，对于变化中的常，不能用抽象的思辨去理解，而只能置于历史的运动过程中去把握。甲

甲
刘家和. 论历史理性在古代中国的发生[J]. 史学理论研究，2002（2）.

（三）"国亡史存"的文化理念

中国传统史学中蕴含着一种超越政权更迭、强调文化传承的观念，即"国亡史存"的文化理念。当然，古时之"国"并非近代意义上的国家，更接近于古人所谓的"天下"或人文群体的全部（民族）。在古人看来，亡国与亡天下有很大区别：天下兴亡，匹夫有责；国家兴亡，肉食者谋之。因此朝代更迭、王朝解体并不意味着民族的绝灭。只有国史散佚，文化消亡，才是民族的沦亡。

在中华民族数千年的发展历程中，朝代更迭频繁，中原板荡之际，史官时有弃"国"出奔，"抱史"而行之举。早在夏代就有夏太史令终古抱史出走之事。史载："夏太史令终古出其图法，执而泣之。夏桀迷惑，暴乱愈甚，太史令终古乃出奔如商。"（《吕氏春秋·先识览》）

"国亡史存"在中国传统的政治文化心理中具有双重内涵，在征服者与代兴者的眼中是指亡人之国而不要亡人之史，在被取代者的心中则是国可亡但与之相关的记载不可亡。简言之，有可亡之国，无可亡之史，文化传承高于政权更迭。于是，存故国之史以报故国成为中国传统士大夫在朝代鼎革之际的一种自觉行为。唐安史之乱后，为了《国史》的保存和流传，韦述"抱《国史》藏于南山，经籍资产，焚爇殆尽"，还曾被迫一度担任"伪职"。乱平后，韦述被流放至渝州，因受刺史薛舒困辱，绝食而死。后韦述的外甥萧直上疏说韦述"于苍黄之际，能存《国史》，致圣朝大典，得无遗逸，以功补过，合沾恩宥"，于是朝廷追赠韦述右散

骑常侍。(《旧唐书·韦述传》)

元攻破南宋都城临安,董文炳告诫手下曰:"国可灭,史不可灭。宋十六主,有天下三百余年,其太史所记具在史馆,宜悉收以备典礼。"(《元史·董文炳传》)在元亡之际,史官危素趋报恩寺,欲投井自尽以尽忠报国。僧大梓曰:"国史非公莫知,公死,是死国史也!"素以此不死。[甲]

明亡之后,明遗民以撰修明代史书来寄托故国之思,竭力收集整理明代史事,出现了被史家称之为"明遗民史学"的现象。[乙]陈鼎"惧史之失传也,乃橐笔奔走海内,舟车所通,足迹皆至,计二十余年,廉访死事忠臣义士,得四千六百余人,节妇烈女在外,撮其事实,作《忠烈传》六十余卷"(《东林列传·自序》)。吴邦策在北京沦陷之后,"恐变生仓促,若使一时铁笔无传,必致千秋信史失实,苦心搜访,并吏部告示、名字私记,藏之发中"[丙]。除了收集和整理明代史料之外,还有很多史家专注于撰写明代历史,张岱和谈迁便是其中翘楚。两人的史学成就获誉甚高,清代著名历史学家邵廷采在《明遗民所知传》中曾说:"明季稗史虽多,而心思漏脱,体裁未备,不过偶记闻见,罕有全书。惟谈迁编年,张岱列传,两家俱有本末。"

张岱,撰有《石匮书》和《石匮书后集》。他认为"有明一代,国史失诬,家史失谀,野史失臆,故以二百八十年总成一诬妄之世界",故决心撰修一部客观记载明代历史的史书。张岱从崇祯元年(1628年)开始编撰当代史著,明清鼎革之际,张岱投身于鲁王政权的抗清斗争中,失败后,失去了家中的土地、房屋、财产和奴仆,"国破家亡,无所归止,披发入山,骇骇(骇骇)为野人",几次准备自杀。但因撰修明史的心愿未了,故暂苟活于世,过着"瓶粟屡罄,不能举火""布衣蔬食,常至断炊"的贫穷又颠沛流离的生活。至顺治十一年(1654年)经过五易其稿,九正其讹,前后共耗时二十余年终于纂成了《石匮书》。但因缺乏崇祯一朝的史料,故全书对崇祯史事没有记载。直至康熙初年,谷应泰收集到崇祯一朝十七年的邸报等资料,特邀张岱参与修撰《明史纪事本末》,张岱得以补写崇祯朝纪传及南明史事,纂成

[甲] 黄宗羲. 黄宗羲全集[M]. 杭州: 浙江古籍出版社, 1993: 78.

[乙] 阚红柳. 清初私家修史状况研究: 以维护明王朝的史家群体为中心[J]. 辽宁大学学报, 2005 (4).

[丙] 阚红柳. 清初私家修史状况研究: 以维护明王朝的史家群体为中心[J]. 辽宁大学学报, 2005 (4).

《石匮书后集》。

谈迁,明末清初著名史学家,撰有编年体史著《国榷》。谈迁自幼刻苦读书,发现《明实录》的部分内容不够清晰,故决心编撰一部精审可靠的明代编年体通史。为此,他"汰十五朝之实录,正其是非;访崇祯十七年之邸报,补其阙文",前后共六易其稿终成《国榷》一书。但顺治四年(1647年)八月书稿被窃,多年心血毁于一旦。当时已五十三岁的谈迁决心重头再写:"吾手尚在,宁遂已乎!"又经过四年的努力,终于再次修完初稿。直至顺治十四年(1657年)冬,病逝于平阳之前,谈迁一直随身携带书稿,随时修订。(《清史稿·谈迁传》)《国榷》取材精审,史事可靠,敢于直书。对明太祖杀戮功臣、建文朝史实和建州女真真相等,均做到如实直书。

明遗民还逐渐将修史活动从私修转向官修,参与了清廷官修《明史》的活动。清廷于顺治二年(1645年)宣布编修明史。但当时的明遗民对清廷缺乏认同,并对"复明"仍抱希望,故对官修明史不予理睬。康熙十八年(1679年),政治形势已经发展变化,此时清廷大举博学鸿儒科,招募学行兼优、文辞卓绝的明遗民入明史馆修史。一部分明遗民出仕清廷,成为明史修撰官,如潘耒、汪琬、朱彝尊等;一部分遗民则仍拒绝出仕,如黄宗羲、顾炎武、梅文鼎、万斯同、刘献廷等,但他们同意以民间身份协助纂修《明史》。万斯同寄寓在京,协助清廷修纂明史,"布衣修史"前后达二十余年,目的只在于"以任故国之史报故国""吾所以辞史局而就馆总裁者,惟恐众人分操割裂,使一代治乱贤奸之迹,暗昧而不明耳"。(钱大昕《万斯同先生传》)故万斯同被认为是《明史》撰修工作的实际主持者。黄宗羲虽依然坚持不与清廷合作,但却愿意为史馆提供史料并审定史稿。顾炎武曾向其外甥史馆总裁徐元文提出修史的建议,并声称"此虽万世公论,却是家庭私语"(《与公肃甥书》),表明他参与修史与其政治立场无关。以上数例,彰显了传统史家不阿附权贵的气节和以保存民族文化为己任的历史担当,堪称中国传统知识分子之楷模。

中国传统史学在中国传统文化中居于重要地位，取得了令后人瞩目的成就。源远流长的中国传统史学，成果丰富，特点鲜明，其所蕴含的独特文化内涵彰显了中国传统史学家的精神风貌和文化气质。

第十四章

推进中华优秀传统文化的创造性转化和创新性发展

中华优秀传统文化是中华民族的突出优势，是我们最深厚的文化软实力。我国出台了一系列政策措施，如2017年中共中央办公厅、国务院办公厅印发的《关于实施中华优秀传统文化传承发展工程的意见》，2021年中宣部正式印发《中华优秀传统文化传承发展工程"十四五"重点项目规划》，对未来五年中华优秀传统文化传承发展工作提出具体要求。党的十九届六中全会通过的《中共中央关于党的百年奋斗重大成就和历史经验的决议》指出："中华优秀传统文化是中华民族的突出优势，是我们在世界文化激荡中站稳脚跟的根基，必须结合新的时代条件传承和弘扬好。我们实施中华优秀传统文化传承发展工程，推动中华优秀传统文化创造性转化、创新性发展，增强全社会文物保护意识，加大文化遗产保护力度。"具体地说，就是要以现代化为主体与参照系，找出中华优秀传统文化与中国特色社会主义现代化相融合之处，并加以创造性转化、创新性发展，使之成为现代文明的重要组成部分与社会主义现代化建设的重要精神动力。

一、中华优秀传统文化与社会稳定

狭义上说，现代化就是发展问题，主要指的是由传统社会向现代社会的整体性变迁过程。这是一个充满激荡与矛盾的复杂的发展进程。某种程度上，现代化与社会稳定存在着一种"二律背反"现象。一方面，现代化的推进最终必将有助于社会整体稳定局面的实现，另一方面，现代化的快速推进，会让各种社会矛盾与利益冲突层出不穷，从某种程度上来说，会导致社会的不稳定，因此，稳定同样是现代化过程中极为重要而紧迫的大事。

（一）和谐是中国传统文化的重要价值

"和"的思想在中国传统文化典籍中俯拾即是。《论语·学而》中说："礼之用，和为贵。先王之道，斯为美。小大由之。"《孟子·公孙丑下》中说："天时不如地利，地利不如人和。"《荀子·天论》中说："万物各得其和以生。各得其养以成。"《道德经》第四十二章中说："万物负阴而抱阳，冲气以为和。"《庄子·外篇·田子方》中说："至阴肃肃，至阳赫赫，肃肃出乎天，赫赫发乎地，两者交通成和而物生焉。"《中庸》中更提出："中也者，天下之大本也；和也者，天下之达道也。致中和，天地位焉，万物育焉。"……诸如此类，不胜枚举。

中国传统文化中充满了和的理念、和的思想，其内涵相当丰富，既是一种积极的价值观念和行为方式，也是一种审美情趣和思维方式，既蕴含天道观的含义，又具有人道观、人生观的意义。

中国传统文化中的和谐思想（即和合精神），重视自然的和谐、人与自然的和谐、人与人之间的和谐以及人与自身的和谐，最为典型地体现在"天人合一"的思想之中。唐君毅先生指出："中国文化精神之本原，吾人即可谓中国思想，真为本质上之天人合一之思想。"[甲]钱穆也认为"天人合一论是中国文化对人类的巨大贡献"[乙]。和谐是中国传统文化精神的重要价值，是中华民族发展的强大的精神动力，也是中华文明历经五千多年的曲折发展而从未中断的重要的文化奥秘，如果能够赋予其新的时代精神与内涵，必将为人类文明进步贡献出巨大力量。

[甲] 唐君毅.中国文化之精神价值[M].南京：江苏教育出版社，2006：318.

[乙] 钱穆.中国文化对人类未来可有的贡献[J].中国文化，1991（4）.

（二）积极挖掘和谐思想的传统底蕴

中国传统和谐思想内涵宏富。对现实而言，它是一种潜力巨大的精神资源。

1. 保合太和

《易经》中说："乾道变化，各正性命。保合太和，乃利贞。"这里所谓"乾道"，即天道，而"太和"便是最高的和谐状态。这种天地、地道、人道的和谐统一、万物之间自然而然的和谐秩序便是"太和"，或曰"天和""中和"。当然，这种"太和"是建立在差别、矛盾、对立、斗争、冲突之上并高于它们的本体存在，是多样性的统一。中国先哲不仅认为和是天地万物本体的基本状态，还认为其是万事万物生存与发展的根本动因。《系辞传》中说："天地絪缊（氤氲），万物化醇。"这就为史伯说的"和实生物"（《国语·郑语》）这一不朽命题提供了充实的哲学基础，"和实生物"也因此成为具有本体论价值的命题。

2. 政通人和

"政和"的理念最为典型地反映在"大同"社会的理想之中。其一，"天下为公"的目标。统治者要以公心治理国家，天下才能太平安宁，这是社会和谐的主要标志。其二，"选贤与能"的用人准则。举贤才，尚贤使能，推举、使用德才兼备的人才，是实现社会和谐的重要举措。其三，"讲信修睦"的道德氛围。一个和谐的社会必须充盈着良好的道德氛围，其中以诚信最为重要。其四，"不独亲其亲，不独子其子"的仁爱原则。将心比心，推己及人，把仁爱道德推广到整个社会，修己、安人、安百姓，老吾老以及人之老，幼吾幼以及人之幼，发扬"泛爱众"的仁爱精神，社会才能和谐。其五，"老有所终""幼有所长""矜寡孤独废疾者，皆有所养"的人道精神。一个和谐的社会，除了能使人人各尽其能、各得其所外，还要关怀弱势群体，这体现了人道主义的原则。

"政和"还体现在"协和万邦"的理念。即将"政和"作为处理民族关系、国家关系的基本准则。关于邦国关系，《尚书》中赞扬尧的政绩："克明俊德，以亲九族。九族既睦，平章百姓。百姓昭明，协和万邦，黎民于变时雍。"《易经》有"万国咸宁"之说。从很大程度上说，协和万邦也是"政和"思想的组成部分与逻辑延伸。

3. 人际和谐

所谓"人和"，包括个人与个人之间、个人与社群之间、个人与社会之间的各种关系，实际上是要建立各种良好的人际关系。中国传统文化中强调的"和为贵"，主要指的就是人和。

（三）深入阐发传统和谐思想的现代价值

中国传统和谐思想对我国和谐文化建设乃至对人类文明进步具有极为重要的价值引领作用，这主要表现在以下三个方面。

1. "普遍和谐"的价值趋向

汤一介先生指出："由'自然的和谐''人和自然的和谐''人与人的和谐''人自我身心内外的和谐'所构成的'普遍和谐'观念是儒家的重要思想。"[甲]

当然，崇尚和谐，并非完全是儒家的主张。如果说道家主要侧重自然的和谐与人和自然的和谐，佛教主要注重人自我身心内外的和谐，那么儒家则更侧重人与人的和谐。

2. "和而不同"的价值理念

史伯提出"和实生物，同则不继。"（《国语·郑语》）较早地区别了和与同的界限。在此基础上，孔子提倡"君子和而不同，小人同而不和"（《论语·子路》）。孔子认为我们行事处世一方面强调"以和为贵"，另一方面，和也不是无原则的调和，"知和而和""亦不可行也"（《论语·学而》）。这是一个重要的价值理念。儒家、道家均认为"物之不齐，物之性也"，不能强求同一，而且多样性的存在与竞争，还是事物发展的重要动力。这不仅对国内和谐社会建设有指导价值，而且也是促进国际关系民主化的重要准则。只有尊重世界的多样性，各个民族、各种文明才能和谐相处，相互学习、相互借鉴，共同发展。

[甲] 汤一介. 儒学十论及外五篇[M]. 北京：北京大学出版社，2009：66.

3. "极高明而道中庸"的价值法则

中国传统思想中不仅倡导和合理想，而且还提出了实现和谐的根本途径——中庸之道。孔子甚至把中庸称为"至德"："中庸之为德也，其至矣乎！"（《论语·雍也》）但中庸之道并非所谓的折中主义，它是中国传统文化中的高级哲理、政治哲学与人生智慧，它要求人们摒弃"过"与"不及"两个极端，以不偏不倚、中正客观的态度来看待与处理问题。对于中庸之道，不仅儒家倡导，道家与佛教也莫不推崇与赞同。中庸之道表现在诸多方面：认识上，主张"毋意，毋必，毋固，毋我"；性格上，倡导"中行"的人格；情感上，主张"发乎情，止乎礼义"；行为上，提倡"时中"……这对加强个体的自我修养、消除人际矛盾、维护统一体的稳定都有着相当重要的积极作用。

二、中华优秀传统文化与经济发展

文化精神与经济发展存在着密切的联系，这是确定无疑的，尽管对这种内在联系的测量是困难的。中国传统经济思想中有不少积极的观念对现代经济发展有借鉴意义，诸如"有恒产者有恒心，无恒产者则无恒心""仓廪实而知礼节，衣食足而知荣辱"等朴素的唯物论思想，"制民之产"及"庶、富、教"等重视民生的思想，"均无贫，和无寡，安无倾""天道平均"等强调公平的思想等，对社会经济发展有相当的积极意义。更为重要的是，经过创造性转化的以儒家为主体的中国传统思想与价值观对东亚地区社会经济与现代化的影响是深刻的，对东亚经济发展起了重大促进作用。

从实践上看，在中国、韩国、日本、新加坡等东亚各国社会经济的快速发展过程中，儒家传统所起的作用是显而易见的，这主要可以从以下几个方面来阐析。

（一）道德精神

发展经济与保持高尚道德之间的辩证关系，乃是一个古老的问题。中国古代圣贤对此曾有过十分精辟的见解。管子曰："仓廪实则知礼节，衣食足则知荣辱。"（《管子·牧民》）孔子曰："足食足兵，民信之矣。"（《论语·颜渊》）孟子说："民之为道也，有恒产者有恒心，无恒产者则无恒心。"（《孟子·滕文公上》）也就是说，国民经济富足，可以促进道德完善。虽然在中国古代长期的历史发展过程中，也产生过重义轻利的偏向，但对"义利统一"的主张是没有疑义的。两者是可以统一的。这种义利统一的观点对于现实的经济管理与发展具有重大指导价值。

真正健康的经济发展不能背离，也不应排斥人类的道德良知，道德与经济发展之间存在着一种相辅相成的关系，积极的道德观可为经济发展提供正确的方向，以牺牲道德为代价的经济发展是一种畸形的经济发展模式。"日本企业之父"的涩泽荣一一生服膺中国的儒家学说，将《论语》作为第一经营哲学。他通过重新阐释儒家文化的经典《论语》，针对违背商业道德的投机、垄断、欺诈、贿赂等行为，发表过许多批评言论。他不厌其烦地多次强调"四十多年了，我一直倡导仁义道德与物质利益的统一""必须把仁义道德与物质利益相结合，如果二者不能一致，就不能缔造真正的财富"[甲]。在经济全球化发展的今天，各国在发展经济的过程中，也有必要弘扬这种崇德重义的道德精神。2008年，始于美国的金融危机为人们敲响了警钟。它告诉人们，缺乏道德的经济行为将会导致多么严重的后果。真正的经济学理论，不会同最高的伦理道德准则产生冲突。我们应该倡导：企业要承担社会责任，企业家身上要流淌着道德的血液。

（二）企业文化

企业文化是一种把文化与企业管理相结合的全新的企业管理理论，优秀的企业文化能为企业的生产经营活动注入强大的精神活力，推动国民经济的快速发展。

历史地看，企业文化与中华优秀传统文化尤其是儒家学说有十分深刻的渊源关系。

以儒家思想为渊源的企业组织原理和企业文化是东亚经济发展的强大动力。在企业文化建设中，如何把优秀传统文化与企业管理相结合，构建中国特色的企业文化理论，从

[甲] 涩泽荣一.《论语》与算盘[M]. 李建忠，译. 武汉：武汉出版社，2009：86，115.

而极大地提高经营效益，促进生产力发展，为促进我国国民经济发展作出贡献，是我们努力的方向。在我国企业文化的构建过程中，要立足于自己独特的国情，立足于丰厚的优秀传统文化，并结合本企业的实际，创造出独特的企业文化。如将传统文化中的社会责任感、以人为本、以和为贵、崇尚道义、诚实守信、重视教育等与现代企业管理相结合，必然会创造出巨大的经济与社会效益。

（三）教育理念

劳动者素质的高低决定着生产力水平的高低及经济发展速度的快慢，而教育则是提高劳动者素质的关键举措。中华传统文化尤其是儒家文化历来重视教育、重视学习、尊重知识、尊重人才。"传统的重视教育的风尚，伴随着政府部门大量投资于教育的措施，使东亚各国和地区的就学率和整个教育水平不断提高，从而使人才资源素质不断地得到优化，为社会和经济发展打下了坚实的人才基础。"[甲]成中英先生中肯地指出："儒家对学习的重视，使中国家庭普遍重视对子女的教育。毫无疑问，对于教育的强调，为引进新思想新技术打下了基础，并且能大量提供现代化和经济发展所需要的有文化有技术的人力资源。"[乙]

总之，中国传统文化中重视教育的思想对东亚经济发展有着积极影响，成为东亚经济发展的重要文化原因与动力。

此外，中国传统文化中倡导的经世致用、积极入世、刚健有为、刻苦勤奋、整体至上等价值观念，都对东亚经济发展有着积极影响。

三、中华优秀传统文化与精神文明

社会主义现代化不仅包括物质文明建设，还包括精神文明建设，两者相辅相成，缺一不可。但是，在许多国家和地区的早期现代化过程中，都出现了物质文明与精神文明发展失调，人际关系冷漠，大量家庭破裂，人们道德堕落、精神空虚，生态环境恶化等诸多问题。梁漱溟曾经说过："世界文化的未来就是中国文化的复兴。"[甲]

[甲] 张能为，王志红，代祥龙，等. 多视角中的诠释：儒学文化的现代展开与实践[M]. 合肥：安徽大学出版社，2008：193.

[乙] 成中英. 成中英文集：第3卷[M]. 武汉：湖北人民出版社，2006：93.

（一）自我修养

中国传统文化十分强调道德主体的自我修养，无论儒、释、道都是如此，尤其以儒家学说更为突出。

儒家历来强调"为仁由己"（《论语·颜渊》），即每个人的道德与学问都是靠自己的努力来获得的。孔子说："能行五者于天下，为仁矣"，这就是"恭、宽、信、敏、惠。恭则不侮，宽则得众，信则人任焉，敏则有功，惠则足以使人"（《论语·阳货》）。君子则要求具备"三达德"："仁者不忧，知者不惑，勇者不惧。"（《论语·宪问》）这是孔子对自我修养的理想追求。孟子提出"存其心，养其性，所以事天也。夭寿不二，修身以俟之，所以立命也"（《孟子·尽心上》），认为修身养性是安身立命的方法。《大学》中提出的"三纲领"（明明德、亲民、止于至善）和"八德目"（正心、诚意、格物、致知、修身、齐家、治国、平天下），就是对"内圣外王"的人生理想的整体表达，无论是儒家，还是道家、佛教均赞同这种人生理想。其中最核心的内核就是修身，"自天子以至于庶人，壹是皆以修身为本"（《大学》）。至于中国传统知识分子所推崇的"穷则独善其身，达则兼济天下"的人生价值取向，则是"内圣外王"之人生观的一种权变，并未变更"修身"的人生宗旨。杜维明指出："现今的流行观点认为，儒家是一种特别重视人际关系的社会伦理学，这一见解是基本正确的。但是，它未考虑到作为一种独立、自主和具有内在导向过程的自我修养在儒家传统中的中心地位。"乙这种说法是十分有见地的。

强调道德主体的自我修养，必然倡导理想人格的培育。这主要体现在对"君子"观的提倡。所谓君子，主要指的是有道德有学问的人，与小人相对应，小人主要是指学识、修养浅薄的人。《论语》中就十分强调君子与小人的区别。诸如："君子周而不比，小人比而不周。"（《论语·为政》）"君子坦荡荡，小人长戚戚。"（《论语·述而》）"君子和而不同，小人同而不和。"（《论语·子路》）"君子泰而不骄，小人骄而不泰。"（《论语·子路》）"君子求诸己，小人求诸人。"（《论语·卫灵公》）……中国传统文化倡导的"天行健，君子以自强不息""任重道远""死而后已"的积极人生志向，

甲 鲍霁.梁漱溟学术精华录[M].北京：北京师范学院出版社（今北京师范大学出版社），1988：64.

乙 杜维明.儒家思想新论：创造性转换的自我[M].黄幼华，单丁，译.南京：江苏人民出版社，1995：52.

"杀身成仁""舍生取义"的崇高精神境界,"三军可夺帅,匹夫不可夺志""富贵不能淫,贫贱不能移,威武不能屈"的独立人格,"君子爱财,取之有道""不义而富且贵者,于我如浮云"的义利观,"为仁由己"、三省吾身的修身之道,以及仁义礼智信等品性,等等,至今仍不减其色。

（二）家庭建设

家庭是社会的细胞,中国传统文化中的家文化相当发达,"家和"观念被广泛认同。重视家庭伦理是儒家思想的一个重要特色。儒家十分重视依靠人伦道德来调适父子、夫妻、兄弟之间的关系,使家庭成员间充满温情与仁爱。在家庭伦理中,孔子最重孝悌。子曰:"孝悌之至,通于神明,光于四海,无所不通。"(《孝经·感应》)儒家视"孝悌"为"仁"的根本。孔子的学生有子说:"孝悌也者,其为仁之本与!"(《论语·学而》)这反映了儒家的一贯主张。儒家不仅把孝悌作为处理各种家庭成员间关系的准则,而且还把孝悌泛化为处理社会、政治领域中一切关系的准则,作为治理国家社会的一种重要手段与途径。

（三）社会伦理

在人与人的关系问题上,中国传统文化强调人际关系的协调。儒家认为人类社会中最基本的社会关系不外乎君臣、父子、夫妇、兄弟、朋友,即所谓"五伦"。这些人际关系都是双向的,要处理好各种关系,必须遵循一定的准则,这样才能实现人际和睦、社会和谐。《孟子·滕文公上》指出:"教以人伦,父子有亲,君臣有义,夫妇有别,长幼有序,朋友有信。"《大学》中又提出:"为人君,止于仁;为人臣,止于敬;为人子,止于孝;为人父,止于慈;与国人交,止于信。"所有这些社会交往的准则对现代社会仍有着重要的指导价值。以儒家为主干的传统文化倡导的"和为贵""天时不如地利,地利不如人和"的人际关系理想,"仁者爱人""己欲立而立人,己欲达而达人""己所不欲,勿施于人"的忠恕之道,"诚者,天之道也,思诚者,人之道也""人而无信,不知其可也"的诚信原则,"不知礼,无以立"的礼节,等等,至今仍然是处理各种人际关系的重要准则。

值得指出的是，在人与社会的关系上，儒家还强调国家利益高于个人利益。受这种传统思想的长期熏陶，中国历代志士仁人历来就有一种关心国事民瘼，以天下国家为己任的情怀和美德，后来就发展成为深厚的爱国主义传统。这种爱国主义的情怀深深积淀在中华民族文化的心理结构之中！

四、中华优秀传统文化与生态文明

中国传统文化重视人与自然的和谐统一。在人与自然的关系问题上，中国传统文化精神资源中与生态伦理有关的丰富智慧，值得我们认真总结。中国传统文化中人与自然的关系，可以追溯到《易经》。《易经》中提出的"应乎天而时行"这个命题，是后来天人关系思想的泉源。老子所谓"人法地，地法天，天法道，道法自然"（《道德经·第二十五章》）"道生之，德畜之，物形之，势成之"（《道德经·第五十一章》）等思想与《易经》的智慧是息息相通的。《吕氏春秋·义赏》中说："竭泽而渔，岂不获得？而明年无鱼。焚薮而田，岂不获得？而明年无兽。"这是多么质朴又深刻的生态伦理思想！

孔子继承了"时行"的思想，提出"时节"。他主张取物以节，"钓而不纲，弋不射宿"（《论语·述而》）；强调节俭，"奢则不孙（逊），俭则固；与其不孙也，宁固"（《论语·述而》）。这基本上反映了孔子对自然的态度，即对自然资源的获取应有节制，反对对自然资源的过度攫取。

如果说孔子所生活的春秋时期，生态环境尚未受到严重的破坏，那么在孟子生活的战国时代，由于各种自然与人为因素（包括过度砍伐及战乱）的破坏，生态环境遭到破坏。孟子曾描述过位于齐国东南的牛山的状况。他说："牛山之木尝美矣，以其郊于大国也，斧斤伐之，可以为美乎？是其日夜之所息，雨露之所润，非无萌蘖之生焉，牛羊又从而牧之，是以若彼濯濯也。"（《孟子·告子上》）意思是说，牛山本来草木茂盛，郁郁葱葱，但由于人们过度砍伐与放牧牛羊，最后变成一座光秃秃的荒山！孟子一方面继承了《易经》中的"时行"

及孔子关于"时节"的思想,提出"时取"的主张:"不违农时,谷不可胜食也;数罟不入洿池,鱼鳖不可胜食也;斧斤以时入山林,材木不可胜用也。谷与鱼鳖不可胜食,材木不可胜用,是使民养生丧死无憾也。养生丧死无憾,王道之始也。"(《孟子·梁惠王上》)这就是说,对禽兽草木,皆要取之有时,用之有节,尊重自然规律,并把这种"时取"的做法上升到政治上的"王道"的高度。另一方面,孟子还创造性地提出了"爱物"的思想。他从仁的观念出发,把孔子的"仁者爱人"的思想推及"仁民爱物"。他说:"亲亲而仁民,仁民而爱物。"(《孟子·尽心上》)从爱亲人,发展到爱他人,进而推及泛爱万物,明确地把爱人与爱物有机地结合在一起,把人伦道德与生态伦理结合起来。

荀子在继承了孟子"取物以时"的思想时,还突出强调了"时禁"的主张。《荀子·王制》中说:"圣王之制也,草木荣华滋硕之时,则斧斤不入山林,不夭其生,不绝其长也。鼋鼍、鱼鳖、鳅鳝孕别之时,罔罟毒药不入泽,不夭其生,不绝其长也。春耕、夏耘、秋收、冬藏,四者不失时,故五谷不绝,而百姓有余食也。污池、渊沼、川泽,谨其时禁,故鱼鳖优多,而百姓有余用也。斩伐养长不失其时,故山林不童,而百姓有余材也。"这是说,人虽为大自然的主体,但不可以对自然界为所欲为。至于他所说的"大天而思之,孰与物畜而制之?从天而颂之,孰与制天命而用之?望时而待之,孰与应时而使之?因物而多之,孰与骋能而化之?"(《荀子·天论》)这段话往往被片面地理解成"人定胜天"的思想而被大加赞扬或妄加批评,其实这并不完全符合荀子的原意。荀子把"天命"理解成自然规律,他主张发挥人的主观能动作用,并不是说人可以战胜自然规律,甚至违背自然规律,而是应该顺应自然规律,利用自然规律,为人类谋福祉,形成一幅人与自然和谐统一的美丽图景:"天地以合,日月以明,四时以序,星辰以行,江河以流,万物以昌,好恶以节,喜怒以当。"(《荀子·礼论》)

北宋张载则继续发展了孟子"仁民爱物"的思想,从哲学本体论的高度提出了"民胞物与"的重要思想。他在《西铭》中形象地比喻说:"乾称父,坤称母,予兹藐焉,乃混然中处。故天地之塞，吾其体，天地之帅，吾其性。民，吾同胞；物，吾与也。"所谓"民胞物与"，是指把百姓万物当作一个有机体，人的生命与万物的生命是统一的，万物并育而不相害。人不过是万物的一部分，尊重生命与兼爱万物同等重要，人道与天道是相类相通的。

在张载之后，程颢、朱熹、王阳明等重要的思想家都进一步继承和发展了张载的兼爱万物的思想。程颢明确提出"仁者以天地万物为一体""仁者浑然与物同体"（《河南程氏遗书》卷二上）等重要命题。朱熹肯定了"仁者以天地万物为一体"，并进一步指出："天地以生物为心者也，而人物之生，又各得夫天地之心以为心者。""此心何心也？在天地则块然生物之心，在人则温然爱人利物之心。"（《朱文公集》卷六十七）王阳明也明确提出："大人者，以天地万物为一体者也。"（《阳明集要·大学问》）

在中国传统文化中，"天人合一"的思想十分重要，无论从本体论还是方法论的角度上说，中国古代先哲总是把人与自然看作是一个不可分割的统一的整体，人来自大自然，是大自然的一部分，"天地合气，万物自生"（王充《论衡·自然》），把人与自然的和谐统一视作生命的本源。

进入工业社会，科技发展，物质繁盛，物质文明高度发达，但人与自然的关系却不断恶化，人类为此付出了惨重的代价，甚至面临生存困境。痛定思痛之后，不少有识之士就把希望的目光投向了中国传统文化中的"天人合一"的智慧，希冀从中挖掘有益的思想资源。中华优秀传统文化中的丰富养料，对建设生态文明具有现实价值。

参考文献

[1] 陈序经. 文化学概观[M]. 北京：中国人民大学出版社，2005.

[2] 梁漱溟. 中国文化要义[M]. 北京：学林出版社，2000.

[3] 唐君毅. 中国文化之精神价值[M]. 南京：江苏教育出版社，2006.

[4] 朱熹. 四书章句集注[M]. 上海：上海古籍出版社，2006.

[5] 张启之. 中国儒家思想史[M]. 西安：陕西人民出版社，1990.

[6] 冯友兰. 中国哲学简史[M]. 北京：北京大学出版社，1996.

[7] 杜维明. 儒家思想新论[M]. 南京：江苏人民出版社，1995.

[8] 萧功秦. 儒家文化的困境[M]. 桂林：广西师范大学出版社，2004.

[9] 李宗桂. 文化批判与文化重构[M]. 西安：陕西人民出版社，1992.

[10] 陈鼓应. 庄子今注今译[M]. 北京：中华书局，1983.

[11] 李泽厚. 中国古代思想史论[M]. 天津：天津社会科学出版社，2003.

[12] 林语堂. 人生的盛宴[M]. 长沙：湖南文艺出版社，1988.

[13] 韩鹏杰. 华夏艺术历程[M]. 西安：西安交通大学出版社，2004.

[14] 汤用彤. 汉魏两晋南北朝佛教史[M]. 北京：中华书局，1983.

[15] 吕澂. 中国佛学源流略讲[M]. 北京：中华书局，1979.

[16] 杜继文. 中国禅宗通史[M]. 南京：江苏古籍出版社，1993.

[17] 葛兆光. 禅宗与中国文化[M]. 上海：上海人民出版社，1986.

[18] 蔡元培. 中国伦理学史[M]. 北京：商务印书馆，2000.

[19] 罗国杰. 伦理学[M]. 北京：人民出版社，2001.

[20] 赵吉惠，郭厚安，赵馥洁，等. 中国儒学史[M]. 郑州：中州古籍出版社，1993.

[21] 罗国杰. 中国传统伦理道德[M]. 北京：中国人民大学出版社，1995.

[22] 侯外庐. 中国思想史纲[M]. 上海：上海书店出版社，2000.

[23] 王乐理. 政治文化导论[M]. 北京：中国人民大学出版社，2000.

[24] 刘泽华，汪茂和，王兰仲. 专制权力与中国社会[M]. 天津：天津古籍出版社，1988.

[25] 钱穆. 中国历代政治得失[M]. 北京：生活·读书·新知三联书店，2001.

[26] 吴国桢. 中国的传统[M]. 北京：东方出版社，2006.

[27] 纪宝成. 中国古代治国要论[M]. 北京：中国人民大学出版社，2004.

[28] 孙武. 孙子兵法[M]. 陈学凯，注译. 西安：陕西人民出版社，1996.

[29] 杨善群. 孙子评传[M]. 南京：南京大学出版社，1992.

[30] 孙武，曹操，杨丙安.十一家注孙子校理[M]. 北京：中华书局，1999.

[31] 《中国军事史》编写组.武经七书注译[M]. 北京：解放军出版社，1986.

[32] 陈学凯，曹秀君. 孙武：中华历史名人[M]. 天津：新蕾出版社，1993.

[33] 高时良. 中国教育史纲：古代部分[M]. 北京：人民教育出版社，1991.

[34] 李桂林. 中国教育史[M]. 上海：上海教育出版社，1989.

[35] 薛明扬. 中国传统文化概论：中册[M]. 上海：复旦大学出版社，2003.

[36] 翦伯赞. 中国史纲要[M]. 北京：人民出版社，2005.

[37] 张岂之. 中国思想史[M]. 西安：西北大学出版社，1993.

[38] 程俊英，蒋见元. 诗经注析[M]. 北京：中华书局，1900.

[39] 程俊英. 诗经注析[M]. 上海：上海古籍出版社，2006.

[40] 章培恒，骆玉明. 中国文学史[M]. 上海：复旦大学出版社，1996.

[41] 蘅塘退士. 唐诗三百首全解[M]. 赵昌平，解. 上海：复旦大学出版社，2006.

[42] 上彊村民. 宋词三百首笺注[M]. 唐圭璋，笺注. 北京：人民文学出版社，2005.

[43] 曹雪芹，高鹗. 红楼梦[M]. 俞平伯，校. 启功，注. 北京：人民文学出版社，2000.

[44] 施耐庵，罗贯中. 水浒传[M]. 北京：人民文学出版社，2007.

[45] 罗贯中. 三国演义[M]. 北京：人民文学出版社，1979.

[46] 吴承恩. 西游记[M]. 北京：人民文学出版社，1992.

[47] 王耀华. 中国传统音乐概论[M]. 福州：福建教育出版社，1999.

[48] 杨荫浏. 中国古代音乐史稿[M]. 北京：人民音乐出版社，1981.

[49] 蔡仲德. 中国音乐美学史[M]. 北京：人民音乐出版社，1995.

[50] 苗建华，鸿昀. 中国音乐初步[M]. 广州：广东人民出版社，2000.

[51] 杜亚雄，桑海波. 中国传统音乐概论[M]. 北京：首都师范大学出版社，2000.

[52] 刘熙载. 刘熙载文集[M]. 薛正兴，点校. 南京：江苏古籍出版社，2001.

[53] 钱世明. 周易卦爻辞通说[M]. 北京：中国和平出版社，1988.

[54] 牛枝慧. 东方艺术美学[M]. 北京：国际文化出版公司，1990.

[55] 赵诚. 甲骨文简明词典[M]. 北京：中华书局，1988.

[56] 詹剑锋. 老子其人其书[M]. 武汉：华中师范大学出版社，2006.

[57] 华东师范大学古籍整理研究室. 历代书法论文选[M]. 上海：上海书画出版社，1979.

[58] 王国维. 人间词话[M]. 北京：人民文学出版社，1960.

[59] 钟明善. 书法基础[M]. 西安：西安交通大学出版社，2003.

[60] 朱谦之. 老子校释[M]. 北京：中华书局，1984.

[61] 李约瑟. 中国科学技术史[M]. 自然科学史研究所李约瑟著作翻译出版办公室，译. 北京：科学出版社，1960.

[62] 李约瑟. 中国古代科学思想史[M]. 李立夫，译. 南昌：江西人民出版社，1993.

[63] 梅森. 自然科学史[M]. 上海外国自然科学哲学著作编译组，译. 上海：上海人民出版社，1977.

[64] 霍有光. 中国古代科技史钩沉[M]. 西安：陕西科学技术出版社，1998.

[65] 卢嘉锡. 中国科学技术史[M]. 北京：科学出版社，1998.

[66] 黎靖德. 朱子语类[M]. 北京：中华书局，1963.

[67] 钱穆. 国史大纲[M]. 北京：商务印书馆，1994.

[68] 吕思勉. 吕著中国通史[M]. 上海：华东师范大学出版社，1992.

[69] 陈寅恪. 冯友兰《中国哲学史》审查报告[M]. 北京：商务印书馆，1934.

[70] 陆建猷. 四书集注与南宋四书学[M]. 西安：陕西人民出版社，2002.

[71] 张岂之. 中华人文精神[M]. 增订本. 西安：陕西人民出版社，2007.

[72] 谢贵安. 中国传统史学研究[M]. 北京：商务印书馆，2016.

[73] 杜维运. 中国史学史[M]. 北京：商务印书馆，2010.

[74] 傅玉璋. 中国古代史学史[M]. 合肥：安徽大学出版社，2008.

[75] 罗荣渠. 现代化新论：世界与中国的现代化进程[M]. 北京：北京大学出版社，1995.

[76] 钟叔河. 走向世界[M]. 北京：中华书局，1985.

[77] 张岱年，程宜山. 中国文化与文化论争[M]. 北京：中国人民大学出版社，1990.

[78] 许倬云. 中国文化与世界文化[M]. 贵阳：贵州人民出版社，1991.

[79] 殷海光. 中国文化的展望[M]. 上海：生活·读书·新知三联出版社，2002.

[80] 张蓉，韩鹏杰，陆卫明. 中国文化的艺术精神[M]. 西安：西安交通大学出版社，2001.

附录·子

道德经

王弼本

道可道,非常道;名可名,非常名。无名天地之始;有名万物之母。[河上公本(以下简称"河本")作:无名,天地之始;有名,万物之母]故常无欲,以观其妙;常有欲,以观其徼。此两者同出而异名,同谓之玄,玄之又玄,众妙之门。

天下皆知美之为美,斯恶已;皆知善之为善,斯不善已。故有无相生,难易相成,长短相较,高下相倾,音声相和,前后相随。是以圣人处无为之事,行不言之教,万物作焉而不辞(河本:不知辞),生而不有,为而不恃,功成而弗居。夫唯弗居,是以不去。

不尚贤,使民不争;不贵难得之货,使民不为盗;不见可欲,使民心(河本:心)不乱。是以圣人之治,虚其心,实其腹;弱其志,强其骨。常使民无知无欲,使夫智者不敢为也。为无为,则无不治。

道冲而用之或不盈,渊乎似万物之宗。挫其锐,解其纷,和其光,同其尘。湛兮似若存,吾不知谁之子,象帝之先。

天地不仁,以万物为刍狗;圣人不仁,以百姓为刍狗。天地之间,其犹橐籥乎?虚而不屈,动而愈出。多言数穷,不如守中。

谷神不死,是谓玄牝,玄牝之门,是谓天地根。绵绵若存,用之不勤。

天长地久。天地所以能长且久者,以其不自生,故能长生。是以圣人后其身而身先,外其身而身存。非以其无私耶?故能成其私。

上善若水。水善利万物而不争,处众人之所恶,故几于道。

居善地，心善渊，与善仁，言善信，正善治，事善能，动善时。夫唯不争，故无尤。

持而盈之，不如（河本：知）其已；揣而棁（河本：锐）之，不可长保。金玉满堂，莫之能守。富贵而骄，自遗其咎。功遂身退，（河本：功成、名遂、身退）天之道。

载营魄抱一，能无离乎？专气致柔，能婴儿乎？涤除玄览（河本：鉴），能无疵乎？爱民治国，能无知（河本：为）乎？天门开阖，能无雌乎？明白四达，能无为（河本：知）乎？生之、畜之，生而不有，为而不恃，长而不宰，是谓玄德。

三十辐共一毂，当其无，有车之用。埏埴以为器，当其无，有器之用。凿户牖以为室，当其无，有室之用。故有之以为利，无之以为用。

五色令人目盲，五音令人耳聋，五味令人口爽，驰骋畋猎令人心发狂，难得之货令人行妨。是以圣人为腹不为目，故去彼取此。

宠辱若惊，贵大患若身。何谓宠辱若惊？宠，为下得之若惊，失之若惊，（河本：何谓宠辱？宠为上，辱为下。得之若惊，失之若惊）是谓宠辱若惊。何谓贵大患若身？吾所以有大患者，为吾有身，及吾无身，吾有何患！故贵以身为天下，若可寄天下；爱以身为天下，若可托天下。

视之不见名曰夷，听之不闻名曰希，搏之不得名曰微。此三者不可致诘，故混而为一。其上不皦，其下不昧，绳绳不可名，复归于无物，是谓无状之状、无物之象。是谓惚恍。迎之不见其首，随之不见其后。执古之道，以御今之有。能知古始，是谓道纪。

古之善为士者，微妙玄通，深不可识。夫唯不可识，故强为之容。豫兮若冬涉川，犹兮若畏四邻，俨兮其若客，涣兮若冰之将释，敦兮其若朴，旷兮其若谷，混兮其若浊。孰能浊以止，静之徐清？孰能安以久，动之徐生？保此道者不欲盈，夫唯不盈，故能蔽不新成。

致虚极，守静笃，万物并作，吾以观复。夫物芸芸，各复归其根。归根曰静，是谓复命。复命曰常，知常曰明。不知常，妄作，凶。知常容，容乃公，公乃王，王乃天，天乃道，道乃久。没身不殆。

太上，下知有之。其次，亲而誉之。其次，畏之。其次，侮之。信不足，焉有不信焉。悠兮其贵言。功成事遂，百姓皆谓我自然。

大道废，有仁义；智慧出，有大伪；六亲不和，有孝慈；国家昏乱，有忠臣。

绝圣弃智，民利百倍；绝仁弃义，民复孝慈；绝巧弃利，盗贼无有。此三者，以为文不足，故令有所属，见素抱朴，少私寡欲。

绝学无忧。唯之与阿，相去几何？善之与恶，相去若何？人之所畏，不可不畏。荒兮其未央哉！众人熙熙，如享太牢，如春登台。我独泊兮其未兆，如婴儿之未孩。儽儽兮若无所归。众人皆有余，而我独若遗。我愚人之心也哉！沌沌兮！俗人昭昭，我独昏昏；俗人察察，我独闷闷。淡兮其若海，儽儽兮若无止。众人皆有以，而我独顽似鄙。我独异于人，而贵食母。

孔德之容，惟道是从。道之为物，惟恍惟惚。惚兮恍兮，其中有象；恍兮惚兮，其中有物。窈兮冥兮，其中有精；其精甚真，其中有信。自古及今，其名不去，以阅众甫。吾何以知众甫之状哉？以此。

曲则全，枉则直，洼则盈，敝则新，少则得，多则惑。是以圣人抱一，为天下式。不自见故明，不自是故彰，不自伐故有功，不自矜故长。夫唯不争，故天下莫能与之争。古之所谓曲则全者，岂虚言哉！诚全而归之。

希言自然。故飘风不终朝，骤雨不终日。孰为此者？天地。天地尚不能久，而况于人乎？故从事于道者，道者同于道，德者同于德，失者同于失。同于道者，道亦乐得之；同于德者，德亦乐得之；同于失者，失亦乐得之。信不足，焉有不信焉。

企者不立，跨者不行，自见者不明，自是者不彰，自伐者无功，自矜者不长。其在道也，曰余食赘行。物或恶之，故有道者不处。

有物混成，先天地生，寂兮寥兮，独立不改，周行而不殆，可以为天地母。吾不知其名，字之曰道，强为之名曰大。大曰逝，逝曰远，远曰反。故道大，天大，地大，王亦大。域中有四大，而王居其一焉。人法地，地法天，天法道，道法自然。

重为轻根，静为躁君。是以圣人终日行不离辎重。虽有荣观，燕处超然，奈何万乘之主，而以身轻天下？轻则失本，躁则失君。

善行无辙迹，善言无瑕谪，善数不用筹策，善闭无关楗而不可开，善结无绳约而不可解。是以圣人常善救人，故无弃人；常善救物，故无弃物，是谓袭明。故善人者，不善人之师；不善人者，善人之资。不贵其师，不爱其资，虽智大迷，是谓要妙。

知其雄，守其雌，为天下谿。为天下谿，常德不离，复归于婴儿。知其白，守其黑，为天下式。为天下式，常德不忒，复归于无极。知其荣，守其辱，为天下谷。为天下谷，常德乃足，复归于朴。朴散则为器，圣人用之则为官长。故大制不割。

将欲取天下而为之，吾见其不得已。天下神器，不可为也。为者败之，执者失之。故物或行或随，或嘘或吹，或强或羸，或挫或隳。是以圣人去甚，去奢，去泰。

以道佐人主者，不以兵强天下，其事好还。师之所处，荆棘生焉。大军之后，必有凶年。善有果而已，不敢以取强。果而勿矜，果而勿伐，果而勿骄，果而不得已，果而勿强。物壮则老，是谓不道，不道早已。

夫佳（河本：唯）兵者，不祥之器。物或恶之，故有道者不处。君子居则贵左，用兵则贵右。兵者，不祥之器，非君子之器。不得已而用之，恬淡为上，胜而不美。而美之者，是乐杀人。夫乐杀人者，则不可以得志于天下矣。吉事尚左，凶事尚右。偏将军居左，上将军居右，言以丧礼处之。杀人之众，以哀悲泣（河本：悲哀）之。战胜，以丧礼处之。

道常无名，朴虽小，天下莫能臣也。侯王若能守之，万物将自宾。天地相合以降甘露，民莫之令而自均。始制有名，名亦既有，夫亦将知止。知止所以不殆。譬道之在天下，犹川谷之于江海。

知人者智，自知者明。胜人者有力，自胜者强。知足者富，强行者有志，不失其所者久，死而不亡者寿。

大道氾兮，其可左右。万物恃之而（河本：以）生而不辞，功成不名有，衣养（河本：被）万物而不为主。常无欲，可名于小；万物归焉而不为主，可名为大。以其终不自为大，故能成其大。

执大象，天下往；往而不害，安平太（河本：泰）。乐与饵，过客止。道之出口，淡乎其无味，视之不足见，听之不足闻，用之不足（河本：可）既。

将欲歙之，必固张之；将欲弱之，必固强之；将欲废之，必固兴之；将欲取之，必固与之，是谓微明。柔弱胜刚强。鱼不可脱于渊，国之利器不可以示人。

道常无为而无不为，侯王若能守之，万物将自化。化而欲作，吾将镇之以无名之朴（河本：镇之以无名之朴，夫将不欲）。无名之朴，夫亦将无欲。不欲以静，天下将自定（河本：正）。

上德不德，是以有德；下德不失德，是以无德。上德无为而无以为，下德为之而有以为。上仁为之而无以为，上义为之而有以为，上礼为之而莫之应，则攘臂而扔（河本：仍）之。故失道而后德，失德而后仁，失仁而后义，失义而后礼。夫礼者，忠信之薄而乱之首。前识者，道之华而愚之始。是以大丈夫处其厚，不居其薄；处其实，不居其华。故去彼取此。

昔之得一者，天得一以清，地得一以宁，神得一以灵，谷得一以盈，万物得一以生，侯王得一以为天下贞（河本：正）。其致之。天无以清将恐裂，地无以宁将恐发（河本：废），神无以灵将恐歇，谷无以盈将恐竭，万物无以生将恐灭，侯王无以贵高将恐蹶。故贵以贱为本，高以下为基。是以侯王自谓孤寡不谷。此非以贱为本邪？非乎？故致数舆无舆。不欲琭琭如玉、珞珞如石。

反者，道之动；弱者，道之用。天下万物生于有，有生于无。

上士闻道，勤而行之；中士闻道，若存若亡；下士闻道，大笑之。不笑不足以为道。故建言有之：明道若昧，进道若退，夷道若纇。上德若谷，大白若辱，广德若不足，建德若偷，质真若渝。（河本："大白若辱"位于此）大方无隅，大器晚成，大音希声，大象无形。道隐无名，夫唯道善贷且成。

道生一，一生二，二生三，三生万物。万物负阴而抱阳，冲气以为和。人之所恶，唯孤寡不谷，而王公以为称。故物，或损之而益，或益之而损。人之所教，我亦教之。强梁者不得其死，吾将以为教父。

天下之至柔，驰骋天下之至坚，无有入无间，吾是以知无为之有益。不言之教，无为之益，天下希及之。

名与身孰亲？身与货孰多？得与亡孰病？是故甚爱必大费，多藏必厚亡。知足不辱，知止不殆，可以长久。

大成若缺，其用不弊；大盈若冲，其用不穷。大直若屈，大巧若拙，大辩若讷（河本：加"大赢若拙"）。躁胜寒，静胜热，清静为天下正。

天下有道，却走马以粪；天下无道，戎马生于郊。（河本：加"罪莫大于可欲"）祸莫大于不知足，咎莫大于欲得，故知足之足，常足矣。

不出户，知天下；不窥牖，见天道。其出弥远，其知弥少。是以圣人不行而知，不见而名，不为而成。

为学日益，为道日损。损之又损，以至于无为，无为而无不为。取天下常以无事，及其有事，不足以取天下。

圣人无常心（河本：常无心），以百姓心为心。善者，吾善之；不善者，吾亦善之，德善。信者，吾信之；不信者，吾亦信之，德信。圣人在天下歙歙，为天下浑其心，（河本：加"百姓皆注其耳目）圣人皆孩之。

出生入死。生之徒十有三，死之徒十有三。人之生动之死地，亦十有三。夫何故？以其生生之厚。盖闻善摄生者，陆行不遇兕虎，入军不被甲兵，兕无所投其角，虎无所措其爪，兵无所容其刃。夫何故？以其无死地。

道生之，德畜之，物形之，势成之。是以万物莫不尊道而贵德。道之尊，德之贵，夫莫之命而常自然。故道生之，德畜之：长之、育之、亭之、毒之、（河本：成之孰之）养之、覆之。生而不有，为而不恃，长而不宰，是谓玄德。

天下有始，以为天下母。既得（河本：知）其母，以（河本：复）知其子；既知其子，复守其母，没身不殆。塞其兑，闭其门，终身不勤。开其兑，济其事，终身不救。见小曰明，守柔曰强。用其光，复归其明，无遗身殃，是为习常（河本：袭常）。

使我介然有知，行于大道，唯施是畏。大道甚夷，而民好径。朝甚除，田甚芜、仓甚虚。服文彩，带利剑，厌饮食，财货有余，是为盗夸。非道也哉！

善建者不拔，善抱者不脱，子孙以祭祀不辍。修之于身，其德乃真；修之于家，其德乃余；修之于乡，其德乃长；修之于国（河本：邦），其德乃丰；修之于天下，其德乃普。故以身观身，以家观家，以乡观乡，以国观国（河本：邦），以天下观天下。吾何以知天下然哉？以此。

含德之厚，比于赤子。蜂虿虺蛇不螫，（河本：毒虫不螫）猛兽不据，攫鸟不搏。骨弱筋柔而握固，未知牝牡之合而全（河本：朘）作，精之至也。终日号而不嗄，和之至也。知和曰常，知常曰明，益生曰祥，心使气曰强。物壮则老，谓之不道，不道早已。

知者不言，言者不知。塞其兑，闭其门，挫其锐；解其分，和其光，同其尘，是谓玄同。故不可得而亲，不可得而疏；不可得而利，不可得而害；不可得而贵，不可得而贱，故为天下贵。

以正治国，以奇用兵，以无事取天下。吾何以知其然哉？以此。天下多忌讳，而民弥贫；民多利器，国家滋昏；人多伎巧，奇物滋起；法令（河本：物）滋彰，盗贼多有。故圣人云，我无为而民自化，我好静而民自正，我无事而民自富，我无欲而民自朴。

其政闷闷，其民淳淳；其政察察，其民缺缺。祸兮福之所倚，福兮祸之所伏。孰知其极？其无正？正复为奇，善复为妖，人之迷，其日固久。是以圣人方而不割，廉而不刿，直而不肆，光而不耀。

治人事天莫若啬。夫唯啬，是谓早服。早服谓之重积德，重积德则无不克，无不克则莫知其极，莫知其极，可以有国。有国之母，可以长久。是谓深根固柢，长生久视之道。

治大国若烹小鲜。以道莅天下，其鬼不神。非其鬼不神，其神不伤人；非其神不伤人，圣人亦不伤人。夫两不相伤，故德交归焉。

大国（河本：邦）者下流。天下之交，天下之牝。牝常以静胜牡，以静为下。故大国以下小国，则取小国；小国以下大国，则取大国。故或下以取，或下而取。大国不过欲兼畜人，小国不过欲入事人，夫两者各得其所欲，大者宜为下。

道者万物之奥，善人之宝，不善人之所保。美言可以市，尊行可以加人。（河本：美言可以市尊，美行可以加人）人之不善，何弃之有！故立天子，置三公，虽有拱璧以先驷马，不如坐进此道。古之所以贵此道者何？不曰以求得，（河本：古之所以贵此道者，何不曰以求得？）有罪以免邪？故为天下贵。

为无为，事无事，味无味。大小多少，报怨以德。图难于其易，为大于其细。天下难事必作于易，天下大事必作于细，是以圣人终不为大，故能成其大。夫轻诺必寡信，多易必多难。是以圣人犹难之。故终无难矣。

其安易持，其未兆易谋，其脆易泮，其微易散。为之于未有，治之于未乱。合抱之木，生于毫末；九层之台，起于累土；千里之行，始于足下。为者败之，执者失之。是以圣人无为，故无败；无执，故无失。民之从事，常于几成而败之。慎终如始，则无败事。是以圣人欲不欲，不贵难得之货。学不学，复众人之所过。以辅万物之自然，而不敢为。

古之善为道者，非以明民，将以愚之。民之难治，以其智多。故以智治国，国之贼；不以智治国，国之福。知此两者，亦稽式。常知稽式，是谓玄德。玄德深矣，远矣，与物反矣，然后乃至大顺。

江海所以能为百谷王者，以其善下之，故能为百谷王。是以欲上民，必以言下之；欲先民，必以身后之。是以圣人处上而民不重，处前而民不害，是以天下乐推而不厌。以其不争，故天下莫能与之争。

天下皆谓我道大，似不肖。夫唯大，故似不肖。若肖，久矣其细也夫。我有三宝，持而保之。一曰慈，二曰俭，三曰不敢为天下先。慈，故能勇；俭，故能广，不敢为天下先，故能成器长。今舍慈且勇，舍俭且广，舍后且先，死矣！夫慈，以战则胜，以守则固，天将救之，以慈卫之。

善为士者不武，善战者不怒，善胜敌者不与，善用人者为之下。是谓不争之德，是谓用人之力，是谓配天古之极。（河本：是谓配天，古之极也）

用兵有言，吾不敢为主而为客，不敢进寸而退尺。是谓行无行，攘无臂，扔无敌，执无兵。祸莫大于轻敌，轻敌几丧吾宝。故抗兵相加（河本：若），哀者胜矣。

吾言甚易知，甚易行，天下莫能知，莫能行。言有宗，事有君。夫唯无知，是以不我知。知我者希，则我者贵，是以圣人被褐怀玉。

知不知，上（河本：尚矣）；不知知，病。夫唯病病，是以不病。圣人不病，以其病病，是以不病。

民不畏威，则大威至。无狎其所居，无厌其所生。夫唯不厌，是以不厌。是以圣人自知，不自见；自爱，不自贵。故去彼取此。

勇于敢则杀，勇于不敢则活，此两者，或利或害。天之所恶，孰知其故？是以圣人犹难之。天之道，不争而善胜，不言而善应，不召而自来，繟然而善谋。天网恢恢，疏而不失。

民不畏死，奈何以死惧之！若使民常畏死，而为奇者吾得执而杀之，孰敢？常有司杀者杀，夫代司杀者杀，是谓代大匠斫。夫代大匠斫者，希有不伤其手矣。

民之饥，以其上食税之多，是以饥。民之难治，以其上之有为，是以难治。民之轻死，以其求生之厚，是以轻死。夫唯无以生为者，是贤于贵生。

人之生也柔弱，其死也坚强。万物草木之生也柔脆，其死也枯槁。故坚强者死之徒，柔弱者生之徒。是以兵强则不胜（河本：灭），木强则兵（河本：折）。强大处下，柔弱处上。

天之道，其犹张弓与？高者抑之，下者举之；有余者损之，不足者补（河本：益）之。天之道，损有余而补不足。人之道则不然，损不足以奉有余。孰能有余以奉天下？唯有道者。是以圣人为而不恃，功成而不处，其不欲见贤。

天下莫柔弱于水，而攻坚强者莫之能胜，以其无以易之。弱之胜强，柔之胜刚，天下莫不知，莫能行。是以圣人云，受国之垢，是谓社稷主；受国不祥，是为天下王。正言若反。

和大怨，必有余怨，安可以为善？是以圣人执左契，而不责于人。有德司契，无德司彻。天道无亲，常与善人。

小国寡民，使有什伯之器而不用，使民重死而不远徙。虽有舟舆，无所乘之；虽有甲兵，无所陈之；使人复结绳而用之。甘其食，美其服，安其居，乐其俗。邻国相望，鸡犬之声相闻，民至老死不相往来。

信言不美，美言不信；善者不辩，辩者不善；知者不博，博者不知。圣人不积，既以为人，己愈有；既以与人，己愈多。天之道，利而不害。圣人之道，（河本：利而不害圣人之道）为而不争。

丑

儒家经典节选

论语·学而

子曰:"学而时习之,不亦说乎?有朋自远方来,不亦乐乎?人不知而不愠,不亦君子乎?"

有子曰:"其为人也孝弟,而好犯上者,鲜矣;不好犯上,而好作乱者,未之有也。君子务本,本立而道生。孝弟也者,其为仁之本与!"

子曰:"巧言令色,鲜矣仁!"

曾子曰:"吾日三省吾身——为人谋而不忠乎?与朋友交而不信乎?传不习乎?"

子曰:"道千乘之国,敬事而信,节用而爱人,使民以时。"

子曰:"弟子,入则孝,出则悌,谨而信,泛爱众,而亲仁。行有余力,则以学文。"

子夏曰:"贤贤易色;事父母,能竭其力;事君,能致其身;与朋友交,言而有信。虽曰未学,吾必谓之学矣。"

子曰:"君子不重,则不威;学则不固。主忠信。无友不如己者。过,则勿惮改。"

曾子曰:"慎终,追远,民德归厚矣。"

子禽问于子贡曰:"夫子至于是邦也,必闻其政,求之与?抑与之与?子贡曰:"夫子温、良、恭、俭、让以得之。夫子之求之也,其诸异乎人之求之与?"

子曰:"父在,观其志;父没,观其行;三年无改于父之道,可谓孝矣。"

有子曰:"礼之用,和为贵。先王之道,斯为美;小大由之。有所不行,知和而和,不以礼节之,亦不可行也。"

有子曰:"信近于义,言可复也。恭近于礼,远耻辱也。因不失其亲,亦可宗也。"

子曰:"君子食无求饱,居无求安,敏于事而慎于言,就有道而正焉,可谓好学也已。"

子贡曰:"贫而无谄,富而无骄,何如?"子曰:"可也;未若贫而乐,富而好礼者也。"子贡曰:"《诗云》:'如切如磋,如琢如磨',其斯之谓与?"子曰:"赐也,始可与言《诗》已矣,告诸往而知来者。"

子曰:"不患人之不己之,患不知人也。"

大学(节选)

大学之道,在明明德,在亲民,在止于至善。知止而后有定,定而后能静,静而后能安,安而后能虑,虑而后能得。物有本末,事有终始。知所先后,则近道矣。

古之欲明明德于天下者,先治其国。欲治其国者,先齐其家。欲齐其家者,先修其身。欲修其身者,先正其心。欲正其心者,先诚其意。欲诚其意者,先致其知。致知在格物。物格而后知至,知至而后意诚,意诚而后心正,心正而后身修,身修而后家齐,家齐而后国治,国治而后天下平。

自天子以至于庶人,壹是皆以修身为本。其本乱而末治者否矣。其所厚者薄,而其所薄者厚,未之有也。此谓知本,此谓知之至也。

中庸(节选)

天命之谓性,率性之谓道,修道之谓教。道也者,不可须臾离也,可离非道也。是故君子戒慎乎其所不睹,恐惧乎其所不闻。莫见乎隐,莫显乎微,故君子慎其独也。喜怒哀乐之未发,谓之中;发而皆中节,谓之和;中也者,天下之大本也;和也者,天下之达道也。致中和,天地位焉,万物育焉。

仲尼曰:"君子中庸,小人反中庸。君子之中庸也,君子而时中;小人之中庸也,小人而无忌惮也。"

子路问强,子曰:"南方之强与?北方之强与?抑而强与?宽柔以教,不报无道,南方之强也,君子居之。衽金革,死而不厌,北方之强也,而强者居之。故君子和而不流,强哉矫!中立而不倚,强哉矫!国有道,不变塞焉,强哉矫!国无道,至死不变,强哉矫!"

子曰:"好学近乎知,力行近乎仁,知耻近乎勇。知斯三者,则知所以修身;知所以修身,则知所以治人;知所以治人,则知所以治天下国家矣。

寅

孙子兵法

计篇

孙子曰：兵者，国之大事也。死生之地，存亡之道，不可不察也。

故经之以五，校之以计而索其情：一曰道，二曰天，三曰地，四曰将，五曰法。道者，令民与上同意也。故可以与之死，可以与之生，而不畏诡也。天者，阴阳、寒暑、时制也。地者，高下、远近、险易、广狭、死生也。将者，智、信、仁、勇、严也。法者，曲制、官道、主用也。凡此五者，将莫不闻，知之者胜，不知者不胜。故校之以计，而索其情。曰：主孰有道？将孰有能？天地孰得？法令孰行？兵众孰强？士卒孰练？赏罚孰明？吾以此知胜负矣。

将听吾计，用之必胜，留之；将不听吾计，用之必败，去之。计利以听，乃为之势，以佐其外。势者，因利而制权也。

兵者，诡道也。故能而示之不能，用而示之不用，近而示之远，远而示之近。利而诱之，乱而取之，实而备之，强而避之，怒而挠之，卑而骄之，佚而劳之，亲而离之。攻其无备，出其不意。此兵家之胜，不可先传也。

夫未战而庙算胜者，得算多也；未战而庙算不胜者，得算少也。多算胜，少算不胜，而况于无算乎！吾以此观之，胜负见矣。

作战篇

孙子曰：凡用兵之法，驰车千驷，革车千乘，带甲十万，千里馈粮，则内外之费，宾客之用，胶漆之材，车甲之奉，日费千金，然后十万之师举矣。

其用战也，胜久则钝兵挫锐，攻城则力屈，久暴师则国用不足。夫钝兵挫锐，屈力殚货，则诸侯乘其弊而起，虽有智者，不能善其后矣。故兵闻拙速，未睹巧之久也。夫兵久而国利者，未之有也。故不尽知用兵之害者，则不能尽知用兵之利也。

善用兵者，役不再籍，粮不三载，取用于国，因粮于敌，故军食可足也。国之贫于师者：远师者远输，远输则百姓贫。近师者贵卖，贵卖则财竭，财竭则急于丘役。屈力中原，内虚于家，百姓之费，十去其七。公家之费，破军罢马，甲胄矢弓，戟盾矛橹，丘牛大车，十去其六。故智将务食于敌，食敌一钟，当吾二十钟；萁秆一石，当吾二十石。故杀敌者，怒也；取敌之利者，货也。车战得车十乘以上，赏其先得者，而更其旌旗，车杂而乘之，卒善而养之，是谓胜敌而益强。

故兵贵胜，不贵久。

故知兵之将，民之司命，国家安危之主也。

谋攻篇

孙子曰：凡用兵之法，全国为上，破国次之；全军为上，破军次之；全旅为上，破旅次之；全卒为上，破卒次之；全伍为上，破伍次之。是故百战百胜，非善之善者也；不战而屈人之兵，善之善者也。

故上兵伐谋，其次伐交，其次伐兵，其下攻城。攻城之法，为不得已。修橹轒辒，具器械，三月而后成，距堙，又三月而后已。将不胜其忿而蚁附之，杀士卒三分之一而城不拔者，此攻之灾也。

故善用兵者，屈人之兵而非战也，拔人之城而非攻也，毁人之国而非久也，必以全争于天下，故兵不顿而利可全，此谋攻之法也。

故用兵之法：十则围之，五则攻之，倍则战之，敌则能分之，少则能守之，不若则能避之。故小敌之坚，大敌之擒也。

夫将者，国之辅也，辅周则国必强，辅隙则国必弱。

故君之所以患于军者三：不知军之不可以进而谓之进，不知军之不可以退而谓之退，是谓縻军。不知三军之事，而同三军之政，则军士惑矣。不知三军之权，而同三军之任，则军士疑矣。三军既惑且疑，则诸侯之难至矣。是谓乱军引胜。

故知胜有五：知可以战与不可以战者胜，识众寡之用者胜，上下同欲者胜，以虞待不虞者胜，将能而君不御者胜。此五者，知胜之道也。

故曰：知彼知己，百战不殆；不知彼而知己，一胜一负；不知彼不知己，每战必殆。

形篇

孙子曰：昔之善战者，先为不可胜，以待敌之可胜。不可胜在己，可胜在敌。故善战者，能为不可胜，不能使敌之必可胜。故曰：胜可知，而不可为。

不可胜者，守也；可胜者，攻也。守则不足，攻则有余。善守者，藏于九地之下；善攻者，动于九天之上，故能自保而全胜也。

见胜不过众人之所知，非善之善者也；战胜而天下曰善，非善之善者也。故举秋毫不为多力，见日月不为明目，闻雷霆不为聪耳。古之所谓善战者，胜于易胜者也。故善战者之胜也，无奇胜，无智名，无勇功。故其战胜不忒；不忒者，其所措必胜，胜已败者也。故善战者，立于不败之地，而不失敌之败也。是故，胜兵先胜而后求战，败兵先战而后求胜。善用兵者，修道而保法，故能为胜败正。

兵法：一曰度，二曰量，三曰数，四曰称，五曰胜。地生度，度生量，量生数，数生称，称生胜。故胜兵若以镒称铢，败兵若以铢称镒。胜者之战民也，若决积水于千仞之溪者，形也。

势篇

孙子曰：凡治众如治寡，分数是也；斗众如斗寡，形名是也；三军之众，可使必受敌而无败者，奇正是也。兵之所加，如以碫投卵者，虚实是也。

凡战者，以正合，以奇胜。故善出奇者，无穷如天地；不竭如江河。终而复始，日月是也；死而更生，四时是也。声不过五，五声之变不可胜听也；色不过五，五色之变不可胜观也；味不过五，五味之变不可胜尝也。战势不过奇正，奇正之变不可胜穷也。奇正相生，如循环之无端，孰能穷之？

激水之疾，至于漂石者，势也；鸷鸟之疾，至于毁折者，节也。故善战者，其势险，其节短。势如彍弩，节如发机。纷纷纭纭，斗乱而不可乱也；浑浑沌沌，形圆而不可败也。乱生于治，怯生于勇，弱生于强。治乱，数也；勇怯，势也；强弱，形也。

故善动敌者：形之，敌必从之；予之，敌必取之。以利动之，以卒待之。故善战者，求之于势，不责于人，故能择人而任势。任势者，其战人也，如转木石；木石之性，安则静，危则动，方则止，圆则行。

故善战人之势，如转圆石于千仞之山者，势也。

虚实篇

孙子曰：凡先处战地而待敌者佚，后处战地而趋战者劳。故善战者，致人而不致于人。能使敌人自至者，利之也；能使敌人不得至者，害之也。故敌佚能劳之、饱能饥之、安能动之者，出其所必趋，趋其所不意。

行千里而不劳者，行于无人之地也；攻而必取者，攻其所不守也；守而必固者，守其所不攻也。故善攻者，敌不知其所守；善守者，敌不知其所攻。微乎微乎，至于无形；神乎神乎，至于无声，故能为敌之司命。进而不可御者，冲其虚也；退而不可追者，速而不可及也。故我欲战，敌虽高垒深沟，不得不与我战者，攻其所必救也；我不欲战，画地而守之，敌不得与我战者，乖其所之也。

故形人而我无形，则我专而敌分。我专为一，敌分为十，是以十攻其一也。则我众而敌寡，能以众击寡者，则吾之所与战者约矣。吾所与战之地不可知，不可知，则敌所备者多；敌所备者多，则吾所与战者寡矣。故备前则后寡，备后则前寡；备左则右寡，备右则左寡；无所不备，则无所不寡。寡者，备人者也；众者，使人备己者也。

故知战之地，知战之日，则可千里而战。不知战地，不知战日，则左不能救右，右不能救左，前不能救后，后不能救前，而况远者数十里，近者数里乎？

以吾度之，越人之兵虽多，亦奚益于胜败哉？故曰：胜可为也。敌虽众，可使无斗。故策之而知得失之计，作之而知动静之理，形之而知死生之地，角之而知有余不足之处。故形兵之极，至于无形；无形，则深间不能窥，智者不能谋。因形而措胜于众，众不能知；人皆知我所以胜之形，而莫知吾所以制胜之形。故其战胜不复，而应形于无穷。

夫兵形象水，水之行，避高而趋下，兵之胜，避实而击虚。水因地而制形，兵因敌而制胜。故兵无常势，水无常形。能因敌变化而取胜者，谓之神。

故五行无常胜，四时无常位，日有短长，月有死生。

军争篇

孙子曰：凡用兵之法，将受命于君，合军聚众，交和而舍，莫难于军争。军争之难者，以迂为直，以患为利。

故迂其途，而诱之以利，后人发，先人至，此知迂直之计者也。军争为利，军争为危。举军而争利则不及，委军而争利则辎重捐。是故卷甲而趋，日夜不处，倍道兼行，百里而争利，则擒三将军；劲者先，疲者后，其法十一而至。五十里而争利，则蹶上将军，其法半至。三十里而争利，则三分之二至。是故军无辎重则亡，无粮食则亡，无委积则亡。故不知诸侯之谋者，不能豫交；不知山林、险阻、沮泽之形者，不能行军；不用乡导者，不能得地利。故兵以诈立，以利动，以分和为变者也。故其疾如风，其徐如林，侵掠如火，不动如山，难知如阴，动如雷震。掠乡分众，廓地分利，悬权而动。先知迂直之计者胜，此军争之法也。

《军政》曰："言不相闻，故为之金鼓；视不相见，故为之旌旗。"故夜战多金鼓，昼战多旌旗。夫金鼓旌旗者，所以一民之耳目也，民既专一，则勇者不得独进，怯者不得独退，此用众之法也。

故三军可夺气，将军可夺心。是故朝气锐，昼气惰，暮气归。善用兵者，避其锐气，击其惰归，此治气者也。以治待乱，以静待哗，此治心者也。以近待远，以佚待劳，以饱待饥，此治力者也。无邀正正之旗，无击堂堂之阵，此治变者也。

故用兵之法，高陵勿向，背丘勿逆，佯北勿从，锐卒勿攻，饵兵勿食，归师勿遏，围师必阙，穷寇勿迫，此用兵之法也。

九变篇

孙子曰：凡用兵之法，将受命于君，合军聚众，圮地无舍，衢地交合，绝地无留，围地则谋，死地则战。途有所不由，军有所不击，城有所不攻，地有所不争，君命有所不受。故将通于九变之地利者，知用兵矣。将不通于九变之利者，虽知地形，不能得地之利者矣。治兵不知九变之术，虽知五利，不能得人之用矣。

是故智者之虑，必杂于利害。杂于利，而务可信也；杂于害，而患可解也。是故，屈诸侯者以害，役诸侯者以业，趋诸侯者以利。故用兵之法：无恃其不来，恃吾有以待也；无恃其不攻，恃吾有所不可攻也。

故将有五危：必死，可杀也；必生，可虏也；忿速，可侮也；廉洁，可辱也；爱民，可烦也。凡此五者，将之过也，用兵之灾也。覆军杀将必以五危，不可不察也。

行军篇

孙子曰：凡处军、相敌，绝山依谷，视生处高，战隆无登，此处山之军也。绝水必远水；客绝水而来，勿迎之于水内，令半济而击之，利；欲战者，无附于水而迎客；视生处高，无迎水流，此处水上之军也。绝斥泽，惟亟去无留。若交军于斥泽之中，必依水草而背众树，此处斥泽之军也。平陆处易，而右背高，前死后生，此处平陆之军也。凡此四军之利，黄帝之所以胜四帝也。

凡军好高而恶下，贵阳而贱阴，养生而处实，军无百疾，是谓必胜。丘陵堤防，必处其阳，而右背之。此兵之利，地之助也。

上雨，水沫至，欲涉者，待其定也。

凡地有绝涧、天井、天牢、天罗、天陷、天隙，必亟去之，勿近也。吾远之，敌近之；吾迎之，敌背之。

军旁有险阻、潢井、葭苇、山林、蘙荟者，必谨覆索之，此伏奸之所处也。

敌近而静者，恃其险也；远而挑战者，欲人之进也。其所居易者，利也。

众树动者，来也；众草多障者，疑也。鸟起者，伏也；兽骇者，覆也。尘高而锐者，车来也；卑而广者，徒来也；散而条达者，薪来也；少而往来者，营军也。

辞卑而益备者，进也；辞强而进驱者，退也。轻车先出居其侧者，陈也；无约而请和者，谋也；奔走而陈兵车者，期也；半进半退者，诱也。

杖而立者，饥也；汲而先饮者，渴也；见利而不进者，劳也。鸟集者，虚也；

夜呼者，恐也；军扰者，将不重也；旌旗动者，乱也；吏怒者，倦也。粟马肉食，军无悬瓿，不返其舍者，穷寇也。谆谆翕翕，徐与人言者，失众也；数赏者，窘也；数罚者，困也；先暴而后畏其众者，不精之至也。来委谢者，欲休息也。兵怒而相迎，久而不合，又不相去，必谨察之。

兵非益多也，惟无武进，足以并力、料敌、取人而已。夫惟无虑而易敌者，必擒于人。

卒未亲附而罚之，则不服，不服则难用也；卒已亲附而罚不行，则不可用也。故合之以文，齐之以武，是谓必取。令素行以教其民，则民服；令不素行以教其民，则民不服。令素行者，与众相得也。

地形篇

孙子曰：地形有通者，有挂者，有支者，有隘者，有险者，有远者。我可以往，彼可以来，曰通。通形者，先居高阳，利粮道，以战则利。可以往，难以返，曰挂。挂形者，敌无备，出而胜之；敌若有备，出而不胜，难以返，不利。我出而不利，彼出而不利，曰支。支形者，敌虽利我，我无出也，引而去之，令敌半出而击之，利。隘形者，我先居之，必盈之以待敌；若敌先居之，盈而勿从，不盈而从之。险形者，我先居之，必居高阳以待敌；若敌先居之，引而去之，勿从也。远形者，势均，难以挑战，战而不利。凡此六者，地之道也；将之至任，不可不察也。

故兵有走者，有弛者，有陷者，有崩者，有乱者，有北者。凡此六者，非天之灾，将之过也。夫势均，以一击十，曰走。卒强吏弱，曰弛，吏强卒弱，曰陷。大吏怒而不服，遇敌怼而自战，将不知其能，曰崩。将弱不严，教道不明，吏卒无常，陈兵纵横，曰乱。将不能料敌，以少合众，以弱击强，兵无选锋，曰北。凡此六者，败之道也；将之至任，不可不察也。

夫地形者，兵之助也。料敌制胜，计险隘远近，上将之道也。知此而用战者必胜，不知此而用战者必败。

故战道必胜，主曰无战，必战可也；战道不胜，主曰必战，无战可也。故进不求名，退不避罪，唯人是保，而利合于主，国之宝也。

视卒如婴儿，故可与之赴深溪；视卒如爱子，故可与之俱死。厚而不能使，爱而不能令，乱而不能治，譬若骄子，不可用也。

知吾卒之可以击，而不知敌之不可击，胜之半也；知敌之可击，而不知吾卒之不可以击，胜之半也；知敌之可击，知吾卒之可以击，而不知地形之不可以战，胜之半也。故知兵者，动而不迷，举而不穷。故曰：知彼知己，胜乃不殆；知天知地，胜乃不穷。

九地篇

孙子曰：用兵之法，有散地，有轻地，有争地，有交地，有衢地，有重地，有圮地，有围地，有死地。诸侯自战其地，为散地。入人之地不深者，为轻地。我得则利，彼得亦利者，为争地。我可以往，彼可以来者，为交地。诸侯之地三属，先至而得天下之众者，为衢地。入人之地深，背城邑多者，为重地。行山林、险阻、沮泽，凡难行之道者，为圮地。所由入者隘，所从归者迂，彼寡可以击吾之众者，为围地。疾战则存，不疾战则亡者，为死地。是故散地则无战，轻地则无止，争地则无攻，交地则无绝，衢地则合交，重地则掠，圮地则行，围地则谋，死地则战。

所谓古之善用兵者，能使敌人前后不相及，众寡不相恃，贵贱不相救，上下不相收，卒离而不集，兵合而不齐。合于利而动，不合于利而止。敢问：敌众整而将来，待之若何？曰：先夺其所爱，则听矣。

兵之情主速，乘人之不及，由不虞之道，攻其所不戒也。

凡为客之道：深入则专，主人不克。掠于饶野，三军足食；谨养而勿劳，并气积力；运兵计谋，为不可测。投之无所往，死且不北。死，焉不得士人尽力。兵士甚陷则不惧，无所往则固。深入则拘，不得已则斗。是故其兵不修而戒，不求而得，不约而亲，不令而信，禁祥去疑，至死无所之。吾士无余财，非恶货也；无余命，非恶寿也。令发之日，士卒坐者涕沾襟。偃卧者涕交颐。投之无所往者，诸刿之勇也。

故善用兵者，譬如率然；率然者，常山之蛇也。击其首则尾至，击其尾则首至，击其中则首尾俱至。敢问：兵可使如率然乎？曰：可。夫吴人与越人相恶也，当其同舟而济，遇风，其相救也如左右手。是故方马埋轮，未足恃也，齐勇若一，政之道也；刚柔皆得，地之理也。故善用兵者，携手若使一人，不得已也。

将军之事，静以幽，正以治，能愚士卒之耳目，使之无知。

易其事，革其谋，使人无识；易其居，迂其途，使人不得虑。帅与之期，如登高而去其梯；帅与之深入诸侯之地，而发其机；若驱群羊，驱而往，驱而来，莫知所之。聚三军之众，投之于险，此谓将军之事也。九地之变，屈伸之利，人情之理，不可不察。

凡为客之道：深则专，浅则散。去国越境而师者，绝地也；四达者，衢地也；入深者，重地也；入浅者，轻地也；背固前隘者，围地也；无所往者，死地也。是故散地，吾将一其志；轻地，吾将使之属；争地，吾将趋其后；交地，吾将谨其守；衢地，吾将固其结；重地，吾将继其食；圮地，吾将进其涂；围地，吾将塞其阙；死地，吾将示之以不活。

故兵之情，围则御，不得已则斗，过则从。是故，不知诸侯之谋者，不能预交；不知山林、险阻、沮泽之形者，不能行军；不用乡导者，不能得地利。四五者，一不知，非霸王之兵也。夫霸王之兵，伐大国，则其众不得聚；威加于敌，则其交不得合。是故，不争天下之交，不养天下之权，信己之私，威加于敌，故其城可拔，其国可隳。施无法之赏，悬无政之令，犯三军之众，若使一人。犯之以事，勿告以言；犯之以利，勿告以害。

投之亡地然后存，陷之死地然后生。夫众陷于害，然后能为胜败。

故为兵之事，在于顺详敌之意，并敌一向，千里杀将，此谓巧能成事者也。

是故政举之日，夷关折符，无通其使；厉于廊庙之上，以诛其事。敌人开阖，必亟入之。先其所爱，微与之期。践墨随敌，以决战事。是故始如处女，敌人开户，后如脱兔，敌不及拒。

火攻篇

孙子曰：凡火攻有五：一曰火人，二曰火积，三曰火辎，四曰火库，五曰火队。行火必有因，烟火必素具。发火有时，起火有日。时者，天之燥也；日者，月在箕、壁、翼、轸也。凡此四宿者，风起之日也。

凡火攻，必因五火之变而应之。火发于内，则早应之于外。火发兵静者，待而勿攻，极其火力，可从而从之，不可从而止。火可发于外，无待于内，以时发之。火发上风，无攻下风。昼风久，夜风止。凡军必知有五火之变，以数守之。

故以火佐攻者明，以水佐攻者强。水可以绝，不可以夺。夫战胜攻取，而不修其功者凶，命曰费留。故曰：明主虑之，良将修之。非利不动，非得不用，非危不战。主不可以怒而兴师，将不可以愠而致战；合于利而动，不合于利而止。怒可以复喜，愠可以复悦；亡国不可以复存，死者不可以复生。故明君慎之，良将警之，此安国全军之道也。

用间篇

孙子曰：凡兴师十万，出征千里，百姓之费，公家之奉，日费千金，内外骚动，怠于道路，不得操事者，七十万家。相守数年，以争一日之胜，而爱爵禄百金，不知敌之情者，不仁之至也，非人之将也，非主之佐也，非胜之主也。故明君贤将，所以动而胜人，成功出于众者，先知也。先知者，不可取于鬼神，不可象于事，不可验于度，必取于人，知敌之情者也。

故用间有五：有乡间，有内间，有反间，有死间，有生间。五间俱起，莫知其道，是谓神纪，人君之宝也。乡间者，因其乡人而用之。内间者，因其官人而用之。反间者，因其敌间而用之。死间者，为诳事于外，令吾间知之，而传于敌间也。生间者，反报也。

故三军之事，莫亲于间，赏莫厚于间，事莫密于间。非圣不能用间，非仁不能使间，非微妙不能得间之实。微哉微哉，无所不用间也。间事未发，而先闻者，间与所告者皆死。凡军之所欲击，城之所欲攻，人之所欲杀，必先知其守将、左右、谒者、门者、舍人之姓名，令吾间必索知之。

必索敌人之间来间我者，因而利之，导而舍之，故反间可得而用也。因是而知之，故乡间、内间可得而使也；因是而知之，故死间为诳事，可使告敌；因是而知之，故生间可使如期。五间之事，主必知之，知之必在于反间，故反间不可不厚也。

　　昔殷之兴也，伊挚在夏；周之兴也，吕牙在殷。故惟明君贤将，能以上智为间者，必成大功。此兵之要，三军之所恃而动也。

卯

《诗经》二篇

诗经·魏风·硕鼠

硕鼠硕鼠,无食我黍!
三岁贯女,莫我肯顾。
逝将去女,适彼乐土。
乐土乐土,爰得我所。
硕鼠硕鼠,无食我麦!
三岁贯女,莫我肯德。
逝将去女,适彼乐国。
乐国乐国,爰得我直?
硕鼠硕鼠,无食我苗!
三岁贯女,莫我肯劳。
逝将去女,适彼乐郊。
乐郊乐郊,谁之永号?

诗经·邶风·击鼓

击鼓其镗,踊跃用兵。
土国城漕,我独南行。
从孙子仲,平陈与宋。
不我以归,忧心有忡。
爰居爰处?爰丧其马?
于以求之?于林之下。
死生契阔,与子成说。
执子之手,与子偕老。
于嗟阔兮,不我活兮。
于嗟洵兮,不我信兮。

辰

九歌·国殇

操吴戈兮被犀甲，车错毂兮短兵接。
旌蔽日兮敌若云，矢交坠兮士争先。
凌余阵兮躐余行，左骖殪兮右刃伤。
霾两轮兮絷四马，援玉枹兮击鸣鼓。
天时坠兮威灵怒，严杀尽兮弃原野。
出不入兮往不反，平原忽兮路超远。
带长剑兮挟秦弓，首身离兮心不惩。
诚既勇兮又以武，终刚强兮不可凌。
身既死兮神以灵，子魂魄兮为鬼雄！

巳

前赤壁赋

　　壬戌之秋，七月既望，苏子与客泛舟游于赤壁之下。清风徐来，水波不兴。举酒属客，诵明月之诗，歌窈窕之章。少焉，月出于东山之上，徘徊于斗牛之间。白露横江，水光接天。纵一苇之所如，凌万顷之茫然。浩浩乎如冯虚御风，而不知其所止；飘飘乎如遗世独立，羽化而登仙。

　　于是饮酒乐甚，扣舷而歌之。歌曰："桂棹兮兰桨，击空明兮溯流光。渺渺兮予怀，望美人兮天一方。"客有吹洞箫者，倚歌而和之。其声呜呜然，如怨如慕，如泣如诉，余音袅袅，不绝如缕。舞幽壑之潜蛟，泣孤舟之嫠妇。

　　苏子愀然，正襟危坐，而问客曰："何为其然也？"客曰："'月明星稀，乌鹊南飞。'此非曹孟德之诗乎？西望夏口，东望武昌。山川相缪，郁乎苍苍，此非孟德之困于周郎者乎？方其破荆州，下江陵，顺流而东也，舳舻千里，旌旗蔽空，酾酒临江，横槊赋诗，固一世之雄也，而今安在哉？况吾与子渔樵于江渚之上，侣鱼虾而友麋鹿，驾一叶之扁舟，举匏樽以相属。寄蜉蝣于天地，渺沧海之一粟。哀吾生之须臾，羡长江之无穷。挟飞仙以遨游，抱明月而长终。知不可乎骤得，托遗响于悲风。"

　　苏子曰："客亦知夫水与月乎？逝者如斯，而未尝往也；盈虚者如彼，而卒莫消长也。盖将自其变者而观之，则天地曾不能以一瞬；自其不变者而观之，则物与我皆无尽也，而又何羡乎！

且夫天地之间，物各有主，苟非吾之所有，虽一毫而莫取。惟江上之清风，与山间之明月，耳得之而为声，目遇之而成色，取之无禁，用之不竭，是造物者之无尽藏也，而吾与子之所共适。"

客喜而笑，洗盏更酌。肴核既尽，杯盘狼藉。相与枕藉乎舟中，不知东方之既白。

午

牡丹亭·第十出·惊梦

绕池游

〔旦上〕梦回莺啭，乱煞年光遍。人立小庭深院。〔贴〕炷尽沉烟，抛残绣线，恁今春关情似去年？〔乌夜啼〕"〔旦〕晓来望断梅关，宿妆残。〔贴〕你侧着宜春髻子恰凭阑。〔旦〕剪不断，理还乱，闷无端。〔贴〕已吩咐催花莺燕借春看。"〔旦〕春香，可曾叫人扫除花径？〔贴〕吩咐了。〔旦〕取镜台衣服来。〔贴取镜台衣服上〕"云髻罢梳还对镜，罗衣欲换更添香。"镜台衣服在此。

步步娇

〔旦〕袅晴丝吹来闲庭院，摇漾春如线。停半晌、整花钿。没揣菱花，偷人半面，迤逗的彩云偏。〔行介〕步香闺怎便把全身现！〔贴〕今日穿插的好。

醉扶归

〔旦〕你道翠生生出落的裙衫儿茜，艳晶晶花簪八宝填，可知我常一生儿爱好是天然。恰三春好处无人见。不堤防沉鱼落雁鸟惊喧，则怕的羞花闭月花愁颤。〔贴〕早茶时了，请行。〔行介〕你看："画廊金粉半零星，池馆苍苔一片青。踏草怕泥新绣袜，惜花疼煞小金铃。"〔旦〕不到园林，怎知春色如许！

皂罗袍

原来姹紫嫣红开遍，似这般都付与断井颓垣。良辰美景奈何天，赏心乐事谁家院！恁般景致，我老爷和奶奶再不提起。〔合〕朝飞暮卷，云霞翠轩；雨丝风片，烟波画船——锦屏人忒看的这韶光贱！〔贴〕是花都放了，那牡丹还早。

好姐姐

〔旦〕遍青山啼红了杜鹃，荼䕷外烟丝醉软。春香啊，牡丹虽好，他春归怎占的先！〔贴〕成对儿莺燕啊。〔合〕闲凝眄，生生燕语明如翦，呖呖莺歌溜的圆。〔旦〕去罢。〔贴〕这园子委是观之不足也。〔旦〕提他怎的！〔行介〕

隔尾

观之不足由他缱，便赏遍了十二亭台是枉然。到不如兴尽回家闲过遣。〔作到介〕〔贴〕"开我西阁门，展我东阁床。瓶插映山紫，炉添沉水香。"小姐，你歇息片时，俺瞧老夫人去也。〔下〕〔旦叹介〕"默地游春转，小试宜春面。"春啊，得和你两留连，春去如何遣？咳，恁般天气，好困人也。春香那里？〔作左右瞧介〕〔又低首沉吟介〕天呵，春色恼人，信有之乎！常观诗词乐府，古之女子，因春感情，遇秋成恨，诚不谬矣。吾今年已二八，未逢折桂之夫；忽慕春情，怎得蟾宫之客？昔日韩夫人得遇于郎，张生偶逢崔氏，曾有《题红记》、《崔徽传》二书。此佳人才子，前以密约偷期，后皆得成秦晋。〔长叹介〕吾生于宦族，长在名门。年已及笄，不得早成佳配，诚为虚度青春，光阴如过隙耳。〔泪介〕可惜妾身颜色如花，岂料命如一叶乎！

山坡羊

没乱里春情难遣，蓦地里怀人幽怨。则为俺生小婵娟，拣名门一例、一例里神仙眷。甚良缘，把青春抛的远！俺的睡情谁见？则索因循腼腆。想幽梦谁边，和春光暗流传？迁延，这衷怀那处言！淹煎，泼残生，除问天！身子困乏了，且自隐几而眠。〔睡介〕〔梦生介〕〔生持柳枝上〕"莺逢日暖歌声滑，人遇风情笑口开。一径落花随水入，今朝阮肇到天台。"小生顺路儿跟着杜小姐回来，怎生不见？〔回看介〕呀，小姐，小姐！〔旦作惊起介〕〔相见介〕〔生〕小生那一处不寻访小姐来，却在这里！〔旦作斜视不语介〕〔生〕恰好花园内，折取垂柳半枝。姐姐，你既淹通书史，可作诗以赏此柳枝乎？〔旦作惊喜，欲言又止介〕〔背想〕这生素昧平生，何因到此？〔生笑介〕小姐，咱爱杀你哩！

山桃红

则为你如花美眷,似水流年,是答儿闲寻遍。在幽闺自怜。小姐,和你那答儿讲话去。〔旦作含笑不行〕〔生作牵衣介〕〔旦低问〕那边去?〔生〕转过这芍药栏前,紧靠着湖山石边。〔旦低问〕秀才,去怎的?〔生低答〕和你把领扣松,衣带宽,袖梢儿揾着牙儿苫也,则待你忍耐温存一晌眠。〔旦作羞〕〔生前抱〕〔旦推介〕〔合〕是那处曾相见,相看俨然,早难道这好处相逢无一言?〔生强抱旦下〕〔末扮花神束发冠,红衣插花上〕"催花御史惜花天,检点春工又一年。蘸客伤心红雨下,勾人悬梦采云边。"吾乃掌管南安府后花园花神是也。因杜知府小姐丽娘,与柳梦梅秀才,后日有姻缘之分。杜小姐游春感伤,致使柳秀才入梦。咱花神专掌惜玉怜香,竟来保护他,要他云雨十分欢幸也。

鲍老催

〔末〕单则是混阳蒸变,看他似虫儿般蠢动把风情扇。一般儿娇凝翠绽魂儿颠。这是景上缘,想内成,因中见。呀,淫邪展污了花台殿。咱待拈片落花儿惊醒他。〔向鬼门丢花介〕他梦酣春透了怎留连?拈花闪碎的红如片。秀才才到的半梦儿;梦毕之时,好送杜小姐仍归香阁。吾神去也。〔下〕

山桃红

〔生、旦携手上〕〔生〕这一霎天留人便,草借花眠。小姐可好?〔旦低头介〕〔生〕则把云鬟点,红松翠偏。小姐休忘了啊,见了你紧相偎,慢厮连,恨不得肉儿般团成片也,逗的个日下胭脂雨上鲜。〔旦〕秀才,你可去啊?〔合〕是那处曾相见,相看俨然,早难道这好处相逢无一言?〔生〕姐姐,你身子乏了,将息,将息。〔送旦依前作睡介〕〔轻拍旦介〕姐姐,俺去了。〔作回顾介〕姐姐,你可十分将息,我再来瞧你那。"行来春色三分雨,睡去巫山一片云。"〔下〕〔旦作惊醒,低叫介〕秀才,秀才,你去了也?〔又作痴睡介〕〔老旦上〕"夫婿坐黄堂,娇娃立绣窗。怪他裙衩上,花鸟绣双双。"孩儿,孩儿,你为甚瞌睡在此?〔旦作醒,叫秀才介〕咳也。〔老旦〕孩儿怎的来?〔旦作惊起介〕奶奶到此!〔老旦〕我儿,何不做些针指,或观玩书史,舒展情怀?因何昼寝于此?〔旦〕孩儿适在花园中闲玩,忽值春暄恼人,故此回房。无可消遣,不觉困倦少息。有失迎接,望母亲恕儿之罪。〔老旦〕孩儿,这后花园中冷静,少去闲行。〔旦〕领母亲严命。〔老旦〕孩儿,学堂看书去。〔旦〕先生不在,且自消停。〔老旦叹介〕女孩儿长成,自有许多情态,且自由他。正是:"宛转随儿女,辛勤做老娘。"〔下〕〔旦长叹介〕〔看老旦下介〕哎也,天那,今日杜丽娘有些侥幸也。偶到后花园中,百花开遍,睹景伤情。没兴而回,昼眠香阁。忽见一生,年可弱冠,丰姿俊妍。于园中折得柳丝一枝,笑对奴家说:"姐姐既淹通书史,何不将柳枝题赏一篇?"那时待要应他一声,心中自忖,素昧平生,不知名姓,何得轻与交言。正如此想间,只见那生向前说了几句伤心话儿,将奴搂抱去牡丹亭畔,芍药阑边,共成云雨之欢。两情和合,真个是千般爱惜,万种温存。欢毕之时,又送我睡眠,几声"将息"。正待自送那生出门,忽值母亲来到,唤醒将来。我一身冷汗,乃是南柯一梦。忙身参礼母亲,又被母亲絮了许多闲话。奴家口虽无言答应,心内思想梦中之事,何曾放怀。行坐不宁,自觉如有所失。娘呵,你教我学堂看书去,知他看那一种书消闷也。〔作掩泪介〕

绵搭絮

雨香云片,才到梦儿边。无奈高堂,唤醒纱窗睡不便。泼新鲜冷汗粘煎,闪的俺心悠步躽,意软鬟偏。不争多费尽神情,坐起谁忺?则待去眠。〔贴上〕"晚妆销粉印,春润费香篝。"小姐,薰了被窝睡罢。

尾声

〔旦〕困春心游赏倦,也不索香薰绣被眠。天呵,有心情那梦儿还去不远。
春望逍遥出画堂,(张说)间梅遮柳不胜芳。(罗隐)
可知刘阮逢人处?(许浑)回首东风一断肠。(韦庄)

未

《红楼梦》节选

第二十三回
西厢记妙词通戏语　牡丹亭艳曲警芳心

话说贾元春自那日幸大观园回宫去后，便命将那日所有的题咏，命探春依次抄录妥协，自己编次，叙其优劣，又命在大观园勒石，为千古风流雅事。因此，贾政命人各处选拔精工名匠，在大观园磨石镌字，贾珍率领贾蓉、贾萍等监工。因贾蔷又管理着文官等十二个女戏并行头等事，不大得便，因此贾珍又将贾菖、贾菱唤来监工。一日，汤蜡钉朱，动起手来。这也不在话下。

且说那个玉皇庙并达摩庵两处，一班的十二个小沙弥并十二个小道士，如今挪出大观园来，贾政正想要打发到各庙去分住。不想后街上住的贾芹之母周氏，正盘算着也要到贾政这边谋一个大小事务与儿子管管，也好弄些银钱使用，可巧听见这件事出来，便坐轿子来求凤姐。凤姐因见他素日不大拿班作势的，便依允了，想了几句话便回王夫人说："这些小和尚道士万不可打发到别处去，一时娘娘出来就要承应。倘或散了，若再用时，可是又费事。依我的主意，不如将他们竟送到咱们家庙里铁槛寺去，月间不过派一个人拿几两银子去买柴米就完了。说声用，走去叫来，一点儿不费事呢。"王夫人听了，便商之于贾政。贾政听了笑道："倒是提醒了我，就是这样。"即时唤贾琏来。

当下贾琏正同凤姐吃饭，一闻呼唤，不知何事，放下饭便走。

凤姐一把拉住，笑道："你且站住，听我说话。若是别的事我不管，若是为小和尚们的事，好歹依我这么着。"如此这般教了一套话。贾琏笑道："我不知道，你有本事你说去。"凤姐听了，把头一梗，把筷子一放，腮上似笑不笑的瞅着贾琏道："你当真的还是玩话？"贾琏笑道："西廊下五嫂子的儿子芸儿来求了我两三遭，要个事情管管。我依了，叫他等着。好容易出来这件事，你又夺了去。"凤姐儿笑道："你放心。园子东北角子上，娘娘说了，还叫多多的种松柏树，楼底下还叫种些花草。等这件事出来，我管保叫芸儿管这件工程。"贾琏道："果这样也罢了。只是昨儿晚上，我不过是要改个样儿，你就扭手扭脚的。"凤姐儿听了，嗤的一声笑了，向贾琏啐了一口，低下头便吃饭。

贾琏已经笑着去了，到了前面见了贾政，果然是小和尚一事。贾琏便依了凤姐主意，说道："如今看来，芹儿倒大大的出息了，这件事竟交予他去管办。横竖照在里头的规例，每月叫芹儿支领就是了。"贾政原不大理论这些事，听贾琏如此说，便如此依了。贾琏回到房中告诉凤姐儿，凤姐即命人去告诉了周氏。贾芹便来见贾琏夫妻两个，感谢不尽。凤姐又作情央贾琏先支三个月的，叫他写了领字，贾琏批票画了押，登时发了对牌出去。银库上按数发出三个月的供给来，白花花二三百两。贾芹随手抓一块，撂予掌秤的人，叫他们吃茶果。于是命小厮拿回家，与母亲商议。登时雇了大叫驴，自己骑上，又雇了几辆车，至荣国府角门，唤出二十四个人来，坐上车，一径往城外铁槛寺去了。当下无话。

如今且说贾元春，因在宫中自编大观园题咏之后，忽想起那大观园中景致，自己幸过之后，贾政必定敬谨封锁，不敢使人进去骚扰，岂不寥落。况家中现有几个能诗会赋的姊妹，何不命他们进去居住，也不使佳人落魄，花柳无颜。却又想到宝玉自幼在姊妹丛中长大，不比别的兄弟，若不命他进去，只怕他冷清了，一时不大畅快，未免贾母王夫人愁虑，须得也命他进园居住方妙。想毕，遂命太监夏守忠到荣国府来下一道谕，命宝钗等只管在园中居住，不可禁约封锢，命宝玉仍随进去读书。

贾政、王夫人接了这谕，待夏守忠去后，便来回明贾母，遣人进去各处收拾打扫，安设帘幔床帐。别人听了还自犹可，惟宝玉听了这谕，喜的无可不可。正和贾母盘算，要这个，弄那个，忽见丫鬟来说："老爷叫宝玉。"宝玉听了，好似打了个焦雷，登时扫去兴头，脸上转了颜色，便拉着贾母扭的好似扭股儿糖，杀死不敢去。贾母只得安慰他道："好宝贝，你只管去，有我呢，他不敢委屈了你。况且你又作了那篇好文章。想是娘娘叫你进去住，他吩咐你几句，不过不教你在里头淘气。他说什么，你只好生答应着就是了。"一面安慰，一面唤了两个老嬷嬷来，吩咐"好生带了宝玉去，别叫他老子唬着他。"老嬷嬷答应了。

宝玉只得前去，一步挪不了三寸，蹭到这边来。可巧贾政在王夫人房中商议事情，金钏儿、彩云、彩霞、绣鸾、绣凤等众丫鬟都在廊檐底下站着呢，一见宝玉来，都掩着嘴笑。金钏一把拉住宝玉，悄悄的笑道："我这嘴上是才擦的香浸胭脂，你这会子可吃不吃了？"彩云一把推开金钏，笑道："人家正心里不自在，你还奚落他。趁这会子喜欢，快进去罢。"宝玉只得挨进门去。原来贾政和王夫人都在里间呢。赵姨娘打起帘子，宝玉躬身进去。只见贾政和王夫人对面坐在炕上说话，地下一溜椅子，迎春、探春、惜春、贾环四个人都坐在那里。一见他进来，惟有探春和惜春，贾环站了起来。

贾政一举目，见宝玉站在跟前，神彩飘逸，秀色夺人，看看贾环，人物委琐，举止荒疏，忽又想起贾珠来，再看看王夫人只有这一个亲生的儿子，素爱如珍，自己的胡须将已苍白：因这几件上，把素日嫌恶处分宝玉之心不觉减了八九。半晌说道："娘娘吩咐说，你日日外头嬉游，渐次疏懒，如今叫禁管，同你姊妹在园里读书写字。你可好生用心习学，再如不守分安常，你可仔细！"宝玉连连的答应了几个"是"。王夫人便拉他在身旁坐下。他姊弟三人依旧坐下。

王夫人摸挲着宝玉的脖项说道："前儿的丸药都吃完了？"宝玉答道："还有一丸。"王夫人道："明儿再取十丸来，天天临睡的时候，叫袭人伏侍你吃了再睡。"宝玉道："只从太太吩咐了，袭人天天晚上想着，打发我吃。"贾政问道："袭人是何人？"王夫人道："是个丫头。"贾政道："丫头不管叫个什么罢了，是谁这样刁钻，起这样的名字？"王夫人见贾政不自在了，便替宝玉掩饰道："是老太太起的。"贾政道："老太太如何知道这话，一定是宝玉。"宝玉见瞒不过，只得起身回道："因素日读诗，曾记古人有一句诗云：'花气袭人知昼暖'。因这个丫头姓花，便随口起了这个名字。"王夫人忙又道："宝玉，你回去改了罢。老爷也不用为这小事动气。"贾政道："究竟也无碍，又何用改。只是可见宝玉不务正，专在这些浓词艳赋上作工夫。"说毕，断喝一声："作孽的畜生，还不出去！"王夫人也忙道："去罢，只怕老太太等你吃饭呢。"宝玉答应了，慢慢的退出去，向金钏儿笑着伸伸舌头，带着两个嬷嬷一溜烟去了。

刚至穿堂门前，只见袭人倚门立在那里，一见宝玉平安回来，堆下笑来问道："叫你作什么？"宝玉告诉他："没有什么，不过怕我进园去淘气，吩咐吩咐。"一面说，一面回至贾母跟前，回明原委。只见林黛玉正在那里，宝玉便问他："你住那一处好？"林黛玉正心里盘算这事，忽见宝玉问他，便笑道："我心里想着潇湘馆好，爱那几竿竹子隐着一道曲栏，比别处更觉幽静。"宝玉听了拍手笑道："正和我的主意一样，我也要叫你住这里呢。我就住怡红院，咱们两个又近，又都清幽。"

两人正计较，就有贾政遣人来回贾母说："二月二十二日子好，哥儿姐儿们好搬进去的。这几日内遣人进去分派收拾。"薛宝钗住了蘅芜苑，林黛玉住了潇湘馆，贾迎春住了缀锦楼，探春住了秋爽斋，惜春住了蓼风轩，李氏住了稻香村，宝玉住了怡红院。每一处添两个老嬷嬷，四个丫头，除各人奶娘亲随丫鬟不算外，另有专管收拾打扫的。至二十二日，一齐进去，登时园内花招绣带，柳拂香风，不似前番那等寂寞了。

闲言少叙。且说宝玉自进花园以来，心满意足，再无别项可生贪求之心。每日只和姊妹丫头们一处，或读书，或写字，或弹琴下棋，作画吟诗，以至描鸾刺凤，斗草簪花，低吟悄唱，拆字猜枚，无所不至，倒也十分快乐。他曾有几首即事诗，虽不算好，却倒是真情真景，略记几首云：

春夜即事
霞绡云幄任铺陈，隔巷蟆更听未真。枕上轻寒窗外雨，眼前春色梦中人。盈盈烛泪因谁泣，点点花愁为我嗔。自是小鬟娇懒惯，拥衾不耐笑言频。

夏夜即事
倦绣佳人幽梦长，金笼鹦鹉唤茶汤。窗明麝月开宫镜，室霭檀云品御香。琥珀杯倾荷露滑，玻璃槛纳柳风凉。水亭处处齐纨动，帘卷朱楼罢晚妆。

秋夜即事
绛芸轩里绝喧哗，桂魄流光浸茜纱。苔锁石纹容睡鹤，井飘桐露湿栖鸦。抱衾婢至舒金凤，倚槛人归落翠花。静夜不眠因酒渴，沉烟重拨索烹茶。

冬夜即事
梅魂竹梦已三更，锦罽鹔衾睡未成。松影一庭惟见鹤，梨花满地不闻莺。女儿翠袖诗怀冷，公子金貂酒力轻。却喜侍儿知试茗，扫将新雪及时烹。

因这几首诗，当时有一等势利人，见是荣国府十二三岁的公子作的，抄录出来各处称颂，再有一等轻浮子弟，爱上那风骚妖艳之句，也写在扇头壁上，不时吟哦赏赞。因此竟有人来寻诗觅字，倩画求题的。宝玉亦发得了意，镇日家作这些外务。

谁想静中生烦恼，忽一日不自在起来，这也不好，那也不好，出来进去只是闷闷的。园中那些人多半是女孩儿，正在混沌世界，天真烂漫之时，坐卧不避，嘻笑无心，那里知宝玉此时的心事。那宝玉心内不自在，便懒在园内，只在外头鬼混，却又痴痴的。茗烟见他这样，因想与他开心，左思右想，皆是宝玉玩烦了的，不能开心，惟有这件，宝玉不曾看见过。想毕，便走去到书坊内，把那古今小说并那飞燕、合德、武则天、杨贵妃的外传与那传奇角本买了许多来，引宝玉看。宝玉何曾见过这些书，一看见了便如得了珍宝。茗烟又嘱咐他不可拿进园去，"若叫人知道了，我就吃不了兜着走呢。"宝玉那里舍的不拿进园去，踟蹰再三，单把那文理细密的拣了几套进去，放在床顶上，无人时自己密看。那粗俗过露的，都藏在外面书房里。

那一日正当三月中浣，早饭后，宝玉携了一套《会真记》，走到沁芳闸桥边桃花底下一块石上坐着，展开《会真记》，从头细玩。正看到"落红成阵"，只见一阵风过，把树头上桃花吹下一大半来，落的满身满书满地皆是。宝玉要抖将下来，恐怕脚步践踏了，只得兜了那花瓣，来至池边，抖在池内。那花瓣浮在水面，飘飘荡荡，竟流出沁芳闸去了。

回来只见地下还有许多，宝玉正踟蹰间，只听背后有人说道："你在这里作什么？"宝玉一回头，却是林黛玉来了，肩上担着花锄，锄上挂着花囊，手内拿着花帚。宝玉笑道："好，好，来把这个花扫起来，撂在那水里。我才撂了好些在那里呢。"林黛玉道："撂在水里不好。你看这里的水干净，只一流出去，有人家的地方脏的臭的混倒，仍旧把花遭塌了。那畸角上我有一个花冢，如今把他扫了，装在这绢袋里，拿土埋上，日久不过随土化了，岂不干净。"

　　宝玉听了喜不自禁，笑道："待我放下书，帮你来收拾。"黛玉道："什么书？"宝玉见问，慌的藏之不迭，便说道："不过是《中庸》《大学》。"黛玉笑道："你又在我跟前弄鬼。趁早儿给我瞧，好多着呢。"宝玉道："好妹妹，若论你，我是不怕的。你看了，好歹别告诉别人去。真真这是好书！你要看了，连饭也不想吃呢。"一面说，一面递了过去。林黛玉把花具且都放下，接书来瞧，从头看去，越看越爱看，不到一顿饭工夫，将十六出俱已看完，自觉词藻警人，余香满口。虽看完了书，却只管出神，心内还默默记诵。

　　宝玉笑道："妹妹，你说好不好？"林黛玉笑道："果然有趣。"宝玉笑道："我就是个'多愁多病身'，你就是那'倾国倾城貌'。"林黛玉听了，不觉带腮连耳通红，登时直竖起两道似蹙非蹙的眉，瞪了两只似睁非睁的眼，微腮带怒，薄面含嗔，指宝玉道："你这该死的胡说！好好的把这淫词艳曲弄了来，还学了这些混话来欺负我。我告诉舅舅舅母去。"说到"欺负"两个字上，早又把眼睛圈儿红了，转身就走。宝玉着了急，向前拦住说道："好妹妹，千万饶我这一遭，原是我说错了。若有心欺负你，明儿我掉在池子里，教个癞头鼋吞了去，变个大忘八，等你明儿做了'一品夫人'病老归西的时候，我往你坟上替你驮一辈子的碑去。"说的林黛玉嗤的一声笑了，揉着眼睛，一面笑道："一般也唬的这个调儿，还只管胡说。'呸，原来是苗而不秀，是个银样镴枪头。'"宝玉听了，笑道："你这个呢？我也告诉去。"林黛玉笑道："你说你会过目成诵，难道我就不能一目十行么？"

　　宝玉一面收书，一面笑道："正经快把花埋了罢，别提那个了。"二人便收拾落花，正才掩埋妥协，只见袭人走来，说道："那里没找到，摸在这里来。那边大老爷身上不好，姑娘们都过去请安，老太太叫打发你去呢。快回去换衣裳去罢。"宝玉听了，忙拿了书，别了黛玉，同袭人回房换衣不提。

　　这里林黛玉见宝玉去了，又听见众姊妹也不在房，自己闷闷的。正欲回房，刚走到梨香院墙角上，只听墙内笛韵悠扬，歌声婉转。林黛玉便知是那十二个女孩子演习戏文呢。只是林黛玉素习不大喜看戏文，便不留心，只管往前走。偶然两句吹到耳内，明明白白，一字不落，唱道是："原来姹紫嫣红开遍，似这般都付与断井颓垣。"林黛玉听了，倒也十分感慨缠绵，便止住步侧耳细听，又听唱道是："良辰美景奈何天，赏心乐事谁家院。"听了这两句，不觉点头自叹，心下自思道："原来戏上也有好文章。可惜世人只知看戏，未必能领略这其中的趣味。"想毕，又后悔不该胡想，耽误了听曲子。又侧耳时，只听唱道："则为你如花美眷，似水流年……"林黛玉听了这两句，不觉心动神摇。又听道："你在幽闺自怜"等句，亦发如醉如痴，站立不住，便一蹲身坐在一块山子石上，细嚼"如花美眷，似水流年"八个字的滋味。忽又想起前日见古人诗中有"水流花谢两无情"之句，再又有词中有"流水落花春去也，天上人间"之句，又兼方才所见《西厢记》中"花落水流红，闲愁万种"之句，都一时想起来，凑聚在一处。仔细忖度，不觉心痛神痴，眼中落泪。正没个开交，忽觉背上击了一下，及回头看时，原来是……且听下回分解。正是：

妆晨绣夜心无矣，对月临风恨有之。

后记

此前《中国传统文化精义》在1997年、1998年、2001年、2009年、2017年已相继推出5版,如今已是第6版了。作为"中国传统文化"课程的配套教材,这本书已伴随课程走过了二十多载。在此期间,《中国传统文化精义》获得国家"十一五"教材规划项目的支持,并获得陕西省优秀教材二等奖、西安交通大学校级优秀教材一等奖、西安交通大学120周年校庆经典教材等荣誉。从1997年建课初始到今天,作为大学生文化素质教育计划的重要内容之一,"中国传统文化"已经发展成为西安交通大学一门具有影响力的通识类核心课程,并先后获得国家级一流本科课程、国家精品在线开放课程、省级精品课程、省级精品资源共享课程、校级精品课程等荣誉。随着课程2015年在国内外多家慕课(MOOC)平台的上线,截至目前全国已有一百多万人次学习,使课程及教材有了更广泛的影响力。

在长期的教学实践中我们感触良多: 本好的教科书应当是既能比较客观、准确地反映该学科的一般发展趋向,又能充分体现作者的思路和个性风格;既要注意引导学生能够使用本学科的专业语言来思考并表达,又要明快生动、引人入胜;既能比较系统、全面地阐述该学科领域的知识体系,又要给学生留下足够的思考空间。讲授和学习中国传统文化,尤其需要一本融学术性、思想性、知识性和可读性于一体的教科书。这成为我们编写这本教材的最初动机和写作时的指导思想。

中国传统文化是一个庞大的体系，中华民族的文化典籍和文献更浩如烟海，这使我们很难系统把握并准确阐述它的博大与精深。因此，我们选取了中国传统文化的若干层面，审视和把握中国文化精神的基本特征和走向。本书名曰《中国传统文化精义》，正是取《易经》所言"精义入神，以致用也"之意。本书采用专题讨论的方式，全书分14个专题，各专题的执笔者大都是在各自的领域里有专长、有研究、有心得、有造诣的中青年学者，有的还是在国内外享有盛誉的名家。他们的思考和文字具有鲜明的时代特征和个性风格。在写作和统稿时，我们着力于全书在框架和思路上的整体性，而没有刻意追求写作风格的一致性。我们力求让各专题既各自成章、相对独立，又尽可能地互相呼应、相映成趣，使全书前后衔接、结构完整。

各章的作者列举如下：

序　钟明善

第一章　中国传统文化的基本精神　陆卫明

第二章　《易经》与中国传统文化　韩鹏杰

第三章　道家与中国传统文化　韩鹏杰

第四章　儒学与中国传统文化　陆卫明

第五章　佛教与中国传统文化　张蓉

第六章　中国传统兵家文化　邓妙子

第七章　中国古典文学　李红

第八章　中国传统音乐　李娟

第九章　中国戏曲文化　焦垣生、吴小侠

第十章　中国绘画与雕塑　钟明善、鲁鹏

第十一章　中国书法艺术　钟明善、王劲

第十二章　中国古代科学技术　霍有光

第十三章　中国传统史学文化　宋希斌

第十四章　推进中华优秀传统文化的创造性转化和创新性发展　陆卫明、李红

本教材在写作过程中，一直得到西安交通大学教务处、人文社会科学学院以及出版社等相关部门给予的支持和鼓励。虽已是第6版，但编辑仍认真细致地

严格把握每一环节。书中还参考、引用了国内外学者的大量论著，在此一并表示衷心感谢。由于种种主客观条件以及我们的学识所限，本书的缺漏之处在所难免，尚祈有关专家、学者和广大读者不吝赐教。

编者

2022年7月于西安交通大学